JN307108

長楽寺蔵

七条道場金光寺文書の研究

村井康彦
大山喬平　編

法藏館

口絵１　一遍上人立像（長楽寺蔵）

口絵２　真教上人座像（長楽寺蔵）

緒言

鎌倉時代の末期、正安三年（一三〇一）に京都の鴨川河原口に七条道場金光寺という新教団の時宗の道場が創建され、わが国に新しい歴史が開花することとなりました。その歴史的な貴重な資料が今日まで当寺に伝承されてきましたことは、本資料集が公刊されるにおよび、まことに幸いなことであったと再認識しております。

これらの資料の保存経緯の概略をこの機会に記しますと、前住職牧野體山足下の師僧であった石黒壽山足下が、幕末に大火に遭い、荒廃した七条道場金光寺を復興できず、明治末期に当寺に合併されました。しかし、同寺は遊行上人の補所道場として、時宗の重要な寺院であったこともあり、廃寺された後も、後世に同寺のみならず時宗の歴史を伝えることが重視され、急務であったと推測されます。そのため同寺の膨大な資料が当寺に移管され、秘宝として保存されてまいりました。

先代がその資料調査を依頼しましたところ、時宗の宗祖一遍上人像をはじめ時宗祖師像七躯と遊行他阿上人書状二十四通が土蔵の中から発見され、まことに貴重な資料の存在が確認され、昭和五十五年に国の重要文化財に指定されました。さらに平成十一年には、同寺の多数の古文書が京都府の有形文化財に指定されました。しかし、未指定資料の整理と公刊が七条道場の歴史の全容を解明するためにも不可避なことであり、この資料集が公刊されることとなりました。ときあたかも七条道場金光寺創建より平成十二年で七百年という記念すべき年にあたり、なにより意義深い記念事業となり、慶びにたえません。この資料集の編纂にあたり、当寺に保管される多数の資料が克明に精査されましたが、破損によって解読の困難な資料も少なくありませんでした。おかげさまで、村井康彦・大山喬平両先生をはじめとする本書の編纂担当の諸先生方に永年にわたり多大なご尽力を賜り、まことに難解な資料の翻刻とその解明を果たしていただき、ここに本資料集が無事刊行されるにいたりました。そのご労苦に対しまして深甚な敬意と感謝を表します。

ふりかえり思いますと、洛中の数々の動乱期に遭遇するなかで、今日までこれらの資料の護持に尽くされました歴代諸大徳のご尊行は、御仏のご加護なくして果たし得なかったことと改めてありがたく思われます。

近年、各地の歴史館や博物館などで時宗の歴史の特別展がしばしば催されていますが、とりわけ平成十二年には、旧七条道場金光寺開創七百年を記念して京都国立博物館において『長楽寺の名宝』と題する特別陳列が開催され、高い評価を得ました。また、ご存知のとおり、時宗の歴史についてさまざまな観点から論及され、その重要性は先学諸氏によって指摘されて久しいことであります。本書の公刊が契機となって、今後、七条道場金光寺と時宗の歴史がますます深く究明されることを切に願ってやみません。

平成二十四年九月吉日

長楽寺現董

牧野　素山

長楽寺蔵　七条道場金光寺文書の研究＊目次

緒言 …… 長楽寺現董　牧野素山　i
凡例 …… 5
解題 …… 7

史料編

一　真教上人（遊行二代他阿）書状　（正和五年）二月十三日　47
二　真教上人（遊行二代他阿）書状　（年未詳）七月二十九日　49
三　智得上人（遊行三代他阿）書状　（元応元年）十月四日　49
四　智得上人（遊行三代他阿）書状　（年月日未詳）　51
五　智得上人（遊行三代他阿）書状　（年未詳）八月二十六日　53
六　呑海上人（遊行四代他阿）書状　（年未詳）十月四日　55
七　一鎮上人（遊行六代他阿）書状　（元徳二年）十月十一日　56
八　一鎮上人（遊行六代他阿）書状　（年未詳）九月二十八日　58
九　自空上人（遊行十一代他阿）書状　応永六年十一月二十五日　60
一〇　自空上人（遊行十一代他阿）書状　（応永七年）十一月十三日　62
一一　尊明上人（遊行十三代他阿）書状　（年未詳）七月七日　63
一二　尊明上人（遊行十三代他阿）書状　（年未詳）三月十四日　64

目次

一三　尊明上人（遊行十三代他阿）書状　（年未詳）三月二十八日　65
一四　尊明上人（遊行十三代他阿）書状　（年未詳）七月十七日　65
一五　太空上人（遊行十四代他阿）書状　応永十九年七月二十三日　66
一六　南要上人（遊行十六代他阿）書状　（年未詳）一月二十七日　68
一七　知蓮上人（遊行二十一代他阿）書状　永正二年一月三十日　69
一八　意楽上人（遊行二十二代他阿）書状　永正十年三月二十八日　70
一九　同念上人（遊行三十一代他阿）書状　天正八年二月十一日　71
二〇　普光上人（遊行三十二代他阿）書状　慶長十八年四月四日　72
二一　普光上人（遊行三十二代他阿）書状　（慶長十八年）四月四日　73
二二　普光上人（遊行三十二代他阿）書状　（慶長十八年）五月一日　74
二三　普光上人（遊行三十二代他阿）書状　元和九年三月十二日　74
二四　普光上人（遊行三十二代他阿）書状　（年月日未詳）　77
二五　歴代他阿上人書状目録　寛永三年五月　80
二六　中原清祐売券　保延元年七月二十七日　81
二七　佐伯氏売券　康治二年六月二十一日　82
二八　紀氏売券　仁安三年七月十九日　83
二九　女中原氏等売券　承安二年十二月二十一日　84
三〇　藤井氏女譲状　建暦元年十月二日　84
三一　三国氏女・嫡子源譲状　建暦三年十一月　85
三二　沙弥一阿弥陀仏売券　建治二年一月二十日　86

三三　盛秀田地銭貨譲状　永仁二年四月二十四日　86
三四　尼しやうせう領地売券　延慶四年十月七日　88
三五　長谷川重秀屋地売券　応永十五年四月五日　89
三六　妙壱屋地寄進状　応永二十四年十二月八日　89
三七　明阿弥陀仏屋地寄進状　貞治五年四月十一日　90
三八　藤原氏女屋地売券　嘉元三年十二月二十二日　91
三九　中原重頼売券　弘安六年二月十四日　92
四〇　高階氏女売券　文永十一年一月十二日　93
四一　秦重延私領地売券　承安二年九月二日　94
四二　藤原氏子・次子藤原氏屋地売券　仁平元年四月三日　94
四三　左衛門尉平某・平千歳連署土地売券　建保六年八月二日　95
四四　左衛門尉平某・平千歳連署土地売券　承久元年三月十日　96
四五　藤原氏女土地紛失状　正中二年一月二十五日　97
四六　しんあミ地券紛失状　康永元年五月十一日　99
四七　義運敷地売券　康永二年九月二十六日　100
四八　藤井友弘土地売券　貞応元年十一月十日　101
四九　字せいわう房土地売券　貞応三年閏七月二十九日　102
五〇　氏女松前土地売券　仁治元年九月十三日　103
五一　藤原国貞土地売券　建長五年三月五日　104
五二　源盛助土地売券　弘長三年九月十三日　105

五三 橘氏女土地譲状 弘安二年七月二十三日 105
五四 比丘尼浄阿弥陀仏土地譲状 弘安六年十月十三日 106
五五 蓮願敷地寄進状 延慶三年二月八日 106
五六 盛阿弥陀仏敷地寄進状 文和四年七月十九日 108
五七 尼祖阿弥陀仏敷地寄進状 永和四年十一月二十日 109
五八 基弘敷地寄進状 弘和二年三月四日 109
五九 尼昌欽畠地寄進状 康暦二年十一月十八日 110
六〇 ヤキ孫左衛門藪地寄進状 応永十二年四月七日 110
六一 小袖屋かう阿弥陀仏屋地寄進状 応永十六年八月十日 111
六二 比丘尼性澄畠地寄進状 応永十七年十月二日 112
六三 乗円祐仙田地作職売券 天文五年十一月二十八日 113
六四 西念寺・極楽寺田地作職寄進状 天正九年九月十五日 114
六五 ふちはらのうち女私領譲状 元応元年十月二十三日 115
六六 比丘尼浄阿弥陀仏私領寄進状 元亨四年八月二日 115
六七 足利尊氏御判御教書 暦応二年十月十八日 116
六八 僧本性敷地寄進状 康永四年八月三日 117
六九 乙夜叉女敷地売券 貞和元年十二月二日 117
七〇 忌部姫鶴女敷地売券 貞和元年十二月二十四日 119
七一 乙夜叉女敷地売券 貞和四年十二月二十七日 119
七二 乙夜叉女敷地売券 貞和五年十一月二十八日 120

七三　盛親寺屋敷譲状　康安二年三月四日　121
七四　平景泰打渡状　明徳二年十二月十七日　122
七五　延年寺住人越前等寺地売券　応永十八年二月二十三日　123
七六　歳末別時日記　貞治三年十二月二十三日　124
七七　国則等私領田畠譲状　貞治四年四月十五日　124
七八　則兼田地譲状　明徳三年十一月七日　126
七九　吉祥院天神廻頭役用途請取状　応永十年九月十二日　127
八〇　山城守護代茂呂某遵行状　応永十六年十一月二十八日　127
八一　儀阿書状　（年未詳）九月二十八日　128
八二　善阿売券　応安五年八月十五日　129
八三　時阿売券　応安五年八月十六日　130
八四　亀夜叉女売券　応安六年十一月三十日　131
八五　正親町天皇綸旨　天正十四年四月五日　131
八六　正親町天皇綸旨　天正七年九月十二日　132
八七　後奈良天皇綸旨　天文六年十月二日　132
八八　後柏原天皇綸旨　大永二年九月四日　133
八九　後柏原天皇綸旨　永正十年三月四日　133
九〇　後土御門天皇綸旨　明応六年六月七日　133
九一　後土御門天皇綸旨　文明十六年十月七日　134
九二　後花園上皇院宣　応仁元年五月二十日　134

目　次

九三　後小松天皇綸旨　応永十九年四月七日　135
九四　後円融天皇綸旨　康暦二年二月十一日　135
九五　足利義満御判御教書　応永二年五月六日　135
九六　鎌倉公方足利満兼書状　(応永六年)六月二十四日　136
九七　後小松天皇綸旨　(応永八年)一月二十二日　137
九八　足利〔カ〕義満自筆御内書　(年未詳)二月十三日　137
九九　善以書状　(年未詳)六月十三日　138
一〇〇　桑原法眼快算年貢料足請取状　文安元年十月二十九日　138
一〇一　禅住坊承操役夫工米納状　宝徳二年五月二十六日　139
一〇二　光林坊栄宣内裏料段銭納状　康正二年六月二十四日　139
一〇三　信清・貞正連署造内裏段銭催促状　長禄二年五月九日　140
一〇四　金光寺領即位段銭送進状案　文正元年四月二十四日　140
一〇五　下司小太郎・執行定幸祭礼廻頭役銭請取状　延徳三年九月十二日　142
一〇六　祐覚書状　(年未詳)七月二十二日　142
一〇七　足利義満御判御教書　応永十年十二月十五日　143
一〇八　足利義持袖判御教書　応永十六年十一月六日　143
一〇九　室町幕府管領細川満元奉書案　応永二十三年四月三日　144
一一〇　室町幕府管領細川満元奉書案　応永二十六年十月二十日　144
一一一　足利義持御判御教書　応永二十七年四月七日　145
一一二　足利義持御判御教書　応永二十七年四月七日　145

一一三　足利義持御判御教書　応永三十年七月五日　146
一一四　足利義持御判御教書　応永三十四年五月三日　146
一一五　引馬免状案　正長元年十月　147
一一六　足利義教御判御教書　永享四年十月八日　147
一一七　足利持氏書状　(年未詳)一月三十日　148
一一八　足利持氏書状　(年未詳)三月十日　148
一一九　鹿苑院主用剛乾治等連署仏事料送進状　永享十一年十二月十五日　149
一二〇　足利義教御内書　(永享十二年)二月十六日　149
一二一　足利義教御内書　(永享十二年)三月二十九日　150
一二二　足利義教御内書　(年未詳)四月二十七日　150
一二三　足利義教御内書　(年未詳)五月十四日　151
一二四　後花園天皇綸旨　(永享十二年)六月十五日　151
一二五　清水坂公文所請文　長禄元年十一月八日　152
一二六　足利義政御判御教書　長禄四年十月二十五日　152
一二七　金光寺領屋地田畠等目録　長禄四年四月　153
一二八　畠山政長禁制　応仁元年十月二十三日　161
一二九　金光寺幷寮舎末寺領目録　文明十年八月　162
一三〇　四条道場金蓮寺末寺宝福寺領地指図　明応八年二月二十六日　166
一三一　卜山(畠山尚順)書状　(年未詳)二月二十九日　166
一三二　坂惣中奉行請文　大永三年八月　167

一三三　坂惣中奉行請文案　大永三年八月　167
一三四　坂奉行某免許状　大永三年八月　168
一三五　坂奉行免許状案　大永三年八月　168
一三六　畠山義総書状　(年未詳) 五月十日　169
一三七　坂奉行衆請文　天文十七年八月十日　169
一三八　大内義隆書状　(年未詳) 九月二十八日　170
一三九　足利義昭御内書　(年未詳) 六月二日　170
一四〇　足利義昭御内書　(年未詳) 五月十七日　171
一四一　足利義昭御内書　(年未詳) 七月十九日　171
一四二　西岡物集女内塚原検地帳　天正十七年十一月　172
一四三　豊臣秀吉朱印状　天正十九年九月十三日　187
一四四　三井寺領之内荘厳寺相渡帳　慶長三年十一月十一日　188
一四五　三井寺領目録　慶長三年十二月二十六日　190
一四六　念仏寺請文　慶長六年十一月　192
一四七　松田政行書状　(年未詳) 九月二十二日　194
一四八　金光寺道具目録　慶長十九年一月八日　194
一四九　徳川家康黒印状写　元和元年七月二十七日　197
一五〇　坂奉行衆置文　元和七年五月一日　197
一五一　七条道場金光寺置文　元和七年五月一日　198
一五二　七条道場金光寺置文案　元和七年五月一日　200

一五三　法国寺由緒書写　寛永五年三月二十三日　201
一五四　鳳林承章金光寺新築落成賀詞　（年月日未詳）　205
一五五　朱印状目録　万治二年四月十四日　206
一五六　庄厳寺墓所定書　寛文六年十一月二十二日　207
一五七　福田寺墓所定書　寛文六年十一月二十二日　208
一五八　境内地子手形預証文写　元禄四年十月七日　209
一五九　寺改帳　元禄五年六月十八日　210
一六〇　七条道場条目之写　元禄七年二月五日　215
一六一　金光寺役者口上書　宝永元年五月十三日　224
一六二　金光寺役者口上書写　宝永元年五月十三日　225
一六三　三条火葬場隠亡割請状下書　享保四年八月二十九日　226
一六四　火屋扶持料下渡証文　享保四年十月十二日　226
一六五　三条火葬場隠亡割請状写　享保四年十月二十一日　227
一六六　一札　享保四年九月六日　229
一六七　時宗諸国末寺帳　享保六年五月　230
一六八　金光寺末寺人数帳　享保六年十月　242
一六九　口上書留　享保十年二月二十八日　244
一七〇　金光寺境内火葬料取極証文　享保十年（月日未詳）　246
一七一　歓喜光寺裁許書写　享保十年六月二十二日　247
一七二　寺請状　享保十二年九月　262

一七三　口上書　享保十四年五月十七日　263
一七四　検校宮忠誉御教書写　享保二十年閏三月二十四日　263
一七五　検校宮忠誉御教書写　享保二十年閏三月二十四日　265
一七六　火屋仲間株申請一札　元文二年六月　266
一七七　仲間株無調法詫入一札　元文二年六月　268
一七八　一札　寛保三年四月六日　268
一七九　軌則御条目　寛延三年十月　270
一八〇　本山条目写　宝暦十一年二月　281
一八一　普請出来断書　明和五年五月十六日　288
一八二　時宗門下被慈利濫觴記・東照宮引導場御下知書　安永五年（月日未詳）　288
一八三　山守仁兵衛誤状　安永六年九月　292
一八四　山守八兵衛・重右衛門請状　安永六年九月　293
一八五　東塩小路村持墓所取立一札　安永九年十月　294
一八六　市屋道場金光寺掟書　天明元年十月　295
一八七　普請書上　天明八年十二月　299
一八八　境内諸堂建物絵図　天明八年十二月　300
一八九　金光寺役者称讃院申付状　文化元年十二月十八日　302
一九〇　仁兵衛諸道具貸代拝受請状　文化元年十二月十八日　303
一九一　宗門人別改帳　文化四年九月　304
一九二　仁兵衛・高瀬当助争論和談請状　文化七年十二月　307

一九三　山仁兵衛・高瀬当助誤一札　文化七年十二月　308
一九四　若山庄蔵・用助銀子拝借願書　文政四年六月　309
一九五　宗門改帳　文政十一年九月　310
一九六　金光寺役者普請模様替願写　文政十三年九月八日　313
一九七　服部平左衛門等年米請取方譲与一札　天保四年六月　314
一九八　丸屋仁兵衛等宗旨請状　天保四年八月　315
一九九　金光寺領高目録写　天保五年十二月　316
二〇〇　丸屋仁兵衛等宗旨請状　天保六年八月　318
二〇一　丸屋仁兵衛等宗旨請状　天保七年九月　319
二〇二　丸屋仁兵衛等宗旨請状　天保八年八月　321
二〇三　丸屋仁兵衛等宗旨請状　天保九年八月　322
二〇四　丸屋仁兵衛等宗旨請状　天保十年八月　324
二〇五　梶原村万屋甚兵衛・幸助請状　天保十一年十一月　325
二〇六　丸屋仁兵衛等宗旨請状　天保十三年九月　326
二〇七　梶原村万屋甚兵衛火屋守後役願書　天保十三年十二月　328
二〇八　丸屋仁兵衛宗旨請状　天保十四年九月　329
二〇九　火葬場東地所堺届書　天保十四年九月　330
二一〇　金光寺役者断書写　天保十四年十二月　330
二一一　七条松明殿裏小屋頭六助願書　天保十五年八月十日　332
二一二　火屋守丸屋仁兵衛請書　天保十五年九月　333

二一三 金光寺役者口上書写 天保十五年十二月十九日 335
二一四 金光寺役者断書写 天保十五年十二月 336
二一五 金光寺役者断書写 弘化元年十二月 337
二一六 金光寺役者口上書控 弘化二年五月二十日 338
二一七 金光寺役者普請願書控 嘉永元年八月 339
二一八 七条道場金光寺役者正覚院火葬場普請願書 嘉永二年五月 340
二一九 宗門人別改帳 安政五年九月 343
二二〇 東塩小路村若山庄蔵・要助願書 文久三年十一月 348
二二一 七条松明殿裏水車小屋頭平三郎願書 慶応四年四月 349
二二二 火屋守仁兵衛請書 慶応四年（月日未詳） 350
二二三 金光寺役者金玉院・長泉院連署行倒人届書 （年未詳）十二月四日 352
二二四 本朝大仏師正統系図幷末流 （年月日未詳） 353
二二五 掛物記録重物之覚 （年月日未詳） 357
二二六 火葬料心付等覚 （年月日未詳） 360
二二七 金光寺所持御朱印懸紙 （年月日未詳） 365
二二八 宗門人別改帳 明治元年九月 366
二二九 鉄道布設ニ付火葬場引移一件留帳 明治四年六月二十九日 370
二三〇 金光寺・法国寺願書写 明治四年七月二十四日 375
二三一 時宗遊行派本末寺名帳 明治五年五月十七日 377
二三二 金光寺役者言上書写 （年月日未詳） 387

論考編

長楽寺蔵　七条道場金光寺文書の研究

史料編

凡例

一、本書は時宗黄臺山長楽寺（京都市東山区）が所蔵する「七条道場金光寺文書」を翻刻・収録するものである。

一、右のほか、清浄光寺文書（神奈川県藤沢市）及び国立歴史民俗博物館所蔵の田中稔氏旧蔵文書のなかから、七条道場金光寺に伝来していた、あるいは関係の深い文書について、あわせ翻刻・収録した。

一、長楽寺所蔵分以外のものについては、所蔵先を文書ごとに注記した。

一、文書ははじめに遊行歴代他阿弥陀仏書状類二四通を、次にそのほかの文書二〇〇通を掲出した。

一、文書は原則編年順に配列した。作成年未詳の文書は、内容からおよその年代を推定し、適宜配列した。また、巻子装や手継売券類など一括される場合は、一括のなかの最古の年号にかけて編年し、成巻される順に文書を配列した。

一、字体については一部の異体字及び固有名詞を除いて、原則として現行の字体に改めた。

一、変体仮名は、者（は）・与（と）・而（て）・江（え）・茂（も）・仁（に）を除いて、現行のひらがなに改めた。

一、欠損箇所は、その字数分を□で、字数不明の場合は［　　］で示した。文書の前後が欠損している場合、前欠を「（前欠）――」、後欠は「――（後欠）」で示した。

一、抹消訂正箇所は、左傍に「〻」の抹消記号を付し、右傍に訂正文字を記した。判読不能の抹消文字は、その字数分を▨で、字数不明の場合は■■で示した。

一、誤字や文意が通じない箇所には（マヽ）と傍注した。脱字がある場合は〔衍カ〕と傍注した。

一、花押・印章は（花押）・（印）で示す。花押の草名体は（草名）、略体は（略押）とする。また、印章は朱印・黒印・方印・円印などの別を（　）を付し、右傍に示す（例…（印）（朱円））。本文行間などにある印章については、本文上では省き、本文の最後に注記する。但し、近世・近代文書は注記も省く。

一、朱筆箇所は『　』を付した。異筆・追筆の場合は「　」を付し、（異筆）（追筆）と傍注した。

一、文書に付属する包紙・袋のウハ書については、本文との間に――線を入れて区別し「　」を付して、（包み紙ウハ書）と傍注した。

一、料紙形状については、文書ごとに（竪紙）（折紙）（切紙）（続紙）（袋綴装）（横帳）と注記した。法量はセンチメートルを単位とし、(タテ×ヨコ) で表記した。

一、釈文には適宜、読点、並列点及び傍注を施した。また、傍注には二種の括弧を用いた。

〔 〕　原本の表記を訂正する場合。

( )　右以外の傍注。参考・説明のための注。

一、収録文書には、特定の職業や身分に対する差別の実態を示す部分が含まれる。本書においては、それらの歴史的事実に鑑み、改変・削除等を行なっていないが、もとより差別を助長する立場に立つものではない。

解題

一　七条道場金光寺文書の概要

本書には、明治四十年（一九〇七）に七条道場金光寺を合併した長楽寺（京都市東山区）所蔵中の金光寺旧蔵文書を中心に、清浄光寺（神奈川県藤沢市）所蔵文書中の遊行歴代上人関連中世文書、および国立歴史民俗博物館所蔵田中稔氏旧蔵典籍古文書中の金光寺旧蔵文書（以下「歴博文書」と記す）を併せ翻刻、掲載した。掲載文書の時代および点数を現在の所蔵者別にみれば**表1**のとおりとなる。

長楽寺所蔵の金光寺旧蔵文書は、鎌倉時代の元応元年（一三一九）十月二十三日付ふちわらのうち女私領譲状（六五）を年紀をもつ最古の文書として、明治五年（一八七二）時宗遊行派本末寺名帳（一三三一）に至る一五二一通を数える。中世から近世初頭の時衆教団の動向を跡づける基礎史料として著名な遊行歴代他阿弥陀仏書状類（重要文化財）を筆頭に、中世は公武発給文書、寺領関係文書、葬送関係文書、近世は葬送関係文書、寺務・宗務文書等からなる。これまで現長楽寺住持牧野素山による「重要文化財　七条道場金光寺文書――復刻・註記・解説――」（長楽寺編『長楽寺千年』一九九八年）[2]に釈文が、『長楽寺の名宝』（京都国立博物館、二〇〇〇年）に図版、釈文、解説が掲載されてきた。しかし、歴代書状類のほかは、おおむね安土桃山時代以前の文書を対象としていたため、江戸時代以降

表1　本書掲載文書の内訳

	平安	鎌倉	南北朝	室町	安土桃山	江戸	明治	計
長楽寺 遊行歴代書状	0	8(1)	0	10	1	6	0	25
長楽寺	0	2	4	28	6	83	4	127
清浄光寺	0	0	2	18	2	0	0	22
国立歴史民俗 博物館	6	20	15	18	1	0	0	60
小計	6	30	21	74	10	89	4	234

の文書を含む翻刻は今回が初めてとなる。また、近代文書は紙幅の関係により本書に掲出しなかったものがある。

ここで、現状の文書の形状に触れたい。現在、歴代書状類は原則一通一巻に成巻される（表2参照）。その他の文書は後述するように掛幅装、巻子装に装幀されるもの、足利将軍および鎌倉公方発給文書など裏打を施され台紙貼とされるもの、中世の証文類や近世以降の多くの文書などいわゆるマクリの形状をとどめるものからなる。掛幅装文書に、綸旨二幅（九七・一二四）、足利将軍発給文書三幅（六七・九五・一二六）、指図一幅（一三〇）、売券一幅（六六）、鳳林承章金光寺新築落成賀詩一幅（一五四）の計八幅、巻子装文書に、室町時代中期の寺領目録（一二七）と江戸時代中期頃の大仏師正統系図（二二四）の二巻がある。金光寺文書の伝来や管理に関しては、同寺保管の文書記録類や六字名号などの内容、員数を列記した江戸時代中期頃の掛物記録重物之覚（二二五）が、最も情報量の多い史料である。そこには、「一、鹿苑院殿　二幅」の記載を筆頭に、「一、御綸旨　三幅」などもみえ、中世の公武発給文書を中心に掛幅装二八幅に装幀されていたことを知る。具体的な文書名が記されず、現存文書との比定は難しいが、（二二五）の記載内容からみて、足利義満御判御教書（一〇七）など現在裏打ちが施される文書一三通（九六・一〇七・一〇八・一一一～一一四・一一六・一一七・一一九～一二一・一二八）は、江戸時代には掛幅装であったと考えられ、(3)（二二五）における装幀文書と未装幀文書のおよそが判別できよう。

清浄光寺所蔵文書は、南北朝時代の貞治三年（一三六四）十二月廿三日付歳末別時日記（七六）を最古の文書として、天正十四年（一五八六）四月五日付正親町天皇綸旨に至る二一通を採録した。遊行相続に際し発給された院宣・綸旨一〇通（八五〜九四）、足利将軍、鎌倉公方および戦国武将からの御内書・書状九通（一一八、一二一、一二二、一三二、一三六、一三八〜一四一）など、遊行もしくは藤沢上人宛の文書が大半を占める。遊行上人宛の類似の文書は長楽寺所蔵文書中にもみられる。このことは、金光寺と清浄光寺はともに四代他阿呑海を開山に仰ぎ、金光寺は遊行上人が入洛した際の居所とするなど遊行派の京都における拠点寺院であり、近世には遊行兼帯寺院であったこと、清浄光寺は呑海以後の遊行上人が退任した後に藤沢上人として独住する寺院であったことなど両寺の密接な交流を背景にしたものと推測される。装幀は、綸旨一〇通が年代の新しいものから順に巻子装に成巻され、他は裏打を施されている。

歴博文書は、史料収集家田中教忠（一八三八―一九三四）旧蔵文書類中に含まれるものであり、平成十二年に目録が刊行されている。(4)本書掲出のなかでは最古の年紀をもつ保延元年（一一三五）七月廿七日付中原清祐売券（二六）を最古として、延徳三年（一四九一）九月十二日付祭礼廻頭役銭請取状（一〇五）に至る六〇通が伝わる。洛中洛外の金光寺所領に関係する証文類（売券、寄進状、紛失状など）が多くを占め、室町時代の一一通は年貢や段銭・役夫工米など臨時課役に関する文書が含まれる。

文書は内容ごとに分類され、近代の成巻になる巻子装九巻（六〇通）に装幀されており、各巻巻首には文書目録が付される。歴博では次のように巻子に番号を付していて、参照の便のために本書では文書名の下にその番号を注記した。巻子の番号と成巻される文書通数は以下のとおりである。①一八二号　六通、②二九三号　八通、③三八

四―一号　五通、④三八四―二号　三通、⑤三八五号　五通、⑥三八六号　一二通、⑦三八七―二号　七通、⑧三八七―三号　九通、⑨四四一号　五通。

本書の文書の配列は、はじめに歴代書状類および目録二五通（一～二五）を、次にそれ以外の文書二〇九通（二六～二三四）を現所蔵先を問わずに原則編年順とした。ただし、巻子装とされるものは、その一括性を尊重し、同一巻子のなかで最も古い年紀をもつ文書を代表させて編年を行い、成巻順に文書を掲出した。そのため、文書の配列全てが編年順となっていない点に留意願いたい。

以上のような本書掲載の文書内容に従い、「二　遊行歴代他阿弥陀仏書状類」、「三　中世文書」、「四　近世文書」、「五　近代文書」と、内容、時代別に文書解題を以下に記す。

二　遊行歴代他阿弥陀仏書状類

1　概要と伝来

遊行歴代他阿弥陀仏書状類は、鎌倉時代後期から江戸時代前期にかけての歴代他阿弥陀仏発給にかかる書状、および置文・条々二四通に目録一通を加えた二五通が伝存する（表2参照）。年紀を明らかにするものでは、正和五年（一三一六）遊行二代他阿弥陀仏真教書状（一）を最古とし、元和九年（一六二三）遊行三十二代他阿弥陀仏普光書状（二三）に至る。発給者別にみれば、二代真教二通、三代智得三通、四代呑海一通、六代一鎮二通、十一代自空二通、十三代尊明四通、十四代太空一通、十六代南要一通、二十一代知蓮一通、二十二代意楽一通、三十一代同念一通、そして三十二代普光五通である。

本書では、年紀・宛所の有無、料紙の使用法などの文書形式および内容よりみて、これを書状一八通、置文・条々など六通に区別し、各々文書名を付した。差出は、遊行上人もしくは藤沢上人であり「他阿弥陀仏」と書される。ただし唯一（一八）のみ「持阿弥陀仏（黒文重郭長方印・印文「持阿」）」とある。（一八）は永正十年（一五一三）三月廿八日に金光寺十四代持阿が同寺庫裏役者中に宛てた末寺に対する制法であるが、このおよそ一ヵ月後の五月三日に遊行相続が行われ、十四代持阿は遊行二十二代他阿弥陀仏意楽となっている。例外的に持阿発給文書が他阿発給文書に一括されることは、後述する遊行三十二代普光らによる「歴代御書」調査保存活動のなかで、元和九年（一六二三）に二十二代御書として歴代御書の一通に加えられたことに由来する。宛所は、「有阿弥陀仏」（一）など門弟個人、「遊行惣衆僧尼中」（一〇）など遊行僧衆、および「京道場衆中」（七）など金光寺に宛てたものに大別される。また、書留文言に注目すれば、書状、置文類を問わず、一部例外を除き「穴賢、南無阿弥陀仏」で結ばれるところに特徴がある。

次に、歴代書状類の伝来をみていきたい。これら二四通は、天正十四年（一五八六）から寛永三年（一六二六）にかけて、普光を中心とし、のちに金光寺二十代持阿（のちの遊行三十五代法爾、以下「二十代持阿」と記述する）も助力した、「歴代御書」の調査保存活動により形成された二一通に、普光書状の三通（二一・二三・二四）を加えたものである。歴代他阿上人書状目録（以下「寛永目録」と記す）（二五）は寛永三年五月に作成された前者二一通の目録である。

普光らによる活動の内容を詳しく述べたい。表2に示したとおり、意楽以前、すなわち室町時代後期以前の一八通（一〜一八）の大半には、次のように普光もしくは二十代持阿による自筆奥書が付される。

表2　遊行歴代他阿弥陀仏書状類

番号	作成年月日	文書名	差出	宛所	形式内容	奥書年月日・筆者	奥書歴代比定	普光筆題簽外題歴代比定	表紙・題簽	寛永目録比定	備考
1	(正和五年)二月十二日	遊行二代他阿弥陀仏真教書状	他阿弥陀仏	有阿弥陀仏(呑海)	書状	天正十四丙戌三廿八普光自筆奥書(表紙付加) 年未詳金光寺二十代持阿自筆奥書	大上人(真教) 大上人	大上人御書	紺表紙丹題簽	「大上人御書弐通」のうち	
2	(年未詳)七月廿九日	遊行二代他阿弥陀仏真教書状	他阿弥陀仏	寿阿弥陀仏御返事	書状	—	—	大上人御書	紺表紙丹題簽	「大上人御書弐通」のうち	
3	(元応元年)十月四日	遊行三代他阿弥陀仏智得書状	他阿弥陀仏	有阿弥陀仏(呑海)	書状	天正十四丙戌年四月二日普光自筆奥書	中上人(智得)	三代上人御書	紺表紙丹題簽	「三祖上人御書三通」のうち	
4	(元応元年～二年)	遊行三代他阿弥陀仏智得書状	—	—	書状	天正十四丙戌三廿八普光自筆奥書(表紙付加)	中上人	三代上人御書	紺表紙丹題簽	「三祖上人御書三通」のうち	
5	(元応元年)八月廿六日	遊行三代他阿弥陀仏智得書状	た阿弥陀仏	有阿弥陀仏	書状	—	—	三代上人御書	紺表紙丹題簽	「三祖上人御書三通」のうち	
6	(年未詳)十月四日	遊行四代他阿弥陀仏呑海書状	他阿弥陀仏	与阿弥陀仏	書状	天正十四丙戌三廿八普光自筆奥書	開山上人(呑海)	四代上人御筆	黄表紙題簽無	「当寺開山御書壱通」のうち	
7	(元徳二年)十月十一日	遊行六代他阿弥陀仏一鎮上人書状	他阿弥陀仏	(京道場衆中)	書状	天正十四丙戌卯月二日普光自筆奥書	六代上人(一鎮)	六代上人御書	紺表紙丹題簽	「六代上人御書弐通」のうち	
8	(年未詳)九月廿八日	遊行六代他阿弥陀仏一鎮上人書状	他阿弥陀仏	(臨阿弥陀仏)	書状	天正十四丙戌卯月三日普光自筆奥書	六代上人	六代上人御書	紺表紙丹題簽	「六代上人御書弐通」のうち	
9	応永六年十一月廿五日	遊行十一代他阿弥陀仏自空軍陣心得条々	他阿弥陀仏	—	時衆制法	天正十四丙戌三廿八普光自筆奥書(表紙付加)＊ ＊元和元年卯月十八日金光寺廿代持阿自筆奥書(裏打)	大上人 十一代上人(自空)	十一代上人御書	紺表紙丹題簽	「十一代上人御書三通」のうち	＊二号文書のもの ＊元和二年の誤りか
10	(応永七年)霜月十三日	遊行十一代他阿弥陀仏自空書状	他阿弥陀仏	(遊行惣衆僧尼中へ)	書状	—	—	十一代上人御書	紺表紙丹題簽	「十一代上人御書三通」のうち	
11	(年未詳)七月七日	遊行十三代他阿弥陀仏尊明書状	他阿弥陀仏	(涼阿弥陀仏[武田信慶])	書状	元和二年卯月十八日金光寺廿代持阿自筆奥書(裏打)	御代不知(十三代ヵ)	十三代上人御書	紺表紙丹題簽	「御代不知壱通」	
12	(年未詳)三月十四日	遊行十三代他阿弥陀仏尊明書状	他阿弥陀仏	(唯阿弥陀仏)(尊恵)	書状	天正十四丙戌卯月三日普光自筆奥書	十三代上人(尊明)	十三代上人御書	紺表紙丹題簽	「十三代上人御書三通」のうち	

13	（年未詳）三月廿八日	遊行十三代他阿弥陀仏尊明書状	他阿弥陀仏	（唯阿弥陀仏）（尊恵）	書状	天正十四丙戌卯月三日普光自筆奥書	十三代上人	十三代上人御書	紺表紙丹題簽	「十三代上人御書三通」のうち	
14	（年未詳）七月十七日	遊行十三代他阿弥陀仏尊明書状	他阿弥陀仏	（唯阿弥陀仏）（尊恵）	書状	天正十四丙戌卯月三日普光自筆奥書	十三代上人	十三代上人御書	紺表紙丹題簽	「十三代上人御書三通」のうち	
15	応永十九年七月廿三日	遊行十四代他阿弥陀仏太空条々	他阿弥陀仏	—	時衆制法	元和二年卯月十八日金光寺廿代持阿自筆奥書（裏打）	十一代上人（自空）	十一代上人御書	紺表紙丹題簽	「十一代上人御書三通」のうち	
16	（年未詳）正月廿七日	遊行十六代他阿弥陀仏南要書状	他阿弥陀仏（花押）	覚阿弥陀仏	書状	年未詳廿代持阿自筆奥書	二十一代上人（知蓮）	—	紺表紙丹題簽	「廿一代上人御書弐通」のうち	
17	永正二年正月卅日	遊行二十一代他阿弥陀仏知蓮書状	遊行廿一代他阿弥陀（朱方印）	七条金光寺	書状	元和二年卯月十八日廿代持阿自筆奥書（裏打）	二十一代上人（知蓮）	—	紺表紙丹題簽	「廿一代上人御書弐通」のうち	
18	永正十年三月廿八日	金光寺十四代持阿弥陀仏（遊行二十二代意楽）置文	持阿弥陀仏（朱方印）	（七条）庫裏役者中	道場制法	元和九癸亥年三月九日普光奥書	二十二代上人（意楽）	—	紺表紙丹題簽	「廿二代御書上人壱通」	
19	天正八年二月十一日	遊行三十一代他阿弥陀仏同念置文	遊行三十一世（朱方印）	金光寺衆中檀方衆	末寺制法	—		—	紺表紙丹題簽	「卅一代上人御書一通」	
20	慶長十八年四月四日	遊行三十二代他阿弥陀仏普光置文	遊行三十二世（朱方印）（朱円印）	金光寺・永福寺・豊国寺・聞名寺	末寺制法	—		—	紺表紙丹題簽	「卅二代上人御書弐通」のうち	
21	（慶長十八年）四月四日	遊行三十二代他阿弥陀仏普光書状	他阿弥陀仏	長谷河左兵衛尉殿（藤広）	書状	年未詳廿代持阿自筆奥書	三十二代上人（普光）	—	焦茶表紙素紙題簽		二一号、二二号は一巻
22	（慶長十八年）五月一日	遊行三十二代他阿弥陀仏普光書状	他阿弥陀仏	拝上妙法院様御番衆中様	書状	—		—			
23	元和九年三月十二日	遊行三十二代他阿弥陀仏普光条々	遊行三十二世他阿弥陀仏（朱印）（朱方印）八十一才	金光寺第廿代持阿弥陀仏（法爾）	宗門制法	—		—	紺表紙丹題簽	「卅二代上人御書弐通」のうち	
24	（年月日不詳）	遊行三十二代他阿弥陀仏普光書状	—	—	書状	年未詳廿代持阿自筆奥書	三十二代上人（普光）		焦茶表紙素紙題簽		

—：該当項目なし

(ア) 普光奥書があるもの…一一通(一・三・四・六〜九・一二〜一四・一八)
(イ) 二十代持阿奥書があるもの…六通(一・九・一一・一五〜一七)

現状では(一・九)は両者の奥書が付され、(二・五・一〇)は両者ともに付されない。(ア)一一通は、天正十四年(一五八六)のものが一〇通、元和九年(一六二三)のものが一通(一八)であり、(イ)六通は、元和二年のものが四通、年未詳の二通(一・一六)も元和頃と考えられる。

奥書は、原則別紙に書されるが(以後奥書が書される料紙を便宜上「奥書別紙」と呼称する)、(四)のみ本紙と奥書別紙の継目上にわたって文字が書され、奥書別紙が貼り継がれた時点の紙継目の状態を遺存している。他の奥書別紙も紙継目の糊跡が確認されるものがあることから、当初奥書別紙は(四)にみられるように本紙に貼り継がれていたと考えられる。現在は(四)以外は本紙と奥書別紙の継目は外され、なかには四周を大きく裁断されるものもあり(5)、奥書別紙付加以後に、修理の手が加えられたことを示唆する。

天正十四年の普光奥書(6)は、遊行廻国の途次在京中に書されたもので、同年三月廿八日、四月二日、三日の日付をもつ。奥書を書した場所は記されないが、金光寺とみるのが自然であろう。普光は各「御書」の発給者の特定を行い、一部には文書発給時の考証を加える。発給者の特定は、自空上人書状(九)に付されるもの以外は今日の比定と違うところがない。ただし(九)は、現状「大上人(真教)御筆」と比定する普光奥書と「十一代上人」とする二十代持阿奥書の二種が付されるが、普光が応永六年の年紀を有する(九)を真教筆と判定するとは考えられず、この奥書別紙はかつては別の書状に付されたものと考えられる。そこで、真教書状(二)に現状奥書が伴わないこと、寛永目録では真教書状が二通存在していたこと、次に記すように(九)は元和二年に見出されたものであることから、(九)の普光奥書は本来(二)に付されたものとみるべきであり、であるならば普光の発給者特定はすべて正鵠を得ていたことになる。

二十代持阿奥書は、年紀および署名を有するものは元和元年卯月十八日（九）、元和二年卯月十八日（一一・一五・一七）の計四通であり、金光寺住持在任中にあたる。普光同様に発給者の特定を行い、当時の状況を記載する。(7)（九）には「（前略）又一通三ケ条之掟之御書見出認置也、以上二通也、金光寺可為什物」とあるが、この「一通三ケ条之掟之御書」は太空条々（一五）を指すとみられる。（九）の奥書書写年については、（九・一五）双方の奥書ともに「卯月十八日に裏打紙を施す」旨であること、元和改元は七月であることからみて、「元和元年」は錯誤であり、（一五）と同時の元和二年とみるべきであろう。また、「一通三ケ条之掟之御書見出」（九）、「此御書、御代不知候、余見事之間、裏うたせ、さし置候、以来類本以可被改者也」（一一）と書される点からみて、これらは遊行歴代御書としてこの時あらためて認知されたもので、天正十四年に普光の目には触れていなかったものと推される。このほかに、（一・一六）の奥書は、年紀・署名がないが、「御」「上人」などの筆跡の特徴の類似から、ここでは二十代持阿自筆と考えておきたい。

寛永三年（一六二六）五月付の寛永目録は、奥書により、二十代持阿の時に尾張名古屋波多野喜兵衛が本目録を認め、目録の外題は普光筆であることを明らかにする。波多野は、元和九年（一六二三）三月に二十代持阿に宛てた普光書状（二三）中に、「外護旦越」である「亀屋波多野喜兵衛法名但阿」が「其寺（金光寺）之記録等数巻表紙被加了」と記されることから、普光、二十代持阿による歴代書状類等金光寺什物の調査保存活動を継続的に金銭面で支援した人物とみられる。このような普光、二十代持阿と波多野との関係からみれば、寛永三年五月二十二日の藤沢における普光入滅直前に、本目録作成が企てられたと理解される。

寛永目録中の歴代比定は、普光および二十代持阿の比定に基づくものと考えられるため、奥書および題簽を参考とし、現存文書との照合を行ない、表2中の「寛永目録」欄に記した。その結果（一一・一五）の二通以外はその比定は正しかったことが判明する。

最後に歴代書状類の装幀に触れたい。(8) 寛永目録に対応する「歴代御書」二一通（二一巻）および同目録一通（一巻）は、（六）を除き同質の紺表紙が付されてきた。さらに「歴代御書」は丹色の題簽、浅葱地銀泥秋草文の見返をもつ。外題筆者は寛永目録奥書記載にしたがい普光とみてよい（表2「表紙・題簽」の項を参照）。以上のことから、紺表紙の装幀は先述した普光書状（二三）中にみえる表紙付加事業の際のものと理解される。前節でみた掛物記録重物之覚（二二五）にも「遊行歴代御書廿壱巻／卅二代（普光）目録有」とみえ、江戸時代の一時期まで「遊行歴代御書二一巻」として継承されたことを知る。なお、天正十四年の普光奥書に「加表紙」とあることから、歴代書状類は天正の奥書が付された時点で、奥書ともに巻子装に成巻され、元和年間に改装されたものと考えられる。

以上のとおり歴代書状類の伝来は、普光が遊行相続後に在京した天正十四年から藤沢で入寂した寛永三年五月に至る間に、金光寺二十代持阿とともに、文書類を調査鑑定し、保存を図った活動に負うところが大きかったといえよう。

2　鎌倉時代

鎌倉時代のものは、遊行二代真教から同六代一鎮までの間の四代八通（一〜八）の書状類が存する。いずれも門弟に宛てた書状類が大半で、時衆初期教団の拡大期の実相を具体的に伝える類例稀な史料である。

真教書状（一）は当麻独住中の真教から有阿弥陀仏（呑海）に宛てたものである。藤沢四郎太郎の勧めにより、呑海に対し京都に限り念仏勧進（賦算）を行うことを認め、「弘通念仏の摺形木」を送進したときのもので、真教の賦算に対する考え方が述べられて注目される。真教は賦算を行う僧は遊行聖一人に限定した方が「軽相」でなく良いと考えていたこと、しかし「念仏にもれさせ給候人々」に対する化導要請によりすでに京都にて浄阿弥陀仏真観に賦算を許可したことを述べ、そのうえで有阿に対し賦算にあたっての心構えを説く。すでに京都では、聖戒（六条道場）、真観（四条道場）が賦算権を有していたが、七条道場の有阿もこれに並び、賦算を通じて多くの人々の帰依をうけ、道場発展の礎を堅固にしたと考えられる。

智得書状（三〜五）は、元応元年（一三一九）四月六日に遊行上人を四代呑海に相続させたのち、翌二年七月十一日に示寂するまでの当麻独住中の短い期間に、遊行中の呑海に宛てたものである。智得は一遍および真教に従い、嘉元二年（一三〇四）より遊行を相続し、主に東国を中心に廻国十六年に及んだ。増大する時衆僧尼の育成と統制に心を砕いたことが知られる。これら書状の内容も、遊行を本旨とする考えに基づき、真教の先言を引用しつつ時衆の心得を説くもので、往生時や食料窮乏時の対応のありかたをはじめ、個別具体的な指示に及んでいる。（三）は十月四日付であり、独住して約半年後のもの。「遊行にて身命を尽して化儀をも助けて助縁とならん人ともこそ、護念にも預候て往生をも可遂」と時衆の本分を衆中に披露すべきとする。（四）は年紀、差出、宛所をもたない。第一紙目の端部分が切断され、前欠になる。本文書では、多数の在家、出家が往生に際して当麻に参ずる状況を嘆き、遊行にて「行き死ニ」することこそ本意であり、遊行の年月を経ずして当麻に来ることを許可しないことを衆中に披露するように依頼する。（五）では、遊行に従う時衆の人物評価を伝える一節があり、遊行惣衆運営の一面を垣間見ることができる。

呑海書状（六）は、遊行三代智得示寂後の当麻無量光院の無住化を避けるために鎌倉相公の要請によって同所に止住した内阿弥陀仏真光が、「他阿弥陀仏」を名乗り、遊行賦算権を相続したということを聞き、他阿弥陀仏は代々遊行が受け継ぐべき名字と故聖（真教）が定めおいたことに反する行為であると非難の心情を累々と綴る。宛所の与阿弥陀仏は、六代一鎮と目される。元応二年に智得が当麻で示寂したのちも、呑海は独住することなく正中二年（一三二五）正月まで六年にわたる遊行を続け、真光との対立が続いた。本書状はこの遊行期間中の発給である。遊行を終えた呑海は、当麻無量光院に入ることなく、藤沢極楽寺跡地に新たに清浄光院を開きここに独住した。周知のとおり、以後遊行上人は退任後藤沢に独住し、藤沢上人と称されることになる。

封上書に註記される墨書により元徳二年（一三三〇）と推定される一鎮書状（七）は、遊行中（一三三七—三八）の一鎮から京道場衆中に宛てた制法である。「若坊主を訴ふる程ありて、遊行へ来事あらハ、ふつと不可許容」などと記されるように、当時道場の運営に問題があったようで、坊主行法之儀式、尼給仕事などについて守るべき条々を書き遣わす。なお、この書状も第一紙目の前半部が切り取られたことによるのか欠失する。同様に京都の「臨阿弥陀仏」に宛てた同じ一鎮書状（八）も、遊行先から京道場の運営に関する指示を与えたもの。一鎮は金光寺歴代には数えられないが、『鐙上人略縁起』では正安三年（一三〇一）から七条道場にて修学したという。

3　室町時代前期から中期まで

この時代のものは、遊行十一代自空から同十六代南要までの間の四代八通（九〜一六）が存する。

自空発給の二通（九・一〇）は、藤沢上人時代に遊行惣衆に宛てたもの。応永六年（一三九九）十一月二十五日付の軍陣心得条々（九）は、戦場において臨終の念仏を勧め、菩提を弔い、あるいは文筆の用をなし、敵陣への使者をつとめた、「軍勢に相伴時衆」の法様を定めたものである。観応の頃に遊行七代託何が定めた軍陣における法様が失われている現状を鑑み、あらためて発給したとする。時衆の相伴の目的は十念一大事のためであり、合戦に関与することではない旨を確認する。もう一通の書状（一〇）は、応永七年十月二十四日に遊行十二代尊観が九州廻国後赤間関専念寺で病歿したことをうけ、遊行時衆惣衆に対し見舞と今後の進退を述べたものである。

遊行十三代尊明書状は四通（一一〜一四）を数える。うち、三通は唯阿弥陀仏（のちの遊行十五代尊恵）に宛てたもの。（一二・一三）は時衆が檀那の物詣に随行することに関する一連の書状である。尊明は、高野は別儀在所であり、他の寺社と等しからずとし、高野山以外への物詣を禁ずる（一二）。しかしほどなく、檀那からの物詣の所望には応えるものとするが、時衆が檀那を語らうことは禁ずることとする（一三）、と物詣に寛容な姿勢を示す。（一二）のなかに、「(唯阿が)遊行へ参候由聞候、於今者帰寺候哉」、と尋ねる文言があることから、尊明が藤沢上人(応永十九年〔一四一二〕—応永二十四年〔一四一七〕)であることを示し、その年代に唯阿は金光寺九代であったとみられるから、遊行は太空、帰寺先は金光寺である。（一四）も「遊行へも此趣を」と記され、藤沢上人時代のものである。本書状は、第一紙目の前半部が切り取られたことによるのか欠失するが、十五歳以下の時衆の本名字をとどめられるべし、と記される点が注目される。また、七条道場中の「庫院」「松寮」の初見史料となる。『遊行縁起』に取り上げられる尊明、太空、尊恵の代は中世において時衆が幅広く信者を獲得した時期にあたり、遊行中伝持の『時衆過去帳』に載る僧尼結縁者は、尊恵の代に僧衆三、二六六人、尼衆二、五二二人と最多を数え、結縁者も公家、武家から庶民に至るまで幅広い層にわたった。いっぽう、きわめて多くの時衆の統制をとり、宗儀を守らせることが、遊行・藤沢上人の課題であり続けた。（一二〜一四）の書状の発給の裏には、このような背景が存在する。もう一通の（一一）は、涼阿弥陀仏（武田信慶）という檀那との関係を伝えるもので、三国利益を終えたことを本望とすること、甲州遊行に際し京都からの涼阿弥陀仏の下向に感嘆したこと、自身のことは京都にては七条坊主（唯阿弥陀仏のことか）が委細語られることなどを記す。内容からみて、本書状は尊明遊行中のものであって、応永八年

（一四〇一）から同十八年（一四一一）までの間に比定される。

太空条々（一五）は、応永十九年三月二十六日遊行相続後ほどなく発給されたもの。①門徒時衆が物詣を行うこと、②所々の道場が名字を贈ること、③十五歳以前の時衆が本名字をとどめること、の三条を停止する。①は尊明書状（一三）と関連するもので、「藤沢・遊行へ参する事を八心より外ニ思て、物詣を本とす」行為を批判し、尊明の方針を変更して檀那所望にかかわらず物詣を禁じる。②は前住が給わった名字を相続したり、給わらざる名字を勝手に名乗る事例を禁止する。③は発心の有無を問わずに左右なく名字を付しているこの十余年の風潮を批判し、十五歳以前の本名字を禁止し、十五歳以後の本名字付与も事の謂われにより判断することとする。本条々においても、増大する各地の時衆に対する統制を必要とする状況が窺える。

南要書状（一六）は二十代持阿の比定にみるように長らく知蓮書状と考えられていた。というのも、差出に捺される朱円印の印文が「遊行廿一世」となっていることも一因と推測される。本書状の内容は、七条西仏所と中仏所との間で門徒大仏所の座をめぐって相論が起こり、いったん大仏所を西仏所としたものの、西仏所に依頼した一遍彫像の完成が遅延を重ねたため、今後大仏所を中、西の二つとする旨を伝えるものである。このことから、七条仏所が分立し、七条西仏所が没落へ、中仏所が隆盛へと向かう十五世紀中葉頃のものとみられること、知蓮書状（一七）とは筆跡が異なることから、本書状は藤沢独住中の南要から覚阿弥陀仏（十八代如象）に対し発給されたものとする説が近年出された。(9) 現在長楽寺には、一遍以下七名の祖師像が伝存するが、(10) 制作年代が判明する一鎮、尊明、尊恵の各像はいずれも遊行の位にあった期間に制作されたことよりみて、制作年未詳の太空および暉幽像も同様と考えられる。像内墨書銘には、尊恵（遊行期間：一四一八―一九）像は「七条仏所」、暉幽（遊行期間：一四四〇―六六）像は「七条西仏所」制作と記され、この年代の間に仏所の別を明記する理由が生まれたとみられている。差出の印文の解釈は残るものの、本書状の内容は十五世紀中葉とみることが妥当と考えられ、七条道場と遊行派との関係、七条仏所分立の動向を窺うことのできる史料として注目される。発給年代は藤沢上人南要、遊行上人暉幽の時代になり、永享十二年（一四四〇）から寛正七年（一四六六）までの間になる。

4　室町時代後期

永正年間（一五〇四―二一）の遊行二十一代知蓮、同二十二代意楽の二代二通（一七・一八）のみである。内容はともに金光寺の運営に関するもので、遊行派の宗制、時衆の統制に関する内容が多かった前代までのものと質を異にする。この時代、永正十年（一五一三）十月兵火により焼失した清浄光寺が、慶長十二年（一六〇七）まで一世紀近く復興されなかったことが示すとおり、戦国の世は藤沢・遊行を筆頭とし、全国にネットワークを築いた遊行派にとって、化導の拡大、全体の統制を図ることが困難な時代であった。

（一七）は、永正二年に遊行上人知蓮が金光寺に対し、同寺末寺である伊賀岡本妙光堂坊主職を檀那衆の望みに任せ其阿弥陀仏に申しつくこと、妙光堂を其阿一代に限り金光寺末寺を離れ直末寺とすべきことを申し置いたものである。其阿が住持となるには、金光寺末寺では寺格が不足していたと考えられる。臨時の場合における本末関係、末寺住持人事権に関する、遊行上人、金光寺およびその末寺の関係を示す事例となる。（一八）は金光寺住持十四代持阿（意楽）が金光寺庫裏役者中に対し、同寺末寺の坊主が勝手に寺領、寺物を沽却することを禁じたものであり、金光寺の末寺支配の一端を伝える。

5　安土桃山時代から江戸時代

遊行三十一代同念一通（一九）、そして近世初頭の遊行派中興である同三十二代普光四通の二代五通（二〇～二四）が存する。

（一九）は、天正八年（一五八〇）二月十一日付のもので、金光寺衆中および檀方中に対し、金光寺末寺福田寺領を「当老僧覚阿」一代に限り、その支配とすること、彼僧往生以後は従前どおり常住物として住持が取納むべきことを定め置く。覚阿は「当老僧」とあることから遊行上人に近い人物であろうか。同念は前年九月に入洛して七条道場に入り、御所参内（天正七年九月十三日）、織田信長と対面（同十四日）などを経て、翌年まで滞在した。この間十二月四日には七条道場造作とあり、[11]新たな政権下において金光寺は復興途上にあったとみられる。

普光書状類五通は、慶長十八年頃のもの四通（二〇～二二・二四）および元和九年（一六二三）のもの一通（二三）で金光寺および京都の時宗寺院の寺務、法式に関する内容のものが多い。普光は天正十七年（一五八九）に藤沢上人となったのちも、はじめ佐竹氏をたのんで故郷の水戸に開いた神応寺を本拠とし、慶長十二年（一六〇七）以後は藤沢清浄光寺を再興し、永正十年以来およそ百年を経て藤沢に独住した。藤沢独住中も「他阿」または「遊行三十二世」の名をもってよく廻国し、多くの末寺の寺法・法式を定め復興を行い、宗制の整備を整えた。

慶長十八年四月四日付の「諸末寺法式」と題された置文（二〇）は、金光寺・永福寺・豊国寺・聞名寺の四寺に対し発給されたもので、遊行三十四代燈外の遊行相続以後に普光が藤沢で定め置いたことが明記される。大仏殿御時斎焼香のこと、往生人引導、位牌のこと、着衣のことの三条を対象とする。大仏殿御時斎とは千僧会ともよばれ、豊臣秀吉が祖父母の菩提を追善するために文禄四年（一五九五）に創始した法会で、妙法院経堂にて新儀八宗の僧が輪番でつとめた。遊行三十三代満悟は、秀吉、秀頼の帰依をうけ、慶長三年（一五九八）東山豊国大明神の地に創建された豊国寺（のち法国寺）開山となり、御時斎の焼香は大仏殿前の豊国寺が行うべき旨定めたが、とりまく政治状況の変化と満悟が示寂したこの段階において、焼香を輪番に変更することをはじめ法式を改めている。この輪番の変更は、約一月遅れの五月一日付で妙法院に書状（二二）にて伝えられたが、そのなかでは「七条金光寺当宗寺頭」と明記され、京都の遊行派の拠点に金光寺が再び位置づけられていることが注目される。また、先の置文と同日付で出された書状（二一）は、家康の家臣長谷川藤広（―一六一七）に宛てたと考えられるもので、金光寺後住（二十代持阿）上洛につき、「上野殿」（本多正純）の同意を得て家康御前へ召し出されるよう取りなしを依頼する。本文書が金光寺に伝来することは、長谷川に渡らなかったということか。(12) また、（二四）は、年紀、差出、宛所のいずれももたないが、内容、筆跡からみて、「藤沢卅二世之御書也、金光寺廿代住持之時」という二十代持阿による奥書の比定で間違いなく、普光から二十代持阿へ宛てた書状とみてよい。(13) ここには、幕府実力者や寺社政策責任者との対応、妙法院への対応、金光寺の運営、その他について、一つ書を二十二項目並べて指示・報告を行う。幕府関係者は御前（家康）、上州（本多正純）、以心崇伝、板倉勝重、長谷川藤広の名などが挙がり、文連なる人物や駿府の安西寺其阿などを仲介としていたことがわかる。妙法院へ書状を進めることは、先にみた大仏殿御時斎に関連するものか。金光寺の運営については、(14) 前住の弟子・若輩が一人おり、手習いなど教育をすることはもっともであるが、時衆でないことは迷惑とすること（二四項目）、金光寺寮舎の運営は衆分随意としてきたところ、金玉庵の運営があるまじき状態になったので、京都所司代の沙汰に期待していること（一五項目）、寮舎の儀には自身はさして口出しするつもりはないこと（一三項目）、など同寺および同寺寮舎運営につき改善の余地があることを認めている。このほか、後醍醐天皇御影と十二代尊観上人の関係を示す文書の知見（七項目）、十四代上人時代の将軍名など（八項目）などは、普光と二十代持阿との歴代上人顕彰作業の一端を示すものである。上記の内容からみて、本文書は（二二）から（二三）の内容と関連する部分が多く、二十代持阿が金光寺住持として入洛した慶長十八年をさほど隔てない時期のものとみられる。

（二三）は、元和九年（一六二三）三月十二日付で、普光上洛の砌に二十代持阿に宛てたものである。慶長十二年閏四月の七条住持代追放一件、元和八年の一条迎称寺住持職任免一件を記し、これら住持職の任免は本寺の沙汰たることを確認し、さらに「金光寺事ハ遊行の寺にて、諸末寺頂上無其隠候」と記す点は、江戸時代前期の寺院秩序形成期における金光寺の寺格に関する記述として重要である。

三　中世文書解題

中世文書は、平安時代後期から室町時代後期にかけて一一六通（二六～一四一）を数える。内容から1公武発給文書、2寺領関係証文類、3葬送関係文書、4その他、に大別される。以下、この順に文書の概要を記す。

1　公武発給文書

金光寺は京都における遊行派の拠点寺院であり、公武の庇護をうけた。また、朝廷、幕府の要人、鎌倉公方などの権力者が、遊行上人、藤沢上人に帰依する例が多く、両者間には贈答儀礼が存在した。このことを反映して、遊行上人宛綸旨一二通、室町幕府発給文書二〇通、鎌倉公方発給書状三通、戦国武将発給書状三通が伝わる。

はじめに、遊行上人宛綸旨（八五～九四・九七・一二四）からみていく。長楽寺所蔵文書中に二通、清浄光寺所蔵文書中に一〇通が伝わる。これに、『相州文書』収載にかかる同内容の綸旨二通を加えて表3を作成した。これら綸旨は、いずれも「他阿上人御房」宛で、国家安全、宝祚延長の祈禱を命令した文面になる。ただし、長楽寺所蔵の二通のみ年号が記されないので、年代の比定を行いたい。(九七)は、奉者甘露寺清長が右兵衛佐である期間で正月が閏月である年は、応永八年と判明する。したがって、本文書は後小松天皇綸旨で、宛所の他阿上人は遊行十三代尊明上人に比定される。(一一四)は、『建内記』や『薩戒記』[15]の記事により、永享十二年(一四四〇)に発給された後花園天皇綸旨で、宛所は遊行十七代暉幽に比定される。本綸旨は万里小路時房が示した文案に拠ったものであるが、時房は祈祷命令に年号を載せることや署名に官途・名を記すことを不審としながら、年号を載せず名字を記すことを結論として奉者の坊城俊秀に指南したと記しており、本文書に年号が記載されていない理由が判明する。ただし、その後の綸旨には、年号はすべてに書き載せられ、発給者の諱の記載も統一しておらず、時房のいう一般の祈禱命令とは区別されたとも考えられるが、今後の検討を俟ちたい。時衆に対する祈禱命令綸旨は、遊行上人宛のほか浄阿上人宛が知られ、事実上上人号勅許の綸旨として機能したことが指摘されている[16]。表3に各綸旨受給者の遊行相続日を記し、綸旨発給日との関係を示した。先述したような綸旨の機能を反映し、遊行上人宛綸旨は遊行相続後半年以内に発給される場合が多いが、なかには記号を付したように遊行相続後一年以上経過して発給される場合もある。たとえば遊行三十二代普光の場合(表番号14)、天正十二年(一五八四)八月二十三日に日向で遊行を相続したが、綸旨発給は一年半以上経過した同十四年四月五日付である。この場合は、普光が天正十四年春に初めて入洛、参内したことを期に発給されたものであるが、遊行相続日と綸旨発給日との関係性については、当時の政治状況、遊行相続場所などを勘案し、個別事例を今後検討する必要が認められる。

次に室町幕府発給文書は、金光寺および同末寺領の寄進、安堵など寺領関係文書、遊行上人宛の御内書が多くを

表3　遊行上人宛綸旨一覧

番号	年紀	文書名	差出	宛所	本書番号	典拠	遊行相続
1	康暦二年二月十一日	後円融天皇綸旨	□□□□	他阿上人御房（元愚ヵ）	八五	清浄光寺文書	
2	（応永八年）後正月廿二日	後小松天皇綸旨	右兵衛権佐（花押）	他阿上人御房（尊明）	八八	長楽寺文書	同年正月二十四日
3	応永十九年四月七日	後小松天皇綸旨	右中弁家俊（清閑寺）	他阿上人御房（太空）	八四	清浄光寺文書	同年三月二十六日
4	応永二十四年七月十七日	称光天皇綸旨写	右少弁経興（勧修寺）	他阿上人御房（尊恵）	不掲載	相州文書	同年四月二十八日
5	永享二年閏十一月二日	後小松上皇院宣写	権右少弁奉	他阿上人御房（南要）	不掲載	相州文書	永享元年七月十六日（〇）
6	（永享十二年）六月十五日	後花園天皇綸旨	権右中弁俊秀（坊城）	他阿上人御房（暉幽）	一一五	長楽寺文書	同年正月十六日
7	応仁元年五月廿日	後花園上皇院宣	右少弁（花押）（広橋兼顕）	他阿上人御房（如象）	八三	清浄光寺文書	同年三月十二日
8	文明十六年十月七日	後土御門天皇綸旨	権右少弁（花押）（中御門宣秀）	他阿上人御房（尊皓ヵ）	八二	清浄光寺文書	文明三年六月八日（〇）
9	明応六年六月七日	後土御門天皇綸旨	右少弁（花押）（勧修寺尚顕）	他阿上人御房（知蓮）	八一	清浄光寺文書	同年五月八日
10	永正十年三月四日	御柏原天皇綸旨	右少弁（花押）（万里小路秀房）	他阿上人御房（意楽）	八〇	清浄光寺文書	同年五月三日（△）

11	大永二年九月四日	御柏原天皇綸旨	右少弁兼秀（広橋兼秀）	他阿上人御房（仏天）	七九	清浄光寺文書	永正十七年七月九日（○）
12	天文六年十月二日	御奈良天皇綸旨	権右衛門資将（町資将）	他阿上人御房（真寂）	七八	清浄光寺文書	天文五年十月廿七日（○）
13	天正七年九月十二日	正親町天皇綸旨	右少弁（万里小路充房）	他阿上人御房（同念）	七七	清浄光寺文書	天正四年七月十八日（○）
14	天正十四年四月五日	正親町天皇綸旨	頭左中弁（万里小路充房）	他阿上人御房（普光）	七六	清浄光寺文書	天正十二年八月二十三日（○）

○：遊行相続と綸旨発給が一年以上空いた事例。△：遊行相続前に綸旨が発給された事例。

占める。発給者別にみれば、尊氏御判御教書一通、義満御判御教書一通、同御内書一通、義持御判御教書五通、義教御判御教書一通、同御内書四通、義政御判御教書一通、時代が下って義昭御内書三通であり、将軍家御教書案二通と管領畠山政長禁制一通が加わる。

寺領関係文書から概述する。金光寺は、開創以降室町時代中期にかけて、洛中、洛外（山城国紀伊郡、乙訓郡）を中心に寺領を集積した。暦応二年（一三三九）に足利尊氏は、前年に遊行相続した託何に宛て、「洛中辺土散在」の金光寺領を安堵している（六七）。応永二年（一三九五）の足利義満寺地寄進状（九五）は、寺地を含む一町四方の土地を金光寺に寄進する旨であるが、本敷地には、創建時の寺地およびこの時点ですでに寺領となっていた敷地が複数箇所確認できることから「寄進」の実状は安堵とみなされ、この一町四方が一円所領化したことを知ることができる。このほか寺領寄進状に応永十年（一四〇三）の足利義満御判御教書（一〇七）、同三十年の足利義持御判御教書（一一三）の二通がある。前者の寄進地は山城国上豊田半分（現京都市伏見区）、後者は三河国額田郡中山郷

（現岡崎市）であるが、室町時代中期の寺領目録（一二七）によれば、この二カ所以外の金光寺領はすべて洛中、洛外の散在所領と知られる。

寺領安堵状は足利義持、義政のものが計四通存する。応永十六年足利義持御判御教書（一〇八）は、「洛中辺土散在屋敷田畠并諸末寺同寺領等」を相伝当知行に任せ安堵したものである。応永三十四年の足利義持御判御教書（一一四）、永享四年（一四三二）の足利義教御判御教書（一一六）、長禄四年（一四六〇）の足利義政御判御教書（一二六）の三通はほぼ同内容で、山城国上豊田半分および三河国中山郷等の金光寺領について、段銭以下臨時課役免除と守護使不入を安堵したものである。

次に、遊行派寺院、遊行上人の保護に関する文書が四通ある。応永二十七年の足利義持御判御教書（一一一・一一二）は、（一一一）は金光寺および国々末寺、（一一二）は清浄光寺および国々末寺が他門・他宗に付属すること、逆に他門・他宗の寺院が当門下に寄附されることを禁じたものである。これより先、応永二十三年（遊行十四代太空代）、同二十六年（遊行十五代尊恵代）には遊行派時衆の諸国往反における人夫馬輿勘過を諸国に命じ[17]、また応永三十一年には四条道場金蓮寺を七条道場末寺に命じている。上述の文書は大半が義持発給文書で、遊行上人は尊明・太空・尊恵の三代の期間にあたる。

将軍御内書および鎌倉公方書状は、藤沢・遊行上人との親交を背景とするものである。御内書は、他阿上人に宛てた足利義教のもの四通（一二〇〜一二三）と足利義昭のもの三通（一三九〜一四一）がある。はじめに義教の四通であるが、（一二〇）は、遊行出立の注進に対する返書として祝意を表したもの。義教の将軍在職中における遊行上人の相続は、永享元年七月十六日の十六代南要上人と永享十二年正月十六日の十七代暉幽上人の二回であるが、義教が公家花押を用いる時期は永享四年八月七日の御判始以降であることから、後者の越後専称寺における遊行相続に際し発給されたものとわかる。また、（一二一〜一二三）は、将軍と他阿上人との贈答儀礼に関する文書になる。（一二一）は、（一二〇）の約一カ月のちに、義教が遊行在京中に帰依した藤沢上人南要に対し発給されたものと考えられる。[18]（一二二・一二三）の年紀は未詳であるが、清浄光寺に伝来することを考えれば宛所は藤沢上人南要であろうか。次に義昭の三通である。（一三九）は武家様花押を用いることから、永禄九年（一五六六）から同十二年の間の文書であることがわかる。[19]また、（一四〇）は金光寺再興、（一四一）は諸末寺再興に対する理解を示した文書になる。こちらは公家様花押を用いることから、永禄十二年六月以降とみなされるものの年次の特定は今後の研究を俟ちたい。

鎌倉公方発給書状は、足利満兼書状（九六）、足利持氏書状（一一七・一一八）の三通である。（九六）は端裏書により応永六年（一三九九）の足利満兼の返事とみられるが、「去年悲歎之事」につき言葉にできない哀悼の心情を吐露した内容からみて、前年の足利氏満の逝去に関するものであろうか。[20]宛所の遊行上人は十二代尊観（嘉慶元年〔一三八七〕遊行相続）で、氏満、満兼父子との親交ぶりを窺うことができよう。（一一七）は、遊行上人に対し、扇・力革を贈進された返礼として馬一疋を進めたもの。（一一八）は藤沢上人に対し、鎌倉所在の時衆寺院である光触寺の申す内容を聞き満足したこと、覚阿弥陀仏をもって三種を送られたことに謝意をしめしたものである。両通ともに年次未詳であり、宛所を特定することはできない。持氏は、「鎌倉殿御信仰あり日々十念御申しあり」（『遊行縁起』）と記されるように、藤沢独住中（一四一二—一七）の尊明や太空に帰依したことをはじめ、応永二十七年（一四二〇）には満兼の菩提を弔うために鎌倉別願寺に畠地を寄進したり、永享七年（一四三五）には清浄光寺に仏殿百二十坪を造営・寄進するなど生涯時衆を保護した。

2　寺領関係証文類

証文類は、長楽寺所蔵文書中に、売券・寄進状五通、敷地指図一通および寺領目録二通の七通があり、一で述べたように歴博文書中に六〇通が伝わる。

売券・寄進状のうち、(六六)は元亨四年(一三二四)に浄阿弥陀仏が金光寺に塩小路北高倉西に位置する九カ所五戸主余の敷地を「高倉念仏堂金光寺」に寄進したもので、金光寺に対する売券、寄進状のなかでは最古の文書であり、貞和から文和年間(一三四五〜一三五五)の(五六・六八〜七二)と併せ、十四世紀に金光寺が隣接地を所領化していく過程を跡づける文書である。高倉塩小路隣接地以外の金光寺への所領寄進状に、六角室町(三五)、七条町(五六・六一)、七条万里小路(五六)、東山赤築地茶毘所(八三)東山赤築地延年寺突出分(七五)、九条畠(五九)、川勝寺藪地(六〇)、青地畠(六二)があり、年代としては十四世紀半ばから十五世紀初頭になる。

多数を数える平安時代から南北朝時代の洛中下地に関する売券・紛失状類は、金光寺所領に関する手継証文類になり、六角室町(二六〜三六)、近衛油小路(三七〜四二)、東山赤築地(七三〜七五、八二〜八四)などが比較的まとまっている。総論・論考編で述べたとおり、清水坂に位置する東山赤築地の茶毘所を所有したことは、その後の金光寺の葬送事業において活動拠点として大きな役割を果たした。(八二・八三)は、同茶毘所が金光寺へ売却された際の一連の売券であり、応安五年(一三七二)、坂者を請人とし善阿から時阿へ、その翌日時阿から「七条高倉の御道場」へ五貫文にて売り渡されたこと、茶毘所は「清光寺領内赤築地天神中道南頬」(四至明記)という場所に所在したことが知られる。(21)

寺領目録は、長禄四年(一四六〇)の年紀を有する金光寺領田畠目録(一二七)、文明十年(一四七八)の金光寺弁寮舎末寺領目録（一二九）の二通で、室町幕府などの庇護をうけて最盛期ともいうべき時代を迎えた金光寺および末寺の所領の総体を知ることができる史料として重要である。この二通に関しては、論考編を参照願いたい。

3　葬送関係文書

室町時代において、「坂者」と呼ばれた清水坂非人は、京都市中の葬送営業権を有し、葬送実施に際し発生する諸費用のうち、人夫料や輿・簾・綱などの諸道具の使用料などを得ていた。彼らは坂惣衆と呼ばれる座的共同組織を形成し、国名を名乗る坂および末宿の長吏を戴き、沙汰人、公文らを代表とする集団的運営を行った。このことから、葬儀に関与する寺院は、その実施に際して坂者との関係をもつこととなった。

葬儀実施に際し、坂者から金光寺に発給された文書が七通（一一五・一二五・一三二～一三五・一三七）残される。文書の年代は、正長元年（一四二八）から天文十七年（一五四八）までの室町時代中後期で、坂者が有した葬送に関する諸権限、使用料等を両者間で確認し定め置いたものである。

（一一五）は、正長元年（一四二八）十月の清水坂公文所請文案で、遊行十五代尊恵上人の代以来、七条道場が引導を勤めた葬儀には引馬・鞍料等の請求は差し控えていたが、今後は引馬があれば一貫文を支払うべき旨定めたもの。尊恵の遊行相続は応永二十四年（一四一七）であるから、七条道場が使用料の優遇をうけた期間は長くとも十年前後になる。（一二五）は、長禄元年（一四五七）十一月八日付の清水坂公文所請文で、徳政につき、本来免輿以下停止されるべきであるが、幕府の仰せにより今後の免輿を承認する旨の請文である。免輿とは、葬送に用いる三昧輿の使用権を清水坂が京中の寺院・所々に売却したことを指すが、例えば東寺では、輿・簾・綱の使用権として坂に三貫七百文支払うことで、坂から免輿状を発給されている事例が知られる[22]。（一三二・一三四）は、大永三年（一五二三）八月のもので、蓮台に関する権利を金光寺に認めたものである。金光寺から坂に対し合力をした見返りに、金光寺の望みにより、先々まで百疋支払っていたものを、今後は木杭・仏事銭まで含めて三十疋に減額し（一三二）、徳政令が発布されたとしても蓮台銭については永代免除し二十疋を支払うべきことを定め置いている（一三四）。（一三七）は天文十七年（一五四八）のもので、七条道場内で土葬を行う場合、穴一つにつき五十文を金光寺から清水坂方へ支払うこと。具体的内容は判明しないが、引馬、火屋以下については、前々からの定めのとおりとしている。天文十五年に鳥辺野周辺に位置する時宗・新善光寺が土葬および墓の造立許可を受けているように、京都においては室町時代後期には幕府の許可のもと、時宗に限らずに寺院境内における墓地が造立されるようになる。金光寺における境内墓所の造立時期は明確ではないものの、本文書により少なくとも当該期まで遡ることが明らかとなる。

（地主智彦）

四　近世文書解題

本書に翻刻掲載した近世文書は、一紙状の形態をとるものの多くについて端裏書があり、筆跡から近代の同一筆記者による記入と考えられる。ここでは金光寺を「当寺」とすることから、これらの端裏書きはおそらくは明治時代に至って以降、長楽寺合併以前に整理が加えられた際に記されたものと思われる。

次に文書の内容からみると、「1　葬送関係文書――火葬・隠亡・墓所」「2　寺務・宗務関係文書――寺由緒書・什物・本末・条目・宗門改」「3　境内普請関係文書」の三種に大別される。ここでは仮にこの分類に従って、以下述べていきたい。

1　葬送関係文書――火葬・隠亡・墓所

近世文書のうち最も中心をなすものがこの葬送関係の文書である。これらのうちとくに江戸時代前期の文書については火屋の経営や権利の主体が坂から金光寺へと段階を経ながら移っていく室町時代後期からの変容過程のなかに位置づけられるものであるので、中世分文書のなかの正長年間から天文年間において坂側と金光寺との間で葬送の際の引馬料銭や蓮台銭・仏事銭などの諸権利を申し合わせた文書類（一一五・一二五・一三二〜一三五・一三七）と、分断された視野でみるべきものではない。

まず金光寺配下七条火屋の由緒に関わるものとして元和七年（一六二一）五月の年紀をもつ（一五〇〜一五二）がある。これらは東山赤築地にあった墓所（火屋）が七条河原口に引渡しになった際に坂と金光寺相互の間で取り交わされた置文とその案文で、葬送に関わる様々な料銭の名目が列挙され、その米代として毎年玄米三石五斗を金光寺から坂惣中に支払うべきものと定めている。また、（一六一・一六二）は、宝永元年（一七〇四）五月金光寺から京都町奉行所へ金光寺火屋の明細を上申したものの写で、これによれば、金光寺火屋由緒は宝永元年より三百三十七年前（貞治六年〔一三六七〕）に東山鳥辺野にあった火屋を紘召時阿より買い受けたものであり、只今は年間三十両から五十両の山銭、すなわち火葬による収入があり、そのうち紘召方へ毎年三石五斗遣わしていることを述べている。

この玄米三石五斗の額面は、これより下って天保四年（一八三三）六月に服部平左衛門なる人物が金光寺に提出した（一九七）の一札にもみえている。そこでは数年来金光寺から毎年玄米三石五斗を受け取ってきた権利を香具屋嘉兵衛に譲渡した旨が申し述べられていることから、元和七年の段階で定められてきた毎年三石五斗の受納は、坂惣中が近世初期以降、解体の過程をたどり葬送のことを取り扱う元締めとしての実質を失って以降も、得分権として譲渡されていったらしい。

（一三二）もまた年月日未詳ながら、町奉行の改に応じて金光寺から差し出された境内火屋についての由緒書である。ここでは火屋は応安五年（一三七二）八月十五日に金光寺六代持阿が善阿から買い受けたもので、元和七年（一六二一）五月朔日に金光寺境内に移転したものとしている。

（一二六）は、金光寺七条火屋で実施されたと考えられる葬送の収入帳簿。火葬された人の在所と名前に続いて、山料（火葬代カ）、施餓鬼料、床机の使用料などが品目ごとに記載されている。年未詳ながら江戸時代中期頃の葬送費用の実態を知りうるものであり、また金光寺火屋が商家を中心とした京都の町家の人びとの需要に応えていたことが判る、きわめて重要な史料である。

次に七条以外の火葬場や墓所に関する文書としては、（一四六・一五六・一五七・一八五・一九四・二二〇）がある。（一四六）は慶長年中のもので、坂弓矢町（現京都市東山区）の念仏寺役人が愛宕念仏寺において火葬を務めることを請負った請文である。宛所を欠くが正文であることから金光寺に提出されたものである可能性があり、複雑な権益を含んだ火葬の主体が坂惣中から金光寺に徐々に引き継がれ、位置づけられていく途上のものとして検討すべき一通である。

（一五六・一五七）は、荘厳寺墓所ならびに福田寺墓所について坂側に申し受ける料銭の取り決めで、坂奉行衆六人の連判によって寛文六年（一六六六）十一月、両寺それぞれへ申し渡されたものである。

（一八五・一九四・二二〇）は東塩小路村（現京都市下京区）白蓮寺火葬場に関わるものである。（一八五）は荘厳寺の所持であった白蓮寺が安永元年（一七七二）十一月、東塩小路村の若山正蔵・用助に譲渡された際に両名から荘厳寺に宛てられた念書であるが、これによれば白蓮寺裏には墓所（火葬場）があり、古来惣百姓持となっていたことが知られる。さらに（一九四）は文政四年六月にやはり若山正蔵・用助の名で金光寺に宛てられた願書であるが、これによれば古来白蓮寺火葬場は村方限りの火葬場であるので、火屋としての営業を行わぬよう取りはからうようにという金光寺側の要請があり、若山方はそれを請ける見返りとして永代の恩賞米五斗を受け取っていたらしい。恩賞米は十カ年ごとにまとめて五石宛下渡の約定になっていたらしく、年限にあたって若山方より出された文久三年（一八六三）の約定米下渡願（二二〇）がある。

つづいて火葬にたずさわる隠亡に関する文書について触れていきたい。

金光寺火屋で火葬にたずさわっていた隠亡の身分は、境内地への火葬場移転の頃までは坂惣中支配に属する部分を残していた可能性があるが、近世文書においては以下にみる享保年間（一七一六―三六）以降の文書を中心に、隠亡らが町奉行の仰せをうけつつ、具体的には金光寺から直接に管理統制をうける立場にあったことを窺い知ることができる。

（一六三・一六五・一六九）は享保四年（一七一九）の三条火屋停止に伴って隠亡が他の火屋へ編入された際の文書である。（一六三）は三条隠亡の編入についての奉行所からの仰渡に対する七条火屋隠亡らの請状、（一六五）は同じく狐塚・七条・蓮台寺の三火屋隠亡ら連判による請状、（一六五）は三条火屋から七条火屋に編入された新参隠亡らの身元請状で、（一六五）は金光寺門守甚兵衛を直接の宛所としている。

（一七六・一七七）は元文二年（一七三七）に隠亡仲間株の扱いに関して隠亡らより金光寺に出された詫状であるが、これらによると、元文二年の段階では隠亡株は金光寺側の認定によるものとなっていた。七条火屋の隠亡株は時期により多少の変動はあるが、基本的にはこの時も含め三株であることが多く、丸屋仁兵衛、丸屋重右衛門、丸屋八兵衛などをそれに付随する名跡として受け継いでいた（一七五）。仁兵衛名跡の後役拝命を求めた願書および請書として（二〇八・二一一・二一二・二二一・二二二）がある。このうち、（二一一・二一二）と（二二一・二二二）は、七条松明殿裏の小屋頭が身元請人として文書を差し出している。（二〇八）の願書は金光寺配下の役人万屋甚兵衛が差し出したものである。

甚兵衛は「火葬場守主」あるいは「金光寺門守」などとみえ、三条火屋隠亡受け入れの際には金光寺側の役人として新参隠亡の身元請状を受給していることから、隠亡らの実質的管理者であったとみられる。（二〇五）は守主万屋甚兵衛が倅幸助を後役としたときの身元請状であり、甚兵衛自体も名跡は継がれるものであったらしい。（一七二・一九八・二〇〇〜二〇四・二〇六〜二〇八）は隠亡の寺請状である。（一七二）は享保十二年（一七二七）、仁兵衛とその家族、下人についての浄土宗知恩院末三条粟田口金寿寺の請状、以下は天保四年（一八三三）から同十三年（一八四二）までにわたるもので、（一九八・二〇〇〜二〇四・二〇六）の七通は仁兵衛、八兵衛、重右衛門とその家族および下人を一同に列挙した浄土宗末金台寺の請状、（二〇八）は仁兵衛についての時宗藤沢清浄光寺末の五条寺町荘厳寺の請状で、宗旨や檀那寺が変わるのは、仁兵衛が家筋とは直接関係なく継がれていく名跡であるためである。

隠亡の権利に関する文書は、（一六四・一七〇・一七一・一八九・一九〇）である。（一六四）は享保四年（一七一九）、隠亡の権益を確認した証文で、ここにおいては、隠亡が葬送に用いられた物品の貸料や下げ渡しをうけることや借代を扶持料として受け取ることを先規からの既得権として金光寺側が認めている。隠亡らには火葬料からの直接の収入がなく、もっぱら（一六四）にみるような物品の貸料や下渡のみによっていた。このような事情から（一七〇・一七一）によれば、享保年間には隠亡が施主に鳥目を強いたり、火葬者の衣類や棺を焼かずに申し受けてしまったりという実情があったらしい。（一六〇）は、享保十年（一七二五）、金光寺より町奉行に提出された一札の下書で、火葬料の一部を隠亡らに遣わすようにとの奉行所の仰渡に対する金光寺の請状、（一七一）はこのとき隠亡らが今後火葬の一部を金光寺より申し受けることになった代わりに今後このようなこと無き旨を申し述べた請状である。また文化元年（一八〇四）の（一八九・一九〇）も、輿などの貸代以下を隠亡の扶持料として遣わす旨を確認するもので、金光寺から隠亡への申し渡しとそれに対する隠亡からの請状である。

（一七四・一七五）は七条火屋隠亡の身分に関わるもので、享保二十年（一七三五）に木村平兵衛（丸屋仁兵衛）に袈裟と院号を免許した熊野検校の御教書の写である。（一七五）奥の書付によれば、これら二通は、弘化三年（一八四六）十二月七条火葬場由緒や隠亡の素性などについて町奉行の改が際に、金光寺において写し置かれたものという。安永六年（一七七七）九月の年紀をもつ（一八三・一八四）の二通は、東岱山の山守を兼ねる隠亡が金光寺門守と結託し、山枝減少を金光寺側に虚偽申告したことについての詫入れの一札で、東岱山は七条火屋の隠亡株をもつ三人が共同で山守をしていたことからして、火葬の薪炭に用いるための山林があったかとも想像される。

また金光寺の隠亡支配に関わるものとして文化七年（一八一〇）に隠亡相互の相論を金光寺がおさめた際、隠亡らから寺側に出された和談請状と詫状がある（一九二・一九三）。

2　寺務・宗務関係文書――由緒・什物・本末・条目・宗門改

寺由緒に関するものとしてはまず元禄五年（一六九二）の金光寺改帳がある（一五九）。これは同年実施された幕府主導の大規模な寺改に伴うものと考えられ、金光寺とその寺家（塔頭）九カ所、および配下の遊行派寺院十一カ所について、寺領や創建由緒を記載する。

寺宝什物関係文書は（一四八・一五五・二二五・二二七）の四点である。（一四八）の道具目録は、いわゆる免物証文である。これは天文十二年（一五四三）に遊行二十五代仏天から金光寺持阿（十六代ヵ）に対し本尊名号以下の七種道具および傘や輿などの免物諸道具類を免されたときの証文の写で、慶長十九年（一六一四）に二十二代持阿写し置かれた旨の奥書がある。（二二五）は掛物すなわち軸装された什物類の目録で、朝廷や鎌倉室町将軍以下の武家政権の発給文書、墓所（火屋）の証文、遊行上人や歴代住持の手になる文書や名号などを列挙する。年紀はないが記載内容から元禄年間以降の成立と考えられる。

（一五五）の朱印状目録は金光寺および配下の荘厳寺・福田寺についての寺領安堵の朱印状を書き上げるもので、豊臣秀吉以下徳川家光に至る各四通を記載する。目録の年紀は万治二年（一六五九）とするが、裏面には補遺として宝暦十三年（一七六三）までの朱印状を書き上げ、徳川家治を「御当代」としている。

（二二七）は朱印状の包紙で、ウハ書に記すところによれば、代々の朱印状九通と秀吉の朱印状一通に掛けたものであったようである。

寺領関係文書としては、（一四二・一四三・一四九・一九九）がある。（一四二）の西岡物集女内塚原検地帳は、金光寺領であった物集女村内塚原（現：京都市西京区）の天正十七年（一五八九）の太閤検地帳である。帳面の保存状態が悪く、欠損のため判読不能箇所が目立つが、一筆ごとの土地面積が零細的であったことがうかがえる。（一四三）の豊臣秀吉朱印状と（一四九）の徳川家康黒印状写は、西院村（現：京都市右京区）と物集女村の金光寺領一九七石の安堵状。（一九九）の天保五年（一八三四）金光寺寺領高目録写は、国役による大川筋普請のための寺領銀高確認で幕府勘定所に宛てられたものである。ここでは（一四三・一四九）で物集女村内の寺領であった分が物集女村と塚原村の二ヵ村それぞれに別立てで記載されているが、これは塚原村が近世初頭頃まで物集女村の枝領として認識されていたためである。また（一四七）の松田政行書状は金光寺に竹木の権利を承認した折紙の添状で、時期は松田が前田玄以のもとで京都行政にあたっていた豊臣政権期かと推定される。

その他、末寺領関係文書として、（一四四・一四五・一五三）がある。これらは、金光寺末寺である法国寺が兼帯した近江の大津金塚道場荘厳寺の寺領一三〇石余をめぐる、三井寺（園城寺）との相論関係文書である。（一五三）の法国寺由緒書写は、貞享元年（一六八四）に荘厳寺領の権利を主張する目的で幕府に提出したと思われる由緒書で、元和七年（一六二一）より寺領を三井寺に押領されていることを訴えた寛永五年（一六二八）の清浄光寺と法国寺連署の言上が写し添えられている。（一四五）の三井寺領目録は、豊臣政権下の慶長三年（一五九八）、三井寺再興を許可した五大老と五奉行の連署状二通の写である。文禄四年（一五九五）、豊臣政権より突如闕所となった三井寺領の寺領回復の許可状である（一五三）によれば、この際、三井寺領と入り組んでいた荘厳寺領が三井寺領内として高に加えられたため、遊行三十三代満悟が荘厳寺領拝領を幕府に願い出で、寺領回復に成功している。（一四四）の三井寺領之内荘厳寺相渡帳は、慶長三年に三井寺領内に加えられた荘厳寺領の詳細を書き上げた土地台帳である。（一四四・一四五）がともに金光寺に伝来した経緯を踏まえると、元和年間に三井寺が荘厳寺領を押領したのは、この慶長年間の一件が要因であったことが推測される。

条目に類するものには五点がある。金光寺内に設置されていた七条学寮に関するものとして元禄七年（一六〇）、延享五年（一八〇）、寛延三年（一七九）があり、いずれも学寮に学ぶ僧侶の出世や階梯について定めたものである。（一八〇）は宝暦十一年（一七六一）の写であるが、藤沢と七条に学寮が創設された延享五年（一七四八）に定め置かれた条目としてみるべきものである。また（一八六）の掟書は天明元年（一七八一）に浅草日輪寺から五条寺町の市屋道場金光寺に下し置かれた掟書写である。

本末に関するものは、(一六六・一六八・一七一) などがある。(一六六) は、金光寺が享保四年 (一七一九) に受けた朱印状包紙に誤って聞名寺兼帯金光寺と記されていたことについて、聞名寺住職が誤りであることを証した一札、(一六八) は金光寺と末寺の境内人数を奉行所および勘定所に申告した享保六年 (一七二一) の金光寺人数帳で、この時点では法国寺以下八カ寺が奉行所から金光寺末寺の扱いを受けているようである。(一七一) は、享保十年から十二年 (一七二五―二七) にわたる六条道場歓喜光寺の後住相論をめぐる文書類の留帳。歓喜光寺は開山弥阿の法脈を相続してきた無本の寺であったが、延宝七年 (一六七九) に遊行末寺となり、享保十年後住の任免権をめぐって本寺たる藤沢清浄光寺と争うに至った。

宗門改は (一九一・一九五・二一九) の三点があり、それぞれ文化四年 (一八〇七)、文政十一年 (一八二八)、安政五年 (一八五八) のもので、ともに金光寺と九院の塔頭および京中四カ寺の藤沢清浄光寺末寺についての住職、寺役人、下人等の人数を載せる。(一九一・一九五) に関しては、とくにそれぞれの寺領百姓の宗旨ごとの人数までを記載する。なお宗門改については、このほか寺蔵近代文書中に明治元年の (二二八) がある。

以上のほか臨時の寺務として年未詳の行倒人届書が一通あり、境内火屋龕前堂の長軒下に綴斎木綿の袷を着た非人躰の男の行き倒れがあったことを奉行所に届けている (二二三)。

3　境内および普請関係文書

(一八七・一八八) は天明八年 (一七八八) に金光寺境内堂舎の作事や部材の彩色文様を届出たもので、この年実施された諸寺境内建物改に応えて奉行所へ差し出されたものの写であり、(一八八) は境内絵図を付載する。堂舎としては本堂、客殿、庫裏、鐘撞堂、経堂、衆寮などがみえている。

（一七八・一九六・二一七・二一八）は金光寺境内の普請願。（一七八）は寛保三年（一七四三）に表練塀門と門守部屋の作事を、（一九六）は文政十三年（一八三〇）に本堂に獅子口を取り付ける作事を、（二一七）は嘉永元年（一八四八）に表仮門前の木柵新築と火葬場建物増改築を、（二一八）は嘉永二年（一八四九）に火葬場建物の内の井戸屋形再建や法事場・火屋守小屋周辺の増改築などを各々奉行所へ願い出たものである。また普請出来届として（一七三・一八一）があり、（一七三）は享保十四年（一七二九）諷経場等の出来を、（一八一）は明和五年（一七六八）火屋札場の建て足し分の出来を奉行所に届けている。

（二一〇・二一四・二一五）は、天保年中（一八三〇〜四四）に普請願のあった金光寺境内施設の状況を天保十四年（一八四三）・天保十五年（一八四四）・弘化元年（一八四四）の段階で奉行所に申告し、一部について普請が成らない旨を申し述べた断り書である。ここでは主要堂舎以外に熊野権現、地蔵堂などの名もみえる。

（二一四・二一六）は境内の火葬場に近接する御土居に関わるものである。（二一四）は、御土居の藪内に金光寺が許可なく通用門を取り付け火葬場の通行に用いていた件についての赦免願で、天保十五年（一八四四）に奉行所へ提出されたものの控である。（二一六）はこれについて翌弘化二年（一八四五）に寺側が藪内の道筋を撤去し復旧をすませた旨を奉行所に届け出たものである。

境内近隣との関わりについては（一五八・二〇九）がある。（一五八）は、金光寺境内北の妙法院領の地所の一部を通り道として使用するため、金光寺側より毎年五斗の地子をもって地所借り受けのことを述べた通り手形の写。（二〇九）は境内火葬場東の天部村の地所における家作願に寺側として差し支えなき旨を奉行所へ届けたものである。

五　近代文書解題

今回翻刻の対象となっている近代文書は以下の四点である。

（二二八）は明治元年（一八六八）九月の宗門人別改帳。金光寺塔頭九ヵ寺、京内の藤沢末寺四カ寺と、それらの塔頭二ヵ寺の住僧および下人の改書を載せ、金光寺院代と役者の連署により奉行所に提出されたものの控で、体裁は安政五年（一八五八）奉行所に提出された（二一九）の金光寺宗門改帳とほぼ同様である。

（二二九・二三〇）は七条火葬場の移転に関わる文書である。（二二九）は、七条火葬場移転のことを政府より仰せ渡された明治四年（一八七一）六月十七日から同年七月九日までの日次形式の記録で、京都における遊行派門中寺院の集議の記録、京都府への嘆願書および京都府からの達書などを留めている。これによれば、金光寺支配火葬場敷地が鉄道造営の差し支えとなり、西六条花畑火屋か狐塚火屋いずれかへの合併が求められたが、金光寺はそれに対し直ちに嘆願書を提出し、金光寺火葬場は学寮の僧侶扶助のためのものであるので、配下の五条坂法国寺境内へ移転したいという事情を申し述べ、いったん聞済となりながら、同年七月四日には京都府より延引の達があり、九日には差止の沙汰となっている。（二三〇）は、法国寺境内への移転が願い下げになってよりあとの明治四年七月二十四日付口上書の寺控で、ここで、さらに願い出た二条川東聞名寺境内への移転についても聞き届けられなかったので、七条火葬場を鉄道に差し支えのないほどに縮小することで継続したいという旨を、京内遊行派門中七カ寺の連署によって願い出ている。

（二三一）は、金光寺を本山とする末寺帳である。年紀を欠くが、奥の注記により、明治五年（一八七二）五月十七日に政府へ差し出されたものの控と知られる。金光寺塔頭九カ寺、末寺六十二カ寺とその塔頭六カ寺、孫末寺二十一カ寺について、それぞれの在所、住職を列挙する。

（佐藤文子）

註

（1）七号一鎮上人書状は南北朝時代の可能性もあるが、便宜上鎌倉時代に数えた。
（2）初出は「七条金光寺文書」（『藤沢市史研究』八、一九七六年）。
（3）裏打される文書は四周が裁断される。また足利義教御内書（一一〇・一一一）は、切封上書部分が裁断され本紙端部分に貼り継がれるなど、装幀されていた跡をとどめる。
（4）国立歴史民俗博物館『田中穣氏旧蔵典籍古文書目録　古文書・記録類編』（二〇〇〇年）。
（5）本紙の四周も概ね裁たれた形跡がみられる。
（6）普光は、天正十二年に遊行相続、天正十七年藤沢上人となり、時衆宗門再興に尽力した。寛永三年藤沢清浄光寺にて示寂する。日向国飫肥光照寺にて遊行相続ののち、上京して七条道場に入り、天正十四年四月五日には正親町天皇から遊行相続の綸旨（七五）を賜った（禰宜田修然・高野修『遊行・藤沢歴代上人史』〈松秀寺、一九八九年〉）。
（7）二十代持阿は、慶長十八年に金光寺住持、寛永四年遊行相続、同十七年遊行中に甲斐一蓮寺にて示寂する。
（8）歴代書状類は、一九九一年から九二年にかけて保存修理事業が行われた。そのなかで修理前に付されていた紺表紙は、保存上の必要性から新補表紙に取り替えられ、修理後は別置保存されている。
（9）淺湫毅「長楽寺の時宗祖師像と七条仏師」（京都国立博物館『長楽寺の名宝』、二〇〇〇年）および同図録解説。また、根立研介「東寺大仏師職考」（『仏教芸術』二一一、一九九三年）。では、東寺大仏師職は、西仏所の康秀、康清に補任されてきたが、康清時代に西仏所が没落し、寛正二年（一四六一）には中仏所康永に補任されたことが指摘される。
（10）遺像として一遍、真教、寿像として一鎮、尊明、太空、尊恵、暉幽の各像がある。
（11）同念の事績は、『遊行三十一祖京畿御修行記』があるが、ここでは禰宜田修然・高野修『遊行・藤沢歴代上人史』

（松秀寺、一九八九年）を参照した。

(12)（二四）に、「長谷川他行候ハヽ、其分ニ候、無了簡候」とある。

(13)（二三）～（二四）はいずれも、もと折紙を半裁して並置したものである。

(14)（二二）に、前住を追放したのは慶長十二年閏四月二十六日のこととする。

(15)『建内記』嘉吉三年六月十六日条、『薩戒記』同年同月十五日条等。これらによればこの綸旨は、遊行上人の望みにより管領畠山徳本から朝廷へ発給を依頼した。発給にあたって奉者の坊城俊秀は、綸旨の文面について万里小路時房の意見を聞いている。時房は「予案、御祈禱事多不載年号歟、為年号者多可為判歟、勧修寺故中納言所為不審〃〃、俊秀忽背彼卿所為之条、又如何、仍不載年号可書名字之由指南了、文章又旧案無念歟、聊引直了、」（『建内記』嘉吉三年六月十六日条）として、本綸旨の文面を俊秀に示した。俊秀は、時房の案に従い綸旨を書し、管領に送っている。『建内記』の記事は林譲氏の御教示による。なお、林譲「史料紹介『薩戒記』嘉吉三年六月条抜粋——上人号勅許とその文書に関連して——」（『一遍聖絵と時衆』時衆文化第二〇号金井清光先生追悼号、岩田書院、二〇〇九）において『薩戒記』の記事を中心に検討がなされている。

(16) 臼井信義「上人号」（『日本仏教』一、一九五七年）。

(17) 応永二十三年のものは、遊行十四代太空が京都を出立するにあたり、発給されたものという（『遊行縁起』）。

(18) 禰宜田修然・高野修『遊行・藤沢歴代上人史』（松秀寺、一九八九年）。

(19) 足利義昭が武家様花押を用いる期間は、永禄九年四月十二日の御判始から、同十二年六月二十二日の任権大納言、叙従三位までの間である（上島有『中世花押の謎を解く——足利将軍家とその花押——』山川出版社、二〇〇四年）。

(20)『神奈川県史』六四九七・六四九八号。

(21) 近世にはこの時阿を金光寺住持六代持阿とする。

(22) 文安二年八月九日付坂奉行衆連署置文案（「東寺百合文書」ヱ函一五三号）、文安二年十一月晦日付東寺地蔵堂三昧輿等散用状（「東寺百合文書」ヱ函一五五号）。

金光寺文書

呑海ニ念仏ヲ勧ム事ヲ所望ス

念仏ノ形木ヲ一遣ス

一　真教上人（遊行二代他阿）書状（竪紙）

巻子装　三三・四×　第一紙　四八・一　第二紙　四九・〇　第三紙　四八・九　第四紙　四八・八

弘通念仏の摺形木一送達之候

有阿弥陀仏　　他阿弥陀仏」

（墨引）

「（端裏封ウハ書）

四郎太郎殿就夢想、念仏を有阿弥陀仏にすゝめさせ奉むと所望候、我〻独住之後者、遊行聖にこそ念仏勧進をもゝたせて候へ、既道場百所許に及候、面〻念仏勧候者帰而軽相に覚候之間、一人に可事足候程に、無其儀候之処、出雲五郎左衛門入道のもとより、浄阿弥陀仏に念仏を勧させ奉へきよし所望候、其故者、自身京都の篝を勤て在京仕候間、浄阿弥陀仏も京中に御渡候之程に、貴所へも召請せられ給候次に、御化導之時すゝめ念仏にもれさせ給候人〻、雖御所望候、未蒙免許之間、不可叶之由申給候、可然候者、念仏勧進を可有御免と被申候しにつきて、田舎なとこそ候へ、我〻者独住に候、時（可）受之由所望之時は、（京都にて）可被勧之由返事申て、念仏の形木を一遣候し也、就其当時もすゝめ候、これよりは遊行聖に申付て候へハ、事足候ぬと覚候、然而四郎太郎殿夢想記につきて、京都にてはそれニかはるへきにても候ハねは、人の所望之時はすゝめ給へく候、仏法は自身之計、私の智恵を加へきにあらす故、念仏弘通は阿弥陀仏の（向）十方衆生、此願不成就者、不取正覚と発願し給、然者、一切衆生を先として、不事私計之間、これも願主の方より所望につきて、不申異儀は衆生を先とする故也、自身之往生も恃仏之本願、成往生之一大事、衆生の化導も捨自之計、可随他之所望之間、何方へも（向へ）ても不（用）我之執心て、任他之故、をのつから自身之業障此に尽て、仏にハ哀愍の慈悲を蒙り、衆生にハ令成帰敬之思は、只自身真実の信心一念より、如此の広大の巨益に預る、且感此等之謂、被納胸中は可為真実之信心候、あなかしく

南無阿弥陀仏

（正和五年）二月七日（十二日カ）　　他阿弥陀仏

有阿弥陀仏（呑海）

有阿弥陀仏
当麻無量光寺

（後補紙墨書）
「此御書者、御遊行第二代御真筆也、当寺開山第四代上人（呑海）住持之御時、自当麻無量光寺御算之形木御給之御書也、正和五年之事也、当寺者正安三年御建立、御住十□（九）年、中上人（智得）元応二年御入滅之刻御出也、御算箱入、日記、形木五（一遍、大上人（真教）、中上人（智得）、開山（呑海）、五代（安国））、大上人御髪ソリクツ香合二入、同御袈裟一帖、蓮花

一、開山板之小名号、同御鉢子四入」

一遍
大上人
中上人

（後補紙墨書）
「大上人御書　天正十四丙戌三廿八　加表紙畢
三十二世他阿（普光）書（印）（朱方）」

御下向本意
二三ヶ年在国
ニテ休ミ候ハ
ムハ宜シカル
ベシ

寿阿弥陀仏

二　真教上人（遊行二代他阿）書状（竪紙）　巻子装（三〇・五×第一紙 四四・四／第二紙 四七・〇）

無別事御下向之由、本意覚候、何様にも二三ケ年之程者在国候て、御やすミ候ハむハ可宜候、
又彼仁しはらくこそ候とも、始終ハ出さるへきいはれなく覚候、御上まて命若なをのひ候
は、、入見参事も候へし、不然者、可期浄土対面候、難尽覚候へは、毎事期後便候、あなか
しく〱

南無阿弥陀仏

七月廿九日　他阿弥陀仏

（礼紙封ウハ書）
「（後筆）「大上人」　（墨引）
寿阿弥陀仏　御返事　他阿弥陀仏」

三　智得上人（遊行三代他阿）書状（竪紙）　巻子紙（三〇・〇×第一紙 四六・二／第二紙 四六・七）

（端裏封ウハ書）
「　（墨引）

中国ハ更ニ始タル方号阿弥陀仏来リテ止マル事本意

（異筆）「元応元十一九　到来　中上人御書」

有阿弥陀仏　　他阿弥陀仏」

中国ハ更ニ始たる方ニて候へは、相構へていそき給候ハすして、一切衆生ニ札をくはり候へく候

号阿弥陀仏これへ可来にて候けるに、と、まるよし、此御房たち語申候、返〻本意に相叶候也、年来にても候うへ、なまとしもよりて候へは、身にそへてこそ具すへきにて候へしかとも、諸事ニつけて、道場の助縁ともなるへき物と思候て、と、めて候し也、自余の御房たちも以同かるへきにて候、我〻も人〻の請ニよりてこそ、心ならす独住をもして候へハ、身は是ニ候へとも、心ハ遊行に候也、自か心にひかれて是来候者、全く信心にても、又志にてもなくて、只己か来たき妄心ニひかれたる物ともにて候へハ、恚心ハおこり候へとも、一切うれしとハ思はす候、遊行にて身命を尽して化儀をも助けて、助縁とならん人ともこそ、護念にも預候て往生をも可遂にて候へハ、此之由衆中ニ可有御披露候、再会可奉期極楽内生候也、穴賢〻〻

（元応元年）十月四日　　他阿ミ陀仏

南無阿弥陀仏

（呑海）有阿弥陀仏

有阿弥陀仏

故聖ノ遺跡ニ止ル

「四代　中上人ヨリノ御書（後補紙墨書）　天正十四丙戌年四月二日、在京之内ニ記之、卅二世他阿弥陀仏（普光）」

四　智得上人（遊行三代他阿）書状（竪紙）

巻子装　三二・四×　第一紙　二九・〇　第二紙　五三・二　第三紙　四八・八　第四紙　四八・一

故聖（真教）は已十余年の独住にておはしまし候しかハ、鎌倉中の風聞と申、利益と申、偏執之輩、我慢をたゝし帰伏之人多候しかとも、猶以人方をハ、憚給候しそかし、当今入滅之刻、此化導を得て遺跡を継せさらむ事のミ方便するハ、外道邪見魔障なりといへとも、又仏智の御方便として無別事、今まてハ此遺跡ニ止候、付其遊行の多勢重来之由披露之間、先これへ人々来事、一二人なりと申とも、長途を中ニして連々遠行似繁候之間、在家・出家共にいたミ申され候事、返々理覚て候、加様候へとも我々か作法いまたうかれたる躰にて、人ニも（被）不知、不被用様ニ候ニ、一人も当時の折節を不憚して、これへ来候ハん事、併化導を破るにて候へき間、制止し申にて候也、一二年をたにも不過候ニ尼法師来之間、たやすく十念ゆるさ□（る）てへからすと申にて候を、誠哉覧、ゆるされのなくハ、とても地獄ニおつへからんにハ、押て麻（当）へ参てこそ死なめなと申族ともの候よし聞へ候、返々事実にて候ハゝ、無道心の至にて候へし、其故ハ、生死一大事のために在家の恩愛のきつなをふりすてゝ、知識ニ身命を譲た

衆中ニ読聞セ

妙一房ヲ隔テ
ム者ハ逆罪

らんニハ、たとひ首足手をもかるとても、一念のうらみをなすへからす、況往生を遊行の聖ニ譲奉て、化導を三代ニ欲令継候、随てそれニと丶め置候時衆ハ併助縁と成て化儀を助奉覧ためにてこそ候ニ、自か無道心なる善意の発心せさる我執の心を以て、知識ニ親疎遠近をさし候ハん物ハ、全く廻心せすしてハ、往生すへからす候、なにとしても独住にありつきて、遊行の利益をもまたくせんと思心さしふかく候に、その心を得さる物共なれハこそ、無道をハたくミ候らめ、君の心をうるを忠臣と申、知識の心を得るを弟子とハ申へきニ、未不得此心之間、加様ニ聞へ候也、たとひ一向ニ来通事を制申候とも、生死一大事のためにてこそ候へハ、遊行にて行し死ニするこそ本意にて候へ、年月をも経さるに来候事を、無左右ゆるさるへからすと申候也、御心得候て、衆中ニよミきかせられ候へく候、兼又これより遺候し妙一房ハ、故聖ニ常ニ身命をすてぬ物そと仰候しかとも、思知事ならてすき候程ニ、今知識ニをくれ奉候て後、今更思知られ候て、余ニ口惜覚候間、恩徳報謝のために遊行にて身をせめて、日来の自閑を可尽之由三再申之間、最神妙なりとてこそ遺候ニ、我〻を背て遊行へ来たる物をあいそへて、目をミせ座せきまてに近くをかる丶事、不被心得とて、尼共そねミ申候之由聞へ候、妙一房をへたてむ物ハ、知識をもへたつるものにて候へきあひた、逆罪のものなるへき故ニ、全く廻心なくてハ不可遂往生候、若其分事実にて候ハ丶、此文をよく〳〵よ

独住シテ久シクナリ候

厳阿ミた仏

御中五代右衛殿、時衆所望

現一房、物衆失食ニ付、食ヲ受ケザル由

みきかせられ候へく候、年齢もなましいにたけ候ぬ、独住して久しくなり候ぬれハ、中〻退崛すへきよしを人〻も申候しかとも、聖先言故ニ止候之間、是非身命を可捨之由歎申候しかハ、万人皆感してこそ候しか、我〻を背としてなからハ、これにてこそ廻心をもよくせさすへきにて候へ、我意ニ任て非可遣候、且ハ押察あるへきにて候也、又厳阿ミた仏ハ遊行にてハ、としころにても候へハ、かへし可遣にて候処ニ、御中五代右衛殿と申人、如法往生の信心ふかく候か、始て時衆所望の間、本よりハ物ハさりぬへきをハ、外へあまた遣候ぬ、人ハつや〳〵候ハすして、発心もせぬものにて候へとも、鎌倉へ遣候ぬ、無人数にそ候らんと思遣候へとも、自然ニくハ、り候ハんか、仏智ニ任て、私の計ひあるへからす候、あなかしく〳〵

南無阿弥陀仏

（後補紙墨書）
「中上人御書也　　天正十四丙戌三廿八、表紙之（朱方）（印）」
三十二代他阿書（普光）

五　智得上人（遊行三代他阿）書状（竪紙）

巻紙装（三四・〇×第一紙 四九・〇　第二紙 五三・八　第三紙 五四・〇）

誠にて候哉覧、現一房いさゝかの物をしてまいらせ候なるに、物衆の失食之上者、我一人くふへきかとてうけ給ハさるよし、尼共かたり申候、若さ様にも候はゝ、無謂覚て候、其故ハ

当麻

漢阿弥陀仏遊行不相応

故〔聖脱ヵ〕も昔了一房のさハくりてまいらせし時ハまいりてこそ候しか、われら又随てさ候き、此度ハ定て〔当〕麻ヘハともして来候ハんすらんと思定候けるにとゝめをき候しハ、又別事にてハ候ハす、さやうのさハくりのためにてこそ候しに、現一か心をむなしくし給候のミならす、我らか本意を空くなし給候へハ、旁謂なく覚候、食物ニとゝまらさらんにハ、たゝ一人はかりくゐたり候とも、な□なにかとり候へきや、然者故聖、昔の遊行之時も、常の法門にハ、百人の人のかつゐて九十九人ハくはすとも、只我ひとり食せんに、なにとも不可思、又九十九人か食せんに我只一人くはすとても、なにとも思ふへからすと云、法門ハ失食のたひことに候〔領〕しそかし、それハ食物に目をかけす、心ニとゝめさるゆへ也、しかれハ自今以後者、此物を得給候へく候、又昔遊行〻者を所〻へ多く遣され候し時ハ、なにとなく心細にて、たよりなき心のうかひ候し事の候し也、しかるに聖十界一如の心性よりあきらめ給候て、只一人になるとも、又多勢になるとも、それニよりて、〔増減の思をなして〕心を不可動すと度〻慈訓蒙て後ハ、本より独一なる謂を心得候き、然ハ如来も独去独来独生独死と説給へるハ、此謂にて候へき也、又時衆事、二人中ニいつれにても候へと申て候ハ、たゝそれの用人ならんをハ、遊行を正として、それニとゝめられ候へく候、是より申て候ハ、謗にして無用ならんを給ハりて、努〻これにハ心をゝかるへからす候、漢阿弥陀仏ハ志は候といふとも、身ハかひなき人にて候へハ、遊行ハ不相応にてやらん、もしさも候ハヽ、それと御計候へく候、又さもなくて候ハヽ、本より右筆と申物をも読ミなとしらんためにハ、最も用人たるへきにて候へハ、楽阿弥陀仏を給候へく候、これにハ適候物も、皆我かかふにて候へハ、心安手水・はき物をもとりて給仕しぬへきものも候ハヽ、一人つけられたらんハ可然候、又不有敢候ハんハ無力候、又目の煩の候なれハ、髪ハ旬ニ二度つヽそらせ給へく候、何事も申さん事にて意楽あるへからす候、

楽阿弥陀仏ヲ給候へク候

南無阿弥陀仏

八月廿六日　　た阿弥陀仏

有阿弥陀仏（呑海）

有阿弥陀仏

六　呑海上人（遊行四代他阿）書状（続紙）

巻子装（三一・二×一〇一・二）

（端裏封ウハ書）
「与阿弥陀仏　　他阿弥陀仏
（墨引）　　」

自当麻内阿弥陀仏、文とて持来之処、彼状位所之躰、存外無極候、此名字代〻遊行可受継之旨、故聖定置給之処、既其名を号して、正背知識遺命間、不及披見、追返其使畢、然者、於

自当麻内阿弥陀仏状ノ位所存外無極

此跡聊も如此及是非、相似違論之謂出来之条、悲而雖有余事候、無力次第候、此遊行形儀化用、往古不二にして、相続候なから、於此名字黙止候ハん事、還又不信至候間、我〻は只仰先言はかりにて、任其旨候畢、此等之趣、年来心得給人〻にてをハしまし候へは、高宮小野方様へも便宜時なとには可有伝説候、穴賢〻〻

高宮小野方様へモ伝説アルヘシ

南無阿弥陀仏

十月四日　　他阿弥陀仏

与（一鎮）阿弥陀仏

与阿弥陀仏

（後補紙墨書）
「遊行四代
開山上人御筆六（一鎮）代上人当寺住ノ時、参セラル丶也、（朱方）（印）」
天正十四丙戌三廿八、卅二世記之

○封ウハ書部分を截断し表に接合する。

七　一鎮上人（遊行六代他阿）書状（竪紙）

巻子装（三三・〇×第一紙 五一・四／第二紙 五三・二）

（端裏封ウハ書）
「京道場（異筆）「元徳二十一廿到来」
（墨引）
衆中へ　　遊行他阿弥陀仏」

京道場此間心労ニツキ既坊主ヲ定置ク

道場事、此間者心労候つるに、時尅到来して既坊主を定置候了

一、坊主之善悪ニ不綺して、知識之貴命ひとつを可守、年来之人も我はかほすれハ、坊主の心労となり、道場之煩となり候、随而自他のため無利益事也、己か情識本とせすして、坊主ニまかすれハ、此心発心たるによりて、坊主も心安、道場も安穏ニ成候へハ、則自他之利益となるへき也、然者時衆の発心より外ニ不可有他之利益、遊行にても我ハかほなるものにハ、振舞たき事もふるまはれす、いひたき事もいはれす、心をかるゝ様に、余ニ心苦く覚る也、此事ハ身の上ニ被思知之間、是まて示遣也、此謂をなを不心得して、若坊主を訴ふる程ありて、遊行へ来事あらハ、ふつと不可許容、坊主それにてかれか発心の有無を見て加教訓程に、不用其言、任雅意者、自業自得果之理ニ可被任者也、我〻ハ既ゆくゑもしらぬ方へ赴ハ、そひたる坊主こそ我〻か形見にてもあるへく候へ、発心したらハ争是を愚ニ可思哉、此謂も打続之心労ニ聊思知らんと覚て候、所詮衆中面〻発心せハ、実之行躰ハ期時可被顕也

一、坊主行法之儀式、我〻か独在ありし時のことくにてあるへし

一、尼給仕事、（同）我〻か時のことく、したしからす、うとからすして、可有随進也

一、御房達我〻ニ随進給仕せしことく、慇懃ニ心をいたすへし

相阿弥陀仏ヲ京道場ニ遣ス

坊主ノ計ヲ存スヘシ

臨阿弥陀仏

一、名号可被書事、兼治定上者、不可有子細也
一、相阿弥陀仏を又遣も、衆中往生一大事を思知候ハんかとて、是まて心をくたき候也、次
信心之人〻のためニ如此相計候、此条〻大綱ハ、自是申遣候へとも、依時儀坊主被相計事
あらハ、随坊主之心、ともかくも可存其計也、穴賢〻〻

他阿弥陀仏

南無阿弥陀仏

（元徳二年）十月十一日

（後補紙墨書）
「六代上人ノ御書　天正十四丙戌卯月二日　卅二世他阿記之」

○封ウハ書部分を截断し表に接合する。

巻子装（三二・〇×第一紙 三二・四 第二紙 四八・七 第三紙 四九・〇）

八　一鎮上人（遊行六代他阿）書状（竪紙）

（端裏封ウハ書）
「（異筆）「七日到来」　（異筆）「第六」遊行
臨阿弥陀仏　　他阿弥陀仏」

純阿弥陀仏ヲ調声役トシテ京道場ニ遣ス

明春京近キ辺ニ赴ク名阿弥陀仏ヲコレニ留ム

大衆一心ニ発心シ京都ヲ専ニス

純阿弥陀仏を為調声遣候、此仁ハ遊行にても一方ならぬ用人にて候へとも、閣諸事のほせ候、代〻御意ニいれられし謂にて候へハ、衆中も又讃出しなんとも可心得候也、是ニ少〻尼ともの留候について、我も〳〵といふ巧をもふくみて候ハん物ハ、ふつと往生すましきものにて候、留て候物も我〻す□〔す〕て非本意候、雖然任事縁、聊逗留あるはかりにてこそ候へ、それをハいかなるみちとか、はかり候へき、返〻それを本にして、我も〳〵と申候ハんにハ、たれか一人のこり候へきなれハ、努〻不可有事ニ候也、面〻ニ発心して其身の往生をも全し、我〻助縁ともなるへく候、此理を能〻よみきかせらるへく候、是を猶以背候はゝ、今生・後生ふつといろふましく候也、又別時ニ来候ハんなむと申仁もありぬと覚候、今年ハ大勢にて候□〔は〕んすらむと覚候、若命候ハゝ、明春ハ京ちかきあたりにをもむく事もあるへく候へハ、其時心静ニ来候ハんハ可宜候也、兼又、名阿弥陀仏任雅意候て見え来候しかとも、やかて追出候之処ニ、二三日之程断食候て、此振舞大なる僻事ニ候よし、廻心申候之条、複〔復〕于本候了、此仁ハ京都ニても始終いかゝと思候うへ、如此人をのほせ候につけても、遊行無人数ニ候て、此調声人ニとりかへて、名阿弥陀仏をハこれに留候了、是も純阿弥陀仏のかはりに留候へハ、余人の傍例にもなるましく候、於自今以後者、大衆皆一心ニ発心して、京都を専ニし、我〻か利益の助縁と成て、あなたこなたへといふ事可停止候也、穴賢〻〻

軍勢相伴時衆ノ法様

時衆同道ハ十念一大事ノ為ナリ

南無阿弥陀仏

九月廿八日　　　他阿弥陀仏

（後補紙墨書）
「六代上人御書　（託何）七祖当寺住之時也、天正十四丙戌卯月三日
御筆五年メノ御書也　　　遊行三十二世記之了」

○封ウハ書部分を截断し表に接合する。

九　自空上人（遊行十一代他阿）書状（竪紙）

巻子装（三三・五×五一・八）

（端裏書）
「十一代上人御自筆　軍勢時衆ノ掟」

軍勢に相伴時衆の法様は、観応の比、遊行より所〻へ被遣し書ありといへとも、今ハ見およひ聞およへる時衆も不可有、仍或檀那の所望といひ、或時宜くるしからしといひて、心にまかせてふるまふ程に、門徒のあさけりにおよひ、其身の往生をもうしなふもの也、檀那も又一往の用事ハかなへとも、門下の法にたかひぬれハ、時衆の道せはくなりて、かへて檀那の為も難儀出来すへし、然ハ世出可被心得条〻

一、時衆同道の事ハ、十念一大事の為也、通路難儀の時分、時衆ハ子細あらしとて、弓矢方の事にふミをもたせ、使せさせらる〻事努〻あるへからす、但妻子あしきハ惣して人をたすくへき事（いは）いはれあらハ、不可有子細

軍陣ニオケル
武具取付

歳末別時ニハ
阿弥衣ヲ着シ
称名スヘシ

一、軍陣において、檀那の武具とりつく事、時としてあるへき也、それもよろいかふとのたくひハくるしからす、身をかくす物なるかゆへに弓箭兵杖のたくひをハ時衆の手にとるへからす、殺生のもとひたるによてなり

一、歳末の別時にハ、軍陣なりともこりをかきときをし、阿弥衣を着して、称名すへき条、勿論也、雖然所によりて水もたやすからす、食事も心にまかせぬ事あるへし、又檀那の一大事を見ん事も無力にしてハ叶ましけれハ、食事ハ何時にてもあるにまかせてさたし、こりハかゝすともくるしかるへからす、若又□へからん所にてハ、如法におこなふへき也

一、合戦に及ハん時ハ思へし、時衆に入し最初、身命ともに知識に帰せしめし道理、今の往生にありと知て、檀那の一大事をもすゝめ、我身の往生をもとくへき也、此旨存知せさらん時衆にハ、能〻心得やうに可被披露、穴賢〻〻

南無阿弥陀仏

応永六年十一月廿五日　他阿弥陀仏

（後補紙墨書）
「右之御書、十一代上人之御真筆也、元和元年卯月十八日裏打、廿代金光寺持阿（法爾）認之也、又一通三ケ条之掟之御書見出、認置也、以上、二通也、金光寺可為什物」

（後補紙墨書）
「大上人御筆　天正十四丙戌三廿八　加表紙　卅二世書（朱方）（印）」

一〇　自空上人（遊行十一代他阿）書状（竪紙）

巻子装（二九・一×第一紙 四二・一／第二紙 四一・八）

（懸紙ウハ書）
「（別筆）
「十二代（尊観）、廿四日、御入滅之時
御下、十一代（自空）上人ヨリ遊行衆中へ御自筆□也」
遊行惣衆
」

遊行入滅

惣衆進退事、作阿ニ申含ム

（端裏書）
「十一代御自筆御書」

遊行（尊観）入滅、兼の病気にても候ハて、惣衆の仰天、併察覚候、巡路の国も次第ちかくなり候ハヽ、我最後も心安候ハんするなとあらまし在て候へハ、思外ニ先立給候、老命のつれなさも、今更うらめしく覚て候、九州の辛労なのめならぬ事にて候よし聞得候し程に、とく近付給候ハヽ、つねニ申かよはしても、なくさめ申候ハんなと思て候へハ、今追善のさたに及候、不定のならひ、ハしめておとろく心地して候、面〻の悲歎思遣候ぬ、作阿ミた仏、一両日逗留の子細候、惣衆進退事、作阿ニ申含へく候、荒〻覚阿先物語申へく候、悲歎迷惑の間、筆もとられす候へとも、惣衆心中察覚候程ニ、自筆ニ申遣候也、穴賢〻〻

南無阿弥陀仏

三国利益終候ノ条満足

七条坊主

保阿弥陀仏

（応永七年）霜月十三日　他阿弥陀仏

（札紙封ウハ書）
「（墨引）

遊行惣衆　僧尼中へ　他阿弥陀仏」

一一　尊明上人（遊行十三代他阿）書状（竪紙）　巻子装（三一・七×第一紙 四七・八／第二紙 五一・三）

此方化儀、代〻雖揮心底、無時刻到来歟之間、空渉歳月候了、然而今度三国利益先事終候之条、本望満足候也、高州遊行之時分、殊更炎暑最中御下向之条、御信心至極覚候之間、感歎無申計候、路次上下無相違御候之条、是又悦入候、七条坊主此方事等、委細可被語申候之間、省略候了、穴賢〻〻

南無阿弥陀仏

七月七日　他阿弥陀仏

（札紙封ウハ書）
「（墨引）

（別筆）「因幡入道殿」カ　遊行

保阿弥陀仏　他阿弥陀仏」

（後補紙墨書）
「此御書、御代不知候、余見事之間、裏うたせ、さし置候、以来類本以可被改者也

当寺廿代持阿弥陀仏(法爾)
元和二年卯月十八日
」

一二　尊明上人（遊行十三代他阿）書状（竪紙）

巻子装（二九・四×第一紙 三九・四 第二紙 四四・一）

状具披見候了、此方様同前候、底阿弥陀仏来候事、不思寄候、路次之煩痛入候、遊行へ参候由聞候、於今者帰寺候哉、高野へ大夫殿より時衆所望候ける、仍委細底阿弥陀仏ニ申子細候、高野事者別儀在所候之間、向後も所望方候者、不可有子細、余物詣には不可被等候、底阿見聞之間、此方様子可有物語候、折節見之間、管領へ馬一疋引進之候、委細底阿可申候、臨阿往生事、哀ニ覚候、老躰ハ残候て、かやうに若者往生、無念候、毎事期後音候、穴賢〻〻

南無阿弥陀仏

三月十四日　　他阿弥陀仏

（礼紙封ウハ書）
「　　（墨引）

唯阿弥陀仏　　他阿弥陀仏」

（後補紙墨書）
「十三代上人御書　（尊恵）十五代当寺住之時也
三十二世記之、天正十四丙戌卯月三日　」

大夫殿ヨリ高野物詣相伴所望

管領へ馬一疋引進

唯阿弥陀仏

大夫殿ヨリ委細承ル
時衆物詣事檀那所望ニ任セラルベシ
河内坊主
唯阿弥陀仏

一三　尊明上人（遊行十三代他阿）書状（竪紙）　巻子装（二八・八×第一紙 四五・五 第二紙 四八・三）

状具披見候了、其後此方様同前候、心安可思給候、大夫殿御方より委細承候、令悦喜候、時衆物詣事、向後者檀那可被任所望候、但、時衆之私として菟角到〔致〕料簡、檀那をかたらふ謂候をハ不可被用候、たんなの方よりさらに住持之方へ所望候ハんするをは、所望ニまかせられ候へく候、調躰円五粒留候、大切候、委細河内坊主可在物語候、穴賢〳〵

三月廿八日　　他阿弥陀仏

南無阿弥陀仏

（礼紙ウハ書）
「（墨引）

唯阿弥陀仏　　他阿弥陀仏」

（後補紙墨書）
「十三代上人御書　十五代当寺住之時也、三十二世記之、天正十四丙戌卯月三日」

一四　尊明上人（遊行十三代他阿）書状（竪紙）　巻子装（二八・四×第一紙 九・四 第二紙 二二・〇 第三紙 四八・八）

遊行へも此趣を態使者をもて申候き

時衆の本名字、十五已前不可被付候、所〻へ下名字事、是も留候、名字等事、其江も堅可有沙汰候、聊爾ニ有へからす候、関東様、時衆是へハかくれ候て、物詣なと候ぬと覚候、京都にて聞あハれ候ハヽ、堅留らるへく候、又是へ可有注進候、其外所〻の時衆、同前たるへく候、博多坊主此方様子可有物語候、是の本調声不堪ニ候とて上表候間、事を闕候、若可然仁候者、可被下候、庫院の与阿弥陀仏ほしく候へとも、それハ其のてらのやうにて候間、不所望候、又松寮の文阿、庭の程、四五十日やといかされ候へく候、松つる様を是の時衆ニをしへさせ候て、のほせ候へく候、委細事猶期後便候、穴賢〻〻

（上欄）本名字十五已前ニ付スベカラズ／物詣所〻ニテ留ラルベシ／博多坊主／庫院ノ与阿弥陀仏／松寮ノ文阿／唯阿弥陀仏

七月十七日　　他阿弥陀仏

南無阿弥陀仏

「（ウハ書）　（墨引）

唯阿弥陀仏　　他阿弥陀仏」

「（後補紙墨書）十二代上人御書　十五代（尊恵）当寺住之時成へし　三十二世他阿（普光）記之、天正十四丙戌四月三日」

○第一紙・第二紙は截断される。

一五　太空上人（遊行十四代他阿）書状（続紙）

巻子装（二九・五×九四・〇）

物詣
道場賜名字
十五已前本名字
藤沢ヨリノ成敗

（後補紙墨書）「十一代上人之御書」

於向後可停止条々

一、門徒時衆物詣事

一、所〻道場贈名字事

一、時衆十五已前本名字事

右此三ヶ条、藤沢よりの御成敗にまかせて、堅致其沙汰者也、故上人十一日御代にも、此三ヶ条雖有御定、重而被加御成敗謂者、物詣の事、檀那の所望あらハ、不可有子細と仰られしによりて、所〻時衆檀那をもとめかたらひて、物詣猶不止、門下時衆等知識の護念にあつからすは、一大事をとくる事、ゆめ〳〵あるへからさるに、藤沢・遊行へ参する事をハ、心より外ニ思て物詣を本とす、全仏神の冥慮にかなふへからす、只是をのれ〳〵か依無正躰、名聞利養をこのミて、近代の時衆如此振舞へり、仍致沙汰也、於向後者、いかに檀那所望ありとも、時衆の物詣不可叶、信心の人ハ法のかたき事を悦、不信の人ハ又なにともいへ不可用者也、をくり名字の事、門下の法様、不知案内の所〻の坊主、あるひは前住の時□（給）たる名字の日記（を）相続し、あるひハをしまきらかして、不給名字を付、依之被停止、十五以前の本名字の事、是又昔ハ年ころの時衆も無左右不付、発心の有無をいはすつけらる、事ハ、此十余年の事也、此後者十五已後なりとも、なへてハ不可申、沙汰可依事、謂此三ケ条、末代於所〻道場堅固可守、まもらさる坊主・時衆ハ、知識をもたさる罪障、千劫万劫にものかるへからす、穴賢〻〻

南無阿弥陀仏　　　　他阿弥陀仏

応永十九年七月廿三日

(後補紙墨書)「右之御書十一(マヽ)代上人之御筆也、元和二年卯月十八日、裏うたせ認置也

当寺廿代持阿(法爾)」

一六　南要上人（遊行十六代他阿）書状（竪紙）　巻子装（二八・三×五〇・六）

(封ウハ書)「　（墨引）

覚阿弥陀仏　　　　他阿弥陀仏」

一遍之肖像

西仏所ト中仏所ト両大工タルベシ

一遍之肖像之事、余無沙汰之条、自然出来候共、不可請取之由、先度遊行へ之使ニ申付候、然者、永代於西仏所者、門徒不可為大仏所之由腹蔵候処、不慮ニ今度御下候、此上者、不及是非相留候、大仏所之儀、先年中仏所と相論候処、当座之儀、西仏所ニ申付候き、然処就此

御影無沙汰数度之儀、不及言語時過候、所詮極一人候之故、如斯候哉、自今以後者、中仏所と可為両大工候、此分懇可相届候、猶西念寺但阿弥陀仏申含候也、穴賢〳〵

正月廿七日　　他阿弥陀仏（印）（朱円）

南無阿弥陀仏

覚阿弥陀仏

（後補紙墨書）「遊行廿一（マヽ）代上人御書」

西念寺但阿弥陀仏

覚阿弥陀仏

一七　知蓮上人（遊行二十一代他阿）書状（竪紙）

巻子装（二七・四×四六・六）

抑伊賀国岡本妙香堂坊主職之事、去年二寮江の書状披露之間、得其意候処、不慮ニ彼檀那衆二寮其阿弥陀仏於相望候、其身又同心候歟、雖然不可叶之由数度及返答之上、道場再興之儀、永可思捨旨、依令詫事、任其儀候、其阿弥陀仏進退非相応地間、彼一代可為直末寺分相定候、其阿弥陀仏往生以後者、如本従七条金光寺可相計候也、穴賢

南無阿弥陀仏

伊賀国岡本妙香堂坊主職ヲ其阿ニ進退ス

永正二年
正月卅日　遊行廿一代
七条　　他阿弥陀仏（朱方）（印）
金光寺

（後補紙墨書）
「此一通、廿一代上人之真筆也、元和二年卯月十八日、裏うつ也、以上二通有
金光寺廿代持阿（法爾）」

一八　意楽上人（遊行二十二代他阿）書状（竪紙）

巻子装（二六・四×四三・四）

末寺坊主ノ寺領・寺物ノ永代沽却ヲ禁ズ

当寺末寺中為坊主計、寺領・寺物等永代沽脚（却）在之云々、近比不可然事也、所詮万一於可有沽脚（却）子細者、本寺役者相対可被売者也、若此儀於背無承引者、雖為住持留守、堅門中可有追放者也、仍為後日如件

南無阿弥陀仏

永正十年三月廿八日　持阿弥陀仏（黒方）（印）

庫裏役者中

（後補紙墨書）
「右遊行廿二代上人之金光寺住持之時御書、永正十癸酉年五月三日ニ遊行御相続也、為後証書付者也
元和九癸亥年三月九日、於古跡記畢

卅二世他阿弥陀仏（普光）（朱方）（印）八十一歳

金光寺持阿弥陀仏（法爾）黄台山第廿代へ付与

」

一九　同念上人（遊行三十一代他阿）書状（切紙）

巻子装（二〇・九×四九・一）

（懸紙ウハ書）「七条道場　　」

返〻金光寺住持可為覚悟之旨、可相心得候也、当坊主も河内通法寺住持之代ニ申請候間、何時も彼覚阿往生也、以後者住持可有取納候、以上

福田寺領当老僧覚阿一代之事者相抱尤候、以後者可為常住物候、仍為後証残置候也、穴賢

南無阿弥陀仏

天正八年

二月十一日　遊行三十一世（朱方）（印）

金光寺衆中檀方衆

（封ウハ書）「　（墨引）

金光寺衆中檀方中」

河内通法寺

覚阿一代ニ限リ福田寺領ヲ相抱フ

金光寺衆中檀方衆

大仏殿御時斎焼香
往生人の十念
色ある衣類
永福寺
豊国寺
聞名寺

二〇　普光上人（遊行三十二代他阿）書状（続紙）

巻子装（三一・八×七八・七）

諸末寺法式

一、於大仏殿御時斎焼香、輪番ニ可勤事

一、往生人の十念とこそいへ、引導〻師共いハさるに、まして誦文唱呪、惣して此宗ニなき事ニ候、堅可被停止候、幷ニ位牌の上下ニ帰、真、寂、静、神、儀、覚、霊なと無用ニ候、六字名号の下ニ、男女共に名字計可被書事也、努〻才覚立有へからす候事

一、背宗門法式、色ある衣類、絹、綿等不可着事

右大仏殿焼香之儀ハ、故上人三十三世雖有置文、宗儀不合之間、改而如此所相計、全非私曲、任代〻法則、守先規、慶長十八癸丑年三月三日、遊行卅四世相続已後、於相州藤沢山清浄光寺、同卅二世他阿弥陀仏（普光）所定如件

金光寺

永福寺

豊国寺

聞名寺

慶長十八年癸丑年四月四日
遊行三十二世書（朱方）（印）（朱円）（印）

上野
安西寺

七条金光寺坊守
金光寺後住ヲ
上洛セシム

巻子装（一六・六×九七・六）

二一　普光上人（遊行三十二代他阿）書状（続紙）

返〻、近年ハ奥州下向故、参入不申候、残命候ハヽ、秋中参候て、可得御意候、如何様ニも上野殿へ可相談、金光寺御取合任入計候、安西寺へ委申理候間、不具候、伊州へ御一行有様ニ御取合仰入候、

此両三年者、出羽・奥州下向申候而、御前江不参無沙汰無申計候、去年於西国ニ遊行遷化、悲哀可有御推量候、就其去三月三日、於武州江戸ニ遊行（燈外）相続、如形令付属、従江戸　上意様伝馬送等被仰下候、難有奉感候、殊ニ七条金光寺坊守（第十九代持阿）ニ寮、旧冬岩城迄下向、於常州水戸ニ正月十八日ニ往生候、愚僧悲歎無申計候、依之金光寺之後住申付為上洛候、上野殿（本多正純）へ御意得、同ハ　御前へ被召出様ニ頼入度候、板倉伊州（勝重）へも御一通を被相添候様ニ、単ニ其方之御前ニ可有之候、内〻愚僧致同道、右之趣共雖申上度候、二三年之旅行、老年之起居不自由之間、延引申候、秋中参入、万〻可頼入候、必〻請御志計候、穴賢

南無阿弥陀仏

（慶長十八年）卯月四日　他阿弥陀仏

長谷河左兵衛（藤広）尉殿

（後筆奥書）
「常陸真壁常永寺三寮住持、当寺へ廿代目（法爾）入院之時、藤沢卅二世之御直書也
金光寺残之者也」

（長谷河左兵衛尉 常永寺）

二二　普光上人（遊行三十二代他阿）書状（切紙）

（大仏殿御斎日焼香ヲ輪番トス）

大仏殿御斎日ニ焼香之儀、故上人（満悟）ハ豊国寺一人ニ被申付候、七条金光寺当宗寺頭之事候条、彼寺を始而輪番ニ申付候、此趣具ニ可有御披露候、委細聞名寺護御門相残候、穴賢

南無阿弥陀仏
（慶長十八年）五月一日　他阿弥陀仏

拝上
妙法院様
御番衆中

巻子装（一六・三×四八・四）

（妙法院）

二三　普光上人（遊行三十二代他阿）書状（続紙）

巻子装（三六・五×一三七・二）

金光寺住持代不儀ニ付駿府へ参入ス
一蓮寺法阿十九代持阿

法阿・弥阿ヲ上洛セシメ七条住持代ヲ追出ス

一条迎称寺ハ金光寺へ相渡サレ相続ノ事

（見返し墨書）
「卅二世上人御所」

一、先年故上人（満悟）三十三世長在京之刻、金光寺ニ其之弟子を住持代と号して房主ニ被仰付、其弟子対故上人而不儀の働共数条、不懸下知候也、事余テ此方へ承候間、駿苻（マヽ）へ参入候へハ、宗門之法則等、直ニ御尋に付て、具ニ申上候き、其時此方ノ伴衆一蓮寺十八代住持法阿、金光寺前住十九代持阿元二寮両人也、上意曰、六十余州末寺方遊行藤沢より細事ニ付ても被下知歟、此方尤と返答申候、上意曰、一蓮寺誠ニ其分歟、又其寺〻ノ寮舎までも綺候歟、此方尤ニ候と申候時、上意曰、理を押。法ハあれとも、法を押理なしといへハ、尤其分たるへき也と仰候て、上野（本多正純）〳〵と三度よハせられて、板倉伊賀（勝重）所へ此趣可申遣候と仰、頓而案文させられ、御覧し直して、翌日ニ法阿元一条、弥阿元七条二寮、上洛被仰付、七条の住持代徒者追出、此方の申成にて、遊行面目をほとこされ候、慶長十二丁未年閏四月廿六日の事也、何事も本寺の進退たるへき由、堅所被仰定、其状板倉伊州可有之者也

一、元和八壬戌年八月比、一条迎称寺前坊主往生候而、其跡ニ若輩之新発意、親之介法にて罷在候、京方末寺中も所謂を不存候間、金光寺七条、聞名寺大炊、法国寺東山、三ヶ寺、新発意親之方へ申事ハ、新発意幼少之間ハ可然老僧を迎称寺へ移し置、其身成人候ハヽ、寺をも本寺へ申請可然よし、門中之法様如此と度〻雖異見申候、無合点之由当寺へ被申上之間、

金光寺ハ諸末寺頂上

亀屋波多野喜兵衛尉但阿表紙ヲ加フ

第廿代持阿弥陀仏

其趣を板倉周防殿（重宗）へ以書状申候処ニ、時衆之法則無御存知間、従藤沢直ニ書付にて申候ハヽ、御披見之上、是非之御沙汰可有よし候間、頓而時衆行儀法則等大方書付進之候、入覧之上、御合点、従此方如申述、迎称寺金光寺七条へ相渡給候事、是も従此方申分処、依無異儀利運ニ候、則住持職申付、彼寺如宗門法式可有相続事也、遊行藤沢ニ差別をたてゝ、いろふ末寺あり、いろハぬ末寺ありなとゝ云掠る聾盲の徒者、門中ニも有て正路を乱る、無帰命者沙汰のかきり不及云ニ事也、可慚愧〱

一、金光寺事ハ遊行の寺にて、諸末寺頂上無其隠候、然ルニ不知其所謂、無云甲斐時衆候ハヽ、従此方可申付候、此已後儀ハ其辺の宗旨法則錯乱あらは、強而可被加教訓也、今度迎称寺沙汰も、其方心強ニ被申成ニよて、如形事済候、神妙帰命不及是非候也

一、尾州なこや亀屋波多野喜兵衛尉法名但阿其寺之記録等数巻表紙被加了、難有外護旦〔檀〕越と覚へ候、無損失様ニ心懸、尤候也

元和九癸亥年三月十二日、今日上洛之砌間早〻書付畢、可有失念候、可被見直候也

遊行三十二世他阿弥陀仏（印）（朱方）（印）（朱円）

金光寺第廿代持阿弥陀仏（法爾）八十一歳

荘厳院

恵阿

竹本茂左衛門

二四　普光上人（遊行三十二代他阿）書状（続紙）

巻子装（一五・九×一七七・〇）

（包紙ウハ書）
「卅二世御書也」

荘厳院日〻夜〻相談被申候歟、可然候、いつか〳〵御帰寺をと待申候

先日之条目書も、今度も具ニ到着候、前書之返書、○去廿二日恵阿ニ誂候処ニ、遅〻候歟、無心元
候

一、伝長老（以心崇伝）へ為礼時衆進入候、了紙（料）・扇子、文連ニ頼候由申度候、此方よりも雖可遣候、道
中辛労ニ候

一、上意へ御礼、目出候

一、上州（本多正純）へも御礼ニ一札進入候、是ハ何にても御礼無用にて候間、其分にて候、乍去状をハ
よく〳〵届様ニ調法有へく候

一、同板伊州（板倉勝重）へ書状進入候、是又文連ニ云付て、返状取度候

一、はセ川（藤広）他行候ハヽ、其分ニ候、無了簡候

一、竹本茂左衛門へハ御調法難有由申度候

大塔宮
後醍醐ノ御影

安西寺

妙法院

朝雲知人之一色殿

一、十二代（尊観）上人、其方よりの系図無相違候、大堂〔塔〕宮よりの系図ハ、始而聞候、後西〔醍〕酉〔醐〕ノ御影、相承ノ文書三通候、其内ニ依有由緒、遊行十二代上人へ令渡之者也トアリ、明鏡にて候、後西〔醍〕酉〔醐〕ト十二代上人ハ御いとこにて候間、ソレモユカリハ不遁候、位之程少シハ劣り之様ニ候へ共、三通之文書顕然之上ハ、とかく私ニハからひかたく候、堅大堂〔塔〕宮ノ御子ニハ無之候

一、十四代（太空）上人御代、京都ハ義持（モチ）将軍、勝定院ト申候、関東ハ（長春院持氏其阿ト十四代号セラレ候）にて候、年号ハ応永十九廿、此年号卅四年ニテ畢候

一、朱印ハ伊州下向候ハヽ、相済候へく候

一、安西寺へ一ツ書遣候、伝長老へ見セ可申候由、申遣候

一、妙法院へ書状無案内ニ候へ共、進入候、聞名寺へ談合、扇子なれとも進上可然候歟

一、朝雲知人之一色殿、可然事ニ候、いかにもよき出合にて候、談合可有候也

一、上州ノ御返書、其方へ遣候

一、寮舎ノ義、欠所共、文連ニ具ニ申付候、是も自分ニハさのミいろひなく候、連〻前住之存分をハからひたるまてニ候、召連相上候者之内、堪忍も候ハん物ニハ、相応之事も候ハヽ、是又無異儀候

金玉庵
妙法院
豊国寺
眼得寺

一、金玉庵事ハ、前住之代ニハ寺退出候、被召帰之時、徒者共ニハ毛頭通融介法等有間敷由申候て、はや〳〵無程全底阿なと介法たて申候、此旨伊賀殿へも直書ニ申理候、油断有間敷候、其身ニも文かきをして遣候、何共〳〵せんかたなく候、前〻七条ハ衆分随意ニ有来候条、如此候歟、猶〻公儀よりきふく仰付られすハ、いか〻と思申候也

一、妙法院殿へ書状進之候、扇子也共進上よく候ハヽ、聞名寺へ頼候也

一、王代系図先刻令進返候

一、豊国寺　御前への進上物ノ礼、恵阿便ニ聞名寺へ申遣候也、今度も可申遣候也、安西寺へ礼同意云〻

一、年寄涯分不可有等閑候、心易へく候

一、木工頬、于今しか〻と無之候、よかれかしと思申候也

一、七条ニ前住弟子若輩一人候之由聞候、手習・よミ物なと、いふまてハなく候へとも、教訓尤ニ候也、只〻時衆なきニ迷惑ニ候也

一、眼得寺真壁へハ、四月十六日ニつかハし候、持合もよく候つる、心易候へく候

（後補紙墨書）
「藤沢卅二世之御書也
金光寺廿代（法爾）

住持之時」

二五　歴代他阿上人書状目録（続紙）

（二四・〇×一五二一・〇）

（外題）「□行御代〻□□目録」

大上人御書　弐通
三祖上人御書　三通
当寺開山御書　壱通
六代上人御書　弐通
十一代上人御書　三通
十三代上人御書　三通
廿一代上人御書　弐通
廿二代上人御書　壱通

六角、室町

秦武元

卅一代上人御書　壱通
卅二代上人御書　弐通　御法度書也
御代不知　　　　壱通
勅筆壱通無之候
此目録洛陽七条金光寺廿代持阿之時、尾州名小屋波多野喜兵衛認之、御書之外題藤沢卅一世（普光）
御筆也
　于時寛永三丙寅年五月漸成就之也

二六　中原清祐売券（竪紙）

歴博三八六
巻子ノ内　（三一・二×五一・二）

沽却　領地壱処事
　合捌丈弐尺参寸伍分　東西弐丈弐〔尺脱カ〕陸寸　南北参丈涞尺
　在従六角北、従室町西、六角面弐之所也
右件地、先祖相伝之所領也、而依有要用限直能米参拾壱石肆斗・白綾弐疋、永所美作目秦武
元売渡也、依有類地、不副相本券（マヽ）、仍為後日沙汰、立新券文所沽却也、以解

保延元年柒月弐拾柒日

買人
売人中原清祐（花押）
嫡男中原清兼（花押）
秦　武　元（花押）
大江国包（花押）

二七　佐伯氏売券（竪紙）

歴博三八六
巻子ノ内（二七・三×五〇・七）

沽却　領地壱処事
合捌丈弐尺参寸伍分　東西弐丈弐尺陸寸　南北参丈柒尺
在従六角北、従室町西、六角面弐ト云所也
右件地者、秦武元相向於中原清科（マヽ）等、限直能米参拾壱石肆斗・白綾弐疋所買得也、爰故武元後家女依有急用、以処分地限直能米弐拾斛本斗・綾弐疋・国八丈絹柒疋半売渡源女北三条殿明白也、更不可有他妨、仍為後日沙汰、相具本新券令沽却如件、以解

中原清祐
中原清兼
大江国包

六角、室町
秦武元
中原清科
武元後家女
源女北三条殿

康治弐年六月廿一日

売人佐伯氏（花押）
嫡子源守永（花押）

歴博三八六（三〇・〇×四二・二）
巻子ノ内

二八　紀氏売券（竪紙）

謹辞　進売渡私領地事
　合弐処
　在
　　一処自六角北、自室町面角也
　　東西肆丈伍尺、南北参丈㳂尺
　一処　自六角北、室町面自角北二王〔カ〕門
　　南北参丈参尺、東西肆丈陸尺
右件地元者、紀氏女所領地也、然直上品八丈弐拾疋、限永年秦末永仁進売渡処、相具本験七枚・新験壱枚、此進副、但勅本験新験等之書、沽却状以解、仍不可在他人妨、如件
　仁安三年七月十九日
　　　　紀氏（花押）

佐伯氏
源守永
六角、室町
六角、室町
紀氏女
秦末永
紀氏

上野

六角、室町

小野重長

女中原氏

嫡男僧

上野（花押）

歴博三八六
巻子ノ内（三一・〇×四七・五）

二九　女中原氏等売券（竪紙）

（端裏書）
「□□つかくのけん」

沽却　領地壱処事

合捌丈弐尺肆寸者

東西弐丈弐尺弐寸　南北参丈柒尺

在自六角北、自室町西角也

右件地、先祖相伝所領也、而依有直要用、限永年上品八丈絹拾弐疋之代ニ、所沽却小野重長

渡実也、仍為後日沙汰相副本公験幷譲状立新券文所沽渡如件

承安二年十二月廿一日　　女中原氏（略押）

嫡男僧（花押）

歴博三八六
巻子ノ内（三〇・七×四八・〇）

三〇　藤井氏女譲状（竪紙）

むろまち

藤井氏女
三国氏女

六角室町

三国氏女

嫡子源

（端裏書）「□かく□□むろまちのけん」

譲渡　私領地壱所事

合　口南北壱丈陸尺肆寸　但此内八尺者奥陸丈也
　　奥東西肆丈参尺

右件地者、藤井氏女売買相伝之私領也、而依為嫡女、相具本券文、永所譲与三国氏女実也、敢不可有他妨（マヽ）状、如件

建暦元年十月二日　　藤井氏女（花押）

三一　三国氏女・嫡子源譲状（竪紙）

歴博三八六
巻子ノ内　（三〇・八×四〇・五）

（前欠）

□□　□　□

六角室町地事

右件地、後日若不慮外沙汰出来、有其妨時者、早致沙汰切事可進之状如件

建暦三年十一月　日

三国氏女（花押）

嫡子源（花押）

六かくむろまち
一あミたふつ
生一御房

弥童女

三二　沙弥一阿弥陀仏売券（竪紙）

歴博三八六
巻子ノ内（三〇・八×四五・六）

（端裏書）「ろむかくむろまちのちのうりけん」

うりわたすさうてんのしりやうの事

合壱所者

あり六かくむろまちきたすミ、丈寸
ほんけんにみえたり

みきくたんの地ハ一あミたふつ（阿弥陀仏）かさうてん（相伝）のりやう（領）也、しかるをあたひよう〳〵（要用）あるニより
て、せに（銭）百六十貫文ニほんけんら（本験等）をあひく（具）して、生一御房ニゑいたい（永代）をかきりて、うりわた
しまいらするところなり、さらにそのさまたけあるへからす、よてこ日さた（後日沙汰）のために、しん（新）
けん（券）をたて丶、うりわたしたてまつる状、如件

けんち（建治）二ねん正月廿日

沙弥一阿弥陀仏（花押）

三三　盛秀田地銭貨譲状（竪紙）

歴博三八六
巻子ノ内（三一・七×五二・九）

処分弥童女田地并銭貨事

六角室町
四条坊門烏丸
西安成寺
東安成寺
右衛門塚
四条西洞院
阿久利尼
左衛門尉盛秀
尼りやうせう

壱所　六角室町北角口弐拾丈　委見本券
壱所　四条坊門烏丸西安成寺地　委見本券
壱所　同東安成寺　同見本券
壱所　田四段右衛門塚　委見本券
　　銭伍佰貫文　但准銭定
壱所　四条西洞院　但阿久利尼一期之間者可進退、其後可領知之、其子細且見彼尼之譲状

右いやとう（弥童）女ニゆつるところ如件、兄弟なかよくして、盛秀さいそ（最初）のおもひをなしてあるへし、よも▨▨▨つもりをけつしてよりあひてわくへし、ことさらに自筆にてかきをくところなり、仍□譲渡如件

　永仁二年卯月廿四日　　　左衛門尉盛秀在判

　　　弥童女今者尼りやうせう（花押）

（裏書）
「六角室町地南寄南北八尺九寸、東向肆丈陸尺、北寄口南北弐丈五寸、奥東拾丈、嘉元四年九月十
三□（日）源氏女売買了、在判」

六角室町

きよわらの氏
女

尼しやうせう

ちやく女藤原
氏女

三四　尼しやうせう領地売券（竪紙）

歴博三八六
巻子ノ内　（三三・〇×五二・五）

うりわたす地事

合壱所　口南北十四丈八尺一寸
　　　　奥東西者本券ニみゑたり

在左京六角室町西面

右件地ハ、あましやうせうかさうてん（相伝）の私領なり、しかるを直よう〳〵（要用）あるによりて、本券あひくして、きよわらの氏女ニ直銭玖拾貫文ニゑいたい（永代）をかきりて、うりわたしまいらするところ実也、たゝしことの（故殿）ゝ御ゆつりしやう（譲状）をあひそうへしとゆへとも、るひち（類地）あるによりて、あんもん（案文）をかきてうらをふん（封）してまいらせ候、ゆめ〳〵他人のさまたけあるへからす、ちやく女藤原氏女ともにはんをくわへ候上ハ、さら〳〵のちのわつらひあるへからす候、よて為後日沙汰、証文之状、如件

ゑんきやう（延慶）四年十月七日　　尼しやうせう（花押）
　　　　　　　　　　　　　　　　ちやく（嫡）女藤原氏女

六角室町、町
大黒屋妙一房
長谷川重秀
秀吉
六角町、室町

三五　長谷川重秀屋地売券（竪紙）

歴博三八六
巻子ノ内（三一・五×四五・三）

永代売渡申屋地之事
合壱所者　在所者六角室町与町間北類〔頬〕室町ヨリ
西、口東西四丈三尺、奥南北拾捌丈也
右件地者、依有要用直銭三拾貫文、本券六通相副、大黒屋妙一房仁売渡申処実正明白也、若
為子ゝ孫ゝ違乱煩申輩出来候者、為　公方様、盗人沙汰可被行候、仍為後日文証、売券状如件
応永十五戊子年四月五日
長谷川重秀（花押）
請人秀吉（花押）

三六　妙壱屋地寄進状（竪紙）

歴博三八六
巻子ノ内（三〇・八×四七・三）

七条金光寺河原口御道場（マヽ）奇進申屋地事
合壱所者　但在所者六角町与室町之間、
北ノ頬、室町ヨリ西へ三間目、口弐
丈壱尺五寸、奥北へ拾捌丈也
右意趣者、為二親菩提之御燈油行之、無懈怠毎年壱貫文宛、至子ゝ孫ゝ仁可致其沙汰申候、

妙壱
浄泉

このゑあふら
のこうち
しおのこうち
かわらくちの
御たうちやう

仍本文書七通相副候て、限永代金光寺へ奉寄進之処実正也、千万彼号親類与違乱煩申輩候者、
任公方之法例、可被処罪科者也、此外仁兎角申仁あるましく候、仍為後日奇（マヽ）苻之状如件

応永廿四年ひのとのとり十二月八日　妙壱（略押）

相供浄泉（花押）

（異筆）「四代勝定院御代」

歴博一八二
巻子ノ内　（二八・七×三九・三）

三七　明阿弥陀仏屋地寄進状（竪紙）

（端裏書）「明阿ミた仏のきしん状」

きしん（寄進）申地壱所の事

合壱所　くちにしひんかしゑにちやう
おくゑきたみなみゑ十四ちやう

右件の地ハこのゑあふらのこうち（近衛油小路）、あふらのよりハにし、このゑおもてきたのつらなり、か
の地ハ明阿ミた仏はいとく（買得）さうてんの地也、本文書おあいそへて、しおのこうちかわらくち（塩小路河原口）
の御たうちやう（道場）へ、御あかしのためにきしん申ところなり、さらに他のさまたけあるましく
候、よて為後日きしん申しやう如件

ちやうち（貞治）五年卯月十一日

明あみた仏（花押）

歴博一八二
巻子ノ内（三〇・〇×八七・二）

明あみた仏

このゑあふら
のこうち

ふちわらのう
ち女
とうないさゑ
もん

武元

三八　藤原氏女屋地売券（続紙）

うりわたすこのゑあふらのこうちの地一所事

合壱所　口二丈西にしをかきるついし▨口
ひんかし内ミなミをかきる
おく十四ちやうみなミハこのへおうち
きたをかきるたけ

在　このへあふらこうち、あふらこうちよりにし、
このへおもてきたのつら

右件地ハ、うりぬしふちハら（藤原氏）のうち女ちうたいさうてん（重代相伝）のち也、しかるをよう〳〵あるによて、本せん（銭）十三くわんもん（貫文）ほんせうもん（本正文）七つあひくして、とうないさゑもんとの（左衛門殿）にうりわたしたてまつるしち也、さらにたのさまたけあるへからす、せんニ一、もしこのちニつけて、いらん（違乱）あらハ、そのわつらいの時ハ、武元かうりぬしふちハら（藤原）の女あひともに、あきらむへし、時ニよつてくけふけ□んき御とくせい（徳政）、てきたるとも、さらにそのおもふきによるへからす、もし又うりぬし（売主）のしそん（子孫）の中ふてうのともからいてきたり、もんそ（文書）ありとかうしてふ

れうのさたいたさんともからあらハ、すなハちさいくわん(罪科)ニおこなわるへきもの也、よてこ日のために、うりけん(売券)のしやう、如件

かけん(嘉元)三年十二月廿二日

武　元（花押）

うちの女（花押）

○端継目裏に花押右半一顆、第一紙目と第二紙目との継目裏に花押二顆、次号文書との継目裏に花押一顆あり。

歴博一八二
巻子ノ内　（二八・〇×四〇・〇）

三九　中原重頼売券（竪紙）

このへあふら
のこうち

うりわたしたてまつるち一所か事

合　くち二ちやうにしひんかし
　　おく十四ちやうきたみなミ

ありこのへあふらのこうち(近衛油小路)、あふらのこうちよりにしきたのつら

あたいのせ(直銭)に十四貫文うけとり候了

右件ちハ重頼かさうてん(相伝)のちなり、しかるをよう／＼(要用)あるによて、ほうけん(放券)六まいあいくして、十四貫文ニふちハら(藤原氏)のうちの女ニうりわたしたてまつることしちなり、たのさまたけあるへからす、よてこ日さた(沙汰)のために、しんけん(新券)のしやう、くたんのことし

中原重頼
中原重雄

このへあふら
のこうち

たかしなのう
ちのねう

さへもんのせ
うしけより

弘安六年二月十四日

中原重頼（花押）
中原重雄（花押）

○次号文書との継目裏に花押二顆あり。

四〇　高階氏女売券（竪紙）

歴博一八二
巻子ノ内　（二九・六×四四・六）

うりわすち〔た脱〕一所か事

このへあふらのこうち（近衛油小路）、このへおもて（近衛表）〔し脱〕にきたのつら、とうさい（東西）のくち二ちやう、なんほく（南北）
のおくへ十四ちやう

右くたんのちハ、たかしなのうちのねう（高階氏女）のせんそさうてん（先祖相伝）のしりやう（私領）なり、しかるにあたい
よう〳〵（要用）たるによんて、せに十四くわんもん（貫文）にえいたい（永代）おかきんて、ほうけん（放券）文らおあいく
して、さへもんのせうしけより（左衛門尉重頼）にうりわたし（売渡）おわりぬ、のちのいらん（違乱）あるへからす、こ日
さた（沙汰）のためにせう文のしやう（状）、くた（マヽ）のことし

文永十一年正月十二日　（花押）

○次号文書との継目裏に花押三顆、本文書の奥裏に花押一顆あり。本文書奥裏に「川内（カカ）八十郎」と墨書あり。

左京、近衛、刀帯町
僧延秀
秦重延
近衛大路
刀帯町小路

四一　秦重延私領地売券（竪紙）

歴博一八二
巻子ノ内　（三一・六×五一・七）

沽却　私領地壱所事
在　左京　自近衛北　自刀帯町西　近衛面
東西弐丈口　南北拾丈参尺涤寸奥
右件地者重延之先祖相伝之私領也、然今依有要用直能米肆拾伍斛、僧延秀所売渡也、仍為後日沙汰相副本券所売渡、如件
承安二年九月二日　　秦重延（花押）

○奥継目裏に花押左半三顆あり。

四二　藤原氏子・次子藤原氏屋地売券（竪紙）

歴博一八二
巻子ノ内　（三〇・六×五一・〇）

売渡　所領地事
合壱処　東西弐丈口　南北拾丈参尺涤寸奥
在　自近衛大路北　自刀帯町小路西　近衛大路面

山城介倫俊太子中原氏
秦重成
藤原氏子
七条、烏丸
平宗親
清原為国

右件地者、去久安四年八月九日、自山城介倫俊朝臣太子中原氏手買領之後、藤原氏子所居住也、而今依有要用限直乃米弐拾弐石、上品八丈絹弐疋肆丈代乃米弐拾石、秦重成永所売渡也、但於本券者、依有類地不渡進、仍注新券文、以解

仁平元年四月三日

売人藤原氏子（花押）

次子藤原氏（花押）

歴博四四一
巻子ノ内

四三　左衛門尉平某・平千歳連署土地売券（竪紙）（三三・五×五〇・五）

沽却　地壱処事

合　口東西弐丈参尺参寸
　　奥南北拾伍丈

在自七条南、自烏丸西七条面也

右件地者、平宗親之先祖相伝之私領也、而今依有直要用銭弐拾捌貫文仁、清原為国ニ限永代所沽渡之実也、但此地者源平争乱之刻、本券者被盗取畢、落居之時、令言上於子細、賜御後白川院庁御下文、重賜当院庁御下文畢、已賜二代庁御下文、敢不可有他妨、於庁御下文者、依有類地不相副、仍為後日証文立新券之状、如件

左衛門尉平
平千歳

建保六年八月二日

左衛門尉平（花押）

平　千　歳（花押）

七条、烏丸

平宗親
源友永

左衛門尉

平千歳

四四　左衛門尉平某・平千歳連署土地売券（竪紙）

歴博四四一
巻子ノ内　（三三・五×五二・〇）

沽却　地壱処事

合壱所　口東西弐丈陸尺
奥南北拾伍丈

在自七条南、自烏丸西七条面也

右件地者、平宗親之先祖相伝之私領也、而今依有直要用銭肆拾参貫文仁、源友永仁限永代所沽渡之実也、但此地者源平乱之刻、本券者被盗取畢、落居之時令言上於子細、賜　後白川院庁御下文、重賜　当院〔カ〕庁御下文畢、已賜　二代庁御下文、敢不可有他妨、於庁御下文者、依有類地不相副、仍為後日証文、立新券之状、如件

承久元年三月十日

左衛門尉（花押）

平　千　歳（花押）

七条高倉
市女
五条坊門万里小路宿所
藤原氏女
性過
宗光
浄光

四五　藤原氏女土地紛失状（続紙）

歴博四四一
巻子ノ内
（第一紙　三三・二×四九・八
第二紙　三三・二×五二・一
第三紙　三三・三×五一・三）

立申　紛失状事

合

一所　七条高倉自高倉西七条面南頬
　　　口二丈八尺、奥拾三丈六尺

一所　七条高倉自七条南高倉面西頬
　　　口五丈、奥▨五丈五寸

右件両所地者、自贈祖父手相副手継証文等、市女所譲得也、而去年正中元年甲子十二月廿七日夜於五条坊門万里小路宿所、為強盗彼証文等悉被盗取畢、強盗乱入事、云保篝、云在地無其隠者也、若万一或号帯証文、或手継称不分明之由、申子細輩出来之時者、速可被申行盗犯者也、仍為断後代之牢籠、申請保務之官人諸官之御証判幷在地人等之連判、欲備亀鏡矣、以解

正中弐年乙丑潤正月廿五日

領主藤原氏女（花押）

在地人

性　過（花押）

宗　光（花押）

浄　光（花押）

得阿弥陀仏
末行
貞義
常仏
道円

件券契紛失事、在地人等之証判分明之間、所加愚署也、
明法博士兼左衛門尉尾張介中原朝臣（花押）
左衛門権少尉中原（花押）
修理宮城判官判事兼左衛門権少尉中原（花押）
彼券契紛失事、云傍官、云在地人等、証判灼然之間、加愚署而已
少判事兼左衛門権少尉中原（花押）
左衛門大志中原（花押）
件券契紛失状事、人〻証判分明之間、並署判而已
大判事兼西市正左衛門大尉中原朝臣（花押）
明法博士兼左衛門少尉坂上大宿禰（花押）

得阿弥陀仏（略押）
末行（花押）
貞義（花押）
常仏（花押）
道円（花押）

七条ほりかわ
あやのこうち
からすまろ

左衛門権少尉中原朝臣（花押）
主計助兼左衛門少尉坂上大宿禰（花押）
右衛門権少尉中原朝臣（花押）
件券契紛失事、面〻証判分明間、加愚署而已
防鴨河判官右衛門中原朝臣（花押）
彼南所地券契紛失事傍輩証判物点之間、加愚署之者也
防鴨河判官右衛門大尉中原朝臣（花押）
少判事兼左衛門権少尉中原（花押）
件券契紛失事、面〻証判分明之間、所加愚署也

○第一紙目と第二紙目との継目裏に花押三顆、第二紙目と第三紙目との継目裏に花押二顆あり。

歴博四四一
巻子ノ内　（二七・一×三八・〇）

四六　しんあミ地券紛失状（竪紙）

（端裏書）
「七条ほりかわ（堀川）の地のけん」
建武三年七月十四日せい（世）上とうらん（動乱）のとき、あやのこうち（綾小路）からすまろ（烏丸）のとさう（土倉）に、くんせい（軍勢）

いつミの二郎

しんあミ

七条、ほりか
わ

らん入（乱）のとき、あつかりおき（預置）て候もの、なかに、七てういなんほりかハをもて（条以南堀川表）に、ひんかし
のつらのちのけんの候をうしないて候、返〻めんほく（面目）なく候、そのほかにわかさいかく（俄才覚）こと
〳〵かくれ候事、さいちそん（在地存）しよりの事にて候へハ、かくれなく候、そのうえいつミの二郎
との御ふきやう（不孝）にてめされて候、かく候ハ御たつねあるへく候、よて（仍而）くたんのことし
かうゑい（康永）元年五月十一日　　しんあミ（花押）

○奥継目裏に花押左半一顆あり。

歴博四四一
巻子ノ内　（三二・〇×五〇・七）

四七　義運敷地売券（竪紙）

（端裏書）
「　　　　」

うりわたすしきちの事

合壱所者

在七条いなん（以南）ほりかわおもて（掘川面）ひかし（東）のつら（頬）中程

口南ほく（北）弐丈四尺、奥東さゐ（西）拾丈

空円上人

義運
安養丸
ふちわらのうちあた
権律師盛尊
僧慶尊

右の地者、きやうのりしや義運さうてん（相伝）のしりやう（私領）なり、爰地けん（券）におきてハ、去建武三年七月十四日世上そうらん（騒乱）うち（打）入の時、ひきうしなわる（引失）、間、ほうむ（保務）のくわん（官）人の御せうはんら（証判等）を申うけて、紛失状をたてをくところなり、しかるをよう〳〵（要用）あるによりて、ちきせん（直銭）七貫五百文に永代をかきりて、僧空円しやう（上）人の御はう（房）に、うりわたし（売渡）たてまつるところしち（実）なり、向後さらに他の妨あるへからす、もしふりよ（不慮）の子細あらハ、うけ人ら不日にあきらめさた（明沙汰）すへし、ち〻におよ者〻、罪科におこなわれ申へきものなり、仍うりけん（売券）の状、如件

康永二年九月廿六日

売主　義　運（花押）
子息　安養丸（花押）
うけ（請）人　ふちわらのうちあた（花押）
請　人　権律師盛尊（花押）
請　人　僧　慶　尊（花押）

歴博三八七―二（二九・〇×四三・四）
巻子ノ内

四八　藤井友弘土地売券（竪紙）

沽却　地壱所事

左京七条四坊
参町西四行北
捌門
北小路、高倉
ツケノ左衛門

藤井友弘

しをのこうち
たかくら

合　弐拾肆丈参尺肆寸伍分者　（後筆）「但、加口参尺
（花押）」

在　口南北参丈、奥捌丈壱尺壱寸伍分
左京七条四坊参町西四行北捌門
従北小路北、従高倉西角也

右件地藤井友弘伝領也、而今依有直要用、限銭拾弐貫五百文、所令進ツケノ左衛門殿沽却也、
敢不可有他妨、但、本券文一枚相副所令進也、仍為後日証文新巻文、如件

貞応元年十一月十日

藤井友弘（花押）

○端一部欠損。
○奥継目裏に花押左半一顆あり。
○後筆の花押は藤井友弘のもの。

歴博三八七ー二　（三一・〇×四八・七）
巻子ノ内

四九　字せいわう房土地売券（竪紙）

（端裏書）
「せうのこうちたかくら（塩小路高倉）□□あてのけん」
身にようく〳〵候によりてうりわたしまいらせ候ち一所か事
右くたんのちハ、しをのこうち（塩小路）よりハきた、たかくら（高倉）よりハにし、たかくらおもてにしの

つら、口壱丈六尺三寸、おくへ十丈なり、又ほんけんゆつりふみ(本券譲文)あきらかなり、こ日のためにこれをかきそへて、まいらするところなり、あたいのせに十貫文

貞応三年うるう七月廿九日

あたなせいわう房（花押）

（花押）

歴博三八七―二（二九・〇×四六・五）
巻子ノ内

あたなせいわう房

左京七条四坊
北小路、高倉

五〇　氏女松前土地売券（竪紙）

（端裏書）
「キタコチノケン(北小路券)」

沽却　地壱所事(カ)

合弐拾肆丈参尺肆寸□者

口南北参丈　奥東西捌丈壱尺[　]

在左京七条四坊三町西四行捌門(カ)(カ)

自北小路北、自高倉西角也

右件地者、氏女松前相伝領掌年久、更以無違乱妨也、然而依有要用、限銭捌貫伍百文所令沽

得王丸　氏女松前　猪熊女　七条、万里小路　左衛門五郎　藤原国貞

却得王丸実也、敢向後末代不可有他違乱妨、仍相副本公券参枚令放進畢、為後日亀鏡、放新巻文之状、如件

仁治元年九月庚子十三□〔日〕

依弥熊御行□売□氏女松前（花押）

□入人　字源□□（花押）

猪　熊　女（花押）

五一　藤原国貞土地売券（竪紙）

歴博三八七−一一　巻子ノ内（三一・五×四一・二）

沽却　私領地壱所事

合口伍丈　東西奥弐拾丈南北

在　七条南頰、万里小路西頰、南角地也

右件地者、藤原国貞相伝之地也、而依有要用以直銭弐拾参貫文、限永代所奉沽却左衛門五郎殿実正也、於向後不可有他妨者也、仍雖可相副本券文、依有類地立新巻文、所令沽却之状、如件

建長五年三月五日

藤原国貞（花押）

七条、万里小路
道賢御房
源盛助
きたこうちたかくら
こせんあミたふつ

五二　源盛助土地売券（竪紙）

歴博三八七―二（三一・五×四二・二）
巻子ノ内

沽却　私領地壱所事
　合　口五丈東西　奥廿丈南北
　在七条南頰、万里小路西頰、南北也
右件地者、源盛助之重代相伝之私領也、而依有要用以直銭十五貫、限永代相副手継一通所奉
沽却道賢御房実也、敢向後不可有他妨、仍沽却之状、如件
　弘長三年九月十三日　　源盛助（花押）

○端継目裏に花押右半一顆、奥継目裏に花押左半一顆あり。

五三　橘氏女土地譲状（竪紙）

歴博三八七―二（二九・二×四一・七）
巻子ノ内

ゆつりわたすきたこうちたかくら（北小路高倉）の地事
　合一所者　口三丈　をくへ八丈
右件地者、たちはな（橘氏）のうちの女かさうてん（相伝）の地也、しかるをこせんあミたふつ（御前阿弥陀仏）のゆつり状を

つる御せん

橘氏女

北小路高倉

字地蔵殿

比丘尼浄阿弥陀仏

具して、つる御せんニなかくゆつりわたす（譲渡）所実也、ちやうすふんけんハ本せう文ニミへたり、
さらに他人のさまたけあるへからす、よてのちのためにゆつりしやう、くたんのことし
弘安二年七月廿三日　　橘氏女（花押）

歴博三八七―一（二七・八×三七・八）巻子ノ内

五四　比丘尼浄阿弥陀仏土地譲状（竪紙）

譲渡　北小路高倉地事
合壱所有
右件地者、比丘尼浄阿弥陀仏伝領也、然次女字地蔵殿ニ譲渡所実也、不可有他妨、仍為後日
譲渡状、如件
弘安六年十月十三日　　比丘尼浄阿弥陀仏（花押）

歴博三八七―三―一（三〇・三×四三・三）巻子ノ内

五五　蓮願敷地寄進状（竪紙）

しほのこうち
たかくら
ねんふつたう
しやう〳〵の
御房

蓮願

「(端裏書)たかくらのねんふつたうのちのうりふミ也、れんかんハウふミ也」

うりわたすち(地)の事

合壱所者 つもり四へぬし(戸主)
ほんけん(本券)ハあまたにわかれたる

しほのこうちたかくら(塩小路高倉)、□(し)おのこうちのきたのつら、たかくらのにしすミ、ねんふつたう(念仏堂)のしきち也、

みきくたんのちハ、蓮願かさうてん(相伝)のしりやう也、しかるをようあるによて、あたひ(値)五十三貫文にゑいたいをかききりて、ほんけんをあひそへて、しやう〳〵の御房にうりわたしまいらせ候、さらにた(他)のさまたけ(妨)あるへからす候、たゝしこの□(う)ちにもとめうしないて候けん(券)あり、もしそのけんをもちてぬし(主)と申候もの候はゝ、ぬす人にしゆん(准)せられてとか(科)におこなハれ候へし、そのほかもこのちにつけて、いかなるいらん(違乱)さうい(相違)の事、いてき□(候)はゝ、いそきあきらめ候へく候、もしなをみちゆき(道行)候はすハ、ほんせん(本銭)をふしちにさたし候へし、まいらせ候へし、よてのちのためにしんけんのしやうくたんのことし

えんきやう(延慶)三ねん二月八日　　蓮願（花押）

金光寺
七条高倉
七条町
魚座
慶助
道場御畳之料
盛阿弥陀仏

五六　盛阿弥陀仏敷地寄進状（竪紙）

歴博三八七―二―四（三一・七×五〇・六）
巻子ノ内

奉寄進　金光寺

合

一所　七条高倉、自高倉西七条面南頬、口弐丈八尺、奥拾参丈陸尺者

一所　七条高倉、自七条南高倉面西頬、口伍丈奥伍丈五寸者

一所　七条町、自七条北南北陸丈、奥東西拾七丈丑寅角少闕

一所　七条町、自七条北東頬東西于魚座面、南北壱丈五尺、奥東西肆ヵ丈者

是四ヶ所者、毎月十六日、為慶助忌日之間、為訪彼菩提料足也

一所　七条南頬万里小路西頬西角南角、口東西伍丈、奥南北廿丈

是者、為道場御畳之料足也

右件地者、為訪亡者菩提、限永代相副本券手継証文等、所奉寄附也、若子孫之中、縦雖申違乱、以此状、為証可有御知行者也、仍寄進状如件

文和四年七月十九日　　盛阿弥陀仏（花押）

○端下部欠。

清水北坂播磨殿

仏照寺道場

七条室町

利阿弥陀仏

あちハとの出雲守殿

しをのこうちひんかしのとうゐん

五七　尼祖阿弥陀仏敷地寄進状（竪紙）

歴博三八七―三―五
巻子ノ内
（三一・五×四九・六）

（端裏書）「仏照寺道場
清水北坂播磨殿尼名祖阿弥陀仏寄進状」

奉寄進

仏照寺道場京都地壱所事

在所七条室町〻面西頰、北少路ノ合、自中
南寄地也、口一丈三尺、奥十丈

右件地者、奉弔利阿弥陀仏御菩提、且為祈二親追善幷自身逆修善根之、限永代所奉寄進也、

更〻不可有他妨、仍寄進之状如件

永和四年十一月廿日　　尼祖阿弥陀仏（花押）

五八　基弘敷地寄進状（竪紙）

歴博三八七―三―六
巻子ノ内
（二九・八×四五・〇）

（端裏書）「寄進状あちハとの
出雲守殿」

きしん申ち（地）の事

右のち（地）ハ、しをのこうち（塩小路）、ひんかしのとうゐん（東洞院）ひんがしのつら（頬）のさいけ（在家）五ちやうをのそきて

基弘

九てう

昌欽
七条河原口御
道場
金光寺

のこりをハ、御こう（公）より御ちぎやう候へくきしん申候うゑハ、きやう（向後）こうにをき候て、御
ぢし（地子）なんとも給候御事あるましく候、よてのちのため状如件

かうわ（弘和）二年三月四日　　基弘（花押）

歴博三八七－三－八　巻子ノ内（三〇・八×四八・三）

五九　尼昌欽畠地寄進状（竪紙）

（端裏書）「九てうのはたけのきしん状」

奉寄進畠事

合壱段者　在所見本券

右畠者、為尼昌欽相伝私領之間、為七条河原口御道場号金光寺御燈明、相副手継証文等、所奉
永代寄進之也、若背此旨、子孫之中有違犯之輩者、可被申行罪科、仍為後日寄進之状如件

康暦二年十一月十八日　　尼昌欽（花押）

歴博三八七－三－一七　巻子ノ内（二七・〇×二四・〇）

六〇　ヤキ孫左衛門藪地寄進状（竪紙）

川勝寺ヤフ地之事、七条金光寺江永代奉寄進者也、若於此地誰人成共違乱申候者、我等罷出
可申披者也、仍如件
又、地事ハカタキニ壱貫文ツヽ、合テ二貫文也

応永十二年四月七日

ヤキ
孫左衛門（花押）
□阿

七条町
金光寺
かう阿ミた仏

歴博三八七―三―一八（三〇・一×四六・七）
巻子ノ内

六一 小袖屋かう阿弥陀仏屋地寄進状（竪紙）

きしんしたてまつる屋地あん□□

合壱所者屋地、在所七条町、西洞院□□
口三丈、奥十一丈五尺□

右かの屋地・あんしち（庵室）くちハ七てう□□金光寺へなかくきしんしたてまつるものなり、は、ゝにて候人こん一のかな（仮名）、又かう阿ミた仏時しう（衆）になされまいらせ候て、こしやう（後生）ほたい（菩提）とふら（弔）ハれまいらせ候ハんために、かくのことくきしんしたてまつるうへハ、さら〳〵たのさまたけあるへからす、ふしき（不思議）にもとかくいらん（違乱）わつらひ申候ものいてきた

□□候ハヽ、くはう（公方）の御さたとしてかたくさいくハ（罪科）におこなハせ給候へく候よ□□、
後日のためにきしん状如件
応永十六年己丑八月十日
七てうまち（条町）こそてやか（小袖屋）う□□
□□

○端、端下部、奥下部欠失。

歴博三八七―二―一九（三〇・〇×四九・〇）
巻子ノ内

七条金光寺
青地畠

連阿ミた仏

六二　比丘尼性澄畠地寄進状（竪紙）

奉寄進七条金光寺青地畠事
合柒段余者
右かの下地ハ、春日神田なり、但本役毎年弐貫文つヽ御さたあるへし、此外ハすこしも御煩あるましく候、しかるに連阿ミた仏後生ほたいのために、青地畠一ゑんに本文書こと〳〵くあいそへ候て永代寄進申ところ実也、もししんる井の中に違乱煩申物出来候ハヽ、公方の御さたとして御さいくわあるへく候、仍為後日寄進状如件
応永十七年庚寅十月二日

比丘尼性澄

字坊ヶ内
朱雀縄本
唐橋通
針之小路
大炊給田
乗円祐仙
尾崎甚衛門
東寺　夜刃神
方
其国寺

比丘尼性澄（花押）

歴博三八七―三―二―七　（三一・五×四一・五）
巻子ノ内

六三　乗円祐仙田地作職売券（竪紙）

永代売渡申田地作職分之事

合大七歩 字坊ヶ内号縁本者、西者朱雀縄本也 南者唐橋通、北者針之小路、大炊給田 自一段小田次之大七部也

右件之田地者、代〻乗円祐仙雖為相伝之私領、依有要用直銭六貫文仁永代尾崎甚衛門方江売渡申所実正明白也、但本所者東寺　夜刃神方也、於御年貢米者、九斗六合六夕以仏性斗納之、二斗五合八夕八才装束、モリ米壱舛有之 名主方者新寄進田也、以坊用斗壱石壱斗七舛四合納之、▨十一八舛折敷段米延付定納壱斗二升、宝蔵方十合定弐斗以仏性斗、付巷所江納之、五舛拾合定、其国寺江納之、正月廿八日修正壇供四枚調進之、藁参束三地御年預江進之、六十六文夫銭正月十二月出之、七文ホンソ出之、十七文九月出之、冬な（菜）若な（菜）在之、此外者、万雑公事物無之者也、本支証副可進候へ共、依無生徳不□候、若就此田地違乱煩申輩在之者、売主請人罷出其明可申者也、猶以子〻孫〻田（マヽ）之妨申儀在之者、為　公方様急度可預御罪科者也、仍為後証売券之状如件

天文五丙申年十一月廿八日

売主田部乗円
祐仙（花押）

同子請人
幸千世丸（筆軸印）

六四　西念寺・極楽寺田地作職寄進状（竪紙）

歴博三八七―三―三六
巻子ノ内　（二七・四×四一・二）

七条
烏丸
町
梵阿弥陀仏
金光寺御灯明
料
仏照院
西念寺
極楽寺

奉寄進田地作職之事

合小者（七条ノ道ヨリ南ノツラ、東ハ烏丸西ハ町トノ間ニ在之）

右件之田地者、為梵阿弥陀仏追善、金光寺御燈明料仁本文証壱通相副、永代奉寄進所実正明白也、但本所ハ仏照院分也、若於此田地違乱煩之輩出来在之者、我等両人罷出、其明らめ可申者也、仍為後日之寄進状如件

天正九年九月十五日

西念寺（花押）

極楽寺（花押）

ひかし山あか
ついち
むりやうしゆ
やす井の二郎

ふちハらのう
ち女

六五　ふちはらのうち女私領譲状（竪紙）　（三一・八×四一・二）

（押紙）「むりやうしゆしハは、かたと解ス」
京ひかし山（東）あかついち（赤築地）むりやうしゆ□（無量寿）ハ、は、かたさうてん（相伝）乃うちてら（氏寺）にて候へハ、何事もあひ
いろう（綺）へく候へとも、やす井の二郎殿、御心さしあさからす候へハ、このてらならひに
しりやう（私領）とうをは、一ゑんに御しんたい（進退）あるへく候、た丶しおほせあハせられ候ハんこ
□ハ、見はなちまいらすへからす候、これよりあひいろう事、ゆめ〳〵候ましく候、
このやうを御心えあるへく候、あなかしく〳〵

元応元年十月廿三日

ふちハらのうち女（花押）
（押紙）「ふちハらのうち女と解ス」

六六　比丘尼浄阿弥陀仏私領寄進状（竪紙）　掛幅装（三二・六×四二・四）

奉寄進　私領地事
合玖所者、

塩小路、高倉
比丘尼清浄
浄阿弥陀仏
塩小路高倉念
仏堂

七条道場金光
寺
洛中辺土

巳上五戸主余
自塩小路北高倉西面委細面〻手継本券仁見
右地等者比丘尼清浄今者浄阿弥陀仏相伝之私領也、而限永代相副手継本券等所奉寄進塩小路高倉念
仏堂金光寺実也、若於向後雖為子〻孫〻不可有妨者也、仍為後日寄進之状如件
元亨四年八月二日　比丘尼浄阿弥陀仏（花押）
（奥書別筆）「鎌倉九代将軍守邦親王時」
（表具外題）「元治元年表具仕立
七条道場境内進附券状」

六七　足利尊氏御判御教書（竪紙）

掛幅装（二九・四×四一・七）

七条道場金光寺領所洛中辺土散在如先規、全可寺納者也
暦応二年十月十八日　（花押）
（託何）遊行上人

金光寺
七条高倉

良覚

僧本性

むろや

六八　僧本性敷地寄進状（竪紙）

（端裏書）
「きたのちのけん
〔カ〕
そうのきしんしやう」

奉寄進金光寺七条高倉敷地事

合一所　口三丈奥七丈八尺者

在七条南高倉西面

右敷地者、僧本性相伝之処、以同地類等令契約良覚之刻、於件口三丈奥七丈八尺者、良覚所出避状也、仍相副彼正文幷本券紛失状、諸官連署案文封裏等、為後生菩提平等利益、所奉寄附于金光寺也、仍寄進之状如件

康永四年八月三日　　僧本性（花押）

歴博三八四―一　（三〇・〇×四二・〇）
巻子ノ内

六九　乙夜叉女敷地売券（竪紙）

（端裏書）
「むろやのちのもんそ」

歴博三八四―一　（三一・五×四四・七）
巻子ノ内

七条たかくら
忌部氏乙夜叉女
金光寺
孫三郎清綱
尼りやうしん

うりわたす地の事

合壱所者　在所ハ七条たかくらみなミの頬
南北廿丈内二丈のこす、同東西
九丈五尺、南北四丈五尺也

右地ハ忌部氏乙夜叉女ちうたいさうてん（重代相伝）の地也、しかるをやう〳〵（要用）あるによて、直銭拾九貫文にかきりて、なかく金光寺へうりわたしたてまつるものなり、但本券を渡進へしといへとも、とうらむ（動乱）の時うしないたる間ニ、紛失状をたて、、官人以下せう判をたいするところなり、よてかの状のうらをわりて、則新券文をわたし進もの也、爰口奥の丈数不同なりといへとも、知行としひさしき上、近隣類地分明也、此上ハ子ともしたしきものいさ、かもしさい（子細）を申へからす、もしふしき（不思議）のさうゐ（相違）もいてき候ハ、、うけ人あひかはり本物一倍を不日にさたし申へく候、なおもてみちゆかすハ、へち（別）のさいくわ（罪科）ニをこなはれまいらせ候へく候、仍為後日うりけんの状、如件

貞和元年十二月二日

売主乙夜叉女（花押）
請人孫三郎清綱（花押）
同尼りやうしん（花押）

むろや
七条たかくら
忌部姫鶴女
乙夜叉女

孫三郎清綱

むろや

七〇　忌部姫鶴女敷地売券（竪紙）

歴博三八四―一　巻子ノ内　（三一・〇×四二・八）

（端裏書）「むろやの地文書」

うりわたす地の事

合壱所者　在所七条たかくらみなミの頬、南北二丈、東西拾丈也

右地ハ、忌部姫鶴女さうてん（相伝）の地なり、しかるをよう〳〵あるによりて、直銭九貫文ニかきりて、金光寺ニなかくうりわたしまいらせ候、但本せうもん（正文）紛失の子細、乙夜叉女かうりけむ（売券）に見えたり、此上父母のゆつりをあひそへ候うゑハ、さら〳〵さうゐ（相違）あるへからす、若違乱いてきたり候ハヽ、本銭一倍をもて不日ニ明さた（沙汰）をいたすへく候、仍売券の状、如件

貞和元年十二月廿四日　　忌部姫鶴女（花押）

請人孫三郎清綱（花押）

七一　乙夜叉女敷地売券（竪紙）

歴博三八四―一　巻子ノ内　（三一・〇×四二・〇）

（端裏書）「むろやの地けん」

七条、高倉
忌部氏女
金光寺
乙夜叉女
孫三郎清綱
尼りやうしん
むろや

うりわたす地の事
合壱所者
在七条南面高倉西、南北八丈五尺
東西四尺五寸
右地ハ忌部氏女さうてん（相伝）の地也、仍去貞和元年十二月二日沽却申地の残也、而よう〳〵（要用）ある
によりて、直銭八百文にかきりて、かさねて金光寺へうりわたすところ也ち（し）也、委細者先日
状ニのせ申うへハ、任彼状若相違事出来せハ、不日ニあきらめさた（明沙汰）をすへき者也、仍後のた
めにしやう、くたんのことし
貞和四年十二月廿七日
売主乙夜叉女（花押）
請人孫三郎清綱（花押）
同尼りやうしん（花押）

歴博三八四―一 巻子ノ内 （三〇・二×四一・〇）

七二 乙夜叉女敷地売券（竪紙）

（端書）「むろやのうりけん」

うりわたす私領地の事
合壱所者
在七条南面高倉西　口東西二丈四尺六寸 奥南北三丈
右地者忌部氏女字乙夜叉女相伝の地也、しかるをよう〳〵（要用）あるによりて、直銭弐貫五百文にかきりて金光寺へうりわたすものなり、且ハ本券文をあひそうへしといゑとも、類地あるによりてうらかきをくわへられ候ぬ、このうへハさらにさう（相違）ゐあるへからす、仍為後証新券文をたて、、うりわたすところ如件
貞和五年十一月廿八日　売主乙夜叉女（花押）
請人尼りやうしん（花押）
同孫三郎清綱（花押）

七条、高倉
忌部氏女
乙夜叉女
金光寺

尼りやうしん
孫三郎清綱

七三　盛親寺屋敷譲状（竪紙）

歴博三八四—一二　巻子ノ内　（三一・五×四八・八）

（端裏書）「ゆつり上（マヽ）」

譲与

清水寺領内あかついち無量寿寺
ふちわらのうちの女あさなかめやしや
盛親
東山延年寺赤築地桐木屋
平景泰

清水寺領内あかついち（赤築地）無量寿寺幷屋敷事

四至堺事ほんけんもんニミゆ

右の地ハもりちか（盛親）たい／＼（代々）さうてん（相伝）せしめ、たうちきやう（当知行）いまにさをい（相違）なし、ふちわら（藤原）のうちの女あさなかめやしや（亀夜叉）にゆつり（譲与）あたふるところしち（実）なり、心さしあさからす候あひた、養女たるうゑハたにん（他人）のさまたけ（妨）なく、代々のてつきほんけん（手継本券）とうをあいそゑ、ゆつりあたふるうゑハ、ゆめ／＼盛親かしそん（子孫）とかうしていらんわつらひ（違乱煩）あるへからす、仍為後日ゆつり状、如件

康安弐年三月四日　　盛親（花押）

歴博三八四―一　巻子ノ内　（二九・八×四六・七）

七四　平景泰打渡状（竪紙）

金光寺領東山延年寺赤築地、号桐木屋丈数見本券事、任今月五日御教書・同月十二日御施行幷遵行旨、寺家雑掌所打渡之状、如件

明徳二年十二月十七日　　平景泰（花押）

東山延年寺
七条道場金光寺
延年寺住人越前
善教

七五　延年寺住人越前等寺地売券（竪紙）

歴博三八四―二
巻子ノ内　（二九・五×四五・〇）

永代売渡申東山延年寺地の事
合壱所者つきたしのふん
右かの在所の地ハ、よう〳〵（要用）あるによんて、現銭弐貫文ニ永代をかきり候て、七条道場金光
寺へうりわたし（売渡）申所実也、但この地ニつき候て、いさゝか違乱煩儀出来候者、本せん一倍に
返し可申候、又子孫ニおき候て、千万違儀の子細申仁出来候ハゝ、不敬〔孝〕の者たるへく候、仍
為後証売券状、如件
（追筆）「四代勝定院殿年号」
応永十八年辛卯二月廿三日
売主延年寺住人越前（花押）
請人同子息　善教（花押）

大光
定燈
御燈

いや八

吉祥院御領

七六　歳末別時日記（竪紙）　清浄光寺（三一・四×四八・二）

歳末御別□□□日記於七条道場記之

一、大光のひろさ、はしらより内八尺七寸はしらの外三寸つゝ

一、定燈のはしら二尺の内一尺八寸にうつへし、はしらのひろさ四尺、あつさ〔カ〕二寸

一、御燈より御座〔カ〕のすミへ二尺二寸

一、御燈のはしらの中にすミより御座すみゑ二尺六寸

一、大光より御□の□ひ二尺四寸

一、御座のなかさ六尺三寸

貞治三年十二月廿三日

七七　国則等私領田畠譲状（続紙）　歴博三八五 巻子ノ内（二九・五×八二・七）

（端裏書）
「いや八殿分　きちしやう［　］」

譲与　吉祥院御領内私領田地之事

則成

国則
則久
則秀
ちよわか丸
則興
乗助

合
一所　弐段少　なかしま　壱段少　といのもと
一所　壱段　わさ田　北うら
一所　参段　則弘名　西うら
一所　壱段　友貞名内　西くほ
一所　畠壱　北うら　限東ミち西田
一所　畠　東ヨリ壱段石仏本　西通カキる
一所　畠　西ヨリ壱段石仏本　限東中殿　限溝
一所　壱段　やしき東ヨリ
一所　畠半　字御前畠北ヨリ
右、則成ゆつりあたふるところ実也、仍状如件
貞治四年卯月十五日
国則（花押）　ちよわか丸
則久（花押）　則興（花押）
則秀（花押）　乗助（花押）

則吉

きちしやうい
ん
はむろ田
あさなとらわ
かまる
下さミの里

則兼

則吉（花押）

（裏書・本文一〇行目裏）
「此畠半モ不買也、此屋敷壱反ハ不買有本主方也、則兼（花押）」

七八　則兼田地譲状（竪紙）

歴博三八五
巻子ノ内　（三〇・二×四六・八）

（端裏書）
「　　　」

きちしやういん（吉祥院）御りやうの内はむろ（葉室）田の事

合壱反者 あさなとらわかまるにふせおく物なり

右かの下地ハ、下さミの里の三のつほに在のなわもと弐○反めなり、しかるに本年貢弐斗五升・かちし（加地子）壱斗三升八合・わら七そく七ハなり、たゝしほんねんく（本年貢）ハはむろの納のます、かちし（加地子）ハてらかた（寺方）の納なり、もし畠なりあらハ、年貢ハわら廿二そくにてあるへく候、後こうたいのために下状如件

明徳参年 みつのへさるのとし 十一月七日

則兼（花押）

吉祥院、天神領内廻頭役用途七条光阿弥

後上座定勝

下司則茂

執行賢勝

吉祥院田畠

七九　吉祥院天神廻頭役用途請取状（竪紙）

歴博三八五 巻子ノ内（三一・〇×四一・二）

（端裏書）「きちしやういんのあてしやう也」

吉祥院　天神領内廻頭役用途事

合肆貫百文者　七条光阿弥沙汰之分

右所請取実正也、但名主壱代者不可有子細候、仍之状如件

応永癸未十年九月十二日

後上座定勝（花押）

下司則茂（花押）

執行賢勝（花押）

八〇　山城守護代茂呂某遵行状（折紙）

歴博三八五 巻子ノ内（二八・五×四四・七）

金光寺七条河原口道場雑掌申、山城国紀伊郡吉祥院田畠壱町壱段半事、任御尊〔遵〕行之旨、可被全寺家

所務之状、如件

吉祥院沙汰人

うしかせ
吉祥院
了正
このゑとの、
御領

儀阿

柴山殿

応永十六
十一月廿八日　　（花押）

吉祥院沙汰人中

八一　儀阿書状（竪紙）

歴博三八五
巻子ノ内　（二九・七×四七・一）

尚〻御ふしん(不審)の事候ハヽ、重おほせかふり候て、たつねきわめ候て、可申入候

おほせかふり候、うしかせ(牛ヶ瀬)の下地ニ反事、吉祥院よりのいらん(違乱)のよしうけ給候間、地下ニたつね候ところ、うしかせの了正かもちて候下地ハ、このゑとの(近衛殿)、御領内にて候、吉祥院よりいらん(違乱)の事ハなく候、さ候あいた彼あとへたつね候へハ、下作人ふさた(不沙汰)候やん、たつね候てかさねて御さうを可申候由こたへ候、返〻きちしやうゐん(吉祥院)よりいらんと申候ハあとかたなき事候あいた、よく〳〵御たうちやう(道場)よりも下作人をたつねきわめられ候へく候、あなかし〳〵

九月廿八日　　儀阿（花押）

柴山殿御宿所

たミ所
清水寺領内赤
築地天神中路
天神大路
善阿弥
時阿弥陀仏
善阿
善妙
因幡
越前

八二　善阿売券（竪紙）　（二九・七×四〇・七）

うりわたすたミ（茶毘）所の地事
合壱所在所清水寺領内赤築地天神中路南頬也
四至　東限けいせいの地のついち、南ノ東なから（半）程ハ岸をかきる
中より西ハはくらうの墓の後の石仏をかきる、西ハ
天神大路の路をかきる、□〔北〕□〔を〕なし
右件地ハ善阿弥さうてん（相伝）の私領也、しかるを用ゝあるによて、直銭五貫文に永代をかき（限）て、時阿弥陀仏へ売渡処実也、若万一もいらん（違乱）わつらいのときハ、うりぬし請人のさたとして、十ヶ日の中ニ余の地にたてかへ申へく候、仍為後日売文□〔の〕状如件
（異筆）「三代鹿苑院殿年号」
応安五年八月十五日
売主　善阿（花押）
相共　善妙（花押）
請人　因幡（花押）
請人　越前（花押）

たミ所
清水寺領内赤
築地天神中路

時阿弥

八三　時阿売券（竪紙）

（二九・八×四〇・四）

売渡申たミ（荼毘）所の地事

合壱所在所清水寺領内赤築地天神中路南頰也

四至

東限けいせいの地のついち、南の東なからはかりハ岸をかきる、

中より西ハはくらうの墓の後の石仏をかきる、西は天神大路の路をかきる、北をなし

右件地ハ時阿弥さうてんの地なリ、しかるを用くあるによて直銭五貫、七条高倉の御道場へ永代をかき（限）て、うりわたしたてまつる処実也、本売券一通をあいそへ申上ハ、さらに違乱わつらいあるへからす、若万一此地にわつらい出来時、十ヶ日中ニ余地ニたてかへさへ（マヽ）致へく候、仍為後日売文状如件

応安五年八月十六日　　　売主時阿（花押）

（異筆）「公方三代鹿苑院殿□（時）」

八四　亀夜叉女売券（竪紙）　（二七・八×三九・二）

（端裏書）
「むろまちとのへうりけん」

うりわたす地の事

合一所　延年寺あかつい地の地　四至本券文ニ見たり

右の地ハ母儀性善の相伝の私領を亀夜叉女ゆつり得たる物なり、而をよう〱（要用）あるによて、代銭拾三貫文に虎菊殿ニうりわたすところ実なり、向後におひてさらに他のさまたけあるへからさる物なり、よて後日のために売券の状如件

応安六年十一月卅日

うりぬし亀夜叉女（花押）

あいともに禅有（花押）

延年寺あかつい地
性善
虎菊殿
亀夜叉女
禅有

八五　正親町天皇綸旨（竪紙・宿紙）　清浄光寺巻子ノ内（三三・七×四四・七）

宜奉祈国家安全・宝祚延長者、天気如此、仍執達如件

普光

同念

真寂

天正十四年四月五日　頭左中弁（万里小路充房）

（普光）他阿上人御房

八六　正親町天皇綸旨（竪紙・宿紙）

清浄光寺巻子ノ内（三一・三×三八・二）

宜奉祈国家安全・宝祚延長者、天気如此、仍執達如件

天正七年九月十二日　右少弁（万里小路充房）

（同念）他阿上人御房

八七　後奈良天皇綸旨（竪紙・宿紙）

清浄光寺巻子ノ内（三一・六×四一・五）

宜奉祈国家安全・宝祚延長者、天気如此、仍執達如件

天文六年十月二日　権〔町〕右衛門資将

（真寂）他阿上人御房

仏天

知蓮

八八　後柏原天皇綸旨（竪紙・宿紙）　清浄光寺巻子ノ内（三一・四×四一・五）

宜奉祈国家安全・宝祚延長者、天気如此、仍執達如件

大永二年九月四日　右少弁兼秀（広橋）

他阿上人御房（仏天）

八九　後柏原天皇綸旨（竪紙・宿紙）　清浄光寺巻子ノ内（三一・七×四五・〇）

宜奉祈国家安全・宝祚延長者、天気如此、仍執達如件

永正十年三月四日　右中弁（万里小路秀房）

他阿上人御房（知蓮）

九〇　後土御門天皇綸旨（竪紙・宿紙）　清浄光寺巻子ノ内（三一・七×四四・〇）

宜奉祈国家安全・宝祚長久者、天気如此、仍執達如件

一峰

尊皓

如象

明応六年六月七日　右少弁（勧修寺尚顕）

（一峰）他阿上人御房

九一　後土御門天皇綸旨（竪紙・宿紙）

清浄光寺巻子ノ内（三一・七×四三・六）

宜被奉祈国家安全・宝祚長久者、天気如此、仍執達如件

文明十六年十月七日　権右少弁（中御門宣秀）

（尊皓）他阿上人御房

九二　後花園上皇院宣（竪紙・宿紙）

清浄光寺巻子ノ内（三〇・一×四〇・〇）

宜被奉祈天下太平・宝祚安永者、院宣如此、仍執達如件

応仁元年五月廿日　右少弁（広橋兼顕）（花押）

（如象）他阿上人御房

太空

渡舩

九三　後小松天皇綸旨（竪紙・宿紙）

清浄光寺巻子ノ内（三〇・一×四四・六）

宣奉祈国家安全・宝祚延長者、天気如此、仍執達如件

応永十九年四月七日　右中弁家俊（清閑寺）

他阿（太空）上人御房

九四　後円融天皇綸旨（竪紙・宿紙）

清浄光寺巻子ノ内（三〇・七×四三・四）

宣奉祈国家安全・宝祚延長者、天気如此、仍執達如件

康暦二年二月十一日　□□□□

他阿（渡舩）上人御房

九五　足利義満御判御教書（竪紙）

掛幅装（三一・〇×五三・三）

寄附　金光寺

七条、塩小路、
東洞院、高倉

尊観

七条以南、塩小路以北、東洞院以東、高倉以西地事
右所寄附当寺之状如件
応永二年五月六日
太政大臣源朝臣（花押）

九六　鎌倉公方足利満兼書状（竪紙）　（三一・〇×四八・八）

（封ウハ書）
「到来応永六九十五日」
鎌倉殿御返事　」
（封ウハ書）
「遊行上人　満兼」

去年悲歎事、難述言語次第候、就之如此承候之条、難申尽候、恐惶敬白
（応永六年）
六月廿四日　満兼（花押）
（尊観）
遊行上人

○封ウハ書部分を截断し、表に接合する。

尊明

准三宮

九七　後小松天皇綸旨（竪紙・宿紙）　掛幅装（二八・八×四五・〇）

（外題）「御論（綸）旨」

可被致天下安全御祈禱由、被仰下候状、如件

（応永八年）後正月廿二日　（甘露寺清長）右兵衛権佐（花押）

（尊明）他阿上人御房

九八　足利義満自筆御内書（竪紙）　（三〇・〇×四五・二）

（封ウハ書）「他阿上人御房　（足利義満）（花押）」

□　□上人号候、目出候也、給□尤也、敬白

二月十三日　准三宮（花押）

他阿上人御房

青地畠段銭

善以

斎藤新左衛門尉

青地畠年貢

九九　善以〔カ〕書状（折紙）

歴博二九三―一（二八・七×四五・五）
巻子ノ内

（端裏）「応永八六　十三
青地畠免状」

青地畠段銭催促之由、自南都雑掌方被仰候、春日社領京済被成御奉書事、於一円春日領者、
可被止綺候也、恐々謹言

六月十三日　善以〔カ〕（花押）

斎藤新左衛門尉殿

○奥継目裏に花押左半一顆あり。

一〇〇　桑原法眼快算年貢料足請取状（竪紙）

歴博二九三―二（二九・〇×四五・五）
巻子ノ内

（端裏）「請取」

請取申　御料足事

合　弐貫文者

右為青地畠年貢所請取申之状如件

桑原大弐法眼
快算

外宮役夫工米

参河国中山郷

禅住永採

内裏料段銭

文安元年甲子十月廿九日

桑原大弐法眼
快算（花押）

歴博二九三―三
巻子ノ内　（二八・八×四六・〇）

一〇一　禅住坊承操役夫工米納状（竪紙）

（端裏書）
「やくもたくまい（役夫工米）のうけとり（受取）」

納申　外宮役夫工米事

合肆貫七百五拾文者

右為金光寺領参河国中山郷（渥美郡）沙汰、田数九町五段分、京済所納申之状、如件

宝徳弐年五月廿六日

禅住
承操（花押）

歴博二九三―四
巻子ノ内　（二七・二×三九・九）

一〇二　光林坊栄宣内裏料段銭納状（竪紙）

納申　内裏料段銭事

合肆貫洙百五拾文者

参河国中山郷
光林栄宣
信清
貞正
御即位段銭

右為七条金光寺領参河国中山郷（渥美郡）、公田玖町五段分、所納申如件

康正弐年六月廿四日

光林
栄宣（花押）

一〇三　信清・貞正連署造内裏段銭催促状（竪紙）

歴博二九三―五
巻子ノ内　（二八・〇×二一・二）

御所御造作料段銭之事、任田数壱段別五拾文宛、五ケ日以前可有究済候、万一難渋之儀候ハヽ、
以譴責使堅可致催促由候也、

長禄弐
五月九日　　信清（花押）
　　　　　　貞正（花押）

（三河国渥美郡）
中山郷

（奥裏書）
「なかやま」

一〇四　金光寺領即位段銭送進状案（竪紙）

歴博二九三―六
巻子ノ内　（二七・六×四六・一）

送進　御即位段銭事

禅住坊

参河国中山郷

合　肆貫七百五拾文者

右為七条金光寺領参河国中山郷(渥美郡)田数九町五段分、所送進之状、如件

文正元年卯月廿四日

七条
金光寺

御奉行所

(袖書)
「此分可被納禅住坊候也、

同日

大和(飯尾)
元連　在判

清泉
貞秀　在判

肥前
備前　飯尾
之種　在判

津(マヽ)　摂殿
之親　在判」

一〇五　下司小太郎・執行定幸祭礼廻頭役銭請取状（竪紙）歴博二九三−七 巻子ノ内（二六・八×四二・五）

請取申御祭礼廻頭役之事
　合四貫百文者
右御頭役者、為川原口沙汰所納申也、依壱代之間者、不可有相違状、如件
　延徳参年九月十二日
　　　　　　　　　　　　下司
　　　　　　　　　　　　　小太郎（花押）
　　　　　　　　　　　　執行
　　　　　　　　　　　　　定　幸（花押）

御祭礼廻頭役
　小太郎
　定幸

一〇六　祐覚書状（竪紙）歴博二九三−八 巻子ノ内（二九・〇×四七・四）

就七条道場御寺領段銭事、自御屋形被仰出候旨、委細畏承候了、所詮京済之事、不可有子細候、被召給寺家雑掌、可申談之由、可被得御意候也、恐〻謹言
　七月廿二日　　　　　　　　祐覚（花押）
木沢殿
　御宿所

祐覚
木沢

山城国上豊田半分ヲ金光寺ニ寄付ス

一〇七　足利義満御判御教書（竪紙）　（三一・三×四八・二）

寄附　金光寺
　山城国上豊田半分事
右所寄附之状如件
　応永十年十二月十五日
入道准三宮前太政大臣（花押）

金光寺領幷諸末寺領ヲ安堵ス

一〇八　足利義持袖判御教書（竪紙）　（三一・三×四七・七）

（花押）
金光寺七条河原道場〔口〕領洛中辺土散在屋敷田畠幷諸末寺同寺領等注文在別紙事、早任相伝当知行之旨領掌不可有相違之状如件
　応永十六年十一月六日

清浄光寺・金光寺時衆已下ノ諸国勘過ヲ仰付ク

一〇九　室町幕府管領細川満元奉書案（竪紙）

清浄光寺（三三・〇×四八・二）

清浄光寺（藤沢道場）・遊行金光寺（七条道場）時衆・人夫・馬・輿已下諸国上下向事、関〻渡以押手・判形、無其煩可勘過之旨、所被仰付国〻守護人也、若違犯之在所者、就注進可処罪科之由被仰下也、仍執達如件

応永廿三年四月三日　沙弥（在判）

御教書案文

奉行斎藤加賀守（基喜）（印判）

三井寺関所ニ於ケル時衆往反ノ煩ヲ止ム

一一〇　室町幕府管領細川満元奉書案（竪紙）

清浄光寺（三三・〇×四五・〇）

清浄光寺（藤沢道場）・遊行金光寺（七条道場）幷諸末寺時衆往反人夫・馬・雑駄已下上下向事、諸国関〻渡以印・判形、無其煩之処、於三井寺関所、動及異儀之条太招其咎歟、猶以令違犯者可処罪科之由重処被仰下也、仍下知如件

応永廿六年十月廿日　沙弥（在判）

当寺

一一一　足利義持御判御教書（竪紙）　（三一・一×四五・四）

金光寺諸末寺ヲ他門他宗へ付属スルコトヲ禁ズ

金光寺国〻諸末寺等事、或付属佗門幷佗宗、或以佗流幷余宗之寺可寄附当門下之旨、令所望族有之云〻、甚不可然、所詮此条〻向後堅所停止也、早守近来例可専仏事等之状如件

応永廿七年四月七日（花押）

一一二　足利義持御判御教書（竪紙）　（三一・一×四七・四）

清浄光寺諸末寺ヲ他門他宗へ付属スルコトヲ禁ズ

清浄光寺国〻諸末寺等事、或付属佗門幷佗宗或以佗流幷余宗之寺可寄附当門下之旨、所望族有之云〻、甚不可然、所詮此条〻向後堅所停止也、早守近来例可専仏事等之状如件

応永廿七年四月七日（花押）

参河国中山郷ヲ金光寺ニ寄附ス

一一三　足利義持御判御教書（竪紙）

（三〇・二×四九・八）

寄附　金光寺 号七条道場

参河国額田郡内中山郷事

右所寄附之状如件

応永卅年七月五日

菩薩戒弟子（花押）

山城国上豊田・参河国中山郷ノ課役ヲ免除ス

一一四　足利義持御判御教書（竪紙）

（三一・〇×五一・五）

金光寺号七条道場寺領山城国上豊田半分・参河国額田郡内中山郷等事、早臨時課役・段銭・棟別以下免除之上者、為守護不入之地、可全寺領之状如件

応永卅四年五月三日

菩薩戒弟子（花押）

七条御引導時ノ引馬銭ヲ定ム

坂公文所

山城国上豊田・参河国中山郷ノ課役ヲ免除ス

一一五　引馬免状案（竪紙）

（三二・八×二七・八）

（端裏書）
「坂ヨリ引馬ノ免状案」

七条御引導之時、引馬鞍等事、御遊行十五代上人（尊恵）様御在京時、庫院其阿弥陀仏堅蒙仰候間、以御礼閣申、雖然於向後引馬御座候者、壱貫文可給候、其外兎角之儀申間敷候、仍為後日状如件

正長元年拾月　日

坂公文所在判

進上七条御道場

（異筆）
「公方六代普光院殿時」

一一六　足利義教御判御教書（竪紙）

（三一・二×五二・七）

金光寺号七条道場寺領山城国上豊田半分・参河国額田郡内中山郷等、段銭以下臨時課役事、所令免除也、早為守護使不入之地寺家可全領知之状如件

永享四年十月八日

光触寺
覚阿弥陀仏

左大臣兼右近衛大将源朝臣（花押）

一一七　足利持氏書状（竪紙）　（二九・九×四七・五）

扇・力革給候、恐悦候、故馬一疋黒鮫印雀進之候、恐惶謹言

正月晦日　持氏（花押）

遊行上人

一一八　足利持氏書状（竪紙）　清浄光寺（三二・〇×四二・〇）

奉雇光触寺申候処、懇承候、満足候、重而以覚阿弥陀仏、剰三種送給候、恐悦候、何様以▨入彼此可申候、委細者阿弥▨院可被申候、恐惶謹言

三月十日　持氏（花押）

藤沢上人

一一九　鹿苑院主用剛乾治等連署仏事料送進状（竪紙）　（三一・一×四四・九）

送進

合弐佰貫文者

来年正月十八日

（足利義持）
勝定院殿十三年忌今月十八日御仏事料之事

勝定院殿十三年忌

右所送進之状如件

永享十一年十二月十五日　侍真乾清（花押）

金光寺　院主乾治（用剛）

用剛乾治

勝定院

一二〇　足利義教御内書（竪紙）　（三一・〇×五四・五）

（封ウハ書）
「（墨引）　他阿上人　」

遊行出立

被出遊行之由注進、目出候、巨細者申含使者候也、敬白

暉幽

暉幽

（永享十二年）二月十六日（花押）

（暉幽）他阿上人

○封ウハ書部分を截断し、表に接合する。

一二二　足利義教御内書（竪紙）

（三一・一×五四・〇）

（封ウハ書）「（墨引）　他阿上人　（足利義教）（花押）」

越後布廿端・蠟燭五百挺到来、悦喜候、段〔緞〕子一端・盆一枚遣之候也、敬白

（永享十二年）三月廿九日（花押）

（暉幽）他阿上人

○封ウハ書部分を截断し、表に接合する。

一二三　足利義教御内書（竪紙）

清浄光寺（三三・九×四八・五）

絹二十疋・蠟燭五百挺到来候了、悦喜候、金襴・盆進之候也、敬白

暉幽

四月廿七日　（花押）

他阿上人（南要カ）

一二三　足利義教御内書（竪紙）　清浄光寺（三一・〇×五〇・四）

蠟燭三合到来候、▨悦喜候也、敬白

五月十四日　（花押）

他阿上人（南要カ）

一二四　後花園天皇綸旨（竪紙・宿紙）　掛幅装（三一・二×四六・三）

（外題）「御諭（綸）旨」

可令致国家太平・宝祚延長之善禱者、天気如此、仍執達如件

（永享十二年）六月十五日　権右中弁俊秀（坊城）

他阿上人御房（暉幽）

一二五　清水坂公文所請文（竪紙）

（二八・八×四五・八）

（端裏書）
「河原口御道場へ参」

就徳政之事、尤免輿以下可有停止候、度ヽ堅蒙仰候間、閣申入候上者、於向後ハ菟角違乱煩不可申入候、仍一帋之状如件

長禄元年霜月八日

清水坂公文所（花押）

七条金光寺

（裏打紙異筆）
「公方様　八代慈照院殿（足利義政）代ニ坂ノ者犬神人ノ証文」

免輿ニ付キ今後違乱申入ザルコトヲ請ク

清水坂公文所

一二六　足利義政御判御教書（竪紙）

掛幅装（三一・〇×五一・八）

金光寺号七条道場寺領山城国上豊田半分・参河国額田郡内中山郷等段銭以下臨時課役事、所令免除也、早為守護使不入地、寺家弥可全領知之状如件

長禄四年十月廿五日

山城国上豊田・参河国中山郷ノ課役ヲ免除ス

左大臣兼右近衛大将源朝臣（花押）

七条金光寺領
屋地田畠
寺中

一二七　金光寺領屋地田畠等目録（続紙）

巻子装（三一・七×六五〇・五）

（後補表紙外題）「七条金光寺領屋地田畠等目録」

七条金光寺領屋地田畠等事

寺中 東ハ高倉、西ハ東洞院 南ハ塩小路、北ハ七条

一所　山城国上豊田庄半済方
（足利義満）御判　（別筆）「〈三代鹿苑院殿」　応永拾年十二月十五日

一所　高辻高倉北西（別筆）「東面」 口十七丈八尺五寸 奥十五丈八尺
今河殿沙弥心省（国範）寄附

一所　七条室町東南頬 口東西五丈二尺七寸 奥十五丈二尺
筑後守則国寄附　（別筆）「〈同代」　応永元年八月廿九日

一所　七条高倉西北頬 口八丈 奥廿一丈
烏町殿俊阿寄附　（別筆）「〈尊氏代」　文和三年十一月日

一所　近衛油小路西北頬 口東西二丈 奥十四丈
藤原氏女寄進　（別筆）「三代鹿苑院殿代」　応安元年八月六日

一所　近衛河原 東ハ限染殿畠岸ヲ、西ハ限川流ヲ 南ハ限近衛ヲ、北ハ限鷹司ヲ
伊予法橋承快寄進　（別筆）「同代」　応永十三年三月九日

一所　六角室町北西頬 口南北十四丈八尺一寸 奥四丈三尺
大江朝信寄進　（別筆）「〈尊氏代」　観応三年四月廿八日

一所　六角京極南西頬 口一丈五尺 奥十丈
承快寄進　（別筆）「三代鹿苑院代」　応永十三年三月九日

一所　綾小路高倉南西角 口九丈三尺九寸 奥十丈九尺一寸五分
承快寄進　（別筆）「同代」　応永十三年三月九日

一所　五条坊門室町東北頬 口東西三丈 奥十丈

其国寺

梅御方沽却　(別筆)「同代」明徳三年十二月二日

一所　梅小路堀河〻ヨリ東北頬口二丈五尺 奥十丈

善阿寄進　(別筆)「同代」永和二年六月日

一所　七条万里小路南東角　口五丈五尺五寸 奥廿丈二尺

了導寄進　(別筆)「尊氏代」文和二年四月十六日

一所　七条堀河東南頬口二丈九尺五寸 奥十五丈

藤原盛幸寄進　(別筆)「（三代鹿苑院代」永徳元年六月日

一所　七条与塩小路間堀河面東頬　口二丈四尺五寸 奥十丈一尺

南阿寄進　(別筆)「同代」永和三年九月廿三日

一所　北小路高倉北西角口六丈 奥八丈二尺一寸

観音沽却　(別筆)「八十七代後嵯峨院」寛元四年潤四月十二日

一所　糠辻子大副里十坪畠壱

尼昌欽寄進　(別筆)「三代鹿苑院ノ代」康暦二年十一月十八日

一所　西京田伍段西ハ西ノ堀川、東ハ井杭 南ハ二条、北ハ冷泉、坪ハカサトノ

承快寄進　(別筆)「同代」応永十三年三月九日

一所　吉祥院田壱町半畠一段

幸阿寄進　(別筆)「同代」応永十二年三月廿六日

一所　西岡粟生弐段乙訓郡巨勢本里六坪一反 同郡高庭里十坪一反

尼覚阿寄進　(別筆)「同代」明徳三年正月廿三日

一所　牛瀬田壱反　字葉室田

沙弥了正寄進　(別筆)「同代」康応元年七月廿八日

一所　深草田七反半此内三反ハ日吉田、一反ハ賀祥寺田一反左馬寮、二反右京職

興阿寄進　(別筆)「尊氏将軍ノ代」文和三年十一月十三日

一所　六角町与室町間北頬口四丈三尺 奥十八丈

妙一寄進　(別筆)「四代勝定院殿代」応永卅年六月廿四日

一所　七条坊門室町西頬南角　口五丈二尺 奥十一丈

妙一寄進　(別筆)「六代普広院殿」永享二年九月廿四日

其国寺

一所　六条坊門与樋口間東頬東西廿六丈五尺 南北卅丈余

道場敷地寄進　今河上総介殿

万福寺

乗蓮寺

一所　北小路町与七条間西 口南北四丈七尺五寸 奥東西九丈屋地
一所　畠唐橋堀河東油小路
　　四至 限東ハ油小路、限南久路 限西藪、限北唐橋
　　已上三ヶ所自余所〻依事繁注文別紙、
　　乗蓮寺
一所　東山赤築地桐木本 口東西十三丈余 奥南北二十五丈余
一所　四条猪隈南西頬 東西南北各十丈
　　海苻寄進　（別筆）「三代鹿苑院殿代」応永九年八月廿二日
一所　八条坊門堀河南東頬田一反余
　　尼浄順寄進　（別筆）「同代」応永十四年二月日
一所　梅小路油小路 北西角　口一丈六尺 奥十九丈余
　　尼浄順寄進　（別筆）「同代」応永十四年二月日
一所　田一反半 科小路油小路科小路寄北油小路ヨリ東一反置テ次一反半也、但半ハ折也
　　本所ハ金頂寺也、
　　八条連阿後家寄進　（別筆）「四代勝定院殿」応永十七年八月廿七日

　　万福寺 鳥羽道場
一所　田弐反　河副里十七坪　平野田
一所　田弐反　庄例須田里四坪　女御田
一所　田弐段　庄例上鳥里廿六坪　今山崎
一所　田一反　同上鳥里廿九坪　今山崎
一所　田大　河副里廿九坪　白拍子田
一所　田弐反　同上鳥里卅四坪　女御田字大溝
一所　田一反　庄例上鳥里廿七坪　今山崎
一所　田一反　上鳥里八坪　餝田
一所　畠七反余 連田里廿坪 門脇路次端　大上中路
一所　畠一反半　四至 限北大道、限東四郎作 限西溝、限南類地　高芝上
一所　畠弐反　竹四郎嶋
一所　畠一反大　上鳥里二坪　今山崎
一所　畠大　上鳥里廿二坪　尺迦堂跡
一所　畠一反半　上鳥里九坪戊亥ヨリ　八王子

西念寺
福田寺

一所　畠弐反目　角堂東
一所　畠弐反塔森ノ東　高芝下東ウラ
一所　畠弐反　四至限東縄手、限南丘衛(マヽ)大郎作、限西墻、限北溝、高芝下
一所　畠弐反余　中河原
一所　畠一反半　四至　塔社大基西副
一所　畠大　上鳥里廿三坪　楼待屋ノ跡
一所　畠小　上鳥里廿四坪　天狗堂
一所　畠一反半　角御堂カイタヲリ
已上　二十ヶ所
(別筆)「コ　エダ」
小枝右馬入道導忍寄進
(別筆)「二代宝篋院殿ノ代」
貞治三年五月廿六日
西念寺鳥羽北道場
一所　田一反　マウタケ縄手副八坪　拝師田
一所　田一反六十歩マウタケ溝ソヘ十九ノ坪　拝師田
一所　田参反　溝ソヘ八坪　切田

一所　田一反マウタケ縄手西ハタ一反置テ次廿坪　兵庫寮
一所　田一反マウタケ東三反置テ次廿二坪　西山田
一所　田六十歩　横井溝ハタ合所　女御田
一所　田大河はた　嶋田
一所　田一反　河ソヒ卅坪　智薗院
一所　田弐反南縄手ヨリ一反置テ北　勅旨田
一所　田弐反半東縄手ソヒ二十五坪　奈良田
一所　大畠尺迦堂手クルマ路ハタ上鳥里廿一坪　今山崎
一所　田一反南ノ縄手ヨリ四反置テ北　勅旨田
已上　十二ヶ所
藤大郎重阿　両人寄進
(別筆)「尊氏将軍」
延文五年八月六日
福田寺
一所　(別章)「ノスエ　シルタニノ」
六条末東山汁谷道場敷地
四至限北ハ大道、限東面地持庵敷地、限南面仏光寺高岸、限西面興聖寺与仏光寺敷地

金剛寺

長泉院

加賀爪甲斐権守行貞

隠岐守秀村　両人寄進 (別筆)「尊氏ノ代」文和四年十一月廿八日

一所　大和大路畠大限西ハ大道、北面ハ六条 限東ハ興聖寺領、限南ハ高岸 (別筆)「三代鹿苑院殿ノ」

二位権少僧都光俊寄進　応永九年六月廿四日

一所　佐目牛畠大一色也　限北ハ大道、限東ハ仏光寺畠 限西ハ妙法院御領、限南ハ同御領

日銭屋禅忍寄進　(別筆)「同代」応永十年五月日

一所　田一反　西芳寺田在所山城国紀伊郡サイサカリ廿一坪

春日神人左近三郎寄進　(別筆)「同代」永徳弐年八月七日

一所　田一反　花薗田在所サイサカリ六坪縄手ヨリ西三反ノ次四反目

八幡宮神人善阿寄進　(別筆)「同代」永徳元年十月八日

一所　朱雀合所田一反在所東寺ノ水門ヲ隔テ北南ハ半ツヽアリ本所東寺仏性米也

已上六ヶ所

長泉院

一所　田弐町　上九(別筆)「ク」(マヽ)―世「ノ」庄―内

一所　塩小路東洞院東頬口五丈奥十丈

一所　北小路面室町与烏丸間南頬　口四丈五尺奥十丈

一所　北小路高倉面西頬口三丈二尺奥十二丈四尺

一所　田弐反　稲荷前

一所　科小路東洞院与唐橋間西頬口五丈奥廿丈 同所口一丈七尺奥十丈

一所　八条坊門東洞院与高倉間北頬口二丈一尺五寸奥十四丈 同所三丈五尺奥六丈六尺

一所　北小路町ゝ面西頬口三丈二尺七寸奥十六丈一尺五寸

一所　九条糠辻子畠一町四反四十九歩

已上十ヶ所

(別筆)「長塩殿」

沙弥一建寄進

金剛寺本桂ニテハ桂林寺

一所　西家屋敷三反小

一所　平野田六反　字古川

一所　六条坊門ヨリ南堀河ヨリ堀河面　口南北九丈五尺 五 奥十ゝ六丈五尺

一所　田弐反　上久世内宗方名

一所　田弐反　字窪田

仏照寺

一所　田弐反　竹鼻有友名内

一所　田一町四反小　下津林則元名四分一方

一所　田参町　河内国会歌免田内公文名参町

畠山右衛門佐殿寄附

一所　田七反半 雍州下桂富田庄内 森久名三分一

斎藤式部入道栄喜寄進応永十三年七月廿六日

一所　河嶋院御庄内弐反

三一房寄進　(別筆)「三代鹿苑院殿ノ」応永七年七月廿五日

已上十一ヶ所

仏照寺　(別筆)「ノ」七条室町琴道場

一所　寺中 七条室町七条ヨリ北東頬口廿一丈一尺 奥東西十八丈五尺

清浄房寄進　(別筆)「乀九十三代後二条院ノ」徳治二年六月廿一日

一所　七条室町〻ヨリ東北頬　口四丈五尺 奥十丈

一所　同所　口三丈七尺 奥十丈

是阿寄進　(別筆)「三代鹿苑院殿ノ」応永十三年三月十五日

一所　九条田六反　此内二反紀伊郡社里卅坪同所 下社卅六坪一反、同所穴田里十九坪三反在之

一所　紀伊郡幡幢里一反廿一坪

一所　西京田四反

大中臣国包沽却　(別筆)「乀八十代高倉院ノ」安元二年六月八日

一所　七条坊門〻ヨリ北室町面西頬 口南北八丈六尺五寸 奥十四丈三尺二寸

清浄房寄進　正和元年八月廿七日

一所　八条坊門与塩小路間東洞院面西頬 口三丈五尺 奥二十丈

了一房寄進　(別筆)「二代宝篋院殿ノ」貞治二年三月五日

一所　八条坊門高倉与梅小路間西頬 口一丈 奥二十丈

一所　八条坊門ヨリ北東洞院面東頬 口南北五丈 奥十丈

比丘尼浄阿寄進　(別筆)「尊氏代」観応三年八月三日

一所　八条坊門東洞院坊門ヨリ北小路与間西頬

口三丈七尺、奥廿丈、亦口二丈九尺五寸 奥二十丈

妙善沽却　(別筆)「九十四代花園院ノ」正和二年八月廿五日

一所　八条坊門河原 荒所田三反

菅祥寺

法浄寺

是阿寄進　（別筆）「三代鹿苑院殿」応永十二年正月日

一所　紀伊郡社里田一反卅六坪　同卅三坪二反

一所　紀伊郡深草田畠領家職田伍反大

一所　紀伊郡穴田里十九坪田一反

一所　紀伊郡九条代内田弐反　本所稲荷

一所　七条室町塩小路与間東頬中程口七丈二尺奥十二丈

同後東西三丈六尺南北八丈

已上廿三ヶ所

菅祥寺

一所　提上庄内　白拍子田

一所　加賀国益富保内案主名内一町

粟田口少納言殿長方朝臣寄進　（別筆）「三代鹿苑院殿」応永九年八月廿五日

法浄寺　西七条

一所　九反大此外畠一反　八幡田天王内

一所　四反梅小路大宮屋敷

檀那善戒寄進　（別筆）「〈九十五代後醍醐天皇ノ〉」元弘三年十一月十三日

一所　八反六十歩　唐橋坊城北花薗

一所　一反大五十歩　右衛門佐町

一所　一反六十歩　八条靫負

一所　七条西櫛笥北頬　法浄寺堂敷

一所　七条西大宮北頬　口六丈九尺五寸

一所　畠大七条靫負東北頬

一所　参十歩七条靫負西北頬

善性寄進　（別筆）「三代鹿苑院ノ」至徳元年甲子十月廿七日

一所　田弐反　在右京字懸越

円阿寄進　（別筆）「同代」応安六年癸丑後十月十九日

一所　田一反半　字侍従池

藤原氏女寄進　（別筆）「同代」康暦二年二月十日

一所　田弐反半　字侍従池

尼見妙寄進　（別筆）「同代」明徳四年三月十一日

荘厳寺

一所　田弐反　在所院御領内
同寄進　(別筆)「同代」明徳二年十月四日
一所　屋敷七条櫛笥西北頬　口東西二尺五寸
見阿寄進　(別筆)「同代」明徳五年四月十三日
一所　田一反半　院御領内
妙光寄進　(別筆)「同代」応永五年十二月廿六日
一所　田一反　在所五位内
見阿寄進　(別筆)「同代」明徳五年四月十三日
症(マヽ)厳寺
一所　敷地高辻油小路与堀河間北頬
口東西十五丈一尺、奥南北十九丈
吉見兵部大輔殿寄附　(別筆)「三代鹿苑院殿」応永十二年乙酉三月五日
一所　屋地高辻油小路自高辻北油小路面西頬口
南北八丈八尺二寸五分、奥東西十七丈
同所口南北二丈六寸、奥東西十五丈一尺

法性寺中将親信寄進　(別筆)「同代」応永十二年四月十四日
一所　屋地四条町与錦小路間西頬、口南北一丈二尺
奥東西十丈、(別筆)「同代」応永十四年四月十六日
柳原新大納言寄進
一所　田地弐反　山城国紀伊郡平田里十五坪
比丘尼玄能沽却、(別筆)「同代」応永十二年三月日
一所　田地一反　山城国紀伊郡松本里十四坪
越後沽却、(別筆)「同代」応永十二年三月日
一所　田地一反山城国紀伊郡深草東外里十一坪
比丘尼玄能沽却、(別筆)「同代」応永十二年三月十六日
一所　田地弐反　(別筆)「シマシタ」摂津国嶋下郡水尾村
三条九里廿二坪、自東四反目、五反目
(別筆)「同代」応永十二年十二月十五日
範阿寄進
一所　田地参反　摂津国嶋下郡水尾村

三条九里卅三坪
範阿寄進　（別筆）「同代」応永十二年十二月十五日
一所　田地参反　摂津国嶋下郡茨木村内
四条五里廿七坪
行吉沽却　（別筆）「同代」応永十二年十二月十五日
一所　田地一反、摂津国嶋下郡五条
十一里廿四坪内北三反次目
藤原氏女沽却、（別筆）「同代」応永十二年十二月日
一所　田地一反内荒大作小　摂津国嶋下郡
中条田中村四条五里廿二坪

道阿沽却、（別筆）「同代」応永十二年十二月十五日
一所　塩小路油小路北西頬当知行也、
（別筆）「八代慈照院殿」長禄四年四月日
（畠山持国）光孝寺殿　在判
幷奉行裏封
（端裏書）（別筆）「四代勝定院殿（足利義持）時ノ目録ノ奥ニ光孝寺殿御判［　］
幷ニ奉行　裏封（ウラフウ）［　］
八代慈照院殿（足利義政）ノ長禄四年［　］

一二八　畠山政長禁制（竪紙）（二七・七×四四・五）

禁制　金光寺号七条道場
右当年軍勢甲乙人等乱入狼藉事、堅令停止之訖、若有違犯之輩者、可処厳科者也、仍下知如

件

応仁元年十月廿三日
尾張守源朝臣（花押）

長泉院

一二九　金光寺　寮舎末寺領目録（続紙）

巻子装（二六・八×四七五・八）

（端裏外題）「七条金光寺領目録」

七条金光寺領幷寮舎末寺等之事

壱所　山城国上豊田庄地頭職
　　下鳥羽横大路江尻半分

散在

野里 壱町壱段半　拾弐石五斗
西七条青地畠 七段　六石
上鳥羽 参段　壱石弐斗
深草 三段　七斗五升

同 四段大　不作
西京 五段　壱石五斗
近衛河原 壱所 限東染殿畠岸 限西川流 限南近衛 限北鷹司　七貫文
糠辻子 畠壱段　壱貫三百文
九条 壱段　伍百文

寮舎領散在

長泉院分

上久世 弐町　拾石壱斗八升
竹田 壱段　八斗

妙覚庵
乗蓮寺
宝林庵
常徳庵
西礼庵
仏照院
智徳庵
福田寺

同 壱反大　三斗五升
糠辻子 畠壱町四段四十九歩　拾貫文

乗蓮寺分
古河 六段 此内弐反上久世在之　壱石八斗

宝林庵分
上鳥羽 六段　参石
西九条 弐段　壱石

西礼庵分
上鳥羽 壱町 此内壱反百姓九条在之　伍石五斗
竹田 弐段半卅歩　壱石壱斗
九条 四段半　三貫八百文

智徳庵分
芹河 壱反半　九斗

福田寺分
東山大和大路 八段 此内八貫文本所出　拾貫文

⋯⋯⋯⋯⋯⋯⋯⋯

西唐橋 弐段　弐石

妙覚菴分
九条 四段大　弐石八斗　参百文

常徳庵分
古河 五段　弐石五斗
木幡 四段 此内弐反五ヶ庄在之　壱石
西唐橋 壱反　三斗

仏照院分
東九条 伍段 此内弐反本役八百文稲荷へ出 一反本役四斗　四石
深草 四反　弐石弐斗
上鳥羽 壱反　七斗三升
法性寺柳原 弐段　四貫四百文
西京 四段 此内弐貫三百廿四文本役北野へ出　三石八斗
西七条 弐反　六斗六升

宗寿庵
小庫裏
庵室
蔵春庵
珠光庵
正寿庵
奥ノ寮
井上寮

宗寿庵分
上鳥羽平野田 三段 弐石三斗
同八幡田 壱反 壱石五斗
竹田左京職 三段半 弐石六斗
同向田 弐段 七斗四升

蔵春菴分
西九条 弐段 壱石
七条朱雀 壱反 壱石
御所之内 壱反 壱石
吉祥院 壱反 壱石
上鳥羽 四段 弐石四斗
壬生 壱段大 壱石
八条 三反半 壱石
吉祥院東条 畠三段 九百文

井上寮分

上鳥羽八幡田 壱段 壱石五斗

小庫裏分
針小路烏丸 大 壱貫二百文
唐橋大宮 畠小 六百文

菴室分
針小路町 壱段 五斗
九条 壱町 四石八斗五升

珠光庵分
九条 弐段大 壱石弐斗
西九条 半 四斗

正寿庵分
西九条 四段 弐石二斗
豊田 三段 三石五斗

奥ノ寮分
古河 弐段 壱石

長慶庵
法浄寺
荘厳寺
宝光寺
西念寺
万福寺

長慶庵分
上鳥羽 弐段　壱石
竹田 壱反　四斗五升

末寺分之事

荘厳寺
深草 五段　弐石六斗
九条 弐反　六斗

宝光寺
若王寺藤ノ木ノ本 壱段　壱石五斗

西念寺
上鳥羽 壱町七段大　七石弐斗二升

万福寺

……

上鳥羽 壱町八段卅歩　拾石五斗

法浄寺
西七条 壱町四段六十歩　拾参石弐斗
八条 八段六十歩　壱石六斗
御所之内 弐段　壱石

常住散在参町壱段半
寮舎分三拾町四段
末寺分四町四段

但内検地也

文明十年八月日

○紙背に裏花押二種あり。

宝福寺

金蓮寺

勧化御相続ニ
就キ御音問

一三〇　四条道場金蓮寺末寺宝福寺領地指図（竪紙）　掛幅装（三三・一×四三・一）

（外題）
「十三代上人之時　屋地領
　東山宝福寺之図　　　」

（本紙端裏外題）
「四条道場金蓮寺末寺宝福寺領地指図　明応八
　　　　　　　　　　　　　　　　　二廿六
　金蓮寺末寺東山宝福寺領　　　　」

（巻末付図1）

一三一　卜山（畠山尚順）書状（竪紙）　清浄光寺（三一・〇×四四・〇）

就勧化御相続之儀、御音問本望候、殊北絹二端・杉原拝領祝着之至候、如何様御逗留中重而
可申述候、恐惶敬白

二月廿九日　卜山（花押）

遊行　人〻御中

蓮台輿役銭ヲ
定ム

一三二　坂惣中奉行請文（竪紙）

（端裏書）
「公方十二代恵林院殿時」（足利義晴）「弘化ち三十八年」（端裏押紙）
於当坂中依有大儀之子細、従七条道場預御合力候条、依蓮台之望、雖先〻者百疋宛役銭給置候、自今已後者、其度仁木杭仏事銭迄参拾疋宛可給候段申定候、其儀惣中合点申上者、永代相違之儀申間敷候、若違乱煩申輩在之者、可被成盗人御罪科者也、仍為後日状如件

大永三癸未年八月日　　坂惣中奉行（花押）

金光寺七条河原口

（二五・七×四二・〇）

一三三　坂惣中奉行請文案（竪紙）

（二九・七×三九・〇）

○本文書は一三二号の案文に付本文省略。

徳政ニ付キ蓮台銭ヲ免除ス

一三四　坂奉行某免許状（竪紙）

（端裏押紙）「大永三弐通之内」
（異筆端書）「坂奉行判物」

就今度坂中料足之入儀、預御合力候之間、徳政付而蓮台銭之事、永代致免除訖、於向後者、徳政之刻弐拾疋宛可被下由申定候、其趣惣中江申聞候処、各致慥合点上者、雖経後ゝ代ゝ候、違乱之儀申間敷候、仍後証之免許申所状如件

大永三癸未年八月日　坂奉行（花押）

金光寺七条河原口

（異筆奥端書）「公方十一代法住院殿時（足利義澄）」

（二五・五×四一・二）

一三五　坂奉行免許状案（竪紙）

○本文書は一三四号と同文に付本文省略。

（二九・八×三九・三）

一三六　畠山義総書状（竪紙）　清浄光寺（三一・〇×四四・〇）

尊札拝見本望候、殊緞子一端・盆一枚拝領祝着至候、仍青銅千疋進入候、併表祝儀斗候、恐
惶謹言

五月十日　義総（花押）

まいる　人〻御中

金光寺内土葬ノ穴ノ料足ヲ定ム

一三七　坂奉行衆請文（竪紙）（二七・〇×三八・五）

（端裏書）「坂ノ通　十三代万松院（足利義輝）殿代」

七条の道場寺ない（内）において、とさう（土葬）の事、あな一ニ五十文さかはう（坂方）へ可給候、たんな（檀那）方同前
なり、ひきむま（引馬）・ひや（火屋）・あらかき（荒垣）・まく（幕）・つな（綱）、もとから御てらしゆ（寺主）さためのことくなり、
万一いらんわつらい申者候ハヽ、六人のれんはん（連判）衆として申あきらむへき者なり、仍後日の
ためのせうもん状如件

越後（花押）

天文十七年戊申八月十日
坂対馬（花押）
長門（花押）
尾張（花押）　備中（花押）　相模（花押）
こん光寺
参

分国御遷行

一三八　大内義隆書状（竪紙）　清浄光寺（二六・九×五〇・三）

至分国御遷行之由、預尊書候、諸篇不可有疎略候、随而扇子一柄・引合十帖・絹十疋令拝領候、恐悦之趣宜令披露給候、恐惶謹言

九月廿八日　左京大夫義隆（花押）

進上　御近習中

一三九　足利義昭御内書（竪紙）　清浄光寺（三一・〇×四四・〇）

蠟燭二百挺到来候訖、悦喜候、仍香合堆朱・盆剔仏進之候也、敬白

六月二日　（花押）

七条金光寺再興

他阿上人（有三）

一四〇　足利義昭御内書（竪紙）

清浄光寺（三九・〇×五九・〇）

城州七条金光寺事、可有再興由尤神妙候、委細昭光（真木嶋）・貞長可申候也、敬白

五月十七日　（花押）

他阿上人（有三）

一四一　足利義昭御内書（竪紙）

清浄光寺（三八・八×六一・二）

今度至当処遥〻来儀、喜入候、仍諸末寺事、弥御再興肝要、猶昭光可申候也、敬白

七月十九日　（花押）

他阿上人（有三）

一四二　西岡物集女内塚原検地帳（袋綴装）　（二六・九×二一・〇）

（表紙）
「天正十七年
西岡物集女内塚原検地帳
十一月吉日」

塚原惣高

田上 〵四畝廿歩（小中）　〵六斗五升四合　〵孫六
田上 〵三畝　〵四斗弐升　〵同人（宗）
田上 〵八畝　〵壱石一斗弐升　〵二郎兵衛
田上 五畝　七斗　源丞
田上 壱反三畝　壱石八斗弐升　〵孫介
田上 〔五カ〕□畝　七斗　〵けいてん
田上 壱反　壱石四斗　与三左衛門
田上 壱反五畝十歩（入塚）　弐石一斗四升七合　同人

……………………………………

田上 五畝廿歩（同入塚）　七斗九升四合　弥五郎
田上 七畝　九斗八升　〵又三郎
田上 六畝拾歩　八斗八升四合　〵徳衛門
田上 九畝　壱石弐斗六升　助左衛門
田上 壱反弐畝（おち合）　壱石六斗八升　〵徳衛門
田中 四畝　五斗六升　〵与三兵へ
田上 壱反弐畝　壱石六斗八升　〵□□郎
田中 廿歩　八升八合　〵与三兵へ
田中 壱反（入塚）　壱石三斗　与三左衛門
同中 九畝廿歩　壱石弐斗五升八合　□□郎
同中 九畝十歩　壱石弐斗□〔升〕□四合　〵新三郎
同中 八畝十歩　壱石八升四合　市兵へ
同中 壱反五畝　壱石九斗五升　源丞

同中 四畝弐□□〔歩カ〕 六斗八□ 市兵へ
同中 四畝 五斗弐升 ヽ新五郎
同中 四畝十六歩 五斗九升四合 ヽ又三郎
同中 壱反弐畝 壱石五斗六升 ヽ徳衛門
同中 六畝十五歩 八斗四升九合 与三左衛門
□□ ［　　］ □石一斗□□ ヽ彦介
□□ 八畝十歩 壱石八斗四合 ヽ同人
同中 九畝廿歩 壱石弐斗五升八合 与三左衛門
同中 壱反七畝十歩 弐石弐斗五升四合 ヽ孫左衛門
同中 弐畝 弐斗六升 □□衛門
田上 三反 川口 四石弐斗 □五郎
同下 三畝 三斗 ヽ［　　］
同中 壱反 壱石三斗 □□□□
同上 壱反 壱石四斗 □□
同上 壱反 壱石四斗 甚兵へ

□□ □畝 □□□升 ヽ徳衛門宗
同□ ［　　　　］ ヽ三郎衛門
□□ 弐畝 弐斗六升 ヽ徳衛門宗
田中 弐畝 二斗荒 後家
田中 七畝 九斗壱升 太郎二郎宗
同中 壱反弐畝 □〔壱〕□〔石〕□〔五〕斗六升 彦介
□□ ［　　　　］ ヽ二郎兵へ
□□ □畝 □□□升 ヽ同人
同中 九畝廿歩 壱石弐斗五升八合 ヽ孫左衛門
同中 壱反五畝十歩 壱石九斗九升□〔弐カ〕合 ヽ□□郎
同中 八畝十歩 壱石八升□〔四〕□〔合〕 ［　　］
同中 壱反一畝 壱石四斗三升 ［　］郎
同下 壱畝 壱斗荒 ヽ同人
同中 三畝拾歩 □〔四〕斗三升□〔四〕□〔合〕 ［　　］
□中 □畝 六斗□□ 源［　］

同中　三畝十歩　四斗三升四合　与左衛門
同□　［　　　］　＼与左衛門
□□　［　　　］　＼四郎兵へ宗
□□　六畝廿歩 □同所　八斗六升四合　弥五郎
田上　□〔九〕畝十歩　壱石三斗七合　＼太郎左衛門
□□　壱反三畝十歩　壱石八斗六升七合　＼孫左衛門
同中　□畝　中□□かハ　□□□升　かやけ　＼介兵へ宗
□□　［　　　］　＼けいてん
□□　［　　　］　＼［　　］
同中　壱反　壱石三斗　＼定夫
同中　□〔壱〕□〔反〕一畝　壱石四斗三升　＼徳衛門
同中　［　　］　壱石三斗　［　　］
同中　七畝十歩　九斗五升四合　［　　］
□□　［　　　］
□□　［　　　］

同中　九畝十歩　壱石弐斗一升　［　　］
□中　□畝　［　　　］
□□　［　　　］
□□　［　　　］　彦二郎
□□　壱反一畝十歩　壱石四斗七升四合　助左衛門
同中　□〔五〕畝　いのこし　六斗五升　与左衛門
同中　□〔壱〕畝　［　］石　壱斗三升　中但源丞
□□　□畝十歩　いのこし　□□□升四合　＼孫左衛門
□□　［　　　］　＼□兵へ宗
□□　［　　　］　＼［　］兵へ
同中　三畝　三斗九升　［　　］
同中　□畝□歩　壱［　　　］
□□　［　　　］
□□　［　　　］
□□　［　　　］

□□［　　　　　　　　］
□□　□畝　□□四□　二郎［　］
同中　四畝　五斗弐升　［　　］
□□［　　　　　　　　］
□□［　　　　　　］衛門
□□　□反十歩　壱石四斗八升七合　〵徳衛門
□□　□畝　壱石一斗弐升　〵助兵へ
□□　□畝十歩　三斗弐升七合　〵又三郎
□□　□畝　かせ村　□石弐斗六升　〵与三郎
□□［　　　　　］　助左衛門
□□［　　　　　　］〵［　］門
田中　壱反　壱石三斗　［　　］
田中　□□〔畝カ〕［　　　　　　］
□□［　　　　　　　　］
□□［　　　　　　　　］

…………………………………………

□□［　　　　　　　　］
□□［　　　　　　　　］
□□［　　　　　　　　］
同中　壱畝　壱斗三升　徳［　］
田下　□畝［　　　　　　］
□□［　　　　　　　　］
□上　五歩　□□〔升カ〕　喜三郎
畠中　弐畝　弐斗　〵太郎左衛門宗
□□　五畝廿歩　六斗八升　〵与三兵へ
畠上　六畝□歩　□斗六升　〵徳衛門
田中［　　　　　　　　］
□□［　　　　　　　　］
□□　□畝［　　　　　　］
田中　弐畝　弐斗六升　〵薬師堂
同中　□畝　□□六升　〵□□□門

□□ ［　　　］
□下 ［　　　］
田□ 壱［　　　］
□下 □□ 壱斗［　　　］ ［　　］
同上 五畝十歩 七斗四升七合 ［　　］
同上 ［　　　］ 源介
□□ □□〔反〕弐畝［　　　］
同中 壱反十歩 壱石三斗八升□合 太郎左衛門
□□ 壱反〔三カ〕□畝 同所 壱石六斗九升 助左衛門
田中 壱反四畝 九反□ 壱石八斗弐升 彦介
同中 壱反四畝廿歩 壱石九斗八合 三郎左衛門
田□ ［　　］壱石［　　　］
□□ ［　　］四［　　］ ［　　］
同下 七畝十歩 なか［　］ 七斗三升三合 太郎左衛門宗
□下 □□□畝 壱□□□ ［　　］

□□ ［　　　］
□□ ［　　　］
同下 壱［　　　］
同下 壱［　　　］
田下 七畝 七斗［　　　］
同下 壱反弐畝 壱石弐斗 与三左衛門
同下 ［　　］ 弥五郎
□□ ［　　］五斗六升 与三兵へ
□□ 七畝□歩 九斗九升八合 ［　　］
同中 壱反五畝 壱石九斗五升 与三左衛門
田中 八畝廿歩 □□し□谷 壱石一斗弐升八合 助兵へ
田中 壱□〔反〕□〔畝カ〕□ 壱石四斗□□ □□□門
□□ ［　　］斗□升 孫六
□□ □畝［　　　］ 徳衛門
同下 壱反 壱石 三郎左衛門

同上　壱反　かせ村　壱石［　　］　〻［　　］
同上　壱反一畝　［　　］
同上　壱畝　［　　］
□□　六畝［　］　八斗四［　　］
同上　三畝　四斗二升　［　　］
同上　壱石五歩　壱石四斗弐升五合　弥五□
同上　三畝　四斗弐升　〻九郎兵へ
同上　□畝　□斗□升　源丞
□□　［　　］斗弐升　彦二郎
□□　壱畝□歩　壱斗八升□合　〻［　　］
同上　廿歩　九升四合　〻九郎兵へ
田中　八畝十歩　壱石八升四合　太郎二郎
同中　壱畝□歩　八反田　壱斗五升五合　〻九郎兵へ
同□　［　　］八升　助五□
□□　［　　］　〻ほり

同上　八畝　壱石一斗弐升　〻与三五郎
同下　壱畝荒　かり川　壱斗　［　　］
同下　壱畝　壱斗　［　］道［　］
同中　壱反弐畝　壱石五［　　］　［　　］
□□　七畝　□谷　九斗一升　［　　］
田下　壱畝□歩　かり川　壱斗三升三合　〻九郎兵□〔へ〕
同上　六畝　八斗四升　〻ほり
同上　壱反一畝　壱石五斗四升　甚兵へ
同上　［　　］升五合　〻慶伝
□□　［　　］　三郎衛門宗
同上　弐畝十歩　三斗弐升七合　□□衛門
同上　七畝畝〔衍カ〕　九斗八升　市兵へ
田上　壱反壱畝　壱石五斗四升　〻源介
同上　四畝　かせむら　六斗四升　弥五郎宗
畠□　［　　］升　〻ちや〱

同上 □畝□　□　□升　源丞
田中 壱反一畝 長おさ　壱石三斗二升　〵太郎左衛門宗
同下 壱反一畝　壱石一斗　太郎二郎
同下 四畝　五斗弐升　〵二郎兵へ
同下 壱反弐畝　壱石弐斗　源丞
□□ 六畝［　］の　六斗　〵□郎左衛門
畠中 六畝　六斗　源介
同□ 弐畝荒　壱斗　〵同人
畠下 壱畝　五斗　〵与三五郎
□中 壱畝□歩　□□〔斗〕□升六合　少衛門尉
□下 弐□　□□升四合　〵三郎衛門
同中 五畝　五斗　甚兵へ
同中 六畝　六斗　〵徳衛門
畠下 四畝　弐斗　彦二郎
同下 四畝　弐斗　源丞

□□ □　□　□升　〵又三郎
□□ □　□　□升　〵九郎兵へ
同上 壱反四畝　壱石□斗八升　新介
田中 壱反六畝 いへかたに　弐石八升　〵新五郎
同中 九畝□〔廿〕歩　壱石弐斗六升八合　新介
同下 壱畝　壱斗　〵［　　］
□上 壱畝　壱斗　〵［　　］
同下 壱畝□〔十〕歩　壱斗三升三合　甚四郎
同中 九畝　壱石一斗七升　新介
同上 五畝　七斗　〵彦介
□□ □　□　□　〵九郎兵へ
□□ □　□　□八合　新介
同上 弐□〔畝〕□〔十〕□〔歩〕　三斗弐升七合　同人
同上 三畝　四斗弐升　同人
田上 壱畝十歩　弐斗八升七合　〵新五郎

畠上 七畝 八斗四升 〵彦介
同上 □畝［　　］ ［　　］ 与三左衛門
□□ □□ □□□ 三□□□ 〵新五郎
畠上 五畝 六斗 〵同人
同上 弐畝 弐斗六升 〵甚四郎
同上 三畝十歩 四斗 〵彦介
同上 四畝十歩 五斗弐升 ［　　］
□□ □畝 □斗弐升 〵［　　］
同上 壱畝 壱斗弐升 甚四郎
同上 六畝 七斗弐升 〵彦介
同上 五畝 六斗 〵弥左衛門
□□ □□ 四斗□□ 与三左衛門
□□ 弐畝 ［　　］ 〵新三郎
同上 四畝 四斗八升 〵新五郎
同上 廿四歩 九升六合 与三左衛門

畠上 五畝十歩 六斗三升三合 同人
田上 壱反七畝 弐石三斗八升 与三左衛門
畠上 弐畝［　　］ ［　　］ 同人
同□ ［　］歩 二［　　］ 〵しんか
同上 壱畝六歩 壱斗四升四合 〵源左衛門
やしき 壱畝 壱斗三升 〵新五郎
［　］ 拾五歩 七升五合 〵惣ゐん
畠下く 壱畝十歩 七升 〵同人
□下 □□荒 弐斗五升 ［　　］
□下 □□ □升 〵同人
同下 壱畝 壱斗 〵同人
田下 廿歩 六升七合 与三左衛門
田下 □歩 □□ 〵道せい
□□ ［　　］ ［　　］ 〵新五郎
同下 三畝 三斗 〵ひこ介

同下 十五歩 五升 与三左衛門
田下 廿歩 六升七合 〵ひこ介
畠下 五〔畝カ〕歩 弐升五合 〵甚四郎
同下 一畝廿歩 ［　　］ 〵彦介
同下 弐〔畝〕□□歩 壱斗□□〔升〕□合 与三左衛門
同下 六畝 三斗 同人
同下 九畝 四斗五升 〵彦介
同下 四畝廿歩 弐斗二升五合 助五郎
□下 弐畝十歩 壱斗一升七合 〵［　　］
□□ □□ 五升 ［　　］
同下 壱畝 五升 〵九郎兵へ
同下 弐畝 壱斗 市兵へ
同下 四畝 弐斗 〵助兵へ
□□ 弐畝 壱斗 〵弥左衛門
□□ □［　　］ ［　　］ 新介

…………………………………………

畠上 弐畝 弐斗四升 〵彦介
四畝 四斗八升 新介
畠上 八畝 ゑんのそと 九斗六升 〵与三郎
同下 四畝十歩 弐斗一升七合 〵同人
同上 六畝［　　］ ［　　］ 助左衛門
□□ 七□歩 八［　］ 〵与三五郎
同上 壱畝 壱斗弐升 〵同人
同下 四畝 弐斗 与三左衛門
同下 弐畝 壱斗 源丞
同下 □〔九〕畝十歩 四斗六升七合 ［　］兵へ
□□ □□ 五斗八升 □左衛門
同上 四畝 五斗八升 源丞
同下 五畝 六斗 与左衛門
同上 四畝 四斗八升 〵与三郎
同上 □□ □□□升 助左衛門

□□　〔　　〕　〔　　〕　与三兵へ
同上　壱畝五歩　壱斗八升　九郎兵へ
同上　十五歩　六升　喜三郎
畠上　弐畝十歩　三斗　又三郎
いやしき　八畝　壱石四斗　与三左衛門
畠上　弐畝　〔　　〕　喜三郎
□□　□□　□□□升　市兵へ
□〔い〕□〔や〕し□〔き〕　弐畝十歩　三斗四合　喜三郎
畠上　三畝五歩　山のかハち　三斗八升　与三兵へ
同上　□〔三〕畝十歩　四斗四合　孫介
□上　三畝　三斗六升　〔　〕衛門
同上　壱畝　壱斗三升　□三郎
同上　壱畝　壱斗三升　弥五郎
同上　壱畝　壱斗三升　弥五郎
同上　壱畝　壱斗三升　与三郎

□上　□□〔畝〕十歩　弐斗□升　市兵へ
□□　〔　　〕　〔　　〕　□てん
同上　三畝　三斗六升　助左衛門
壱畝十歩　壱斗六升　三郎衛門
畠上　壱畝六歩　壱斗四升四合　助兵へ
同上　弐畝　弐斗四升　与三五郎
同上　四畝□歩　〔　　〕　喜三郎
同上　□□〔畝〕□歩　壱斗□〔六〕升□合　同人
□□　壱畝六歩　壱斗四升五合　三郎衛門
畠上　弐畝　弐斗四升　二郎左衛門
同上　十歩　四升　助五郎
□上　廿歩　八升　市兵へ
同下　弐畝　□□　壱斗　与三五郎
同下　廿歩　三升五合　慶伝
田中　壱畝五歩　弐斗五合　二郎兵へ

田上 壱反一畝廿歩 壱石六斗三升四合 〵喜三郎
□上 □□ □斗□升 一兵へ
□□ 弐畝 弐斗八升 〵孫六
同上 弐畝 弐斗八升 与左衛門
同上 弐畝廿歩 三斗七升四合 〵助兵へ
□上 四畝 五斗六升 〵喜三郎
畠上 壱畝廿歩 弐斗 〵助兵へ
同下 □ □歩 四□ 〵孫六
同下 □畝 □□ 助五郎
□上 三畝十歩 四斗 三郎左衛門
田中 壱反四畝 弐石五升 〵弥左衛門
同中 四畝 □□□ 五斗弐升 弥五郎
同上 壱畝 壱斗四升 源丞
同上 壱畝十歩 壱斗八升七合 〵二郎兵へ
同上 三畝 四斗二升 与左衛門

同上 廿五歩 壱斗一升九合 〵甚兵へ
同上 弐畝廿歩 三斗七升四合 〵徳衛門
同上 十歩 四升七合 〵二郎兵へ
畠上 弐畝 弐□〔斗〕□升□合 〵徳衛門
同上 壱畝 あら□□ 壱斗□〔弐〕升 太郎二□〔郎カ〕宗
同上 弐畝 弐斗四升 〵助兵へ
畠上 壱畝 壱斗弐升 〵太郎左衛門
同上 壱畝 壱斗弐升 〵孫六
同上 壱畝 壱□〔斗〕□〔弐〕升 〵助兵へ
田中 壱畝 壱斗弐升 小衛門
畠上 壱畝 壱斗弐升 太郎二郎
同上 壱畝廿歩 弐斗 〵徳衛門
同上 弐畝 弐斗四升 与左衛門
同上 四畝 四斗八升 〵源介
□□ 弐畝□〔廿〕 三斗弐升 市兵へ

同上 弐畝十五歩 三斗 □□五郎
同上 七畝 八斗四升 小衛門
同上 壱反一畝十歩 壱石三斗六升 新介
同中 □歩 □□四合 太郎二郎
同上 二畝十歩 弐斗□升四合 〵太郎衛門
同上 二畝 弐斗□□ 甚兵へ
同下 九畝廿歩 四斗八升四合 〵徳衛門
□□ 三畝 壱斗五升 〵孫六
同中 七畝 □斗 弥□□
□□ 二畝 弐斗 一兵へ
□上 □□ □□六升 〵三衛門
同□ 六畝 七斗二升 〵ほり
同上 三畝廿歩 四斗四升 太郎二郎
畠中 七畝十歩 □□□ 七斗三升三合 三郎□□
田上 □畝 □りこ 弐斗八升 ヤ五郎

……………………………………

□□ 三畝 四斗弐升 〵徳衛門
同上 弐畝 弐斗八升 〵源□
同上 八畝十歩 壱石弐斗七合 〵与三郎
同上 八畝十歩 壱石弐斗七合 助左衛門
□□ □畝 壱斗 三郎左衛門
□□ 〔　　〕歩 □石九斗六升 〵弥左衛門
田中 壱反四畝 壱石□□弐升 新介
畠下 二畝 壱斗 ヤ五郎
畠中 三畝 三斗 〵弥左衛門
同中 壱畝 □〔壱〕□〔斗〕 〵新□郎
同□ 二畝 □斗 〵孫左衛門
□□ □畝 弐□〔斗〕 〵弥左衛門
□□ 壱畝 壱斗 〵同人
同中 三畝 中山 三斗 与左衛門
同中 二畝廿歩 弐斗六升七合 〵孫□□

同中	□畝□歩	三斗壱升八合	〃新五郎
□□	弐畝□歩	弐〔斗〕□□〔升〕□三合	〃同人
同上	廿歩	八升	〃彦□
同上	廿歩	八升	〃新五郎
畠上	壱畝	壱斗二升	〃二郎左衛門
同上	□歩	［　　］	〃孫左衛門
畠上	廿歩	□升	〃与三左衛門
□上	六畝	□斗	〃［　　］
同上	壱畝十歩	壱斗三升三合	与三左衛門
畠下	壱畝 中山	五升	〃彦介
同下	壱□□歩	□□□（斗）▨□合	〃甚四郎
同下	五畝	□斗五升	新介
同下	弐畝廿□〔歩〕	□□〔斗〕三□□〔升〕合	〃徳衛門
同中	六畝	六斗	与三左衛門
同中	弐畝	弐斗	ヤ五郎
同中	七畝	□斗	〃孫左衛門
同中	□□	□□	〃うは
□□	弐畝	□斗	〃定夫
同中	壱畝	壱斗	〃与三□〔兵〕□〔へカ〕
同中	五畝	五斗	〃介兵へ
同中	壱畝	壱斗	〃市兵へ
同中	九畝 長の	［　　］	〃二郎兵へ
同中	壱畝	［　　］	〃孫六
同中	三畝□歩	〔三〕□斗□升□合	〃喜□郎 定夫
	三畝	三斗	〃九郎兵へ
畠中	六畝	六斗	〃八三郎
同中	四畝	四斗	助□郎
同中	壱反一畝	〔壱〕□石一斗	源丞
□□	弐畝	□斗	与左衛門
同上	三畝廿歩 塚原［　］	四斗四升	〃九郎兵へ

同上 壱畝 壱斗弐升 〵喜三郎
同上 廿歩 八升 助五郎
同上 □□〔二〕〔畝〕 弐斗四升 一兵へ 宗
同上 三畝□歩 四斗□□ 〵二郎兵へ
同上 三畝廿歩 四斗四升 源丞
家 弐畝 弐斗四升 〵孫六
家 壱畝□歩 壱斗七升七合 〵二郎兵へ
同 十歩 四升□合 〵三郎衛門
畠上 廿四歩 □〔九ヵ〕升六合 源丞
家 壱畝 □〔壱〕斗三升 〵与左衛門
畠上 弐畝 弐斗四升 〵与三五郎
畠上 廿歩 八升 源丞
家 壱畝 □〔壱〕□〔斗〕三升 助五郎
家 廿歩 □〔八〕升八合 〵与三兵へ
同 壱畝十歩 壱斗七升七合 〵九郎兵へ

同 壱畝 壱斗三升 源丞
同 十五歩 七升五合 〵彦二郎
同 壱畝 壱斗三升 〵彦介
同 壱畝 壱斗三升 〵孫左衛門
同 壱畝 □〔壱〕□〔斗〕三升 与三左衛門
同 □歩 なか山 □□ うは
同 壱畝 壱斗三升 〵新三郎
同 壱畝 壱斗三升 〵甚四郎
同 三畝 三斗九升 〵弥左衛門
同 壱畝廿歩 □〔壱〕斗□〔七ヵ〕升八合 新介
畠上 壱畝 壱斗二升 政所
同上 壱畝 壱斗二升 〵慶伝
畠上 三畝 三斗六升 彦二郎
同上 壱畝二歩 壱斗二升八合 〵二郎兵へ
同上 壱畝 □〔壱〕斗□〔二〕升 ヤ五郎

同上 一畝 弐斗四升 〵二郎兵へ
同上 壱畝 壱斗二升 〵三郎衛門
家 三畝廿歩 三斗四升八合 ヤ五郎
同 一畝 弐斗二升 〵与二郎
畠上 一畝 弐斗四升 助左衛門
同上 弐畝 弐斗四升 〵与三郎
家 廿歩 八升八合 〵定夫
同 一畝五歩 壱斗五升二合 〵助左衛門
同 壱畝 壱斗三升 〵孫介
同 廿歩 八升八合 〵助兵へ
同 二畝 □斗三升 小衛門
同 十歩 八升七合 〵か□
同 壱畝六歩 壱斗六升 新左衛門
寺 壱畝○ 〵慶伝
家 壱畝 壱斗三升 〵徳衛門

家 壱畝十歩 〔壱〕□斗七升四合 〵又三郎 宗
田上 壱畝廿歩 弐斗二升八合 〵徳衛門
家 壱畝十歩 壱斗六升四合 甚兵へ
畠上 十歩 四升 〵孫六
家 壱畝 壱斗三升 市兵へ
畠上 廿歩 八升 〵二郎兵へ
同上 廿歩 八升 〵孫介
同上 弐畝十歩 弐斗八升 市兵へ
家 壱畝十二歩 壱斗八升 市兵へ 宗
畠上 弐拾歩 八升 ヤ五郎
畠上 廿歩 八升 〵太郎左衛門
畠上 壱畝□〔九カ〕歩 壱斗五升五合 助五郎
畠上 廿五歩 壱斗 甚兵へ
壱畝十歩 壱斗六升 〵与三兵衛
以上

（剥離貼紙カ）
「寺へのてん入分
百五十三石八斗弐升」

寺領安堵
西院
物集女

一四三　豊臣秀吉朱印状（折紙）

長楽寺（四六・八×六六・六）

山城国西院内九石境内替知・物集女村内百八拾八石、合百九拾七石事、遣候訖、全可領知、幷諸末寺、諸役令免許者也

天正十九
九月十三日（朱印）（豊臣秀吉）
七条道場

○懸紙（四六・四×二八・七）あり。
（懸紙押紙）「太閤御朱印」
（懸紙ウハ書）「七条道場」

竹門りやう
三井寺
荘厳寺
長安寺
慶海寺
妙仙寺
花台寺
梅軒

一四四　三井寺領之内荘厳寺相渡帳（袋綴装）　（二五・五×四〇・〇）

（共紙表紙）
「慶長三年
三井寺領之内荘厳寺相渡帳
十一月十一日　」

荘厳寺分

『八十九』
八畝六歩　壱石三斗九升四合　次郎左衛門
『壱』
五畝　八斗五升　長安寺
『百三之内』
六歩　弐升弐合　慶海寺
『弐』
八畝拾五歩　壱石四斗四升五合　長安寺
『□□』
壱畝［　］　壱石七斗　同人
『八十八』
壱畝□□　壱石八斗七升　花台寺
『五十四』
八畝弐拾四歩　七斗九升弐合　同人
『□十九之内』
壱畝九歩　壱斗壱升七合　同人

『四』
六歩　弐升六合　竹門りやう
『百九』
弐拾四歩　七升弐合　花台寺
『六』
弐畝拾八歩　弐斗八合　長安寺
『七』
弐畝拾五歩　弐斗弐升五合　同人
『八』
三畝　三斗六升三合　同人
『五』
壱畝［　］　弐斗四升□合（壱カ）　花台□（寺）
『［　］』
［　］　［　］　□の□□
『□□』
［　］　弐升六合　竹千世
『十』
拾弐歩　五升弐合　長安寺
『十壱（カ）』
拾弐歩　五升弐合　妙仙寺
『十四』
拾弐歩　五升弐合　梅軒
『五十五』
弐畝六歩　弐斗八升六合　長安寺

『四十七』弐畝　弐斗五升　同人
『百十壱』八畝拾弐歩　壱石四斗弐升八合　東八町 又二郎
『五十六』□歩　壱石九斗四升　関寺 又四郎後家
『□』□　□升　同 次□兵衛
『□□』□□□□　□合　□新(カ)町(カ)(カ) □二郎
『□』八畝□拾□歩　壱石四斗九升六合　東八町 太郎右衛門
『百三之内』三畝九歩　(押紙)「五斗五升壱合」　ひがし八町 吉田
『□十』六畝拾八歩　壱石壱斗二升弐合　同人
『三十二』壱反廿四歩　壱石八斗三升六合　彦兵衛
『三十九』弐畝弐拾壱歩　四斗五升九合　関寺 □□屋
『五十九之内』四畝拾八歩　七斗八升(カ)弐合　同 弥二郎
『十三』弐畝　弐斗六升　同人
『六十七』八畝□拾四歩(カ)(カ)　壱石四斗九升五合　東八町 新二郎
『□』□　□石四斗(カ)□升弐合　弥八
『□』□歩　九□　彦一

『□』七畝□□歩　壱石弐斗九升弐合　彦十郎
『六十弐』六畝拾八歩　壱石壱斗弐升弐合　四郎左衛門
『六十壱』四畝　六斗八升　ひかし八町 七左衛門
『三十』五畝拾弐歩　九斗壱升八合　弥太郎
『二十九』六畝弐拾四歩　壱石壱斗五升六合　彦兵衛
『六十二』四畝弐拾歩　八斗壱升六合　西八町 弥太郎
『三十三(カ)』壱反弐畝　弐石四升　東八町 吉田
『廿六』六畝廿七歩　壱石三斗四升三合　新次
『六十四(カ)』九畝六歩　壱石五斗□升四合　関寺 弥太郎
『二十五(カ)』壱反八畝　三石六升　東八町 二郎衛門
『七十四』八畝九歩　壱石弐斗四升九合　彦二郎
『百七』つかのこし 弐反弐畝十弐歩　三石八斗八合　観音寺町 五郎四郎
同『百八』九畝三歩　壱石五斗四升七合　同人
『百弐』四畝　五斗弐升　関寺 新左衛門

花階寺
けんうん寺
けいかい寺

『十七』
拾弐歩　四升四合　了善
『五十』
七畝拾五歩　六升弐升五合　花台寺
『三十七』
拾弐歩　四升四合　花階寺
『三十八』
六歩　弐升六合　けんうん寺
『三十四』
六歩　弐升六合　八日講寺 東八町二郎衛門 十五日講関寺
『三□(カ)』
拾弐歩　五升弐合　彦兵衛
『二十五』
六歩　弐升六合　はちひら□
『五十壱』
壱畝三歩　壱斗弐升壱合　ゆうせん(カ)
『十二』
弐畝六歩　弐斗八升六合　寺内 小三郎
『百番』
壱反壱畝十弐歩　壱石九斗三升八合　花台寺

『二十壱』
七畝六歩　九斗三升六合　了善
『百四』
壱反　壱石三斗　関寺藤右衛門分 妙慶
『五十弐』
四畝　三斗六升　けいかい寺
『九十六』
九畝拾八歩　壱石弐斗四升八合　し□や町 甚六
『九十七』
壱反壱畝□歩　壱石九斗三升八合　東八町 彦衛門
『四□□(カ)』
壱畝拾弐歩　弐斗三升八合　中寺内 彦三郎
『八十』
弐畝拾五歩　四斗弐升五合　同 同人
『二十四』
八畝弐拾四歩　壱石四斗九升六合　関寺 彦次郎
『七十七』
壱畝弐拾壱歩　弐斗弐升壱合　中寺 九郎左衛門
『七十九』
九畝拾八歩　壱石弐斗五升　西八町 四郎右衛門

一四五　三井寺領目録（袋綴装）

（二七・七×二〇・三）

（共紙表紙）
「　三井寺領目録　」

当寺領之事、都合四千参百弐拾七石八斗八升、
如目録全可有寺納、然者境内仁武士・奉公人不

可有居住幷山林竹木等為守護不入、悉今度被相改御寄附上者、如先〻寄宿已下被御免畢、殺生禁断勿論候、然上者可被励長日御祈禱功事肝要候也、

慶長三年
極月廿六日

輝元 書判
景勝 同
秀家 同
利家 同
家康 同

三井寺

江州志賀郡三井寺領之事

一、七百五十四石八斗八升　五別処
一、八百弐十弐石六斗三升　山上村
一、九百六拾六石七斗五升　錦織村
一、八百九拾石　南志賀
一、五百四拾弐石七斗五升　藤尾村
一、百八石八斗五升　関寺町屋敷
一、拾弐石弐斗五升　追分村屋敷
一、拾石壱斗三升　大谷町屋敷
一、拾七石弐斗　音羽
一、弐百弐石四斗三升　志賀見世村
惣以上四千三百弐拾七石八斗八升

右払方

一、四百参拾四石壱斗七升　諸講
一、弐千六百九拾九石壱斗七升　坊領
一、八百石　修理領
一、百参拾四石　荘厳寺領
一、四拾四石九斗五升　顕証寺領
一、二百拾五石五斗五升　円満院領
以上、四千参百弐拾七石八斗八升

念仏寺

のり物・たごし・こし

当寺領四千参百弐拾七石八斗八升之事、如目録全可有寺納、然者境内仁武士・奉公人不可有居住幷山林竹木等為守護不入、悉今度被相改御寄附上者、如先〻寄宿已下被御免畢、殺生禁断勿論候、然上者可被励長日御祈禱功事肝要候也、

慶長三年

極月廿六日

長束大蔵大輔 正家書判

石田治部少輔 三成同

増田右衛門尉 長盛同

浅野弾正少弼 長政同

徳善院 玄以同

三井寺

（三〇・六×六八・八）

一四六　念仏寺請文（続紙）

（端裏押紙）「慶長六年丑年十一月之事」

（端裏書）「慶長年中念仏寺役人証文」

扣書附之事

一、のり物　十弐匁

坂弓矢町
服部新平

甲左近

一、のり物　丸やき弐拾四匁
一、たごし　十七匁
一、たごし　丸やき廿三匁
一、こし　三拾匁
一、こし　丸やき三十八匁

山城国愛宕郡念仏寺（黒円印）

右者此所ニて無間違ゑいこう（永劫）相つとめ候也

坂弓矢町念仏寺役人
服部新平（黒円印）

坂弓矢町念仏寺役人
甲　左近（黒円印）

慶長年中
丑十一月吉日

○継目裏印あり。

松田政行

蓮華
阿弥衣

一四七　松田政行書状（折紙）

（三一・九×四八・九）

以上

態申入候、仍当寺竹木之折紙請取持セ進之候、慥可有御請取候、猶追而可申入候、恐〻謹言

松田勝右衛門尉
政行（花押）

九月廿二日

七条道場
役者中

一四八　金光寺道具目録（折紙）

（三七・〇×五四・三）

金光寺道具目録

本尊名号

蓮華

阿弥衣

七種之道具

覚阿

算預木

諸道具免許

すわう（素襖）

袈裟

座具

衾

金磬

此内すわうを除て七種ハ、諸末寺授ル七種之道具也

傘

輿

団扇

番帳 名字之事従覚阿以下相掟分也、為後証如件書置也

筆

算預木 此箱廿二代（意楽）堅被封、於末代開候為時衆者、可為破戒之由、予平僧之時令右筆者也、今以同前也、可得心

如此諸道具任前ゝ令免許者也、但一代ゝゝ依帰命之有無、可有免許者也、甲斐一蓮寺長崎等も依住持之帰命無帰命、一往先被相押事也、雖然此度之儀者廿二代如御時令免許者也、為後証如件、南無阿弥陀仏

持阿弥陀仏
常永寺
常住庵

天文十二
六月二日
廿五世（仏天）香炉之
押印

七条金光寺
持阿弥陀仏

右此御道具之証書、常陸真壁常永寺当寺へ被仰付、是を見出為後証書写置也、愚僧入院之時、卅二世（普光）へ常住庵を以名字之分限之通、窺尊意候、先三蓮花ゟ下可行之由、被仰下之時、寺僧衆不謂之由申候つれ共、任尊意之儀為帰命之由申候故私之意地無之候、況末世愚鈍之輩此上代哉、皆是今生之名利思フ暫時之間也

南無阿弥陀仏

慶長十九
正月八日
元常永寺
持阿弥陀仏

常永寺ヨリ移時
金光寺書也

七条
金光寺御道具目録写

一四九　徳川家康黒印状写（竪紙・檀紙）（四五・八×六四・五）

山城国西院・物集女村

山城国西院之内九石、物集女村之内百八拾八石、都合百九拾七石之事、全可収納者也、仍如件

元和元年七月廿七日　御墨印

七条道場

一五〇　坂奉行衆置文（竪紙）（三六・五×五八・六）

東山赤辻・七条河原口　松房　ふりさけ・にないこし・板こし　新こし・はりこし・かん・引馬

東山赤辻ニ候墓所七条之筋目有之付而、七条河原口へ引度之由、松房江相理、坂方談合候て、住持代之、〔時脱〕則七条河原口へ墓所ひかせ申処也、其時被定置分之事

一、ふりさけ　年中ニ壱石五斗但内墓共に

一、にないこし　五升也　一、板こし　壱斗也

一、新こし　壱斗五升也　一、はりこし　壱斗五升也

一、かん（龕）　五斗也　一、引馬ニ付而　五斗也

そうしせん・正月礼銭
火屋・あら垣・まく・つな永代米三石五斗
注阿ミ力者・すミ木・たな
筑紫・飛驒・加賀・出羽・河内・伯耆
東山赤辻・七条河原口

一、そうしせん六月朔日　壱斗也　　一、正月四日　弐十疋礼銭
一、火屋・あら垣・まく・つな　以上
右之拾ヶ条、いつれもつ、めて毎年ニ三石五斗ニ永代相定事、七条金光寺廿代住持（法爾）之時也、向後互違乱有間敷、為一筆証文如此、米之儀者霜月中ニ、急度坂方へ請取可申者也、仍如件
一、注阿ミ力者ニ壱斗　一、すミ木ニ壱斗　一、たな六合ニ付而壱升五合、其上さん用可有候、注阿ミうけ取候て、寺地いらんあるましく候、以上

元和七辛酉年五月朔日

筑紫（花押）　飛弾（マヽ）（花押）
加賀（花押）　出羽（花押）
河内（花押）　伯耆（花押・印（黒円））

七条道場金光寺
参

一五一　七条道場金光寺置文（竪紙）　（三七・〇×四八・八）

東山赤辻ニ候墓所、此方之筋目有之付而、七条河原口江引度之由、松房江相理、坂方談合候

松房

ふりさけ・にないこし・板こし・新こし・はりこし・がん・引馬・そうしせん・正月礼銭

火屋・あら垣・まく・つな永代米三石五斗

注阿ミ力者・すミ木・たな

金玉庵
正覚庵
坂惣中

而、住持代之時、則七条河原口へ墓所ひかせ申候処也、其時被定置分之事
一、ふりさけ　年中ニ壱石五斗但内墓共に
一、にないこし　五升也　一、板こし　壱斗也
一、新こし　壱斗五升也　一、はりこし　壱斗五升也
一、がん（龕）　五斗也　一、引馬ニ付而五斗也
一、そうしせん六月朔日　壱斗也　一、正月四日　弐十疋礼銭
一、火屋・あら垣・まく・つな　以上
右之拾ヶ条いつれもつゝめて、毎年ニ三石五斗ニ永代相定事、七条金光寺廿代住持之時也、向後互ニ違乱有間敷為に、一筆証文如此、米之儀者霜月中ニ、急度坂方へ相渡可申者也、仍如件
一、注阿ミ力者ニ壱斗　一、すミ木ニ壱斗　一、たな六合ニ付而壱升五合　其上さん用可有候、注阿ミうけ取候て、寺地いらんあるましく候、以上

元和七辛酉年五月朔日　七条道場金光寺
金玉庵（花押）
正覚庵（印）（黒長方）

坂惣中
参

納所厳臨

東山赤辻・七条河原口松房

ふりさけ・にないこし・板こし・新こし・はりこし・かん・引馬・そうしせん・正月祝義

火屋・あらかき・まく・つな

永代米三石五斗

注阿ミ力者・すミ木・たな

納所厳臨（印）（黒円）

一五二　七条道場金光寺置文案（竪紙）

（三二・一×四八・五）

東山赤辻ニ候墓所、此方之筋目有之付而、七条河原口へ引度之由、松房江相理、談合候而、
住持代之時、則七条河原へ墓所ひかせ申候処也、其時被定置分之事

一、ふりさけ年中壱石五斗但内墓共ニ

一、にな〔い脱〕こし　五升　一、板こし　壱斗

一、新こし　壱斗五升　一、はりこし　壱斗五升

一、かん　五斗　一、引馬ニ付　五斗

一、そうしせん　壱斗　一、正月四日　二十疋祝義

一、火屋・あらかき・まく・つな

右拾ヶ条いつれもつゝめて、毎年三石五斗永代相定事、七条金光寺住持之時也、向後互
違乱有間敷、為其一筆証文如此、此米之義者霜月中ニ、急度相渡し可申者也、仍而如件

一、注阿ミ力者壱斗　一、すミ木ニ壱斗　一、たな六合ニ付壱升五合　其上さん用可有候、

（注脱カ）
あミ遣候て寺地違乱間敷候
元和七辛酉年五月朔日
（異筆）「不用之下書歟」（異筆）「坂惣中へ当寺ヨリ遣候写也」
○本文書は一五一号文書の土台か、文章に異同あるによって収載する。

一五三　法国寺由緒書写（袋綴装）

（二七・三×一九・五）

（外題）
「寛永五年三月二十三日法国寺由緒書写」

九年以前御朱印御改之時分、江戸江罷下リ差上候写

法国寺由緒之事

一、法国寺開基者、慶長三戊戌年遊行卅三代上人（満悟）寺屋敷拝領仕、法国寺致建立候、本堂者秀頼公御建立、方丈者高松高旧殿宮拝領仕建立、開山堂者加州大納言利家卿（前田）室芳珠院建立ニ而候、無御座候処、（末寺脱カ）幸大津荘厳寺退転仕候を為法国寺領と、前之遊行上人拝領仕候、依之法国寺、荘厳寺兼帯仕候

一、荘厳寺領三井寺之高ニ加リ候子細ハ、当年ゟ九年以前、三井寺惣寺中従　御公儀御闕所

朱印改
秀頼・高松宮・利家室芳珠院
荘厳寺
三井寺

照高院門跡
金塚道場
徳善院
寺領押領
大津町奉行小野惣左衛門
女人禁制
三井寺之内勧学院

被為成候、其翌年三井寺領御検地之時、寺領入組申故、同事ニ被打入荘厳寺領、御公儀江
被　召上退転仕候、御闕所之年ゟ三年経テ、三井寺御再興之儀、照高院御門跡へ被仰出候、
其計荘厳寺領分も御朱印御目録被為載出申候、右之段前之遊行上人承リ、大津金塚道場荘
厳寺退転之寺領、三井寺御朱印御目録ニ出申候、為法国寺領拝領仕度由、御公儀江御訴訟
申上、早速相調徳善院(前田玄以)へ被仰出、照光院殿江御申入、領分之水帳此方江渡リ申候、委敷者
徳善院書状共御座候事
一、六十年以前此方之寺領、三井寺ゟ九年之間押領被仕候、其刻　御公儀様江御訴訟仕三井
寺と遂対決、此方理運ニ被仰付候、就夫九年之寺物勘定仕、相渡候様ニ従　御公儀被　仰
付候処、三井寺ゟ申上候者、九年之寺物ニ而荘厳寺破損ニ付立直シ候而、寺物之残少茂無
御座候由申上候、然上者寺と領分急度請取申様ニと被仰渡、大津町奉行小野惣左衛門、三
井寺ゟ荘厳寺請取領分共ニ無相違此方へ御渡シ候、左候得者、御公儀様ゟ拝領之寺領ニ其
紛無御座候
一、荘厳寺ニ而三井寺ゟ説法仕候子細者、三井寺者女人禁制ニて参詣難成候ニ付、八十年以
前三井寺之内勧学院と申僧、彼岸一七日之間此方寺かり候而説法仕度由被申候ニ付、借シ
申たる様子ニ而御座候、其刻遊行上人ゟ荘厳寺末寺江説法之事被申越候、書状ニ委御座候、

其以後右之申立ニ而五十年以来説法被仕候
元来三井寺之知行高ニ加リ申候故ニ而、説法所ニ仕来ル候事ニ而ハ無御座候御事

台徳院

一、台徳院(徳川秀忠)様御代、寛永五年三井寺と対決仕、此方理運ニ被仰付刻、御老中様方御裏判御座
候目安、以後之験ニ仕候様ニと此方江被下置候御事、以上

貞享元年　　　　　　　　　　　　京都東山
八月日　　　　　　　　　　　　　法国寺

言上

法国寺知行

一、京都大仏前遊行古跡法国寺知行百卅石余江州大津ニ御座候、御朱印之儀者三井寺領と一
紙之御目録ニ被下、慶長三年ゟ元和七年迄廿四年無相違、当法国寺江寺納仕来り候処、今

三井寺衆徒

度三井寺衆徒中企新儀、百姓をかたらひ、元和七年九月廿三日ゟ理不尽ニ私として、三井

板倉周防

寺衆徒中被押領候ニ付而、板倉周防殿(重宗)江度々法国寺御理申候得者、知行所江州之儀ニ候間、

小堀遠江守

其所之御国奉行江可申旨、周防守殿被仰候間、小堀遠江守殿(政一)江数度御理申入候得者、法中
之儀ニ候間、　御年寄中様江言上仕候得と被申候付而、先年御上洛之御時、法国寺度々御
寄合、罷出御訴訟申上候事

かなつかの道場

一、藤沢清浄光寺末寺かなつかの道場荘厳寺退転仕ニ付而、其寺領法国寺江御公儀ゟ被下候

彼荘厳寺退転之子細者、当年三十四年以前三井寺惣寺中御公儀ゟ被成御闕所候、其年者彼
荘厳寺者宗旨各別故、別儀無御座寺納仕候処、其翌年三井寺領御検地之時、寺領入こミ申
故、同事ニ被打入それより退転申ニ付而、年〻御公儀江御訴訟申上候処、当年三十一年以
前御公儀ゟ三井寺御再興之儀、照高院御門跡江被仰出候時、彼荘厳寺領分者、御公儀ゟ徳
善院江被仰出、為法国寺領前遊行拝領仕候、御朱印者三井寺と一紙ニ被下候、則御朱印御
目録之通、荘厳寺分百卅石余水帳法国寺江請取申、及三ヶ年寺納仕、御寺務二代之中無相
違候処、今度三井寺衆徒中企新儀恣之押領被仕候事
一、前相国様より御代〻御上洛之御度〻、法国寺御目見仕、及三十ヶ年致寺納候処、右之寺
領今度三井寺衆徒中我まゝに押領いたし、分取仕候事
右之条〻、三井寺衆徒中被召下、被仰付可被下候、仍如件

寛永五年
三月廿三日

清浄光寺判
清浄光寺末京都大仏
法国寺判

御奉行所

如此目安上リ候、致返答書、罷下可遂対決者也

弾正・周防・
大炊・雅楽

三井寺

弾正在判
周防在判
大炊在判
雅楽在判

覚持

一五四　鳳林承章金光寺新築落成賀詞（竪紙）

掛幅装（二九・四×四三・六）

(外題)「北山鹿苑寺　　七条道場
章長老筆　　金□□」

金光主翁覚持上人新築蘭若美輪美奐挙人驚眼目也、予登黄台山上卒製七言一篇、致落成之賀
云、

黄台山上絶塵情
余匠彫梁又広楹
一字落成人改観

寺前松竹芝歓声
洛北木屑叟

太閤・家康・台徳院・大猷院・常憲院・厳有院・有徳院・惇信院

一五五　朱印状目録（竪紙）

（三六・二×五三・二）

（端裏銘）
「御朱印目録」

七条金光寺御　朱印之覚

一、〔太閤〕天正十九年九月十三日之御　朱印　壱通
一、〔家康〕元和元年七月廿七日之御　黒印　壱通
一、〔台徳院（徳川秀忠）〕元和三年七月廿一日之御　朱印　壱通
一、〔大猷院（徳川家光）〕寛永十三年十一月九日之御　朱印　壱通

右金光寺領之分四通

一、天正十九年九月十三日之御　朱印　壱通
一、元和元年七月廿七日之御　黒印　壱通
一、元和三年七月廿一日之御　朱印　壱通
一、寛永十三年十一月九日之御　朱印　壱通

右福田寺領之分四通

一、天正十九年九月十三日之御　朱印　壱通
一、元和元年七月廿七日之御　黒印　壱通
一、元和三年七月廿一日之御　朱印　壱通
一、寛永十三年十一月九日之御　朱印　壱通

右荘厳寺領之分四通

万治二己亥年
四月十四日　遊行卅九代（慈光）記之

（以下裏面）
一、（常憲院様〔徳川綱吉〕）貞享元年六月十一日　朱印　壱通
一、厳有院様（徳川家綱）　壱通
一、享保三年御朱印　七月十一日　有徳院様（徳川吉宗）　壱通
一、延享四年御朱印　八月十一日　御当代（惇信院様〔徳川家重〕）　壱通
一、宝暦十三年未九月　当（マヽ）御代　壱通

庄厳寺墓所
ぶりさけ・板こし・はりこし・かん・さうち銭・引馬

一五六　庄厳寺墓所定書（竪紙）　（三一・三×四八・八）

（端裏書）
「当寺支配ノ趣意ニハ不用者歟」

庄厳寺墓所之事

一、ぶりさけ　此ハ仕切申候　（永代金子ニ而仕切申候）五升
一、板こし　壱斗五升
一、はりこし　三斗
一、かん　五斗
一、さうち銭　五升
六月一日
一、引馬　壱石

一、火屋・あらかき・幕・縄、此分ハ坂方へ可出候、此趣違背申間敷候、為其一札如件

寛文六午年
霜月廿二日

河内（黒長方印）
丹波（黒円印）
丹後（黒円印）
播磨（黒円印）
備前（黒長円印）
大和（黒円印）

庄厳寺
参

一五七　福田寺墓所定書（竪紙）

（三一・五×四八・八）

（端裏書）
「当寺支配之趣意ニハ不用歟」

福田寺墓所之事

一、ぶりさけ　此ハ仕切申候　五升（永代金子ニ而仕切申候）
一、板こし　壱斗五升
一、はりこし　三斗

（上段）
火屋・あらかき・幕・縄
河内・丹波・
丹後・播磨・
備前・大和

福田寺墓所
ぶりさけ・板
こし・はりこ
し・かん・さ
うち銭・引馬

火屋・あらかき・幕・縄
河内・丹波・
丹後・播磨・
備前・大和

一、かん　五斗
一、さうち銭　六月一日 五升
一、引馬　壱石
一、火屋・あらかき・幕・縄、此分ハ坂方へ可出候、此趣違背申間敷候、為其一札如件

寛文六午年
霜月廿二日

河内（黒長方）（印）
丹波（黒円）（印）
丹後（黒円）（印）
播磨（黒円）（印）
備前（黒長円）（印）
大和（黒円）（印）

福田寺
参

一五八　境内地子手形預証文写（竪紙）　（三〇・三×三五・五）

（端裏書）「手形写シ」

預リ申地子手形之事

妙法院門跡
地子米五斗
西光院・宗鉄院
次郎兵衛・弥右衛門

一、妙法院御門跡御領分之内、高倉通之末七条通南側之裏、南ハ金光寺領境目、北ハ　御公儀之土居切、竪南北四拾弐間、東西横幅壱間也
右ハ通リ道ニいたし申候ニ付、毎年地子五斗宛ニ相定メ預リ申所実正明白也、何時成共、本所方ゟ要用之義於有之ハ、右之間数急度相渡シ可申候、為後日之預リ〔申脱カ〕印証文、仍如件

七条道場金光寺内
役者　西光院判
同　宗鉄院判

元禄四年辛未十月七日

地主次郎兵衛殿
同　弥右衛門殿
参

（追筆）
「嘉永元迄百五十八年」

一五九　寺改帳（袋綴装）

（二一・九×二八・六）

（後補表紙題簽）
「元禄五年六月十八日
金光寺寺改帳」

（原表紙ウハ書）
「年号月日
ミミミ
元禄五壬申年六月十八日

寺改帳

西光院・宗鉄庵

七条道場
金光寺」

（追筆）
「遊行派時宗［認被申候］」

時宗 遊行兼帯

一、御朱印寺領高百九拾七石 京七条道場 黄台山金光寺

三百九十二年以前
正安三辛丑年 後伏見院御宇草創

開山宗門二代他阿（真教）上人

同寺家九ヶ所

一、三百九十年已前嘉元元年（呑海 有阿上人在住之節）宗門□（二）代他阿上人草創 西光院直阿

一、右同断 宗鉄庵連阿

末〻右之通

時宗遊行兼帯 京七条道場 黄台山金光寺

一、御 朱印寺領高百九拾七石

一、開基 人皇九十二代後伏見院之御宇

正安三年辛丑年草創

一、開山 宗門二代他阿上人

正安三年辛丑年ヨリ元禄五壬申年マテ三百九十二年

同寺家九ヶ所

一、三百九十年已前 嘉元元癸卯年宗門二代 西光院

□（他）阿上人草創 院主直阿

〃同寺家

一、 宗鉄庵

〃年号同前 右同断 院主連阿

〃同寺家

金玉庵・宗寿庵・長泉院・正覚菴・法浄院・大知庵・称讃院

一、年号同前
右同断
同寺家
金王〔玉カ〕庵
院主但阿

一、年号同前
右同断
同寺家
宗寿庵
院主覚阿

一、年号同前
右同断
同寺家
長泉院
院主重阿

一、年号同前
右同断
同寺家
正覚菴
院主来阿

右六ヶ所者有阿上人在住之節、嘉元元癸卯年開基也、爾ヨリ以来、元禄五壬申年迄三百九十年也

一、同寺家
□百□十年以前
［　　　］光厳院御［　］文和三甲〔午〕□年
［　　　］刻也□元禄五〔壬〕申□
［　］百三十六年
法浄院
院主倫〔カ〕阿

一、同寺家
年号同前
大知庵
院主眼阿

一、同寺家
称讃院

荘厳寺・西明寺・西蓮寺・迎称寺・福田寺

年号同前　　院主相阿

〔右〕□寺家九ヶ所遊行七代他阿〔託何〕上人開基也

［　］五十余［　　］今九軒也

寺三ヶ

下［　］仏光山荘厳寺

［　］御　朱印寺領高弐石

一、開基　応永二乙酉（マヽ）年草創也

一、開山　遊行□□〔十〕〔一〕（自空）代弟子相阿義縁、爾ヨリ

以来□□□〔元〕〔禄〕〔五〕壬申年マテ弐百八十七年也

江州勝部村
西明寺

一、年貢地□反

［　］開基　嘉元元癸卯年草創也

［　］開山　遊行二代他阿上人ヨリ以来

［　］〔元禄〕五［　　］年也

紫雲山西蓮寺

一、年貢地七反九畝

［　］開基　永禄九丙酉（マヽ）年草創也

［　］□□□□□□〔開〕〔山〕〔遊〕〔行〕〔三〕〔十〕（有三）代弟子但阿、爾ヨリ以来

［　　］廿七年也

時宗［　］末寺

京一条道場
迎称寺

一、御　朱印寺領高弐拾三石

一、開基　遊行六代〔一鎮〕上人嘉暦三戊辰年、爾ヨリ

［　　］年

□□□
滑谷道場
東岡山福田寺

一、御　朱印寺領高四石八斗

一、開基者文永年中　後嵯峨院之皇子□□〔宗〕〔尊〕

親王［　　］

［　］山堯空弘安［　　］一遍上人之弟子トナ□□

元禄五年至テ四百十一年

往昔者東山滑谷ニアリ、天正十五年
豊国造営之時、当地移［　］年ニ成

遊行派時宗
寺町久遠院町　大炊道場聞名寺

一、御　朱印寺領高七拾四石六斗
七百九拾七年已前仁和二丙午年光孝天皇
之御建立也、従其□〔三〕□〔百〕九十年余之後
後宇多院建治二丙子年賜於当寺、時宗開
山一□〔遍〕上□〔人〕ニ、爾〔カ〕［　　］
元禄五壬申〔申〕□歳マ□〔テ〕□百［　］

同寺家　三ヶ所

一、　正福菴
九拾九年已前文禄三甲午年弥阿弥中興開基也

一、同寺家　徳生菴
百廿年已前天正元癸酉年重阿弥中興開基也

同寺家　秋野道場称名寺

一、御　朱印寺領三石
千八拾年已前□□徳太□開基也
従其六百五拾年余之□〔後〕、建治年中一遍門
流我阿弥中興開山トシテ元禄五壬申歳マテ四
百十年余也
右者中興之勧進帳之趣如此、応仁元亀年中
ニ旧紀等紛失之由申伝候

末寺二ヶ寺

一、御　朱印寺領高拾七石　寺町一条　徳池山極楽寺
七百三年已前正暦元庚寅年恵心僧都開基
也、従其二百八十六年後、建治。二丙子年
一遍上人中興開山トシテ以来、元禄［〔五〕
［　］四百十六年也

東北院

末寺

一、御　朱印寺領六石　　寺町一条〔北〕東□院

六百八拾六年已前長元三庚午年、上東門

院御建立トノ　後一条院之御祈願所也、

永禄二己未年一遍門流弥阿弥中興開山トノ

以□〔来〕元禄五壬申年マテ百三十四年也

右今度京都御改国郡之内、此外末寺幷兼帯

之寺無御座候、已上

元禄五壬申年六月十八日

大炊道場聞名寺
住持其阿
役者［　　］

御奉行所

ヶ様之通書上仕候写

大炊道場聞名寺

一、千七百四拾四坪六分　南北平均□□□〔間〕　東西平均五拾六間

内門前四軒

但是ハ境内坪数之内也

末寺
極楽寺

一、六百四拾□坪弐分　南北平均九間四尺六寸　東西平均六拾六間壱尺　但屋敷入□有

一六〇　七条道場条目之写（竪帳）

（二四・二×一七・三）

（表紙）
「七条道場学寮『第三改』
御条目之写」

「(見返)官金記録

（条執司ノ時□　□セす

□　□之時弐百文献上スル也　五軒　五百文　二菴　金百疋

本寮金子三百疋献上　外ニ御菓子料廿□　□

但シ百疋ハ表具料として御戻シ被遊候

住職官金　三両弐歩　片官金　壱両三歩　外ニ御菓子料金子百疋か拾両か献上スル也

院号・居士号・大師様

院号ハ金子弐百疋　居士号七両弐歩　大師様一蓮寺ハ七十五両也」

学寮条目

一、両本山幷学寮之時衆出世年数□□以後、不論本山末寺之弟子、着帳之年月日附次第座席可相立事

出世・位階

但出世之年数、位階之儀ハ只今迄之通初堪忍ゟ三年目、室前四年目、十室七年目、五軒十一年目、二菴十七年目□　□、各転席之時分出世名号期月ニ□　□改事

一、七条学寮□□□出□□儀□　□行兼帯之内者、院代ゟ遊行江可書出□　□兼帯之内

者、藤沢江可書出事
一、両学寮掛錫之間、為被位銭一年ニ［　　］六匁宛可差出事
但右之内三匁ハ上納也、七条ハ遊行兼帯之内ハ遊行へ相納、藤沢兼帯之内ハ藤沢江可
相納、残而三匁之配分ハ一匁院代、一匁［　　］、五分役者、五分其寮之伴頭
一、三会下之時衆居替（カワリ）之時者、着帳之〔カ〕月年日附次第座席可□□事
一、宗脈附法之儀ハ、初堪忍ゟ至四年目安□相承之法脈令免許、七年満之時、宗戒〔カ〕血脈可附
与之、右両度之相伝無之僧侶、一寺住職堅可為禁制事
　但附法之会所ハ、可際両本山幷ニ七条道場［　　］
一、本〔カ〕山幷□所化参　内綸旨頂戴之儀ハ［　　］可際七年満之僧侶［　　］
但吹挙状□〔願カ〕□〔節カ〕□　□〔宗カ〕□血脈［　　］［　　］年満以上一寺住職之後ハ、於本山出世［　　］追
可申付候間、学寮之席可致消帳［　　］職之後も修学望ニ而学寮之席［　　］為席料定之通、
年〻銀子六匁宛□〔可〕差出事
一、依事帰国有之候ハヽ、其被位弐年ハ可立［　　］及□年帰山候ハヽ、僧階同年之可為下座事
　但無拠儀ニ付及長逗留候ハヽ、其趣遂断被位銭之儀無滞前年極月切可差出事
一、十一年満十七年満転進之時、不依何部席［　　］可有之事

但シ二菴本寮転進以前席講無之僧侶、出世之免許満二年可為延引事

一、両本山之時衆幷ニ末寺住職之僧ハ二[　　]書之時不及席講事

但シ両本山会下ゟ学寮へ引移[　　]学侶出勤[　　]又[　　　　　　]□〔会〕下茂席講相勤候時衆別而可為勝事

〔一、〕[　]軒已上一寺住職之後、為修学[　　]ハ同学侶之軌則ニ可有席講事

〔一、〕[　]年延引之内、席講不相勤候共、延引之事数□候ハヽ、二庵之出世可免許事

一、満弐年延引之[　　]一年目ニ席講相勤[　　]、其時二〔カ〕庵之出世可為免許事

一、席講無之延引弐年之上、二庵昇進之時衆至本寮転□〔席カ〕ニ□無之候ハヽ、是又満壱年[　　]而本寮之出世可為免許候、然者依面々[　　]学可有座席超越候間、平日懈怠□〔有〕之間鋪事

〔一、〕[　]之儀ハ在寮之内、上座可相[　　]次座選其人之器量本山江相調[　　]□〔申〕□〔付〕事

但、雖為[　　　　　　]之下[　　]

〔一、〕[　]可為昇進僧侶者不進□職已[　　]内典之内、何部成共勝手次第ニ[　　]学之間、不簡上座次座、器量次第[　　]講釈不可有遠慮事

〔一、〕[　]学之節、金弐百疋・銀子拾四匁可差出事

但、金弐百疋ハ致祠堂永代無相違様ニ院代役者[　　]門中致〔カ〕[　　]所化相続之可為資糧〔カ〕[

祠堂金

快存

」拾四匁ハ七条・藤沢各別記通可□〔有〕配分事

「一、」庵学寮之時衆、両本山無人之節ハ□〔カ〕図次第可出勤事「　」

一、両学寮ゟ遊行会下相勤候僧侶ハ「　」出〔カ〕し義〔カ〕令免許事

但出世昇進之時者古来之通り報謝金可「　」差出事

一、藤沢へ初堪忍之節、学寮之掛錫「　」銀十四匁可差出事

「一、」行先而初堪忍僧ハ金弐「　」令免許事

但、修行先ゟ入山候而在会之内、両学寮着帳無之時衆ハ藤沢山定之「　」金弐歩

銀拾四匁
○可差出事

「一、」帳之後学寮へ再堪之節ハ、銀子壱両寮内「　」勿論院代寮主等之音物ハ初堪忍之節与

可為同然事

但祠堂金弐百疋之儀ハ再堪忍之節「　」□〔免〕許候、位階之儀ハ五軒巳下之□ハ伺〔カ〕出□□可

為下座事

右之条〻、今度両本山相談之上軌則相立候間、門下之時衆専守此旨修学不有怠〔カ〕「　」

延享五戊辰五月吉日

藤沢山
他阿快存御在判

賦存

一蓮寺・日輪寺・光明寺・浄光明寺・院代・法国寺・聞名寺

褒美之出世

右御条目之趣、委細承知仕候門下之時衆□守此旨、永代不可改易者也

遊行五十一世
他阿□〔賦〕存御在判

一蓮寺　印
日輪寺　印
光明寺　□〔印〕
浄光□〔明〕寺　印
御院代　印
法国寺　印
聞名寺　印

両本山条目

〔一〕
「　」此度両学寮建立ニ付、出世昇進相改「　　」已後褒美之出世堅令停止候事

一、遊行相続之時、古来通上足壱人出世一階昇進可申付事
　但本寮出世上足有之候ハヽ、不及其沙汰事

出世僧着座

〔一、〕〔　〕十石已上之末寺所化ゟ住職之儀者停止候〔　〕自今以後年老又ハ其人之器量次第吟味之
上、住職可申付事
一、末山出世之事ハ古来之通リ出世名号年数相改可□〔申〕付〔カ〕、官物之事ハ先規定之通リ可指出事
〔一、〕〔　〕末出世僧着座之儀ハ古来〔　〕同〔　〕座事
一、甲府浅草山形兵庫之塔頭ハ、一臈壱人〔　〕可申付、尤出世昇進ハ可限軒号一臈之外〔
〕可為下座事
〔一、〕〔　〕室番方両官金末山参上之節、寮廻相持□共一所ニ相集候而、可配分事
一、本寮　三人前
一、二庵　弐人半前
一、五軒十室　弐人前
一、室前平僧　壱人半前
但、室前之内、□所勤番不相勤時衆ハ壱人前可遣□〔事〕
一、□〔後カ〕給仕　壱人前
右毎月配分之節ハ部組之内ゟ両三僧罷出□〔立カ〕合之上諸事厳密ニ可取▨計事
一、番頭人召ニ御台役料之儀ハ右惣割之所ニて二人〔　〕割出シ番頭へ半人前、人召へ半人

快存・賦存

寿阿堅瑞

前、二御台へ半人前

一、相持受納之儀者、捧状之節耳を只今之通可分、自余之表立候相持□割之□

但表向一通之外相持〔カ〕申為茶料差出し□為受納事

一、遊行相続已後、江府逗留中灯〔カ〕室取□四分一ハ上納、残ハ定之通リ配分、大坂者半分

上納半分ハ配当之事

一、□役者幷使僧或先使へ之音物ハ其人可有之事

右十一箇条、今度就学寮軌則相立候、古来ノ御条目ニてハ指支有之候ニ付、粗改候□之

時衆堅ク可相守者也

延享五年戊辰歳五月朔日

藤沢他阿快存

遊行他阿賦存

於洛南黄台学林写之

時衆寿阿堅瑞

掟

一、御公儀御法度幷国法不可令違犯之事

御香剃刀・過去帳入・海上守・雷除守・安産守・上人直筆名号

院号・居士号

一、掃除勤行寺院修覆不可有油断之事
一、寺宗門誓戒可兼帰命之事
一、不乱本末法式可有出仕会合事
　附混他衣躰莫為異相
一、小本寺之下知麦〔違〕背僧於有之者、□〔遂〕吟味不及惣本寺言〔カ〕上、子細急度［　　］事可申付事
一、小本寺出同席小末寺住持勤在［　　］不可授十念事
一、小末寺之僧侶惣本寺江参上之節、従小本寺可有添状事
右之条〻堅可相守者候也
元禄七甲戌歳二月五日　遊行四十四代（尊通）

一、御香剃刀　金百疋ニ三百銅　　一、御過去帳入　金百疋ニ三百銅
一、海上御守　三百銅　　一、雷除御守　三百銅
一、安産御守　百銅　　一、上人直筆御名号　百銅
一、日課　三拾銅ニ而も廿四銅ニ而も志次第
　院号・居士号等御礼金之覚
一、其阿号　金七両弐歩　　一、覚阿号　銀三枚

一法・転真

一、□一号　金七両弐歩　　一、大姉号　銀三枚
一、東〔カ〕一号　銀三枚　　一、院号　金弐歩
一、居士号　銀三枚
右者　正徳四〔カ〕壬戌〔マゝ〕歳□　□代一法□　□
転真上人御両尊□　□院号有来之家筋ニ者吟味之上、不寄多少免許有之候也

一六一　金光寺役者口上書（竪紙）　（二五・三×四八・六）

（端裏書）
「宝永元年申五月十三日三百三十七年以前火葬場買請之義申上候書也」

覚

境内火屋
紘召時阿

一、当寺境内火屋之儀、先年者東山鳥辺野ニ御座候処ニ、三百三拾七年以前紘召時阿与申者之方ゟ買請申候、只今山銭凡壱ヶ年ニ金三拾両、又者五拾両程御座候、則金光寺方丈江受納仕候内、米三石五斗紘召方江遣シ申候、山守儀者施主方ゟ之施物ニ而渡世仕申候、右之通相違無御座候、以上

年米三石五斗

宗寿菴・西光院

隠亡之根元

宝永元年甲申五月十三日

七条道場金光寺
役者 宗寿菴 名印
同 西光院 名印

御奉行様

一六二 金光寺役者口上書写（竪紙）（二五・三×三四・四）

（端裏書）
「弘化三年十一月十七日根元御尋ニ付大心配、附テハ隠亡之根元御尋、此時之御答ハ別記ニ有之、依而隠亡之古記録種入手願所也

宝永元申五月十三日

火葬場支配中興之御答書

」

○本文書の文章は、一六一号文書と同一により略す。ただし「山守儀」が「山守銭」となっている。

三条通西御土居外火屋

仁兵衛・八兵衛

一六三　三条火葬場隠亡割請状下書（竪紙）　（二八・八×四一・〇）

（端裏書）
「○一番　○二番　両番共文庫ニ有之也

火屋指上　　㊀」

乍恐口上書

一、三条通西御土居之外ニ有之候火屋共、此度相止メ候儀ニ被　仰付候、依之、右火屋ニ懸リ居候御广隠亡共、向後○私共中間江御加ヘ可被遊旨被　仰渡、奉畏候、以上

（○当寺境内有之候隠亡共、中間へ御加へ可被遊旨被仰渡、承知仕奉畏候、以上

是ゟ下役者文言）

享保四己亥年八月廿九日　七条火屋

隠亡仁兵衛（隠）

同　八兵衛

御奉行様

一六四　火屋扶持料下渡証文（竪紙）　（三〇・九×四七・九）

西光院
仁兵衛

売輿・蠟燭

門守甚兵衛

西光院

仁兵衛・八兵衛

（端裏書）
「○四番
享保四年亥十月十二日役者西光院ゟ隠亡仁兵衛江遣証文　（二）（三）」

覚

一、売輿・蠟燭者、先年ゟ之通、弥仁兵衛江被下候事

一、輿・台輿・乗物等之借代之儀、先規ゟ為扶持料、両人江被下候通、弥今度茂無相違申付候間、毎月門守甚兵衛方ゟ請取可申候事

右之通無相違無（マヽ）之候条、如斯ニ候、以上

享保四年
亥十月十二日

金光寺役者
西光院（黒円印）

当山隠亡
仁兵衛
同
八兵衛

一六五　三条火葬場隠亡割請状写（竪紙）

（三一・〇×四八・五）

（端裏書）
「○五四番（ヽ）

三条通西御土居之外火葬場吉兵衛・小兵衛

市左衛門

甚兵衛

「㊄ゝ隠亡人請状」

請状之事

一、今後三条通西御土居之外ニ有之候火葬場御取払候ニ付、右之所ニ只今迄罷在候吉兵衛・小兵衛与申隠亡、其御寺御支配所之隠亡仲間江御割入被為仰付候、依之向後相勤申候、御公儀様御法度之趣者不及申、御寺御役人中様之下知、堅ヶ為相守可申候、若違背申候ハヽ、如何様とも越度可被仰付候、其外如何様之六ヶ敷儀出来候とも、拙者罷出急度埒明、少も懸御難申間鋪候、仍而請状如件

享保四己亥年

十月廿一日

西院村かハた
請人市左衛門（黒円）（印）
隠亡吉兵衛（黒方）（印）
同　小兵衛（黒円）（印）

七条道場
金光寺御内
甚兵衛殿

大炊道場兼帯
金光寺

玄鉄

一六六　一札（竪紙）　（三一・〇×四八・〇）

享保四己亥年八月十九日於御所司頂戴有之候金光寺　御朱印御上包紙ニ、二条大炊道場兼帯金光寺と小札ノ附紙御座候事、依之若　公儀之帳面ニも如此御座候而、至後代異論も可有之歟与御吟味御心ニ奉存候、此儀ハ去ル享保二丁酉年　御朱印御改候節、拙僧聞名寺住職ニ而、金光寺御院代相勤候ニ付、両寺共ニ江戸表拙僧相済候故、如此附札も御座候哉、聞名寺ゟ金光寺兼帯と申ニ而ハ全無御座候、為後証一札如件

大炊道場聞名寺
玄鉄（黒円印）

享保四己亥年
九月六日

七条道場金光寺
御院代
同
役者中

（押紙）
「京都七条道場
金光寺
京二条大炊道場兼帯」

一六七　時宗諸国末寺帳（袋綴装）　（二五・五×四〇・〇）

五畿内

（押紙）
「一、興徳院　二、洞雲院
常住庵　等覚庵
三、東陽院　六、桂光院
香飯司」

五畿内　五ヶ国

山城　八郡

六 金蓮寺四条
二 金光寺七条　二 聞名寺大炊道場 其　二 迎称寺正親町 其
称讃寺堀川 七末　丶欣浄寺淀　丶金剛寺転法輪 七末
丶乗蓮寺不動堂　法浄寺西七条　丶其国寺油小路
二 荘厳寺五条　二 福田寺五条　丶満福寺鳥羽
丶宝光寺汁谷　西念寺鳥羽　丶九品寺京
一 丶宝林寺十八代新造当尾　丶新蔵寺南鳥羽 七末　一 法国寺東山大仏
一 歓㐂光寺六条道場

大和　十五郡

六 丶真教寺小寺末 吐田　丶正福寺佐備 覚小寺末

河内　四郡

六 照林寺小寺 其　丶通法寺壺井

和泉　三郡

丶二 常称寺榎并今八世木卜号 覚

六 永福寺堺
二 福田寺高山　丶蓮華寺高山末 伊賀　丶観音寺中堂
丶西明寺池田 尼　大歳尼

摂津　十二郡

二 丶妙香寺佐原木 七末　丶称願寺三宅 七末　丶極楽寺茨木 七末
丶仏土寺柴嶋（クニシマ） 孫　丶勝楽寺中嶋　丶極楽寺嶋頭
一 丶善願寺（福イ）溝杭 七末　丶妙香堂岡本尼 七　六 円成院大坂（下）ゝ西寺町

長也・尊通

東海道

三真光寺兵庫津　三長楽寺兵庫津　宝泉寺山崎別処村 芥川（マヽ）ミミ

同所満福寺末寺之所、薬仙寺三院離山ニ付、元禄八年右寺申請藤沢直末相願、開基中興長也和尚、真光寺尊通上人御入寂之節、兼而御賞美被遊候事、往〻所功分追而御沙汰及旨、寺之記録御座候事

、善福寺吹田　三満福寺兵庫津

東海道　十五ヶ国

伊賀　四郡

二光接寺山田

、勝願寺神戸 其　、善福寺猪田　、善福寺川合地蔵堂 七末

、心蓮寺国府 七末　、観音寺笠目　二称名寺小田 其

、常念寺久米 覚　、福田寺高山 七末　三成福寺山田末

、蓮華寺高山 末

伊勢　十三郡

二、新善光寺阿野津

六西仙寺柳原　二常音寺香取　三神光寺山田越坂

三真光寺津

志摩　二郡

尾張　八郡

六光明寺萱津

三河　八郡

二称名寺大浜　、安全寺松平

遠江　十四郡

六向雲寺大知波（チ）　、二證誠寺勝田（カツタ）　、三光寺横地（ヨコチ）

二西光寺見附 ▨▨ミミ　清浄寺相良　一省光寺見付

三教興寺浜松　教恩寺橋本

駿河　七郡

六、蓮花寺河野尻　西光寺沼津　、常進寺椎木

、蓮光寺椎木　二長善寺府中　、満福寺岡部

海蔵寺小河　、専念寺葛山　、高山寺瀬戸

、西念寺蒲原　普門寺焼津（ヤヒツ） 小河ミミ　安西寺府中

三日市場 泰徳寺根方　蓮光寺佐野　願生寺茶畠

西念寺原　福田寺府中丸山

伊豆　四郡

六 安養寺長浜　二 西福寺三嶋水上　ヽ清浄寺筥根
海照寺三津(ミト)　田福寺三嶋　光安寺三嶋
光明寺重須(オムス)

甲斐　四郡

六 一蓮寺府中　玉伝寺甲府末
称願寺黒駒　長泉寺辺見（今ハ若神子）　西念寺吉田

相模　八郡

六 ヽ十念寺金手(カナテ)　ヽ田福寺松田尼　ヽ善福寺豊田
二 別願寺名越　ヽ光台寺瀬崎　教善寺平塚
蓮台寺国府津　ヽ橘重寺檜原　ヽ金台寺河村
能永寺檜下　福田寺小田原　ヽ金谷寺瀬谷
来迎寺西御門　〻新念寺戸塚（親縁）　一 光触寺十二所
専念寺温水　光照寺山ノ内　三 来迎寺山岸

教恩寺大町　向福寺乱橋　ヽ大善寺小馬
ヽ福王寺飯田　ヽ海前寺小坪

武蔵　廿四郡

六 ヽ恩徳寺唐子　ヽ西方寺塚田　ヽ勝願寺中村
ヽ阿弥陀寺糯田　ヽ吉祥寺成田　ヽ聞名寺公下
応現寺為吉宇　二 善福寺品川　ヽ西光寺渋谷
教念寺本田　長久寺久米　ヽ西念寺横川
ヽ円光寺本田尼　常国寺河越　海蔵寺品川
称名寺本田　ヽ大願寺青木　ヽ蓮称寺長井
ヽ西向寺品川　日輪寺浅草　ヽ岡林寺岡
新福寺奥山　二 一乗寺人見　ヽ福厳寺羽生
宝蓮寺川口　東明寺河越　ヽ長福寺蘭草
興徳寺大蔵　一 ヽ道興寺中野　楽 ヽ浄国寺吉岡
三 ヽ通清寺江口　ヽ長徳寺品川　十念寺川越
ヽ法恩寺山田

安房　四郡

六 、海福寺天津
二 、長徳寺磯村　、迎接寺沓見　一 、成福寺堀籠

上総　十一郡

六 、十声寺ヨウロ　、三明寺小滝内岡　、称念寺千田尼
二 、親縁寺籾山　、妙法寺冨崎（トサキ）　一 、西福寺芝原
、地蔵院冨津　、阿弥陀寺椿　、願成寺小糸
三 、金台寺曾子崎

下総　十一郡

六 常光寺結城　金福寺結城　阿弥陀寺結城
西光寺中久㐂　向龍寺諸川　二 光勝寺臼井
称名寺舟橋　、十念寺古河　、浄土寺市河
一 円光寺大竹　乗願寺介崎　廻向院介崎
本福寺本江　三 称名寺新田　、光久寺加村
吉祥寺関宿　吉祥寺水海

常陸　十六郡

六 浄光寺佐竹　光明寺小堤　、西徳寺平賀
来迎寺筑波　、新福寺サカ川　西福寺爪連
遍照寺太田 杉本　、称念寺イサ　無量院北条
神応寺水戸　、真福寺小佐都　二 、勝福寺小田
、乗蓮寺完戸　西光寺杉崎　蓮花寺茂〇木（手）
、広照寺竹原　妙徳寺嶋名　一 真福寺下妻
顕声寺江戸崎　常念寺額田　、光悳寺小野
善吉寺完塚（シキ）　阿弥陀寺朝日向合　安養寺コン田
、勝蓮寺馴馬　蔵福寺水戸　来迎寺江戸崎
光明寺中ノ湊　金林寺下妻　福住寺板橋
願名寺奥原　万徳寺掛馬　空禅寺手野
三 教住寺住吉　神光（向ミ）寺鹿嶋　常永寺真壁
光林寺モ、　永幸寺玉作　常高寺笠間
花園寺府中　善邑〔声カ〕寺布施　、善昌寺土浦

丶地蔵寺高久　丶願成寺羽鳥　丶蔵照寺本倉

東山道　八ヶ国

近江　廿四郡

一荘厳寺末
長安寺大津

六丶大光寺小野　丶大聖寺小野　丶善根寺安食
丶福徳寺高野瀬　丶乗台寺上坂　二丶光台寺平井
丶称念寺佐久良　丶長光寺佐久良　丶永福寺日野
二寂明寺勝部　二西蓮寺勝部　丶仏念寺土田
一荘厳寺大津　丶一念寺佐谷　二阿弥陀寺菅浦
三高宮寺高宮　三興善寺香田　丶徳勝寺土堂
善徳寺菅浦菅末　遍照寺大浦菅末　光照寺海津

美濃　十八郡

六金蓮寺垂井　丶宝蔵寺カチヤ村　西光寺直江村
丶専称寺城田高　二丶称名寺関稲口　丶常楽寺関

飛弾（マヽ）　三郡

六丶聞名寺大野　二丶青林寺吉田

信濃　十二郡

六金台寺伴野　丶願成就寺小糸　丶真色寺和久利
丶光明寺諏訪嶋　丶西福寺諏訪上原　丶三明寺栢尾
丶長福寺長窪　丶十声寺甲斐瀬　丶西蓮寺椿
十念寺平原　二丶金福寺市南　丶称名寺国分
丶勝名寺賀佐　丶西念寺今井　丶蓮花寺小市
丶安養寺堀　丶長泉寺黒河　一丶昌光寺高遠
丶永明寺若槻　三丶光福寺大炊　丶極楽寺富田
丶青蓮寺板木　丶常照寺海野

上野　十四郡

六丶浄光寺山上　丶長泉寺白井　青蓮寺岩松
満福寺譲原　丶泉源寺桃井　丶蓮光寺大友
丶専念寺国分　丶光明寺厩橋　丶無量寺セキ子
丶金徳寺宮子　丶十声寺国府野　丶満福寺国府野西
丶聞名寺母久　二光台寺山名　丶聞名寺白井牧

、光明寺萌田　来迎寺浜河　、新光寺田中
、光陽寺浄法寺　、接願寺一川　、高林寺高田
、善福寺綿貫　、乗蓮寺矢羽　聞名寺板鼻
、専念寺石塚　一、西光寺那波　長徳寺安中
、願行寺小幡　円福寺舞木　今ハ応声寺 長福寺舘林
満重寺木戸　青蓮寺桐生　三 光林寺秋妻
仙源寺高山　、善称寺布施

下野　九郡　二 道明寺ヲトメ　西光寺小山中久木

六 応願寺宇都宮　、常光寺大山　称念寺網戸
称念寺名草　、成福寺中村　松岸寺小山中クキ
長蓮寺真岡　来迎寺稲毛田　秀林寺牧木村
二 、宝蓮寺真弓　、西方寺寺尾　、称念寺網戸 上ニ出ルイカ、
、浄土院一川　常念寺足利　、定光寺足利
真教 新久寺〻介戸　、一蓮寺一宮　、万安寺安中
専称寺伊王野　極楽寺烏山　現声寺小山

一光照 高称寺〻小山　法王寺江ノ本　養 安羊寺〻小山立木
光台寺小山渋井　不退寺大田原　宗光寺富田
浄 厳常寺〻佐野　三 万福寺大沼田　新善光寺小山〻ソシマ
長谷寺田野　、西念寺足利　住林寺小野寺
、十念寺小野寺　称念寺天命　新善光寺黒羽
東漸寺吉連川　、照林寺佐野　、常善寺壬生
、龍渓寺佐野　粮念寺勧濃

出羽　十二郡

六 金光寺秋田湊　龍泉寺秋田　声躰寺秋田
二 光明寺寂上　、金泉寺山辺　、満泉寺大泉
、長福寺木須　、湯山寺上山　一 長泉寺庄内
高安寺庄内尼　留棹庵波渡村尼　三 、教孝寺種田
常念寺会津西田　弘長寺会津石塚

陸奥　五十四郡

六 、光明寺来勝　光林寺南部寺林　、常称寺小原関

北陸道

、称名寺牛袋
勝峯寺白川
、金福寺森山
常楽寺米岡
乗蓮寺猪苗代
重願寺塩松
、善定寺四保
、観音寺平柳
、聞名寺楽々川（サヽ）
西光寺会津窪
真福寺仙台
長光寺水沢
伝相寺田名部
、田福寺下新田
、三福寺長井野

、香林寺桑折
教浄寺三郡
阿弥陀寺青塚（ヤツ）
二 、永福寺日理
専念寺伊達内谷
常林寺白石
専称寺葛西
一 、明林寺栢山
、成福寺八戸
法蔵寺三春
長徳寺東山
白済寺伊沢道場
三 、徳勝寺和徳
泉福寺角田
教光寺棚蔵

、法住寺吉古
白清寺伊沢
金徳寺須賀川
、勝蓮寺薄衣
新善光寺平沢
称念寺二本松
誓願寺米沢
、願成寺塩松
城西寺岩城
長光寺会津高田
東光寺山下
藤勢寺東山
教林寺南山
慈光寺久慈村
長福寺長尾

、教広寺植田　宝林寺福嶋

北陸道 六ヶ国

若狭 三郡

六 西福寺小浜　二 浄土寺小浜　称名寺本郷
西福寺末 常福寺

越前 十二郡

六 称念寺長崎　乗久寺福井　恵光寺大野
二 、来迎寺江守　積善寺萱谷　、得生寺河井庄林田
二 新善光寺井川　称名寺勝蓮花　、光浄寺吉野
、願声寺中野　、専光寺浪寄　、円福寺浪寄
、聞名寺氏家　二 成願寺岩本　二 西方寺敦賀
一 、弘願寺長田犬丸郷𪜈云　金蓮寺府中　三 大願寺池田
六 興徳寺宮谷　称念寺末寺（福正寺 慈心寺）　成願寺末（悦相院 宝寿庵）

加賀 四郡

六 、阿弥陀寺窪市　、満松寺山上　二 玉泉寺金沢

丶本誓寺今湊　丶聖号寺元吉　丶相応寺アタカ
三 丶宝界寺アタカ　一 丶光摂寺梅田　丶青巌寺熊田
三 丶西光寺潮津　丶西方寺益田

能登　四郡

三 金台寺矢田　阿弥陀寺七尾

越中　四郡

一 丶金光寺トナミノ郡　二 丶報土寺富山　丶金光寺布施山田
丶清浄寺タウケ　丶勝名寺金山　六 丶仏土寺吉江
六 浄禅寺富山　三 丶極楽寺蓮沼　丶松台寺松永
丶浄称寺氷見　丶真光寺青柳　丶極楽寺守山
丶浄福寺中疋田　浄土寺高岡

越後　七郡

六 専称寺佐橋　来迎寺▨▨妻有〻〻　丶遍照寺鏡
一念寺柏崎　丶満福寺菅名　乗蓮寺三条
来迎寺小森沢　丶光称寺中ノ宮　丶弘長寺上田

丶長福寺西津　丶極楽寺田伏　丶満福寺糸魚川
丶新福寺吉田　丶真色寺高橋　聖衆院妻有
二 丶西光寺御廟　丶西明寺高橋　丶法願寺妻有
丶明光寺高橋　称念寺国府　丶念仏寺下条
丶金光寺関ノ山　丶勝光寺片山　丶専称寺豊田
福海寺柏崎　丶如法寺嶋倉　蓮光寺下田
丶霊台寺河路　丶願成寺鎌塚　丶光福寺猿供養
丶光明寺大貝　円通寺平井　一 極楽寺蔵王堂
法界寺石地　教念寺吉水　東養寺大沢ノ藪上
三 専念寺矢田

佐渡　三郡

三 勝光寺宿禰宜称〻　大願寺相川〻〻松山　大願寺相川

南海道　六ヶ国

紀伊　七郡

六 安養寺若山湊　六 浄土寺鳥居浦藤代

淡路　二郡

六 ヽ常福寺賀茂　ヽ善成寺昼間　ヽ弘願寺二階堂

阿波　四郡

二 ヽ光摂寺八万

伊予　十四郡

六 ヽ定善寺松前　二 宝厳寺道後村奥谷　ヽ入仏寺八蔵

ヽ円福寺　願成寺内ノ子村宮床　ヽ保寿寺陽

土佐　七郡

ヽ乗台寺佐河　ヽ善楽寺一山　ヽ西念寺一野

讃岐　十三郡

六 ヽ興善寺爾保　二郷 江照寺宇多〔足〕津　ヽ浄土寺田佐尼

ヽ興勝寺勝間　ヽ興徳寺太田尼　ヽ高称寺観音堂尼

三 ヽ荘厳寺一宮

山陽道　八ヶ国

播磨　十二郡

六 ヽ金剛寺英賀(アカ)　ヽ極楽寺鞍位　二 ヽ成覚寺赤松

ヽ阿弥陀寺山ノ里 ヽ開覚寺神戸　ヽ阿弥陀寺坂本

三 報恩寺明石（今ハ法音ト書

美作　七郡

ヽ無量寺久塚　二 ヽ真光寺小原

備前　八郡

六 ヽ成光寺中吉(ナカキリ)　二 ヽ真守寺山口　ヽ光明寺平井

備中　十二郡

六 ヽ西福寺川辺　ヽ光明寺神代(カウシロ)　二 ヽ高声寺陶(ス)山

ヽ光台寺鳥羽　ヽ寿徳寺得房　ヽ成福寺矢田

備後　十四郡

六 常称寺尾道　六 海徳寺浮御堂　六 本願寺鞆(トモ)

ヽ応声寺草土　二 ヽ光台寺岩成　一 観音寺三原

三 ▨江 西郷寺尾道

山陰道

（押紙）「常称寺末寺
慈観寺
海福寺
成福寺

西江寺末寺
正念寺
地蔵院
永福寺
水野庵
毘沙門寺

海徳寺ハ往古ハ直末也、四十九代上人（賦国）御在京ノ節、常称寺了音ノ時豫（マヽ）リ置候海徳寺ヲ返上ニテ御直末ニ成候也、享保三戊ノ年ノ事也」

安芸　八郡
一
丶長福寺沼田（ヌタ）　丶阿弥陀寺多田ノ海

周防　六郡
一
丶善福寺大内　今ニテハ山口

長門　八郡
二
丶常満寺　一
丶長福寺豊田

山陰道　八ヶ国

丹波　六郡
六
専念寺赤間関

丹後　五郡
二
万福寺橋立

但馬　八郡
六
興長寺竹野浜　二
丶円福寺楽々前（サヽノクマ）　一
西光寺九日市

因幡　八郡
仏長寺由良尼
丶専称寺私部（キサイチ）　六
光清寺竹山　今ハ滝山ト云

伯耆　六郡
六
丶三明寺　丶海福寺稲満　六
万福寺稲満　今ハ光ト書
二
安養寺四日市尼　丶宝国寺菅　丶貞治寺日野

西海道

出雲　十二郡

二向 江陽寺（安木〔ヤスギ〕 安来也）
二 高勝寺（院原 塩冶也）
二 善光寺（乃木 野本）

石見　六郡

二 万福寺益田
大願寺大田
光満寺野
浄土寺長浜
荘厳寺万福寺末

隠岐　四郡

西海道　十一ヶ国

豊前　八郡

長福寺小倉 欣浄寺ニ改
善光寺。中津 竹原
三 常念寺城井〔キイ〕

豊後　十一郡

松寿寺鉄輪〔カンナハ〕
二 称名寺国府
安養寺関 尼
専称寺佐伯

筑前　十二郡

六 称名寺博多
、西向寺忠猥
光福寺姪之浜 称名寺末
二 金光寺宰府
二 金台寺芦屋
、善福寺芦屋

称林寺庭井野
寿宝寺石丸 称名寺末
光泉寺博多 称名末

筑後　八郡

六 、西教寺西牟田
二 、高宮寺府
三 、大宝寺千栗久

肥前　十二郡

六 西念寺恵見
正応寺伊佐早

肥後　十四郡

六 願行寺高瀬
阿弥陀寺木原村
二 、増上寺山鹿〔ヤマガ〕
、宝蔵寺杉嶋
一 、願成寺菊地

日向　十四郡

六 海徳寺志布志
常林寺土持
昌福寺櫛間
光照寺飯肥（マヽ）
光明寺梅北
教法寺梅北
福田寺飯肥（マヽ）
二 極楽寺県
西福寺本庄 尼
迎接寺三役
志福寺肝付
三 光台寺川原田

長淳

一法

光照寺都於郡佐土原領　城宝寺三納（ミノ）佐土原領　伝徳寺綾

延命寺庄内　仏像寺綾　阿弥陀寺綾

長徳寺穂北（ホキタ）　養徳寺三納　正岳寺青山

（押紙）「飫肥領ノ内、イタシキ村金▨輪寺ハ直末也、津屋野

法国寺ハ光照寺末寺也ト云、未考、

又ミヤマノ城光明寺ハ外ニ可有之歟、帳ニ不見候」

大隅　八郡

二　念仏寺郡田　光福寺末吉　正行寺宮内

三　来福寺山田　常念寺国分　成円寺小根占

十声寺曾於郡

薩摩　十三郡

二　専念寺大口　龍泉寺伊集院　西前寺東郷

常福寺カセ田　松尾寺カセ田　（貼紙）「紹隆寺」三祖院重冨

一　専修寺出水（イツミ）　西福寺伊作居（イザコ）

三　浄光明寺鹿児嶋　大林寺菱刈　専念寺水引

阿弥陀寺阿久根　青蓮寺平佐　法光寺坊泊

安養寺小山田　称名寺向田　光台寺今和泉

壱岐　二郡

対馬　四郡

右之一帖者、京下寺町荘厳寺一堂之事也弟子長淳令書写、納置七条金光寺

者也

享保六辛丑季

五月吉辰

他阿一法誌（印）（朱円）

（後筆）「嘉永五子年迄享保六丑年ゟ百卅弐年相成申候」

（巻末押紙）「省光寺末寺

○本押紙は遠江国に関連する。

池田行興寺

恒武妙光寺

同　昌福寺

同　聞声院

天龍 金台寺
山梨 法蔵寺
教興寺末寺
三嶋 阿弥陀寺

石原 毘沙門寺
カヂ町 浄鏡院
西光寺末寺
西坂町 蓮光寺」

金光寺・法国寺・荘厳寺・歓喜光寺

一六八　金光寺末寺人数帳（袋綴装）

（二八・九×二〇・九）

（表紙）
「山城愛宕郡七条
　遊行金光寺末寺人数帳
遠　　　　　　　　　　」

山城国愛宕郡七条
時宗 金光寺

人数拾七人　弐拾三歳以上

　　拾弐人 僧
内　四人　俗　是男女致能候と被申候也
　　壱人　女

右者当寺之人数当丑年改（何歳以上是ニ書而能と被申候）宗門帳ニ認差上候通
相違無御座候、以上

享保六年丑十月

時宗
金光寺（印）（黒方）

御奉行所

右之通奉書壱枚相認十一日ニ罷出相済候処、御末山方も一所ニ本山ゟ出候様ニと御役中被申渡候故、右之通四ヶ寺分認、十三日ニ罷出相済申候

山城国愛宕郡東山
法国寺
人数八人
内
七人　男
壱人　女

山城国愛宕郡五条寺町
荘厳寺
人数拾三人
各男

山城国愛宕郡五条寺町
福田寺
人数三人
各男

山城国愛宕郡寺町四条上ル町
歓喜光寺
人数弐拾九人
内
弐拾七人　男
二人　女

右四ヶ寺人数合五拾三人
内
五拾人　男
三人　女

右之通末寺四ヶ寺之境内人数、当丑年改、六歳以上相違無御座候、以上

享保六年丑十月
時宗遊行兼帯
金光寺（印）（黒方）

御勘定所

此通四ヶ寺分相認十三日ニ罷出相済申候、聞名寺・迎称寺・東北院・極楽寺ハ、十一日直ニ差上候故、二重上ル不及候（マヽ）

一六九　口上書留（袋綴装）（二四・五×一七・三）

指上申一札之事

一、三条通御土居之外南北ニ有之候火葬場弐ヶ所、取払被仰付、右火屋相掛ヶ候隠亡者四株ニ而、五人之もの共狐塚・七条・蓮台寺三ヶ所火屋隠亡仲間へ割入被仰付、狐塚火屋江壱株四郎兵衛、七条火屋へ壱株小兵衛・吉兵衛、十右衛門弐株ニ而三人、蓮台寺火屋へ壱株八左衛門、右之通被仰付奉畏候、且又割入被仰付候儀申立、我儘仕間敷候、然ル上ハ狐塚・七条・蓮台寺隠亡とも儀、向後右之もの互ニ申合違乱仕間敷候、若違背仕候ハヽ、如何様之曲事ニも可被為仰付候、依而連判一札奉差上候、以上

享保四年
亥十月十日

狐塚火葬場
隠亡
弥右衛門
弥兵衛
仁左衛門

三条通御土居之外火葬場
狐塚・七条・蓮台寺火屋
四郎兵衛・小兵衛・吉兵衛・十右衛門・八左衛門
弥右衛門・弥兵衛・仁左衛門・勘左衛門

八兵衛・仁兵衛

長兵衛

火葬料

心持次第鳥目

只今迄三条西御土居之外火葬場ニ有之、今度割入被仰付候隠亡
勘左衛門
壱株　四郎兵衛
七条火葬場
隠亡　八兵衛
仁兵衛

只今迄三条西御土居之外火葬場ニ有之候、今度割入被仰付候隠亡
壱株　吉兵衛
小兵衛
壱株　十右衛門
蓮台寺火葬場
隠亡　長兵衛

只今迄三条西御土居之外火葬場ニ在之、今度割入被仰付候隠亡
壱株　八左衛門

奉指上一札

一、七条金光寺火葬之仕方、先達而段〻御吟味之上、只今迄者火葬料寺江相納、炭薪之儀者寺ゟ調被相渡候迄ニ而、右火葬料之内少しも私共へ不申請候ニ付、灰葬之節施主ゟ心持次

炭薪代

第鳥目を申受、渡世仕来候所、向後ハ炭薪代旁四匁七分之火葬料ニ者鳥目弐百文、八匁五分以上之火葬料ニ〔三〕者四百文ツヽ、可申請旨、則金光寺役者中へ被仰渡難在奉存候、右之通、私共助成此度増被仰付被下候上者、自今炭薪之節も惣而施主ゟ少しも施物不申請、尤軽きものニ而も、衣類・棺共焼捨、曾而麁抹ニ仕間敷と被仰渡奉畏候、若相背候ハヽ、如何様之曲事ニ而も可被為仰付候、為後日奉差上一札仍而如件、

享保十年乙巳二月廿八日

七条金光寺
火葬場隠亡
誰
同
同

御奉行様

（帳上部余白横方向書付）
「四拾匁以上之火葬料ニ者、四百文遣、炭薪代旁隠亡へ可遣旨」

一七〇　金光寺境内火葬料取極証文（竪紙）　（二八・三×四一・四）

火葬料

心持次第鳥目

炭薪代

歓喜光寺住持
職争論

（端裏書）
「○六番

享保十巳年火葬場之様子御奉行所江申上候下書 ㊅」

一札

一、当寺境内火葬場之様子、先達而御吟味之上、火葬料之儀ハ唯今迄有来通可仕候、是迄ハ火葬料之内ニ而炭薪代寺ゟ相払、隠亡ともヘハ右料物之内少も遣し不申候ニ付、施主ゟ心持次第鳥目を申請、其上麁抹之仕形有之様ニ御聞及被遊候ニ付、此以後ハ四匁七分之火葬料ニ者鳥目弐百文、八匁五分以上之火葬料ニハ三百文、弐拾目以上之火葬料ニハ四百文、炭薪代旁隠亡ヘ可遣候旨被仰付、奉畏候、然上ハ向後隠亡とも灰〔火カ〕葬之節、施主ゟ一切施物不申請、尤軽きものニ而も衣類・棺とも焼捨、少も麁抹不仕候様ニ隠亡ともヘ可申付候旨被仰渡候、其段急度可申付候、為後証書付奉差上候処、仍如件

享保十巳年

一七一　歓喜光寺裁許書写（竪帳）（二四・〇×一六・四）

（表紙）
「京歓喜光寺

牧野佐渡守・本多筑後守・小浜志摩守・熊倉市太夫

弥阿血脈相続

高宮寺

覚阿

重宝品紛失

御裁許書写」

（見返）「享保十年巳六月廿二日於　御所司様牧野佐□〔渡〕守様、町御奉行本多筑後守様、小浜志摩守様御立合之上ニ而御裁許被仰付候、為替証文被仰付、尤歓喜光寺同衆分、御院代御門中印形仕差上候写

御公儀ゟ為写双方江被下候、則熊倉市太夫殿御渡　公事役人也」

差上申一札之事

寺町四条上ル町六条道場歓喜光寺訴書之趣ハ、当寺開山弥阿上人ゟ当住迄廿七代、四百年来時宗派弥阿上人之流義血脈致相続来候、尤先年□〔者〕一本支而御座候処、当寺廿四代之住持今相成遊行上人に致帰依、同宗門故流義断絶為無之、本寺ニ相頼、延宝四丙辰年ゟ四十九年已来本末之式相定申候、然処此度藤沢ゟ拙僧義江州高宮寺へ転住致候様被申越、其御門中へ、御朱印知行幷ニ什物等相渡候様被申越候事、開山以来一僧も藤沢門中ゟ血脈致相伝〔カ〕候義無御座、代〻弟子之内年老之者住持ニ立来申候処、今度藤沢ゟ申付之通仕候而ハ、開山之血脈断絶（押紙）「仕候義歎敷、差当り迷惑仕候、七条之院代」什物等急〻ニ相渡候様申候処何共　御朱印什物等急〻ニ相渡候様申候処、何共難黙止候ニ付相訴候旨申之、七条金光寺院代覚阿答候者、歓喜光寺之儀前〻ハ無本寺ニ而御座候処、五十年以前彼寺開帳之節、重宝品〻致紛失私歎之寺僧御座候而、衆中諍論有之、従公儀御糺

長寿院・西光院

朱印・什物知行

明之上、寺僧之内追放被仰付候、其節遊行四十二代（尊任）之上人在京之処、歓喜光寺無本寺故、ケ様之不埒も有之候間、遊行末寺ニ可罷成旨被仰付候、従夫以後当住迄三代本末之規式相勤来候、右帰流之節本寺ゟ住持之僧可差遣筈候へ共、遊行了簡を以寺僧之順番ニ両代住職致候様ニ申渡候、右両代住職相勤候已後、藤沢ゟ住持可差遣候処、十五年以前遊行四十八代（賦国）上人在京之砌、当住義彼之住職之義色〻相願候ニ付、無余義住職申付候、然処八年以前当遊行四十九代（一法）上人在京之節、彼寺之様子致吟味候処、寺為致零落、又ハ寄宿等之義不沙汰ニ付、急度相改候様ニ申渡之、其以後藤沢ゟも寺修補等之義申越候得共、其様子曾而無御座、今度移転被申付候処、五十年以前遊行之血脉ニ罷成、今更六条流血脉断絶之義を相歎申之事不得其意候、□本山法則作法御座候間、此義本寺へ被下置候様にて申之、依之歓喜光寺弥阿同役者□（長）寿院、金光寺院代覚阿同役者西光院被下出被遂御糺弾之処、歓喜光寺先住義藤沢清浄光寺与本末之約諾無之、且流義相続相頼置候与申段、口上のミニ而証拠無之、尤御朱印什物等ハ住持代之節、本寺へ取上申義諸宗通法之処、及難渋候事無調法至極奉存候、畢竟御朱印什物知行等之義者、如何様ニ被仰付候共、少も可申上義無御座候、高宮寺へ転住仕候へハ、其寺開山も違ひ、尤流義も混雑致候へハ、寺中共ニ流義及断絶候、依之御頼申上候へハ、寺并拙僧身ニ付候義者如何様罷成候共、少も本寺へ違背可仕道理無御座候、偏ニ開山血脉流義

本寺遊行ヨリ後住申付ノ事

相立同様ニ奉願候、此外之義者本寺ゟ如何様ニ申付候共、毛頭相背存念無之旨、歓喜光寺幷役者長寿院口書差上候、且金光寺院代覚阿御尋有之候へハ、先年歓喜光寺義遊行末寺ニ罷成候セつ、遊行方ゟ血脉相渡候ハヽ、先達而歓喜光寺致所持候血脉取上可申之処、其通ニいたし置、殊ニ出入有之以後、本末之契約をも仕候処、証条をも取置不申、今更無念至極申披無御座候由覚阿申之、遊行一流ニおゐて弟子譲之義決而無之候ハヽ、仮如何様之義有之候共、弟子譲之義在之間敷候処、三代迄弟子譲いたし置過失在之、惣転住申付候義旁有之間敷事ニ思召候段、逐一申披無御座候、奉誤候由金光寺院代覚阿口書差上候、依之被仰渡候ハ、惣而本末之義年来緩怠ニ仕置、今更及出入候段、畢竟院代覚阿取扱不宜本末之式混雑仕不届ニ思召候、急度過失をも可被仰付候へ共、早速奉誤候旨口上差上候ニ付、御宥免を以其通ニ被差置難有仕合ニ奉存候、且又歓喜光寺儀本寺ゟ転住申付候処、難渋仕候段ハ対本寺致方不埒ニ候へ共、身ニ付候義如何様罷成候共、其段ハ違背不仕偏ニ開山血脉流儀断絶不仕候様ニ相願候、尤本寺之法則可相用事勿論ニ候得共、此度之儀者覚阿無念ゟ事起り候事ニ候へ共、弥阿義隠居申付、願之通歓喜光寺後住之義者、弥阿弟子幷塔頭之内何れ成共其僧を選ひ、本寺遊行上人ゟ後住可申付候様可申遣旨被仰付奉畏候、向後本末不相煩様ニ仕、後来異論無之様ニ取計可申上候、且又被仰渡奉畏候、右之旨相背候ハヽ、何分之越度ニも可被仰付候、為後証

長寿院・玉林院・満願寺・七条道場・庄厳寺・聞名寺・福田寺・法国寺・迎称寺

仍而如件

享保十乙巳年
六月

六条道場歓喜光寺
弥阿　印

寺中役者長寿院
知元〔カ〕　印

玉林院
輪山　印

満願寺
祖流　印

七条道場院代
覚阿　印

同末寺庄厳寺
覚阿　印

聞名寺
其阿　印

福田寺
覚阿　印

御奉行所

法国寺役者
元通〔カ〕　印
印〔迎〕称寺看坊
田紛　印

住持職仰付

歓喜光寺智元
・満願寺祖流

指上申一札之事

一、拙僧義御本山之格式〔カ〕不奉存候ニ付、無調法成御願〔カ〕申上候処、各御取持故首尾好御十念ニ罷出其上三年之在湛〔マヽ〕被仰付候得共、病身故再三御願申上□御宥免被成下、早速願之通住持職被仰付難有仕合奉存候、依之以来ハ弟子□□〔取カ〕候ハヽ、両□〔御カ〕会下之内へ堪忍為仕、階臘成就仕候ハヽ、後住被仰付被下候、向後独住之僧堅御願申上間敷候、依而為後証如件

享保十一午年
三月

歓喜光寺
智〔カ〕元
満願□〔寺〕
祖〔カ〕流
六条道場
□□連名

恵徳院・桂光院・洞雲院・東陽院・衆領軒

京門中
　不残

藤沢山御持
　恵徳院
　桂光院
　洞雲院
　東陽院
　衆領軒

此証文ハ智元藤沢ニ而段〻相認差上候子細ハ、印形持参不仕候故也、仍而帰京候而本証文致候而、門中も加判候而差上候様ニ尊前ゟ被仰渡候処、智元出京後又　御公儀へ御訴申当山と出入ニ成如別記、雖然理□□段〻申上候故、公辺首尾能罷成本証文催促厳密ニ申付候故、歓喜光寺□まり候而九条殿御頼申上、則当山へ九条殿より御使者ニ而段〻証文等□事御詫被遊候、仍而其趣本山江申上候へハ、御家門之御取扱難黙止被思召、証文御免被遊□〔候カ〕、仍而何等之事相済申候、仍而□　□証文も歓喜光寺へ御戻し之筈ニ候、乍去当分〔カ〕□〔仮カ〕証文之在所本寺ニ而、不相知候ニ付、末〔カ〕□帰候、其□　□帰り手形之様成書付遣置候、為後日如此ニ候

其阿

証堂庄厳寺

日夏求馬

享保十二年未　臘月ニ記之

御院代十九世其阿

証堂庄厳寺
九［　　］

奉指上口上書

六条道場歓喜光寺事、先達而言上仕候〔カ〕旨〔カ〕本寺遊行上人ゟ法則之証文被申［　　］処ニ歓喜光寺領掌不仕、右之証文偏ニ宥免給候得〔カ〕□、本寺□〔へカ〕相願候へ共許容無之候、然処ニ当二月十一日□〔九〕条殿ゟ金光寺へ御使□〔者〕被下其口上之趣

六条道場歓喜光寺事、近頃彼是及違乱候由定而子細可有之候へ共、其□被致宥忍、先格之通法流相続候様ニ頼思召候、彼寺［　　］御家〔カ〕門御前代〔カ〕之由緒も有之候ニ付、何共歎敷事ニ思召候、仍而本寺へ御頼被仰入候間、右之趣其元ゟ宜被申達との事也

二月

九条殿御使者
日夏求馬

扨□□之□本寺へ申達□〔候〕処、昨日返書致到来候、則上人□〔へ〕□〔月〕十八□〔日〕之書札三月□日相達令披見候、然ハ歓喜光寺義ニ付、二月十一日従九条殿其元へ御使者□〔被カ〕□旨、則御口上覚書写被差越致拝見候、歓喜光寺事不届段〻相重申候故、存寄雖有之御家門［　　］難黙止奉存候ニ付、

彼寺江申付候証文之義、令免許候間〔カ〕、御所へ其方伺書仕此趣可被申上候、彼〔　　〕右之条申遣候、宜取□〔斗カ〕〔　　〕有之候、穴賢

三月十五日　　遊行

院代

右本寺紙面之通、九条殿へ申上度、歓喜光寺〔　　〕上人□〔カ〕書状相渡従来候、違乱相済□度存ニ付、差□此旨奉窺候、以上

享保十二年未四月朔日　　金□〔光〕寺

院代

覚阿

御奉行所

乍恐以口上書御願申上候

一、六条道場歓喜光寺唯今迄六条流義開山之血脈相続至〔マヽ〕来、於当道場之内六条流義之戒臘〔　　〕修行老分之者選之、後住ニ罷出候事候由、〔　　〕依之去〻年六月廿二日於　御所司様御前願之通、六条流之義御立〔カ〕被下開山之血脈相続候様ニ被仰付難有奉存候、然処、去〔カ〕年三月〔カ〕藤沢ニ而被申渡候ハ、後住住職□□僧者藤沢〔カ〕遊行寺会下ニ相勤戒臘積、其上〔　　〕後住□願候、此義□〔不カ〕勤僧も〔ハ〕堅後住ニ願間敷旨被申渡候、藤沢〔　　〕申渡候通相守候而者、□〔六〕

権現様朱印

歓喜光寺後住

弥阿隠居

□〔条〕流義之戒臘者、積不申全体藤沢遊行之流義ニ罷成候而六条流義永断絶仕候義［　］奉
存候、殊ニ去ゝ年御裁許被成下候筋［　］〔カ〕遣様ニ奉存候、尤御朱印之儀も従　権現様六条［　］〔カ〕
被下置候而天下安全之御祈禱長日相勤来□〔候〕、兎角開山之血脉流義永相続仕候様ニ以御慈悲
被為仰付被下候ハヽ、難有仕合ニ可奉存候

享保十二年三月二日　　歓喜光寺

智元

御奉行所

奉差上口上書

御所司様　御裁許

一、六条道場歓喜光寺事、去ゝ年六月廿二日於
且又歓喜光寺義本寺ゟ転住申付候義、難渋仕候□〔段カ〕、対本寺致し方不〔カ〕埒〔カ〕ニ〔カ〕候共、身ニ付候義
者、如何様ニ能〔罷〕成候共其段者違背不仕、偏ニ開山血脉流義断絶不仕候様ニ相願候、尤本寺
之法則可相守事勿論ニ候ハ［　］義者、覚阿無念ゟ事起り候事ニ候へ者、弥阿義隠居申
付、願之通歓喜光寺後住之義者、弥阿弟子幷□□内、何れ成共其僧を選ひ本寺遊行上人ゟ
後住可申付候様ニ可申遣旨被仰下奉畏候、向後本末法則不相乱様□体□異論無之様ニ取計

智元

歓喜光寺住持職

可申旨、是又被仰渡奉畏候、□　□依之御裁許を奉相守、智元後住ニ本寺ゟ申付候、然ニ惣□□門之□として無堪忍之僧侶寺之住職堅不許事□、又弟子譲りゟ申儀も同断ニ候、雖然歓喜光寺儀者、依右御裁許本寺歓喜光寺のミに弟子譲之義被相許候、依而自今彼寺代〻弟子相続仕候へハ、血脈流義断絶之義全□　□、然処去春於本寺□会下取堪忍之義被申渡候ハ、本末之法則ニ而御座候、此義者、彼寺住持ニ可罷成僧二年ニ而も五年ニ而も両会下之内ニ相勤候へとの事ニ候、既去年歓喜光寺願上候者、偏ニ開山血脈流義相立候様ニ奉願候、此外之義者本寺ゟ如何様ニ申付候共、毛頭違背存念無之候与申上候、又　御裁許ニ本寺之法則可相守事勿論ニ候与被仰渡候、然ハ旁以本山下知之通領掌仕候へハ、歓喜光寺願も相立本寺之法則も相立候、乍恐　御裁許ニも不背様ニ奉存候間、本寺ゟ被申越候通ニ被為仰付可被下候、左候ハヽ、向後本末之法則不相乱後来異論ヶ間敷義与乍憚奉存

享保十二年丁未年三月七日　　金光寺院代

覚阿　印

御奉行所

乍恐御尋之趣以口上書言上仕候

一、六条道場長寿院智元義、今春本寺藤沢へ罷下り、歓喜光寺住持職を願候、依之本山上人

隠居弥阿

御公儀様御裁判を相守、願之通住職免許之切紙幷中老之出世迄被申付候、然処、智元一札を被申付候事ハ宗門之法則を掟と申上候相立可申為に御座候［　］も奉言上候通宗門之掟として会下無堪忍之僧侶一寺之住職曾而不許ニ候、又弟子譲と申［　　］論候、然ニ智元義者無堪忍、独住之僧ニ御座候故、先者三年在院仕候様ニと上人被申渡候、然共実ニ三年本山ニ為勤候事ニ而も無之、只格式を相立可申致方相聞へ候、依之会下老僧共智元義病身□〔とカ〕申立ニ而三年堪忍之義宥免候様ニ上人へ願候へハ、早速納得之上、右之通住持成被致免許候、其上三年之在依同前ニ中老之出頭迄被申付候、尤歓喜光寺隠居弥阿迄ハ無堪忍之僧ニ而致住持候へ共、此義者先達而言上仕候通、彼寺帰流之節ゟ三代は塔頭老僧順番ニ住持仕、其後者本寺法則之通住持可申付義、門下之僧徒顕露之事、御［　　］乍然不念故此趣之証文取置不□年□之至極ニ御座候、依之　御裁許

惣而本末之義、年来緩怠之仕置今更及出候段、畢竟院代覚阿取扱不宜、本末之義混雑仕不届ニ思召候等右之□〔趣カ〕御尤至極ニ奉存候、依而重而本末異論無之様［　］此度者、本寺之一様ニ〔マヽ〕　　依之以来者弟子取申候□ハ両御会下之内堪忍為仕階臘成就仕候ハヽ、後住ニ被仰付可被下候、向後独住之僧堅御願申上間敷候等

右之文章被申付候、尤堪忍之義今度□□之義にてハ無之候、帰依之節ゟ、彼寺面〻其段今

教音・玉丹・
円利
敦賀西方寺・
二本松称念寺

迄之法則云〻、夫故先代〻之弟子共教音玉丹円利と申立僧本寺へ堪忍仕、階臘□経候上、教音ハ越前敦賀西方寺与申末寺へ入院致候、玉丹ハ奥州二本松称念寺と申末へ住持仕候、円利者歓喜光寺ニおゐて三年以前致死去候、右之内壱人成共存命候而今度歓喜光寺へ移転住職仕候ハ、、何等之出入茂御座有間敷処ニ、各不幸ニ落命致念（残）□□、如此之例御座候故、前〻之三僧之通ニ彼寺弟子とも向後弥為仕堪忍候得との一札被申付候、今更之事ニ而者無御座候、然者唯今ゟも弟子之内、三僧之通会下出勤為致置候へハ、以後弥住職之儀相違無之事ニ候、又歓喜光寺宗門之（マヽ）帰依仕、遊行藤沢へ末寺ニ罷成候上者、本寺之法則可相守事勿論候、其子細ハ最初帰依之節、彼寺証文之内ニ自今已後者本寺ニ可奉□（頼）洛中御末寺幷行義法則衣躰等可相守等（マヽ）

□□住持衆分列名之一札いたし、本寺へ差出□□其上御裁許ニ（マヽ）

且又歓喜光寺義、本寺ゟ転住申付義難渋仕候段者、対本寺へ致方不埒ニ候得共、身ニ付候義ハ（如何様ニ）罷成候共、其段ハ違背不仕、偏ニ開山血脉流義断絶不仕候様ニ相願候、尤本寺之法則可相守事勿論ニ候□□（へともカ）此度之義者、覚阿不念ゟ事起り候事ニ候得ハ、弥阿義隠居申付願之通歓喜光寺後住之義者弥阿弟子幷塔頭之内、何れ成共其僧を選ひ、本寺遊行上人より後住可申付候様ニ可申遣候旨被仰付奉畏候、向後末（本）法則不相乱様ニ仕、後来異論無之様ニ取

破戒不往生之僧

計可申旨、是又被仰渡奉畏候、依之御裁許之趣慎而相守、智元後住被申付候、其上外之末子ニ弟子譲之義制し候へ共、歓喜光寺而已被相許候、後来弟子ニ而も塔頭之僧にても、本寺之法臘経候へハ、住持被申付事ニ候、又在堪之規則者、彼寺代〻之住持ニ可罷成僧之所化之時、身に付し法臘ニ而御座候得ハ、此義違背有間敷事ニ候、如此之道理ニ而右之一札被申付候与奉存候、仍而歓喜光寺無難渋右之通相済シ候へ者、彼寺代〻弟子相続仕候故、血脉流義ニ断絶之義、全無□歓喜光寺猶も相立、又ハ本寺之作法も不[　　　　]多〻之儀と乍恐奉存候

一、縁僧与申義被申付候而者、惣而宗門之法義知識ニ身命を譲を以て宗門之安心と仕候、此義者、本寺上人と知識と立候而、宗門之僧徒身心共ニ上人へ相任セ、少も我意之振舞を致さす、又上人之命令を聊も背さるの義ニ而御座候、依之受戒之時最初ニ今身ゟ未来際を尽心迄智識に身命をゆつり候与唱えて、金鏧を打申事ニ候、仍而、上人之命ニ背き候者、破戒不往生之僧と申候、ケ様之僧ニ縁僧を申付候時ハ犯戒之過失往生之故障を消滅仕候、仏家滅罪之法義ニ而御座候へハ、御公儀様御裁許ニ不奉背様ニ乍恐奉存候、右之趣ニ仍而一札又ハ縁僧之義今度於藤沢被申付候様ニ被存候、依之拙僧共愚慮所存之通、乍恐奉言上候、以上

金光寺院代・法国寺

享保十一年午五月　　金光寺院代
　　　　　　　　　　　覚阿　印
　　　　　　　　　法国寺
　　　　　　　　　　　其阿　印
御奉行様

先住譲状

口上覚

一、歓喜光寺住持職之義者、開山弥阿上人ゟ以来、先住今相上人迄廿四代一老持ニ相続仕候、右之段、尊前御在京之内衆分中御断申上候節、被為仰候、兎角先住譲状之通ニ被為遊被下候との御約束ニ御座候、則先住一老譲之手形仕被置候、尤御公儀様も当寺一老持之式法之趣聞召被為置候、其上以前之譲状御留置被為成候、然者当寺往古ゟ一老次第ニ相勤来候間、此段御断申上候処ニ当十月十七日之尊書ニ年老未不来候故、住持式(マヽ)難為仰付ニ寄、当分之為住持尊▨前ゟ年老之僧御差上せ可被遊与被仰下候、雖然と寺外ゟ住持請対仕候へハ、開山弥阿上人ゟ以来、廿四代迄寺中ゟ相続仕来候式法此度退転仕候故、当分ニ而も他所ゟ請対者何共迷惑奉存候、尤正教雖為若年、当寺式勤兼不申候間、弥旧例之通被為成被下候ハヽ、忝可奉存候、以上

延宝七年
十一月十四日　　歓喜光寺
　　　　　　　　　衆分中

遊行上人様御下
一御寮
御披露

一七二　寺請状（竪紙）　（二九・三×三一・二）

（端裏書）
「○七番
享保十二未九月隠亡寺請状」

寺請状之事

一、仁兵衛・妻よし・世忰平兵衛・娘やツ・かね・下人七兵衛以上六人、代〻浄土宗ニて当寺旦那ニ紛無御座候、若御法度之切死丹宗門与申訴候人於有之者、御公儀様へ拙僧罷出、急度其明メ申上、各へ少も御難懸申間敷候、為後日之寺請状、仍而如件

享保十二未年
九月
知恩院末寺
三条粟田口七軒町
金台寺
円龍（黒円）（印）

金光寺
御役者中

仁兵衛・よし・平兵衛・やツ・かね・七兵衛

知恩院末寺金台寺円龍

諷経場・礼場・施主場新造出来

西光院

一七三　口上書（竪紙）　（三〇・四×三一・三）

（端裏書）
「享保十四酉五月十七日
奉行所棺前堂礼場施主所出来届」

口上之覚

七条道場金光寺

当三月九日ニ御願申上候火葬所之諷経場・礼場・施主場、右三ヶ所之新造作此比出来仕候間、
御断申上候、以上

享保十四年酉五月十七日

金光寺役者
西光院（黒円印）

御奉行所

桃地結袈裟

一七四　検校宮忠誉御教書写（竪紙）　（二七・五×四〇・四）

桃地結袈裟御免之事
被聞召訖、不可有子細旨

検校宮
三山奉行若王子
快尚・定応
随専院
木村平兵衛
丸屋仁兵衛

検校宮（忠誉）依御気色
三山奉行若王子（晃珍）御房所被
仰出也、仍執達如件

＊1　享保廿年閏三月廿四日（朱円印影）『此印壱寸六部也』『此印壱寸六部〔分〕也』＊3

随専院

法橋快尚（若王子候人伊藤）＊2（花押影）此書印幅壱寸七部五リタテ壱寸六部也
法橋定応（同三上）（花押影）此書印幅壱寸六部五リタテ壱寸四部五リ

右之通中捧〔奉〕書壱枚帋ニ而、形躰之印証弐通有之、尤も壱通者文中別段之儀、印証者同段、年号月日も同段、依而此壱枚者弐通之内也、箱者内朱外黒御紋者菊桐、尤御綸旨と有之、此御綸旨者隠亡仁兵衛之方に有之也、此木村平兵衛と申者、当山ニ而者隠亡仁兵衛之義也、実木村之苗字隠亡付、実木村仁兵衛与之義ニ候得者、丸屋仁兵衛と為名乗、平兵衛持名八兵衛・重兵衛・小治郎・五郎兵衛等之類也、本来者木村仁兵衛者当山隠亡勤候者之事也

（＊1裏）
「（黒円割印影）此割印半分不足之事故、寸法分リ兼候得と、本帋ニ有之処者、壱寸四部位之印与相心得候也、尤墨印也」

（＊2裏）
「（黒長方印影）此印壱寸三部余幅四部五リ也尤墨印也」

院号
検校宮
三山奉行若王子
快尚・定応

一七五　検校宮忠誉御教書写（竪紙）

院号御免之事
被聞召訖、不可有子細旨
検校宮（忠誉）依御気色
三山奉行若王子（晃珍）御房所被
仰出也、仍執達如件

*1 享保廿年閏三月廿四日（朱円印影）『此印壱寸六部（分）也』

*3

（若王子候人伊藤）
法橋快尚（花押影）　此印書判幅壱寸七部五リタテ壱寸六部

*2
（同　三上）
法橋定応（花押影）　此書判幅壱寸六部五リタテ壱寸四部五リ

（*3裏）
「京
俗名
木村平兵衛　」

（二七・六×四〇・五）

随専院
七条火葬場支配
院代大宣
正覚院一行

木村平兵衛

随専院

前来之書付、弘化三午霜月十七日ニ東奉行所へ役者御召ニ而、七条火葬場何年以前ゟ其寺之支配、亦者何様之因縁ニ而其寺之所持ニ候哉、元来之年号月日与書、亦隠亡之根元御尋旁ニ而種〻穿鑿、然ル処隠亡仁兵衛之方ニ、右様之書付有之候故、後役心得之ため、乍悪筆伝置候也、悪筆不可笑〱、穴賢

弘化三丙午霜月廿日

御院代大宣上人
役者正覚院一行之時也

（＊1裏）「（黒円割印影）
此墨印壱寸四部位印形也」

（＊2裏）「此印壱寸六部余
（墨長方印影）
尤墨印也
幅四部五リン也」

（＊3裏）「京
俗名
木村平兵衛」

一七六　火屋仲間株申請一札（竪紙）

（三一・一×四八・二）

重右衛門・平兵衛

八兵衛

（端裏書）
「八
〇七番
元文二丁巳年六月隠亡重右衛門・平兵衛証文也　　㋦」

一札之事

私共仲間八兵衛儀、十五年已前相果候而、其株只今迄相立置候得共、此段御寺様江御断不申上置、不念之至奉誤候、此度御吟味之上、御潰シ可被遊之処ニ、以前之家□〔跡カ〕筋を被思召、弥御立被下、此已後茂私支配ニ仕候様ニ被為仰付、奉畏候、依之向後仲間之割合、弥只今迄之通ニ仕候而、其外ニ一ヶ月ニ壱貫文ツヽ、重右衛門方ヘ永ヽ為心付無相違、毎月相渡可申候、為後日一札、仍如件

元文二丁巳
六月

火屋隠亡
平兵衛（黒円印）

金光寺
御役者様

八兵衛株
平兵衛
重右衛門

一七七　仲間株無調法詫入一札（竪紙）

（三一・一×四六・〇）

「（端裏書）○八（九）番ミ　▨ミ」

一札之事

此度願筋にても無御座事を願出、無調法之至奉誤候、仲間共御吟味之上、弥八兵衛壱株相立、三株之仲間ニ而御座候、後□（日カ）割前等何角違乱ヶ間敷儀申間敷候、且又為心付、平兵衛方より割合之外ニ一ヶ月ニ壱貫文ツヽ、此方江永〻相渡シ候様ニ被為仰付被下、難有奉存候、此已後割前等之□（儀）□（者）勿論、其外違乱ヶ間敷儀、曾而申上間敷候、為後日之、仍一札如件

元文二丁巳年
六月

火屋隠亡
重右衛門（印）（黒長円）

金光寺
御役者様

一七八　一札（竪紙）

（三〇・〇×四七・〇）

門守部屋・火葬場釈迦如来

院代法阿・役者金玉院

（端裏書）
「寛保三年亥壬四月六日表練塀門守作事願」

差上申一札

一、当寺表通練塀門内両側之高塀門守部屋之作事、火葬場ニ釈迦如来之安置、其外修覆取繕別紙絵図を以御願申上候処、御赦免被成下難有奉存候、右之作事早速取懸り、出来次第御訴可申上候、無拠差支等ニ而造作遅成候ハヽ、年々十二月ニ其品御届ケ可申上候、勿論追願仕候共、最初御願申上候普請出来仕候ハヽ、段々ニ御届ケ可申上候、若相違之儀御座候ハヽ、如何様共可被為　仰付候、為後日一札奉差上候所、仍如件

寛保三年亥壬四月六日

七条道場遊行
金光寺院代
願主
法阿　印
同役者
金玉院印

御奉行様

此通両御役所へ一通ツヽ上候也

九軒之塔頭学寮
院料
祠堂金

一七九　軌則御条目（竪帳）

（二四・二×一七・八）

「（表紙）寛延三庚午年十月

黄台山

㊉軌則御条目　写」

当山九軒之塔頭学寮軌則相立候条く

一、従往古有来塔頭九軒共ニ学寮ニ相定候間、自今以後宗門一派修学之僧侶可指置事

一、九軒之塔頭学寮ニ相定上者、現在之寮主□□出世昇進学侶並ニ可申付事

一、九軒之寮舎学寮ニ相定候得共、院料之儀者古□〔来カ〕之通可受納□□□

一、九軒之寮舎□□之寮ニ相定候意趣者□□□金（マヽ）等之吟味疎略有間鋪ため也、然上者九軒□□寮主一同ニ立合、所化草鞋之祠堂元金利金□□逐一遂勘定、永代宗門之学林退転無之様致□□、学侶相続候様ニ可相計事

　但勘定之節者院代立合之上可致事

一、九軒之塔頭雖学寮ニ相定候ト、掃除勤行方丈之用儀者、古来之通勿論公辺又者百姓方之儀者先規之通可相勤事

修領軒寮・院代寮・役者寮

一、遊行御出京之節、修領軒寮・院代寮・役者寮之儀者、先使之僧幷院代・役者相談之上、
可然□□

学寮所化

但会下幷学寮之所化、多人数之節□□可相計事

大衆出世昇進

一、九軒之学寮着帳之大衆出世昇進□□候ハヽ、其寮主相改院代江書付可指出事

一、学徒大勢ニ成候ハヽ、九軒之内何れ成共相談之〔祠堂カ〕□□利金を以小寮可相繕事

但修覆之儀者有来寮舎立替造□□従来之通寮主ゟ致小寮之修理者祠堂利金を以可致
之、座敷之畳表替等者、寮主一分ニ而致之、台所幷ニ惣寮之表替者、寮主ゟ五分同庵ゟ
五分割合を以可致之、小寮之畳者居住之僧一分ニ而可致之事

煎茶・仏前燈明油・惣寮之油

一、平日之煎茶・仏前燈明油幷惣寮之油内外掃除帚等寮主ゟ可指出之事

但寮内諸道具自然ふるひ損候者、〔カ〕□□可改求之、若鍋金等新きを誤て損□□当人
ゟ五分、残五分ハ寮主幷同庵一同割〔合カ〕□□可償之事

一、為修学在寮之所化寮坊主伴頭之下知□□相背間敷事

但不如法之僧侶有之者、寮坊主ゟ院□□学頭江相談之上、可令擯出之事

塩噌薪

一、学徒指置候寮舎塩噌薪之入用者、寮主共ニ祠堂利金を以可相賄事

但塩噌薪為助成一寮ニ所化一両人位指置候事、堅□用左様之節者、院代・役者相談之

綸旨僧

上、学侶少分之寮江可指加事

一、九軒之内寮主更代之節者、院代役者□□寮坊主相談之上、本山江相願許容之上〔カ〕〔カ〕可相定
事〔カ〕
但雖為弟子世出世〔カ〕〔カ〕不如法之僧侶者、可為斟酌事

一、九軒之寮主幷所化共、従末山住持ニ願来候ハヽ、本山江相願許容之上一寺住職可致事
但住持成之式法者、本条目之通可相心得□□

一、山内役者之儀者、必以不可限一臈事
但退役有之節者、院代幷九軒之寮主相談□□其僧之器量次第、本山江相伺候而役者
中付事

一、役者□□所化指置候事其寮主之所存次第ニ可致事
但役者□□ニ所化差置候者、綸旨僧有之節〔カ〕□□諸道具等〔カ〕者所化無之寮ニ而
其用可相調事

□□参 内之僧侶上京之節〔カ〕者、九軒之内学徒小〔カ〕勢之寮舎江寄宿可申付事
但賄賂方之儀所化共同宿候て、綸旨僧□□日数を以其賄料相応〔カ〕ニ可指出事

右之条〻、為宗門繁栄今度軌則相定候□、諸国一派之僧侶為修学在寮候者、各無怠□〔慢カ〕様可相

法城院・金玉院・宗哲院・大智院・宗寿院・正覚院・長泉院・称讃院・西光院

心得者也

寛延三年庚午

□月廿三日

七条道場黄臺山

役者（印）（白文方）（印）（朱文方）

遊行五十一世他阿（賦存）

院代

法城院

金玉院

宗哲院

大智院

宗寿院

正覚院

長泉院

称讃院

西光院

紋付之挑灯

白衣

「（中扉）寛延三庚午年十二月写之

七条道場掟

寮□〔舎カ〕」

□〔七〕条道場掟

一、帰敬三宝敬上慈下者勿論寮舎内外掃□〔除〕毎月六度可為厳密事

一、毎月十八日廿三日廿七日於本堂上時、〔カ〕□　□惣大衆出座可有之事

但説聴共ニ講釈之差支有之僧侶者可□　□

一、在寮所□〔化〕□其寮〻ニ朝暮之看経□　□

一、火之用心常〻可致大切事

附火災有之節者、猥ニ火事場江不可□　□知音檀縁有之見舞候共、紋付之挑灯不可

□　□持参事

一、於当山従古来御条目之通院代□〔幷カ〕役□〔者カ〕□　□違背有之間敷事

一、山内之大衆用事有之節者、方丈幷ニ院代□　□寮〔カ〕江出入之節、白衣往来堅無用事

一、□　□出入明六ツ時ゟ可限戌〔カ〕之刻事

一、於寮〔カ〕内不依何事ニ寮主伴頭之下知違背有之間敷事

一、当山役者着座之儀者、法序之外山内列座［　　］可為惣大衆之上座事
　　但山内と門中着合之節者、出世次第着□可有之事
一、山内之時衆□〔内カ〕□〔外カ〕共ニ往来之節、互ニ致黙礼［　　］可為厳密事
一、不依何事ニ徒党ヶ間鋪儀者、公儀御法度□〔勿カ〕論之事ニ候間、山内之時衆強卒ニ致徒党
［　　］遂内談候而、本山又者院代江致直訴候事、堅［〔カ〕　　］、縦令雖為壱人之願内談
無之儀者不可及［　　］
一、不依何国ニ借用在家構道場説法勧化ヶ間敷儀［　　］無用之事
一、不依何国対在家付法ヶ間鋪儀堅［　　］
一、二時喫飯之時、各無他出上座次第乱雑無之様可致［　　］
　　但毎日斎之時分者、衣致着用乍□世［　　］無之様ニ可相嗜事
一、毎日茶番壱人宛寮主伴頭之外、座次第ニ可［　　］
一、平日同庵之着合雑穢証無之様ニ可相慎事
　　附飲酒音曲等堅令停止候事
一、乱□〔履カ〕者勿論衣類其外之諸道具ニ至迄［〔カ〕　　］無弁別猥ニ不可用事
一、山内之時衆私用ニ付致他出候節者、其旨［　　］相断善越境行脚之節者、院代迄茂遂［　　］

一、法席之外山内山外共ニ帽子着用堅無用［　　］、山内往来之節茂着用許之候事
但惣□〔大カ〕衆不撰走若頭陀ニ罷出候節［　　］可為制外事
一、五軒以下之時衆履物等分限不相応［　　］面〻〔カ〕可斟酌事
右之趣一山之時衆、違犯無之候様ニ堅可相守［　　］十ヶ条之外於不如法之儀有之者、院代
并九軒［　　］遂吟味、依科之軽重ニ法式之通可申渡者也
寛延三庚午歳
十一月廿七日　遊行五十一世〔賦存〕

夏安居

両学寮策属軌則
近来掛錫以後結夏者不及申、□□〔被カ〕銀等毎年不納之、所化僧有□〔之カ〕□〔候カ〕趣〔カ〕上証書不弁之段、
不帰命之至ニ候、［　　］ヶ年於不納者古法之通可致［　　］至〔カ〕ニ候得共、一先大衆帳江記置、追
而［　　］御切紙頂戴之節、吟味［　　］□貶□之順次申付候間、其旨［　　］□〔従カ〕可申事
□〔一カ〕、□〔在カ〕寮結夏之儀、年分差支［　　］茂有之哉ニ付、向来本末安居ニ［　　］定候、尤本夏者、
古法之通□安居者八月十□〔五カ〕日ゟ十一月結解ニ相定候間、両安居之中へ繰合結□〔寮カ〕［　　］有
之候、殊加行願之僧者末安居之□〔カ〕寮尤幸度勿論ニ候事

但□〔シカ〕本夏解後帰国之僧江者、応遠近路用之草鞋料致［　　］候、末安居ニ而茂同様ニ候
得共、□〔加カ〕［　　］願之僧へ者扶助無之事

〔一、〕
［　　］如法精□及満三年［　　］御扶助加増申付候、将［　　］庵役講近来甚稀ニ相成候
段、其［　　］宿習茂有之哉ニ候得共、一［　　］風靡き不発講志段、歎ヶ敷事［　　］、
以後講序心懸可有之候寮主江茂、指南方可申付候、尤役講振舞［　］致省略候儀者、貧道之沙
門相互〔カ〕ニ候間、常例之施菜通ニ而美食飲［　　］令停止候事
　但し庵役両講伊〔片〕講無講勝劣位階之甲乙法服之許制［　］寺迄衆評之上、追而御沙汰
　［　　］哉ニ候間、其節後悔無之様〔カ〕［　　］□〔バ〕懸可申事
両□〔度〕之加行御附法之儀者、［　　］一大事之御相承ニ候間、相当［　　］無延役可願出候、若病
障等［　　］有之候ハヽ、翌年出勤之旨［　　］之由学寮主迄可届出候、等閑ニ延年僧者追而
願出候節、吟味之上罪科之申付方可有之候事
　［　　］
　但し是迄加行延年之僧今〔カ〕明両年之中ニ可願出候、未満年加行御許容無之間、以後願出
一、一所不住〔カ〕之所化僧、近年掛［　　］出世之御切紙等不致護持、遊〔カ〕［　］行脚有之由不心得
之事ニ候、［　　］御□□之留錫者勿論一泊之［　　］右許状等差出預ヶ不□□候、御許容〔カ〕

初住職

衆領軒

有之間敷候、若一泊ニ而茂不如法□〔之〕儀「　」候ハヽ、預り置許状等本山学「　」出候、
其始末可訴出候、速ニ致消帳〔カ〕「　」門之徘徊差留可申候、且後悔「　」再掛錫相願候節者訴
出候、御門末ゟ印証之添書幷寮主添簡を以願□〔出〕不申候ハヽ御許容無之候事
一、両山在会中者勿論在寮幷御三ヶ寺□随勤中万〻一禁戒違犯消帳□僧経年改悔再掛錫願出
候而「　」許容無之事ニ候、尤師範幷法□□〔類〕奉而歎願之節者、罪科之軽重「　」違犯之
場所江茂向合可□御沙汰候得共、古法之貶席ニ者無之格別之沈席ニ被　仰付候間、此段相
心得依制王法之趣如浮嚢敬守可「　」事
　但し両山在堪幷在寮願之「　」錫状者勿論之儀、師範欤・法類欤之添簡無之候ハヽ、
　御許容無〔カ〕之候事
一、所化僧一寺初住職□〔之〕儀者、御目鑑□檀中帰依願等ニ而被　仰付候節者、旧例之通、役状
者学寮主江差向遣「　」御講之節茂寮主之添状持参「　」可有之候事
右之通所化勧学之軌則制弊趣就　御代替申達候、各寺弟子随身等江不洩様ニ致書写可相守旨
可被申渡候、以上

申
八月

藤沢山
衆領軒　印

桂光院・東陽院・座次

洞雲院・桂光院色衣着用

四院中　印

追加

一、近年出世之□〔カ〕役及混乱、本寮成□〔満カ〕ニ至りニ候而も、本尊名号頂戴無之寺院も有之哉之由、又者桂光院［　］転官相願、御名号致護持［　］帳之年月着順ニ而、転院之所詮無之、東陽院階之次座ニ着候段不□□□事ニ候、依之以来、本尊名号之□〔位カ〕階次第ニ座見致着帳候、以下之三［　］右ニ準候間、各寺登山之節［　］ニ庵五軒者出世之御切紙無失念［〔カ〕　］被致持参候

一、先達而相触候通、追〻学業致衰微候、公儀▨〔御〕厳重之御沙汰も有之〔カ〕、且五十代〔快存〕・五十一代〔賦存〕両尊之規則も通□□成、結夏之僧無之□〔席カ〕役相勤候僧稀之事ニ相成候段、歎ヶ敷事ニ被思召候、仍而猶又致加策左許之通申［　］各寺弟子相続規則之通、［　］学〻志相立候様、弟子随身之所化［　］［　］可被致教諭候

一、両度之席講無滞相勤候僧、独可申参　内願次第御許容有之候、且本寮転辺〔カ〕之儀も十年満之節、洞雲院□満之節、桂光院願出候て、転席［〔カ〕　］被　仰付候、猶亦所作〔化〕ニ而も、木欄〔マヽ〕之五条着用為御〔カ〕賞美被仰付候、一寺住職之節色衣着用願出候ハヽ、浅黄〔木蘭〕色之衣一色ニ限り御免

興徳院

五条袈裟

香衣七条

許有之候、尤右願之節□□□〔綸カ〕願込之通上納可有之候、将又片講之僧者、御称美ニ不相成候
得共、本寮転辺之儀願「　」洞雲院位階被仰付候事
附り両度席講不勤之僧、直参内□相当ニ候得共、願登山之節、器量行□よつて可有許
制候、尤御供参　内之儀者格別、且院階之儀も本寮十ヶ年満□願出候ハヽ、興徳院転
辺被仰付□〔候〕得者、格別御賞美之外、洞雲院転辺□御許容難被仰付候、但師孝之遺弟贈
官願出之節者時〔カ〕之山主思召次第ニ可被仰付候事
一、向後御門末登山之節、宗衣之儀者、古法之通可相用、五条袈裟之儀者、直参　内之僧惣
金入□綸、幷両講相勤候僧者、錦等之金入、無官無講之僧無金之色五条、御免許ニ候間、
着用登山可有之候、尤開山忌始大法会之節、香衣七条着用之儀も右〔カ〕五条ニ準候事、但し看
守・御留主□〔衆カ〕者所化僧ニ候処、近来心得違之ものも有之哉ニ候間、登山之節者勿論、組寺〔カ〕
着合等之節も両講相勤候僧之外、色袈裟可為無用事
一、各寺由緒寺録山林境内等之調書、別紙雛形之通美濃紙ニ而相認、御遠忌登之節迄可被差
出候
右廻章寺号下江致印形、月日刻限付ニ而順達、若不順之次第有之候ハヽ、可然可被致順達候、
尤触留より早速返却可有之候、以上

学海

出世年数

（裏表紙）
「黄臺山

学海所蔵」

（一七・一八丁目間押紙現在糊ハガレ）
「三会下者」

一八〇　本山条目写（袋綴装）　（二四・五×一七・一）

（表紙）
「本山御条目写」

学寮条目

一、両本山幷学寮之時衆出世年数、自今以後不論本山末寺之弟子、着帳之年月日附次第座席可相立事

但出世之年数位階之儀者、唯今迄之通、初堪忍ゟ三年目室前、四年目十室、七年目五軒、十一年目二菴、十七年目四院、各転席之時者出世名号期月可相改事

一、七条学寮之大衆出世之儀者、年月相改、遊行兼帯之内者院代ゟ遊行江可書出、藤沢兼帯之内者藤沢江可書出之事

席料銀子

一、両学寮掛錫之間、為彼〔被〕位銭壱年ニ銀子六匁宛可指出事
　但右之内三匁者上納、七条者遊行兼帯之内者遊行江相納、藤沢兼帯之内者藤沢江可
　相納、残而三匁之配分者、壱匁院代、壱匁寮主、五分者役者、五分者伴頭
一、三会下之時衆居替之時者、着帳之年月日附次第座席可有之事
一、宗脉附法之儀、初堪〔堪〕忍ゟ至四年目ニ安心相承之法脉令免許、七年満之時宗戒血脉可附与
之、右両度之相伝無之僧侶者一寺住職堅可為禁制事
　但付法之会所者可限両本山七条道場事
一、末山幷所化参　内綸旨頂戴之儀者、自今以後可限七年満之僧侶事
　但吹挙状之願之節、宗戒血脉可相改事
一、七年満以上一寺住職之後者、於本山出世昇進可申付候間、学寮之席可致消帳、若一寺住
職之後茂修学之望ニ而学寮之席立置僧侶者、為席料定之通年〻銀子六匁宛可指出事
一、依事帰国有之候者、其被位二年者可立置、若及三年帰山候者、位階同年可為下座事
　但無拠儀ニ付及長逗留ニ候者、其趣遂断被位銭之儀者、無滞前年極月限ニ可指出事
一、十一年満十七年転進之時者、不依何部席講可有之事
　但二庵本寮之転席以前、席講無之僧侶者出世之免許（進二庵二年遅、本寮八一年遅也）満二年可為延引事

寮主

学頭

一、両本山之時衆幷末山住職之僧之二庵本寮出世之時、不及席講事
但両本山会下ゟ学寮江引移候者、従来之学侶幷席講可有之候、又学寮ゟ両会下江出勤
候者、不及席講之沙汰候、若於両会下茂席講相勤候時衆者、別而可為殊勝之事
一、五軒以上一寺住職之後、為修学消帳無之輩者、同学侶之軌則ニ可席講事
一、満二年延引之内、席講不相勤候共、延引之年数共ニ至候者、二庵之出世可為免許事
一、満二年延引之内、若壱年目ニ席講相勤候者、其時二庵出世可為免許事
一、席講無之延引二年之上、二庵昇進之時衆至本寮転席茂、席講無之候者、是又満壱年延引
候而本寮出世可為免許、然者依面〻学不学ニ可有座席之超越候間、平日懈怠有之間敷事
一、寮主之儀者、在寮之内上座可相定、但雖為次座選其人之器量本山江相伺候而、院代ゟ可
申付事
但雖為老僧借寮之時衆者、可受寮主之下知事
一、学頭ニ可昇進僧侶之不進其職以前、内典之内何部成共、勝手次第再講可有之事
一、修学之間不簡上座次座器量次第、不依何部講釈不可有遠慮之事
一、初而入学之節、金弐百疋銀拾四匁可差出事
但金弐百疋致祠堂ニ、永代無相違様院代・役者幷京門中致セ話、所化相続之可為資糧、

銀拾四匁者七条・藤沢各別記之通可致配分之事

一、両学寮之時衆両本山無人之節者、指図次第可致出勤事

一、従両学寮遊行会下相勤候僧侶者、被位銭六匁出候儀令免許事

但出世昇進之時者、古来之通報謝金可差出事

一、藤沢山江初堪忍之節、学寮之掛錫同様ニ金弐歩銀拾四匁可差出事

一、修行先ニ而初堪忍之僧者、金弐歩銀拾四匁差出候儀令免許事

但従修行入山候而在会之内、両学寮着帳無之時衆者、藤沢山定之通掛錫料金弐歩銀拾四匁可差出事

一、消帳之後、学寮江再堪之節者、銀子一両寮内江可指出、勿論院代・寮主等之音物者、初堪忍之節与可為同前事

但祠堂金弐百疋儀者、再堪之節者可免許、位階之儀者、五軒以下僧者同出世之可為下座事

右之条〻今度両山相談之上、軌則相立候間、門下時衆専守此旨、修学不可怠慢者也

延享五戊辰年

五月朔日

藤沢山廿六世 他阿快存

遊行五十一世 他阿賦存

一蓮寺・日輪寺・光明寺・浄光明寺・院代・法国寺・聞名寺

褒美之出世

右御条目之趣、委細承知仕候、門下之時衆弥守此旨、永代不可改易者也、依証印如件

甲府 一蓮寺
浅草 日輪寺
寂上 光明寺
薩州 浄光明寺
京七条道場 御院代
京門中惣代 法国寺
同 聞名寺

両本山条目

一、此度両学寮建立ニ付、出世昇進相改候上者、自今以後褒美之出世堅令停止候事

一、遊行相続之時、古来之通上足壱人出世一階昇進可申付事

但本寮出世之上足有之候者、不及其沙汰候事

一、五拾石以上之末寺所化ゟ住職之儀者、停止ニ候得共、自今以後年老又者其人之器量等吟味之上、住職可申付事

一、末山出世之事ハ、古来之通出世名号年数相改可申付、官物之事者、先規定之通可差出事
一、孫末出世僧着座之儀者、古来之通同出世之可為下座事
一、甲府・浅草・山形・兵庫塔頭者、一臈壱人出世可申付、尤出世昇選者可給軒号、一臈之外者惣大衆之可為下座事

浄光明寺之塔頭

但浄光明寺之塔頭者古来之通可為格別事
一、燈室・番方両官金末山参上之節、寮廻相持前共一所相集候而可配分事
一、本寮　三人前
一、二庵　弐人半前
一、五軒十室　弐人前
一、室前平僧　壱人前
但惣大衆・役所勤番之節者、半人前宛各可加増事

浮給仕

一、浮給仕　壱人前
右毎月配分之節者、都組之内ゟ両三僧罷出立合之上、諸事厳□〔密〕可取計事

番頭・人召・二御台

一、番頭・人召・二御台役料之儀者、右惣割之処ニ而半人前宛人別割出、番頭江半人前、人召江半人前、二御台江半人前、御堺奉行幷平僧中江半人前宛可受納事

音物

快存・賦存

一海

一、相持受納之儀者、捧状之節のミ唯今迄之通可配分、自余之表立候相持前者、惣割之内江可入之事

但表向一通之外、相持中江為茶料指出候者、銘〻可為受納事

一、遊行相続以後江府逗留中燈室受納之内、六分一上納、残者定之通配分、大坂者半分上納、半分配当之事

一、両山之役者幷使僧或先使音物者、其人受納可有之事

右十一箇条、今度就学寮軌則相立候、古来之条目ニ而指支有之候ニ付、粗改之候、向来之時衆堅可相守者也

延享五戊辰年

五月朔日

藤沢山廿六世 他阿快存

遊行五十一世 他阿賦存

此条目壱冊、遊行付本書紛失、依之京七条道場之以本条目写置者也

宝暦十一巳年二月

遊行五十二世他阿一海

火屋礼場

宗哲院

一八一　普請出来断書（竪紙）（二八・三×四二・四）

（端裏書）
「明和五年子五月十六日
普請出来御断書
大屋礼所建足シノ見分
七条道場
金光寺」

御断書

一、当寺火屋礼場建足之儀、当二月廿七日御願申上蒙御赦免普請取懸り候処、此度出来仕候付、〔ニ脱カ〕此段御断奉申上候、以上

明和五年子五月十六日　七条道場
金光寺役者
宗哲院（黒円印）

御奉行様

一八二　時宗門下被慈利濫觴記・東照宮引導場御下知書（袋綴装）（三〇・一×二二・二）

（袋ウハ書）
「時宗門下被慈利濫觴記
東照宮引導場御下知書

被慈利

客寮白袈裟

智蓮

黄台山」

（外題）
「時宗門下被慈利濫觴記
東照宮引導場御下知書　完」

客僚（マヽ）白袈裟之事

廿一代智蓮上人撰述

知識ノ白袈裟ハ先条ニ見タリ、結縁ノ客寮ニ白袈裟ヲカケサシムケル事ハ、此ハ日来ノ志一念モナシ、或ハ合戦ニ打負、或ハ為ニ盗賊一被レ追、或ハ背ニ主人ノ命一、或ハ依テ二不孝ノ科一ニ当世ノ為メニ免レ害ヲ、此会下ニ走リ来テ剃レ頭ヲ着レ衣ヲ罪業深重也、雖レ然ト一念所レ頼有リ二此法〔一脱〕、故ニ不捨ノ担光ヲ不ンハレ蒙、其罪難レ滅シ、経曰、以無縁慈摂諸衆生文、然レハ知識ノ白袈裟ヲ下タス事ハ弥陀ノ身光ヲ会シメレ触、極罪人忽ニ無始ノ罪障消滅ノ、而会ルノレ遂ニ往生ヲ一謂也、寿経曰、若シ在テ二三途勤苦之処ニ一見ハ二此光明ヲ一無復苦悩文、此故ニ蒙ル二光触ヲ一者心不退之行者トナス也、但シ一色ノ中ノ別色也、知識ノ袈裟ノ白キハ極妙ニ至ルノ色ナリ、結縁衆ノ袈裟ハ未タ修行已前ノ色也云云

御一行之案文

修福寺慶阿

権現様
藤沢之沙弥分

東照宮

皮作
太郎左衛門

全阿弥
秀阿磬打

諸国所〻被慈利之事
遊行之為客寮事、於末代不可相違契約之趣、此儀修福寺慶阿就申請而、為後証、以朱印所書
与一行、距跡如件
寛永四年丁卯三月十九日

被慈利之事、先年
権現様可為宗門支配由被　仰付候、以後遊行藤沢之沙弥分之事無其隠候、依之宗旨改之事候
者、為時宗由可申出者也、依支証如件
年号月日

従東照宮
今度対磬打、皮作前代無之推参就申懸、従御遊行御披露之処、為皮作非分之罪科、相州皮作
之頭太郎左衛門御成敗被成、磬打之理運ニ被　仰出候間、向後皮作於企徒者、在所之為主為
証人急度可申上候、即披露可行重科候、仍而如件
文禄三甲午年二月七日
全阿弥
藤沢秀阿磬打

被慈利来由
真宗要法記
白袈裟
半綴衣・磬・和讃
肉食妻帯
日輪寺
尊如
引導場
祈禱之出家八宗共
山伏

被慈利来由之事

東照宮御一行之旨并廿一代（智蓮）上人、真宗要法記共遊行之為客寮事文面明白也、誠彼等其先者歴〻之士官たり、当座之害を免れむため、暫此会中に入り、頭を剃り衣を着し、知識より白袈裟を賜懸之、雖然身終に不能開運して、一遍上人以来諸国宗門道場之配下となり、所〻に散在して半綴衣を着し、磬を打、和讃を唱ひ、是を所業とせり、此時より肉食妻帯と相成故、其子孫流類〔数〕多なり、或は耕作をなし、或は医職を営渡世業職せり、雖然一躰右被慈利之類姓たる故に、御奉行所江罷出候節も惣席江相通候、近代触頭日輪寺ゟも此旨委細書上候、前条之諸文具披閲〔カ〕して被慈利嗳候、末山可有其心得候、為其大要を記し、後代残置者也

明和七寅年八月

遊行五十三世
他阿尊如

従東照宮就引導場之儀御下知書

一、諸宗引導之場江祈禱之出家不可入、況前〻之檀那八宗共ニ不可奪取事、御国〻江法度堅申断候、違乱申出家山伏有之者、雑物差添奉行所江以使可被越候、急度申付、御分国江可致追放者也

慶長七壬寅霜月廿二日

奉行

全阿弥・綱寧寺・大中寺・龍穏寺

尊如

仁兵衛

全阿弥
綱寧寺
大中寺
龍穏寺

右二件之書記者向後為心得、黄台山遐代之于什書残置者也

遊行五十三世
他阿尊如（朱円）（印）

安永五丙申年
孟春上浣（黒方）（印）

一八三　山守仁兵衛誤状（竪紙）　（三〇・六×三八・八）

（端裏書）
「弘化ヨリ八番前〇十九番
安永六酉年九月
隠亡仁兵ヱ書附」

（貼紙）
「弘化三ゟ八番前也
九月也」

奉指上一札之事

門守五兵衛
東岱山数

山守

門守・山守

仁兵衛

一、此度御門守五兵衛被頼候ニ付、東岱山数書付御帳面ニ減少仕奉指上候処、被為成御吟味、私壱人越度之趣、一言之申話〔訳〕無御座、奉誤候、依之急度御咎可被仰付之処、御慈悲を以御赦免被成下、難有仕合奉存候、然ル上者、自今以後不寄何事、仲間共申合、別而山数之儀ニ付、相違ヶ間敷義仕候ハヽ、如何様ニ被仰付候共、其節違背仕間鋪候、為後証、奉誤候一札如件

安永六丁酉年
九月
山守
仁兵衛（黒円印）

金光寺様
御役者中

一八四　山守八兵衛・重右衛門請状（竪紙）　（三〇・六×三八・八）

（端裏書）「門守・山守等不埒之一札」

奉差上一札之事

一、此度仁兵衛儀、御門守五兵衛殿へ被頼候而、東岱山数書付御帳面ニ減少仕指上候処、此

義仁兵衛一分之取計ニ而、私共一向不奉存、段〻被為成御吟味、不念之段一言之御申話〔訳〕無御座、重〻奉誤候、依之、仁兵衛幷私共急度御咎ニ茂可被仰付之処、御憐愍を以御赦免被成下、難有仕合奉存候、以後不寄何事、仲間之者とも申合、不調法無之様可仕候、若相違之義御座候ハヽ、如何様共可被仰付候、為後証一札如件

安永六丁酉年
九月

山守
八兵衛（印）（黒円）

重右衛門（印）（黒円）

金光寺様
御役者中

一八五　東塩小路村持墓所取立一札（竪紙）　（二七・九×三九・四）

証札

一、当村領之内白蓮寺、貴寺御所持之処、此度御応対之上、私共江譲リ請申処実正也、就夫白蓮寺裏ニ在之候村持之墓所、此後取立可申哉と御不審之段御尤ニ存候、此儀者古来ゟ惣

門守五兵衛
東岱山数

山守八兵衛・
重右衛門

白蓮寺

村持墓所

百姓持ニ候間、新規ニ取立申候儀、難相成候ニ付、已来墓所取立候儀、毛頭致間敷候、為後日、仍而証札如件

安永九年子十月　　　　若山正蔵印
　　　　　　　　　　　若山用介印

荘厳寺
　貴師

若山正蔵
若山用介
荘厳寺

市屋派金光寺

一八六　市屋道場金光寺掟書（袋綴装）　（二七・五×一九・五）

（表紙）
「京都五条
市屋派本山
　金光寺掟書」

定

一、御朱印大切ニ守護仕、平素天下安全宝祚延長之旨、無怠慢可奉祈之事

一、安永九子年　公儀御裁許状之趣急度相心得、宗門之法儀・法衣法服等製誡之通相守、不可混同他宗他門事

伝法之譜脈

一、市屋派伝法之譜脈、無違途金光寺代〻之住持江伝〻相承可致之事

荘厳寺・福田寺組合

一、金光寺儀雖為一本寺宗門内ニ組合之寺無之候而者、公私共ニ不相済儀故、今般新ニ同町荘厳寺・福田寺を組合寺ニ相定候事

日輪寺

一、金光寺住持之儀、代〻日輪寺にて吟味之上、住職申付候事

一、金光寺住持致隠居候儀有之候者、是又組合両寺ゟ之添状を以、日輪寺江可願出事

弟子取立

一、金光寺弟子取立候者、剃度之節其弟子之名前幷生国俗姓世寿等、委曲以書付日輪寺江相届可申事

剃立直弟子

一、剃立之直弟子何人取立候とも、其度〻日輪寺江届致し置、遊行・藤沢・七条道場此三会下之内、何れ江なりとも致掛席、宗門之法臘を相積修学致させ可申候、決而他宗他門之学林江掛錫為致間鋪事

一、金光寺補処之儀、剃立之直弟子有之候而、宗門之法臘二庵以上之席ニ相進ミ居候者、無相違補処可申付候、若二庵之出世未満ニ候得者、剃立之直弟子たりとも住職不申付事

但縦令二庵以上之法席に至候直弟子たりとも、其僧之器量行状ニ付住職之任ニ不堪僧者、補処不申付事、此処者組合荘厳寺・福田寺之両寺にて、其任之堪不堪之儀者、平日相試候而日輪寺江可申遣事

似弟子

一、剃立之直弟無之ニ付、為補処他宗他門より手長候僧を似我弟子に致し候事、決而不相成事ニ候、別段之因縁にて右躰ニ他宗門より改宗為致候似我有之候共、其僧江補処申付候儀者堅禁之候事

香衣

一、金光寺住持参　内綸旨頂戴不仕無天宦（天官）以前者、決而香衣着用仕間鋪候事

花山院家・勧修寺家伝奏

但シ金光寺住職後花山院家之伝奏を以、寺格之参　内不仕以前たりとも、勧修寺家伝奏にて参　内綸旨頂戴相済居候僧者、香衣着用可仕事

一、金光寺住持縦令住職以前ニ参　内綸旨頂戴相済居候共、住職後是非花山院家之伝奏を以寺格之参　内可仕事

但シ住職以前直参　内相済居候而、香衣着用者仕候共、金光寺之寺格之参　内不相済内者、参内傘為持候儀者可致遠慮事

一、金光寺住職後寺格之参　内仕候者、其節日輪寺江其旨可相届事

一、花山院家江年始五節暑寒等是迄仕来通、急度可相勤事

一、日輪寺江年始暑寒以書札音信可有之事

三ヶ寺組合席順

一、金光寺・荘厳寺・福田寺三ヶ寺組合相定候上者、平日出会之節者、宗門之法臈階級を以席順可致候、公務ニ相懸り候節者、一本寺之事故法臈之席順ニ不相拘、金光寺可致上席事

宗祖忌

附惣而京都之一宗門中、出会之節茂右ニ相準し、公私之差別考弁可有之事
一、例年八月廿三日宗祖忌之節、是迄仕来之通香儀を相備、七条道場江拝礼可罷出事
一、遊行上人出京有之在京中者、折〻拝謁ニ可罷出候、尤遊行上人にて茂客分之応対有之事
一、金光寺にて建立修復等之儀ニ付、無拠借財致し候儀茂有之候者、組合両寺ゟ遂吟味、其建立修復等之入用ニ相当仕候金高ニ而者、両寺加印可致候、尤其段日輪寺江両寺添状を以可相届置事
但シ縦令組合両寺加印有之候とも、日輪寺江届無之借財之方者、金光寺住持替之節、後代引受ニ者決而不致事
一、組合三ヶ寺和合致し、惣而世出世ともに如法ニ寺務候様、平日相互ニ可致策励事
右者今般市屋派宗法混雑仕罷在候ニ付、於　公庁御吟味御裁許之上、今光寺（マヽ）改格被為　仰渡候、依之寺社御奉行所江遂窺候而、同宗門之両寺を組合ニ相定候ニ付、諸般改格之掟書相渡候間、金光寺永代之亀鑑ニ相備、右之条箇之趣急度可相守者也

日輪寺　印

天明元辛丑年十月　廿九主　書印

五条市姫金光寺

鐘撞堂

経堂

衆寮

京都五条市姫
金光寺
代〻之住持

一八七 普請書上（竪紙）

（三一・一×五六・八）

（端裏書）
「天明八申十二月 普請書上
奉行所 」

一、鐘撞堂 三拾八年以前
（寛延四年未十月十日於西 御役所
願之通御免被成下也）

一、経堂 三拾七年以前
（宝暦二年申四月十四日於西 御役所
願之通御免被成下也）

一、衆寮 拾四年以前
（安永四年未閏十二月十一日於西 御役所
願之通御免被成下也）

右三ヶ所朱引之分新造也

一、本堂両妻破風懸魚・太平束上ニ升虹梁、下ニ櫛形両脇升ミの束あり（蓑）

一、客殿両妻破風懸魚・狐格子・獅子口数十四あり

金玉院

江戸日輪寺

一、庫裏破風懸魚・太平束・虹梁化所貫あり

一、玄関破風懸魚・狐格子前包あり

一、表門棟門作り両破風懸魚・升付蟇股あり

一、鐘撞堂平大輪四方蟇股平三ツ計、両破風懸魚・太平束彫物あり

一、経堂屋根宝形作り露盤あり

右之外御制禁之作事絵様等無御座候

天明八申年
十二月

七条道場遊行
金光寺
役者金玉院

御奉行所

一八八　境内諸堂建物絵図（続紙）

（三一・一×一〇二・二）

（端裏書）
「天明八申年十二月京御奉行所江差し出ス絵図ノ控　八」

右之通寛政弐戌年八月江戸日輪寺へモ差出シ（マヽ）者也

（巻末付図2）

金玉院

右者此度諸寺院建物之義御尋御座候、当寺境内諸堂建物右絵図之通ニ御座候

一、本堂　桁行八間　両妻破風懸魚太平束升形
　　　　　梁行六間　虹梁櫛形両脇升ニ蓑束絵様等有之

一、客殿　桁行六間　両妻破風懸魚
　　　　　梁行四間半　狐格子獅子口拾四　此外絵様有之

一、庫裏　桁行拾二間　破風　懸魚太平束
　　　　　梁行五間　虹梁粧貫其外　絵様有之

一、玄関　桁行四間　式台付　懸魚前包其外絵様有之
　　　　　梁行弐間　前破風　狐格子

一、表門　棟門作り　両破風　懸魚升蟇股絵様有之

朱引之分
一、鐘撞堂　柱十六壱丈
　　　　　　平大輪四方　蟇股三斗両破風作り彫物絵様有之
　　　　　　但寛延四未年十月西御役所ニ而御願申上蒙御免相建候

朱引之分
一、経堂　宝形造り露盤有之
　　　　　但宝暦弐申年四月西御役所ニ而普請御願申上蒙御免相建候

朱引之分
一、衆寮　弐ヶ所
　　　　　但安永四未年閏十二月西御役所ニ而普請御願申上蒙御免相建候

右之外絵図面之通土蔵・部屋・物置・湯殿・雪隠等相建有之候

右之通相違無御座候、此外御制禁之作事等一切無御座候、以上

七条道場

天明八年申十二月

遊行金光寺役者

金玉院

輿・台輿・乗物・売輿乗物・丸焼・諸道具

蠟燭

扶持料
掃除

御奉行所

一八九　金光寺役者称讃院申付状（続紙）　（二八・四×六三・六）

（端裏書）
「〇十二番　▨、」

覚

一、輿　一式借〔貸カ〕代五百文
一、台輿　一式貸代三百文
一、乗物　一式貸代三百文
一、売輿乗物　代八百文
一、丸焼　代壱貫文
一、諸道具計　代百文
一、蠟燭者先規之通被下候事

右之貸代為扶持料被下候通、無相違今度茂申付候間、書付之通心得違無之様、尚又掃除等毎朝申付候間、無解〔懈〕怠様可致候也、已上

文化元甲子年十二月十八日

金光寺役者
称讃院（黒円印）
隠亡
仁兵衛

称讃院
仁兵衛

（二八・三×六三・六）

一九〇　仁兵衛諸道具貸代拝受請状（続紙）

（端裏書）「十三番」

覚

一、輿　一式貸代五百文
一、台輿　一式貸代三百文
一、乗物　一式貸代三百文
一、売輿乗物　代八百文
一、丸焼　代壱貫文
一、諸道具計　代百文
一、蠟燭者先規之通被下候事

輿・台輿・乗物・売輿乗物・丸焼・諸道具

蠟燭

扶持料

仁兵衛

桂光院

堂司・下男

右之貸代、為御扶持料被下置候処、弥無相違、今度も被為　仰付候段、難有奉存候、自今以後、猶御役人中様方之御申付、堅相守可申候、若違背仕候而、立退可被仰付候とも、其時一言之申訳不仕、罷出可申候、仍而証文如件

文化元甲子年十二月十八日　　隠亡仁兵衛（黒円印）

金光寺
御役者中様

一九一　宗門人別改帳（竪帳）（二四・二×一七・五）

（表紙）
「文政三辰ひかへ　　文化十二亥とし改［　］
文化四丁卯年九月
宗門人別改帳
七条道場
金光寺」

宗門改手形之覚
遊行藤沢清浄光寺兼帯所
七条道場金光寺
方丈

一、時宗　　桂光院其阿

長泉院・正覚院・大智院・称讃院・金玉院・宗寿院・法城院・宗哲院・西光院

門守

荘厳寺・歓喜光寺・福田寺

一、同宗　堂司　浄心見性　人数合拾五人

一、同宗当寺塔頭金玉院旦那　下男　重助　僧拾壱人

一、同宗　同断　同　新助　内男　三人　女　壱人

塔頭九軒

一、時宗　長泉院臨阿　一、人数合三百七拾弐人（八、四十三人）　寺領百姓

内　男弐百十四人　百九十四人
女百五拾八人（六）　百四十九人

一、時宗　正覚院釈阿

一、時宗　大智院即阿（唯）

一、時宗　称讃院光阿　相州藤沢清浄光寺末幷寺領百姓

一、時宗　金玉院連阿　一、人数合五人　五条下寺町　荘厳寺

一、時宗　宗寿院直阿　内　僧四人　男壱人

一、時宗　法城院識阿　一、人数合五人（四）　同所　福田寺

一、時宗　宗哲院宿阿　内　僧四人（三）

一、時宗　西光院教阿　男壱人

一、時宗当寺塔頭金玉院旦那　門守人　源助　一、人数合拾人（八、十二）　寺町四条上ル　歓喜光寺

一、時宗　妻　とみ　いわ

迎称寺

僧五人（五）
内男四人（四人）
女壱人（弐人）

一、人数合拾五人（三）
内
男八人（七）
女七人（六）
同寺領百姓

一、人数合僧弐人（三）
内
僧弐人
男壱人
東山真如堂前
迎称寺

一、人数合三拾弐人（四）（四十五人）
内
男拾九人（弐 三）
女弐拾▒人（弐）
同寺領百姓

惣人数合四百五拾六人（三十六人）（六十四人）（九）
僧廿六人（五）
内男弐百四拾▒人（▒）（九）　五百卅弐人（三）
女百八拾壱人（九十壱）　百七十九人（八十壱人）
右之内
文化十四数下段也
時宗僧廿五人（五▒）（五）
同宗男七人（六）
同宗女壱人（三）　弐百十七人（八）
浄土宗男弐百廿四人（七）　弐百四十三人（三）（▒▒八）　弐百廿七人（百九十四人）
同宗女百七拾四人　百九十八人　百七十一人
真言宗僧壱人（七）
門徒宗男八人　五人　十人（九）
同宗女八人（▒）　▒人　七人

切支丹宗門御制禁之儀、累年被為　仰出無懈怠吟味仕候得共、今度弥相改手形差上候様被為仰付候処、寺内塔頭下人至迄人別相改帳面記之差上申候、尤末寺幷寺領百姓ニ至迄人別相改銘〻判形之証文取置少茂疑敷者無御座候、此以後他所ゟ寺内江参居候者御座候者、常〻無油断相改可申候、勿論不審成者御座候者、早速御訴可申上候、若相違之儀御座候者如何様ニも可被為　仰付候、為後日仍如件

文化四年丁卯年
九月

洛七条道場金光寺
院代桂光院其阿
役者正覚院釈阿

御奉行所

（裏表紙綴代部墨書）
「文化九壬申年兼」

桂光院其阿
正覚院釈阿

一九二　仁兵衛・高瀬当助争論和談請状（竪紙）（二七・六×四〇・四）

一札

一、此度私共万事間違ニ付、争論仕候処、預御苦労、且御取計を以仁兵衛致誤一札、双方和談仕候、行末急相慎〔度脱〕可申、以後不寄何事、違乱ヶ間敷儀申出候ハヽ、山之儀者何様ニ御取計被下候共、一言之申訳無御座候、依而一札如件

仁兵衛
山

高瀬当助

文化七年午十二月

山　仁兵衛印
高瀬当助印

御本山様

一九三　山仁兵衛・高瀬当助誤一札（竪紙）

（二七・五×二九・七）

（端裏書）
「〇十五番
山仁兵衛・高瀬藤（マヽ）助誤一札」

（端裏貼紙）
「文化七年午十二月
弘化三迄三十七年也
此書付尤大切也
㊁
山　仁兵衛印
高瀬　当助印」

一札

一、此度私共万事間違ニ付　争論仕候処、預御苦労且御取計を以　仁兵衛致誤一札、双方和談仕候、行末急度相慎可申、以後不寄何事違乱ヶ間敷儀申出候ハヽ、山之儀如何様ニ御取計被下候共、一言之申訳無御座候、依而一札如件

文化七年午十二月

山　仁兵衛（印）（黒方）

山仁兵衛
高瀬当助

若山庄蔵
若山用助

東塩小路村
白蓮寺火葬場

永代米五斗

銀子五貫目

御本山様

高瀬　当助（印）（黒円）

（二七・六×八三・八）

一九四　若山庄蔵・用助銀子拝借願書（続紙）

（端裏書）
「文政四巳六月
当山ニ有之候而者難心得
東小塩村（マヽ）
若山庄蔵
若山用祐（マヽ）」

奉願上口書

一、従往古　御公儀様拝領仕罷有候塩小路村領字外白蓮寺火葬場之儀ニ付、自然外方ゟ頼来リ、右之場所江火屋等相建候儀有之候而者、貴院様方之御差支ニ相成候ニ付、以来何方ゟ如何躰之儀頼出候とも、古来之通村方限之致火葬場置候様、拙者共取計意呉候様御頼ニ付、承知仕罷在候、依而右為恩掌（永代米五斗宛、〔両人中へ毎歳玄米五斗也、此銘々者□無之不為〕）銘々江（私共へ与可認也）毎年被下置候様被仰聞、則年々無相違被下置、難有受納仕候、然ル処、拙者共近年不如意ニ罷有、甚困窮ニおよひ難渋至極仕候間、以来永世被下置候恩掌米相束、此度銀子五貫目永拝借仕度、此段御歎奉申上候、何

桂光院
堂司・下男

卒御憐愍被成下、格別之御賢慮を以御聞済被下置候様奉願上候、誠ニ今般必至与難渋ニ付、相続難相成候間、偏ニ御憐察被成下、右歎之通被仰付候ハヽ、莫太之御慈悲与奉存候、此段宜御沙汰奉願上候、以上

文政四年
巳六月

東塩小路村
若山庄蔵（黒円）(印)
若山用助（黒円）(印)

七条道場
金光寺様
御役者中

一九五　宗門改帳（袋綴装）（二四・三×一七・二）

宗門改手形之覚
遊行藤沢清浄光寺兼帯所
七条道場金光寺

………………

一、時宗　桂光院其阿
一、時宗　堂司　泰隣（休全）
一、時宗当寺塔頭金玉院旦那　下男　弥助（佐助）
一、時宗同断　同　喜助

法城院・宗寿院・正覚院・称讃院・金玉院・大智院・長泉院・宗哲院・西光院

門守

荘厳寺・福田寺・歓喜光寺

塔頭九軒

一、時宗　一　法城院識（得）阿
一、時宗　六　宗寿院直（宜）阿
一、時宗　二　正覚院釈（文）阿
一、時宗　三　称讃院光（乗）阿
一、時宗　五　金玉院連（真）阿
一、時宗　四　大智院唯（光）阿
一、時宗　七　長泉院臨阿
一、時宗　八　宗哲院宿阿
一、時宗　九　西光院教阿
一、時宗当寺塔頭金玉院旦那　門守源助
一、時宗同断　妻とみ
一、時宗同断　忰仙治郎
一、時宗同断　忰源治郎

人数合拾七人

内　僧拾壱人
　　男五人
　　女壱人

一、人数合三百拾（五）人　寺領百姓
　内　男百七拾人（六十四人）
　　　女百四拾人（四十壱人）

相州藤沢清浄光寺末幷寺領百姓

一、人数合五（三）人　五条下寺町　荘厳寺
　内　僧四（弐）人
　　　男壱人

一、人数合五人　五条下寺町　福田寺
　内　僧四人
　　　男壱人

一、人数合拾五人　寺町四条上ル　歓喜光寺
　内　僧六人
　　　男七人
　　　女弐人

迎称寺

桂光院其阿・
宗寿院直阿

一、人数合拾弐人　内寺領百姓
　内　男七人
　　　女五人
一、人数合弐〔三〕人　東山真如堂前
　　　　　　　　　迎称寺
　内　僧壱〔弐〕人
　　　男壱人
一、人数合五拾三人　同寺領百姓
　内　男弐拾八人
　　　女弐拾五人
惣人数合四百拾九〔三〕人
　内　僧弐拾六人
　　　男弐百弐拾人
　　　女百七拾三人
右之内　時宗僧弐拾六人
　　　同宗男拾弐人
　　　同宗女三人
　　　浄土宗男弐百四人
　　　同宗女百六拾九人
　　　門徒宗男四人
　　　同宗女壱人

切支丹宗門御制禁之儀、累年被為　仰出、無懈怠吟味仕候得共、今度弥相改手形指上候様被為　仰出候故、寺内塔頭下人ニ至迄人別相改、帳面記之差上申候、尤末寺幷寺領百姓ニ至迄人別相改、銘〻判形之証文取置、少茂疑敷者無御座候、此已後他所ゟ寺内江参居候者御座候ハヽ、常〻無油断相改可申候、勿論不審成者御座候ハヽ、早速御訴可申上候、若相違之儀御座候ハヽ、如何様共可被為　仰付候、為後日依而如件

文政十一年
　子九月　　洛七条道場金光寺
　　　　　　院代桂光院其阿
　　　　　　役者宗寿院直阿

御奉行所

正覚院

一九六　金光寺役者普請模様替願写（続紙）　（二七・七×一〇二・九）

（端裏書）「普請願
文政十三年寅九月八日　九」

普請模様替御願

七条道場
金光寺

（巻末付図3）

一、当寺本堂幷西之方ニ在之候物置共、右ニ而者寺役法用之節差支候付、〔二脱カ〕右廊下幷物置共模様替、屋根本瓦葺ニ仕度旨、先達而御願申上出来仕候、然ル処、此度客殿ニ獅〻口拾四上ヶ在之候付、〔二脱カ〕右拾四之内南之方ニ而八ツ取之、本堂両棟幷前側江上ヶ、且椽三方共手軽キ手橋を取付ヶ申度奉存候

右之通、何れも朱引ニ記奉願上候、尤右之外御制禁之作事不仕、寺内限之儀ニ而何方江も何之差障等無御座候間、右之趣御許容被成下候ハヽ、難有可奉存候、以上

文政十三年寅九月八日

七条道場
金光寺役者
正覚院

中　岡次郎
年米三石五斗
香具屋嘉兵衛
服部平左衛門・金井外直

御奉行所

右之通金光寺ゟ被願出御許容在之、細工之儀私江被申付候付〔ニ脱カ〕、私細工可仕哉、此段奉伺候、

以上

文政十三年寅九月　　大工

中　岡次郎様

一九七　服部平左衛門等年米請取方譲与一札（竪紙）　（三一・七×二四・一）

一札之事

一、従御当山年々玄米三石五斗宛、我等方江数年来請取来候処、此度勝手ニ付、香具屋嘉兵衛方江相譲リ申候処実正也、然ル上者、向後右三石五斗者、右人方江急度御渡シ可被下候、為後日差入置一札、依而如件

天保四年巳六月

服部平左衛門（印）（黒方）

親類　金井外直（印）（黒円）

七条金光寺
御役者中

仁兵衛

下人・下女

一九八　丸屋仁兵衛等宗旨請状（続紙）

（二七・六×五一・八）

（端裏書）「天保四巳八月
仁兵ヱ寺請」

宗旨手形之事

仁兵衛（黒円）（印）
妻むめ
娘とめ
同うの
同ミつ
貞空
下人
久次郎

重右衛門・八兵衛

知恩院末金台寺

佐兵衛
下女さよ
重右衛門（黒円印）
八兵衛（黒円印）
〆拾壱人

右之者代〻浄土宗ニて、則当寺旦那ニ紛無御座候
天保四巳年
八月
知恩院末
栗田領
金台寺（黒円印）

一九九　金光寺領高目録写（竪紙）

（端裏書）
「天保五午十二月
寺領高役」

覚

（二七・九×四八・九）

塚原村・物集女村・西院村

嶋本三郎九郎

宗寿院

金光寺領

城州乙訓郡

一、高百六拾三石四斗九升弐合　塚原村之内

此役銀拾七匁六分三厘六毛

同

同国同郡

一、高弐拾四□〔石〕七斗壱升　物集女村之内

此役銀弐匁六分六厘五毛

同

同国葛野郡

一、高九石　西院村之内

此役銀九分七厘壱毛

但百石ニ付拾匁七分八厘七毛□〔掛〕

右者去巳年、城州・河州・□〔摂〕州・大川筋御普請ニ付、山城国高□〔役〕銀書面之通寺領村々取立之、

嶋本三郎九郎方江□〔納〕申候、以上

天保五年

午十二月

七条道場

金光寺役者

宗寿院

御勘定所

丸屋仁兵衛

下人

八兵衛

二〇〇　丸屋仁兵衛等宗旨請状（竪紙）

（端裏書）
「天保六未八月
仁兵ヱノ寺請」

（黒円割印）
宗旨一札之事

丸屋仁兵衛（黒円印）
妻　むめ
悴　福三郎
娘　とめ
同　うの
同　ミつ
下人幸助
同　与八
八兵衛（黒円印）
母　貞空

（三二・七×四八・二）

重右衛門

知恩院末金台
寺

重右衛門（黒円印）

〆拾壱人

右宗旨者代〻浄土宗ニて、則当寺旦那ニ紛無之候、切支丹之儀者不及申、邪宗門与申訴人
於有之者、御公儀者勿論、何方迄罷出申明可致候、為後日寺請、仍而如件

鎮西惣本山
知恩院末寺
粟田領
金台寺（黒円印）
知事

天保六未年
八月

金光寺
御役人中

二〇一　丸屋仁兵衛等宗旨請状（竪紙）　（三三・〇×四七・八）

（端裏書）
「天保七申九月
隠亡仁兵衛寺請状」

丸屋仁兵衛

丸屋重右衛門
・丸屋八兵衛

下人

一、（印）（黒円割） 宗旨手形之事

丸屋仁兵衛 （印）（黒円）
妻 むめ
悴 福三郎
娘 たけ
同 とめ
同 うの
同 みつ
丸屋重右衛門 （印）（黒円）
貞空
丸屋八兵衛 （印）（黒円）
下人庄左衛門
同 文吉

右之者宗旨者代〻浄土宗ニて、則当寺檀那ニ御座候、切支丹之儀不及申、邪宗門与申訴人於有之者、何方までも罷出、致其申明メ、懸（マヽ）後難申間鋪、為後日寺受如件

知恩院末金台
寺

丸屋仁兵衛

天保七申年
九月

知恩院末
粟田御領内
金台寺（印）（黒円）

七条道場
金光寺殿
御役人中

二〇二　丸屋仁兵衛等宗旨請状（竪紙）　（三三・一×四八・四）

（端裏書）
「天保八酉八月
隠亡丸屋仁兵ヱ之寺請状」

寺請状之事

一、丸屋仁兵衛（印）（黒円）
妻　むめ
悴　福三郎
娘　たけ
同　とめ

丸屋重右衛門
・丸屋八兵衛
下人

知恩院末金台
寺

同　うの
同　ミつ
丸屋重右衛門（印）(黒円)
丸屋八兵衛（印）(黒円)
下人幸助
同　庄左衛門
〆拾壱人

右宗旨者代〻浄土宗ニて、則当寺旦那ニ紛無御座候

天保八酉年
八月

知恩院末
栗田領
金台寺（印）(黒円)

二〇三　丸屋仁兵衛等宗旨請状（竪紙）

（三一・四×四七・四）

(端裏書)
「天保八戌八月（九ゝ）
仁兵ヱ寺請」

丸屋仁兵衛

下人
丸屋重右衛門
・八兵衛

知恩院末金台
寺

一、
宗旨請状之事

丸屋仁兵衛（黒円印）
妻 むめ
忰 福三郎
娘 とめ
同 うの
同 みつ
下人文吉
丸屋重右衛門（黒円印）
同 八兵衛（黒円印）

右宗旨者代〻浄土宗ニて、当寺旦那ニ紛無御座候

天保九戊年
八月

知恩院末
粟田領内
金台寺（黒円印）

丸屋仁兵衛

下人
十右衛門・八兵衛

二〇四　丸屋仁兵衛等宗旨請状（竪紙）（三三・四×四八・〇）

（端裏書）「天保十亥八月
仁兵ヱ寺請」

宗旨一札之事

丸屋仁兵衛
妻　むめ
悴　福三郎
娘　とめ
同　うの
同　ミつ
下人宗助
十右衛門
八兵衛

右宗旨者代〻浄土宗ニ而、則当寺旦那ニ紛無之候、切支丹之儀者不及申、邪宗門与申訴人

有之ニおゐてハ、御公儀者勿論、何方迄も罷出、致其申明メ候、為後日寺請、仍而如件

天保十亥年
八月

知恩院末
粟田領内
金台寺（黒円印）

金光寺
御役者中

知恩院末金台寺

二〇五　梶原村万屋甚兵衛・幸助請状（竪紙）

（三〇・六×四三・八）

万屋甚兵衛・幸助

（端裏書）
「天保十一子十一月
隠亡請状梶原村万屋甚兵衛・本人幸助」

請状之事

火葬場守主

一、御当山御支配所火葬場守主、此度相代も申候ニ付、後役之義者私シ悴幸助ト申者相勤申度、段〻御願申上候処、則御聞届ヶ被下、難有仕合奉存、御奉公ニ差上候処実正也、然ル上者

御公儀様御法度之義者不及申、其御寺之御作法通リ、急度大切ニ為相守可申候、自然御

家風ニ相不叶候義も万一出来候ハヽ、其節如何様ニ被仰付候共、一言之申分無御座候、仰ニ随ひ可申候、其外如何様之六ッヶ敷義出来候共、私シ共何方迄も罷出、急度埒明、少茂御難儀相掛申間敷候

一、宗旨者代〻（マヽ）宗ニ而寺請状別紙ニ差上申候、為後日請状、仍而如件

天保十一
子十一月

梶原村
親請万屋甚兵衛（黒長円）（印）
本人　幸助（黒円）（印）

七条道場
金光寺様
御役者中様

二〇六　丸屋仁兵衛等宗旨請状（竪紙）

（三三・六×四九・〇）

（端裏書）
「天保十三寅八月（マヽ）
仁兵ヱ寺請」

丸屋仁兵衛
下人
丸屋十右衛門
・丸屋八兵衛
知恩院末金台
寺

宗旨一札之事

丸屋仁兵衛（黒円印）
悴　福三郎
娘　とめ
同　うの
下人　久蔵
同　吉蔵
丸屋十右衛門（黒円印）
丸屋八兵衛（黒円印）

右宗旨者代〻浄土宗門ニ而、則当寺旦那ニ紛レ無之候、切支丹之儀者不及申、邪宗門与申於有之者　御公儀者勿論、何方迄茂罷出、申明可致候、為後日之寺請、依而如件

知恩院末
粟田領内
金台寺（黒円印）

天保十三年寅九月

金光寺
御役者中

万屋甚兵衛

火屋守仁兵衛

万屋甚兵衛

二〇七　梶原村万屋甚兵衛火屋守後役願書（竪紙）（二七・八×四〇・六）

（端裏書）
「天ホ十三寅十一月
隠亡願之事
万屋甚兵衛」

乍恐奉願上口上書

一、御当山様

御支配所火家守仁兵衛殿儀、今度被相替候様ニ承リ申候ニ付、先年従拙方兼而御願申上候処御上様ニも御聞済置被成下、誠ニ難在仕合ニ奉存候、何卒今般後役之処、宜敷御取計之儀被為成下候様、奉頼上候、以上

天保十三寅
十二月
梶原村
万屋甚兵衛（黒円）（印）

七条道場
金光寺様
御役者中様

荘厳寺

七条松明殿裏
小屋頭六助

二〇八　丸屋仁兵衛宗旨請状（竪紙）（三三・四×四八・二）

（端裏書）
「天保十四卯とし
隠亡請状
下寺町
荘厳寺」

宗門証状之事

七条松明殿裏
小屋頭六助下
其御境内罷在候
煙亡
仁兵衛
卯三十七才也

一、代〻時宗

右宗門者代〻時宗ニ而、当寺旦那ニ紛無御座候、切支丹宗門之儀者不及申、邪宗門等与申訴人於有之者、御公儀江ハ勿論、何方迄茂罷出、申披可仕候、為後日寺請状、依而如件

天保十四卯年
九月
相州藤沢清浄光寺末山
五条下寺町
荘厳寺（印）（黒円）

七条道場
金光寺
御役者中

天部村地所

二〇九　火葬場東地所堺届書（切紙）　（一六・六×二一・〇）

御届奉申上候口書覚

一、当寺支配所火葬場之東奉手天部村地所へ、此度家作御願申上候付〔ニ脱カ〕、御見分之上、地境之儀ニ候故、差支無之哉之趣、就御尋、立合相調申候処、指障候儀一切無御座候、依而此段御届奉奉〔衍カ〕申上候、已上

天保十四卯年
九月

七条道場
金光寺
役者

御奉行所

二一〇　金光寺役者断書写（竪紙）　（二七八・八×三九・四）

熊野権現

地蔵堂・茶所

正覚院

御断書

一、当寺境内熊野権現建替壱ヶ所
一、同北西空地江物置小屋壱ヶ所
一、同南西方惣構土手築立壱ヶ所
一、同客殿前土蔵場所替壱ヶ所
一、同経蔵場所替壱ヶ所
一、同衆寮場替弐ヶ所
一、同正覚院腕木門所替壱ヶ所

右天保十一子正月西　御役所奉願上御聞届ニ相成申候

一、当寺境内火葬場腕木門幷左右江土手築立、東道堺江折廻リ板塀取立、西側ニ地蔵堂幷茶所、同寺内ゟ火之元見廻リ通用之腕木門建替、右天保九年戌十一月西　御役所江奉願上御聞届ニ相成候、然ル処、何れも以今未出来ニ御座候、此段御断奉申上候、以上

天保十四卯年
十二月

七条道場
金光寺役者
正覚院

御奉行所

七条松明殿裏
小屋頭六助

仁兵衛暇仰付

源助

七条松明殿裏
小屋頭六助

二一一　七条松明殿裏小屋頭六助願書（竪紙）　（二八・〇×四一・七）

（包紙ウハ書）
「上

天ホ十五辰八月

　七条松明殿裏
　　小屋頭　六助

隠亡六助下タ人源助、仁兵衛名前ニ而隠亡出勤之事」

（端裏書）
「天保十五辰八月　六助下タ人源助事、仁兵衛名前ニ而隠亡出勤之事」

乍恐御願書

御本山火葬場隠亡、私ゟ相願御召仕被成下候先仁兵衛儀、不束之儀在之、忰諸共去〻寅年十一月晦日御暇被　仰付、私方江引取候跡、当時火屋守ニ相願御召仕被成下候源助と申者、当辰三拾八才ニ相成、随分実体成ものニ付、此度右仁兵衛跡相続被　仰付被成下度奉願上候、何卒右願之通御聞済被成下候ハヽ、難在（マヽ）仕合可奉存候、以上

天保拾五辰年八月十日

　七条松明殿裏
　　小屋頭　六助（印）（黒円）

仁兵衛
元名源助
六助

火葬場火屋守
六助

金光寺
御役者中様

二一二　火屋守丸屋仁兵衛請書（続紙）　（二七・七×一〇一・六）

（包紙ウハ書）
「天保十五辰九月
御請書
隠亡仁兵衛元名源助・六助連判之印証、尤大切之書也」
御火葬場火屋守
仁兵衛

（端裏書）
「天保十五辰年九月尤大切之印証也
隠亡仁兵衛元名源助事出勤之指入候一札六助・源助連判」

乍恐奉差上御請書

一、今度私義御本山様御火葬場火屋守被為　仰付被成下候様、六助を以奉願上候処、即願通被　仰付被成下、難有仕合奉御請候、然上者、昼夜太〔大〕切火屋守相勤可申候

一、御公儀様御法度之儀者奉申上ニ不及、御山法太〔大〕切ニ相守可申候事

東岱法事場掃除

貸物・諸道具損料

元名源助事当時火屋守仁兵衛

七条松明殿裏小屋頭六助

一、火之用心、殊厳密相慎可申候事

一、東岱法事場内外掃除、毎朝夕入念相勤可申候事

一、火葬施主家応対幷ニ火葬始末其外不寄何事、万事麁略之儀無之様、実意を以太〔大〕切相勤可申候事

一、貸物・諸道具損料之儀、去ミ寅年中被　仰渡候御定之外、為聊共私欲ニ偏寄候儀仕間敷候事

右条ミ急度相守可申旨、被　仰渡奉畏候、後日自然等閑ニ相成、心得違聊ニ而茂相背候歟、又者御思召ニ不相叶候而、御暇被　仰渡候節者、何時成共受人方へ引取、聊御恨奉申上間敷候、依而御請書奉差上候、以上

天保十五辰年
九月

御火葬場火屋守先仁兵衛跡
元名源助事
当時火屋守　仁兵衛（黒円）（印）

七条松明殿裏
小屋頭
引請人　六助（黒円）（印）

金光寺
御役者中様

御土居通行不束事

正覚院

称讃院

二一三　金光寺役者口上書写（竪紙）　（二四・三×三四・二）

就御尋口上書

一、当寺江御預御土居藪内へ道筋を付、寺内ゟ火葬場□〔通〕行仕候趣達　御聴、今日私共被召出、右道筋藪方　御奉行様江願済ニ候哉、御尋ニ御座候、此儀□〔右〕御土居藪内ニ幅三尺通竹伐払、寺内ゟ夜分火之元見廻りニ罷越候通用腕木門在来候処、及破損候ニ付、古木取交修復仕度、天保九戌年十一月西　御役所江先役者共御願申上御聞届ニ相成候趣書留御座候、併藪□〔方〕　御奉行所江御願申上候義等ハ一向書留茂無御座候、今度蒙御察当、於私共□奉恐入候、右道筋早速相□〔塞〕義通用門取払、如元垣結通用仕間敷候間、何卒右不束之始末御▨〔赦〕免被成候様奉□〔願〕上候、以上

天保十五辰年十二月十九日

七条道場
金光寺役者
正覚院

付添人
称讃院

御奉行所

熊野権現

地蔵堂・茶所

正覚院

二一四　金光寺役者断書写（竪紙）（二三・九×三四・二）

（端書）
『西江ハ当御役所写』

御断書

一、当寺境内熊野権現建替壱ヶ所
一、同北西空地江物置小屋壱ヶ所
一、同南西方惣構土手築立壱ヶ所
一、同客殿前土蔵場所替壱ヶ所
一、同経蔵場所替壱ヶ所
一、同正覚院腕木門所替壱ヶ所
右天保十一子正月西『東』御役所奉願上御聞届ニ相成申候
一、当寺境内火葬場腕木門幷左右江土手築立、東道堺江折廻リ板塀取立、西側ニ地蔵堂幷茶所、同寺内ゟ火之元見廻リ通用之腕木門建替、右天保九年戌十一月西『東』御役所江奉願上御聞届ニ相成候、然ル処、何れ茂以今未出来ニ御座候、此段御届奉申上候、以上

天保十五辰年
十二月

七条道場
金光寺役者
正覚院

熊野権現

地蔵堂・茶所

御奉行所

二一五　金光寺役者断書写（竪紙）（二八・〇×四〇・二）

（端書）「是ハ東へ納ムル写」

御断書

一、当寺境内熊野権現建替壱ヶ所

一、同北西空地江物置小屋壱ヶ所

一、同南西方惣構土手築立壱ヶ所

一、同経蔵場所替壱ヶ所

一、同客殿前土蔵場所替壱ヶ所

一、同正覚院腕木門所替壱ヶ所

右天保十一子正月西　御役所奉願上御聞届ニ相成申候

一、当寺境内火葬場腕木門幷左右江土手築立、東道堺江折廻り板塀取立、西側ニ地蔵堂幷茶所等

右天保九年戌十一月西　御役所江奉願上御聞届ニ相成候、然ル処、何れ茂以今未出来ニ御座

正覚院

候、此段御届奉申上候、以上

弘化元辰年
十二月

七条道場
金光寺役者
正覚院

御奉行所

二一六　金光寺役者口上書控（竪紙）

（三一・六×四六・六）

御土居通行取罷ノ事

正覚院

乍恐口上書

一、当寺江御預御土居之内江当寺境内ゟ火葬場江之通行道筋取構候儀達　御聴、御糺ニ相成、当月四日落着之上、右場所置土いたし、如元ニ仕、植竹可仕旨被　仰渡、奉恐入候、仍之右場所置土いたし、如元ニ仕、植竹仕候付〔ニ脱カ〕、乍恐此段御届奉申上候、以上

七条道場
金光寺役者

弘化二年五月廿日　正覚院（印）〔黒円〕

弘化二巳之御土居一条之提〔堤カ〕大心配〳〵

御奉行所

二一七　金光寺役者普請願書控（続紙）

（三一・六×一二七・四）

（端裏書）
「嘉永元申八月

火屋再建幷表仮門前木柵軒建取立之図

七条道場金光寺役者寮」

普請御願

七条道場
金光寺

（巻末付図4）

当寺建物墨引絵図面之通有来候処、表仮門前往還ニ而非人等寄集リ不用心之義等御座候間、東西長サ六間五尺五寸、高サ七尺之木柵取建笠木上雨蓋□（取）付申度奉存候

一、当寺火葬場建物之内墨引刎絵図之通、梁行弐間四尺桁行四間四尺之火屋有来候処、及大破修復難相成、然ル処、右間数ニ而不勝手之義も御座候間、此度梁行三間桁行四間ニ仕、入口明「（押紙）土共壱間ニ付」四方共塗屋宝珠造リ瓦葺ニ仕取建申度奉存候、且又此度右火屋後

灰置場

正覚院

東岱

口ニ梁壱間桁行四間之灰置場取建、三方共塗屋ニ仕、明キ壱間之入口を付、屋根片流瓦葺ニ仕取建申度奉存候

右之通夫〻朱引絵図面之通奉願候、尤境内限リ之義ニ而他之障リ等無御座候、御禁制之作事等不仕候間、何卒願之通御許容被成下候様奉願上候、以上

嘉永元年
申八月

七条道場
金光寺役者
正覚院（黒円印）

御奉行所

二一八　七条道場金光寺役者正覚院火葬場普請願書（続紙）（三〇・七×一七六・二）

（端裏書）
「東岱井戸屋形釈迦堂再建願絵図嘉永二酉五月
寺扣也」

普請御願

七条道場
金光寺
火葬場

井戸屋形

釈迦堂

火屋守部屋

（巻末付図5）

当寺火葬場建物之内、墨引列絵図之分、此度普請仕度、左ニ奉願候

一、西之方ニ在之候梁行壱間、桁行弐間半之井戸屋形（屋根葺□□）及大破候付〔ニ脱〕、先年取畳置候処、此度間
数等如元取建申度奉存候

一、法事場南之方ニ在之候梁行壱間、桁行壱間之釈迦堂取払、右跡江梁行弐間、桁行壱間半
之土間・廊下・法事場幷□□入口屋根江取付、ｏ（屋根瓦葺□）取建申度、右釈迦堂ニ安置仕置候釈迦仏
像□右廊下内ニ安置仕度奉存候

一、火屋守部屋西南之方ニ在之候梁行壱間半、桁行弐間半之小屋不勝手ニ付、火屋西南□方
へ引移、間数等如元取建□付□壱間取□度□（押紙）「取建申　」

一、火屋守部屋南横ニ在之候梁行五尺、桁行弐間半之便所及大破候付〔ニ脱〕、間数等如元取建申度
奉存候

右之通、夫〻取建、屋根瓦葺ニ仕、境内限之義ニ而、他之障リ等無□□〔御座カ〕候、御制禁之作事
之義、決而不仕候間、何卒願之通リ
御許容被成下候様、奉願上候、以上

正覚院

与力下田耕助
・西尾滝之助

正覚院

嘉永二年
酉五月日

七条道場
金光寺役者
正覚院（黒円）（印）

御奉行所

此願面張紙之処、何れも不用之処也

此願達嘉永二酉年五月九日西奉行所へ出願、与力下田耕助殿取次、即刻聞済、直様受書出ス、
東役所与力西尾滝之助殿次取（マヽ）、即刻済申候

御請書

一、当寺火葬場普請之儀、絵図面ヲ以奉願候処、夫〻願之通
御許容被成下、難有仕合奉存候、然ル上者絵図面之通御制禁之作事等不仕、普□〔請〕出来仕候
ハヽ、　御届可申上候、依之御請書奉□□、以上

嘉永二酉年五月

正覚院

桂光院・法城院・大智院・正覚院

二一九　宗門人別改帳（袋綴装）

（二四・二×一七・〇）

（袋ウハ書）
「安政五午年九月　寺控
宗門帳
七条道場
時宗　金光寺」

（表紙）
「安政五午年九月
宗門人別改帳
七条道場
時宗　金光寺」

宗門人別改之覚

遊行派本山
時宗相模国鎌倉郡藤沢
清浄光寺兼帯所
七条道場
金光寺

一、五条坂法国寺相勤申候
人別之儀者自坊ゟ差上申候
院代
桂光院其阿（黒方印）

一、時宗
生国越前
（押紙）
「一、時宗
生国周防
納所
覚道
未廿三才」

外ニ下男弐人有之、宗号違候付別帳ニ書出ス

塔頭九ヶ院

一、時宗
生国山城
法城院
住持
唯阿（黒方印）
午卅七才

（右一書上押紙）
「法城院
住持
往阿
未廿八才」

一、時宗
生国出羽
大智院
住持
孝本（黒円印）
午廿一才

（右一書上押紙）
「一、時宗
生国伊豆
大智院
住持
信冏
未四十一才」

一、時宗
生国越前
正覚院
住持
行阿（黒円印）
午卅六才

長泉院・称讃院・宗寿院・金玉院・西光院・宗哲院

役人・門守

（右一書上押紙）
「一、時宗　生国越後　正覚院　信阿　未二十一才」
一、時宗　長泉院　無住
一、時宗　称讃院　無住
一、時宗　宝寿院　無住
一、時宗　金玉院　無住
一、時宗　西光院　無住
一、時宗　宗哲院　無住
一、時宗　生国近江　元同宗相州藤沢清浄光寺末江州高宮駅高宮寺当時同末五条下寺町荘厳寺旦那　役人　河野左膳　午四十三才　（黒円）（印）
一、同宗　生国備中　当寺中金玉院旦那　同　松下次之助　午四拾八才　（黒円）（印）
一、代々時宗　生国山城　当寺塔頭金玉院旦那　門守　仙太郎　午十才　（黒円）（印）

（右一書上押紙）
「一、代々同宗　生国越前　当寺塔頭金玉院旦那　門守　長兵衛　未廿九才」
一、同断　右同院旦那　祖母　とみ　午六十二才　（右一書上押紙）「午極月病死」
一、同宗　生国越前　右金玉院旦那　後見　仁造　午廿八才
（右一書上押紙）
「一、同宗　生国山城　右金玉院旦那　忰　仙太郎　未十一才」
一、同宗　生国山城　右同院旦那　仁造　妻　こと　午廿二才　（右一書押紙）「長兵衛　妻　こと　未廿三才」

以上

清浄光寺末山城国之分四ヶ寺
幷塔頭弐ヶ寺

荘厳寺・福田寺・歓喜光寺

随身・下男

一、時宗 五条下寺町 荘厳寺
生国山城 看住 大祐（黒円印） 午廿五才

一、同宗
生国越前 隠居 大道 午五十才

一、時宗
生国備後 随身 専応 午十七才
外ニ下男壱人有之、宗号違候ニ付別帳ニ書出ス

（押紙）
「一、時宗
生国越前 同国西芳寺旦那 下男 重助 未五十才」

一、時宗 五条下寺町 福田寺
生国摂津 住持 泰恵（黒円印） 午四十六才

（右一書上押紙）
「一、同宗生国加賀 随身 即仏 未廿五才」

一、時宗
生国美濃 福田寺旦那 下男 庄助 午五十才

（右一書上押紙）
「一、時宗
生国若狭 福田寺旦那 下男 庄助 未六十八才」

一、時宗 寺町四条上ル所 歓喜光寺
生国参河 留守居 実冏（黒円印） 午卅七才

（右一書上押紙）
「一、時宗生国山城 留守居 文冏 未三十九才」

一、同宗
生国近江 弟子 察冏（黒円印） 午廿四才

（右一書上押紙）
「一、時宗生国三河 弟子 実冏 未三十八才」

一、同宗
生国尾張 同 実念 午十九才

（右一書上押紙）
「此分除帳」

一、同宗
生国出雲 随身 是心 午卅五才

（右一書上押紙）
「此分除帳」

金台寺・與願寺

若党・下男・門守

迎称寺

歓喜光寺門守・本社守・若党・下男

本坊下男

一、時宗　塔頭　金台寺

一、時宗　同　與願寺

外ニ若党壱人・下男弐人・門守家内四人有之、宗号違候付別帳ニ書出ス

一、時宗　東山神楽丘迎称寺住持　一行（印）（黒円）午四十一才
生国摂津

一、同宗　弟子　一光　午九才
生国越前

惣人数合弐拾弐人
内　僧拾五人
男　五人
女　弐人

浄土宗門人別改之覚

一、代々浄土宗洛東知恩寺中養源院旦那　歓喜光寺門守　清助（印）（黒円）午卅才
生国山城

一、同断右同院旦那　弟　藤次郎　午廿四才

一、同断右同院旦那　忰　徳次郎　午十七才

一、浄土宗　両山末東九条村長福寺旦那　歓喜光寺本社守　河野右近　午五十七才
生国山城

一、同宗　同寺旦那　同寺若党　政五郎　午十一才
生国近江

一、同宗両山末東九条村　同断長福寺旦那　同寺下男　弥助　午五十七才

人数合五人　男計

門徒宗門人別改之覚

一、本願寺門徒西末　越前足羽郡福井本覚寺旦那　本坊下男　清助　午五十才
生国越前

一、同門徒西末　越前丹生郡崎寺村西光寺旦那　同　太助　午五十一才
同断

右男弐人

七条火葬場・悲田院年寄

荘厳寺下男

荘厳寺領・福田寺領・歓喜光寺領

金光寺領塚原村・西院村・物集女村

妙法院宮

禅宗門人別改之覚

一、禅宗　無本寺　荘厳寺 下男　新助
　生国越前　越前敦賀玉勝寺旦那　午五十四才

（右一書上押紙）
「此分除帳」

右男壱人

一、金光寺領高百九拾七石之内百六拾三石四斗余、城州乙訓郡塚原村百姓共宗門人別改帳ハ別紙ニ差上申候

一、前同断之内高九石城州葛野郡西院村之内百姓共宗門人別改帳者、是又別帳ニ差上申候

一、前同断、城州乙訓郡物集女村之内高廿四石七斗余之儀者、同村之内随心院御門跡御家領之百姓出作仕候

一、七条火葬場ニ差置候隠亡共宗門人別改帳ハ例年悲田院年寄共ゟ差上申候

一、荘厳寺領城州葛野郡西院村高弐石之義者、同村之内北野松梅院領之百姓出作仕候

一、福田寺領高六石八斗、高倉松原下リ西入福田寺町宗門人別改帳之義者、同町年寄ゟ御奉行所江指上申候

一、歓喜光寺領高三拾八石余之内弐拾八石七斗五升余、城州葛野郡壬生村百姓共宗門人別改帳之義ハ、同村ゟ御奉行所江一緒ニ差上申候

一、前同断之内高五石八升余、城州葛野郡東塩小路村百姓共宗門人別帳者妙法院宮様江一緒ニ差上申候

一、前同断之内高五石余、同郡東塩小路村百姓

桂光院其阿・正覚院信阿

共宗門人別改帳者、同村ゟ
妙法院宮様江一緒ニ差上申候
右之通相違無御座候、以上
切支丹宗門御制禁之義累年被 仰出、無懈怠吟
味仕候得共、今度弥相改手形差上候様被 仰付
候故、寺内塔頭・門守・下人并末寺内塔頭ニ至
迄、人別相改帳面ニ記之差上申候、尤宗門疑敷
者無御座候、自然不審之義御座候ハヽ、早速御
訴可申上候、尤壱人も改残候者一切無御座候、
此已後他所ゟ参候者御座候ハヽ、常々無油断相
改可申候、若相違之義御座候ハヽ、如何様之越
度ニ茂可被為 仰付候、為後日依而如件

時宗遊行派本山
相州鎌倉郡藤沢
清浄光寺兼帯所
洛七条道場金光寺

安政五午年九月

院代 桂光院其阿（黒方）（印）
役者 正覚院信阿（黒円）（印）

御奉行所

二二〇 東塩小路村若山庄蔵・要助願書（竪紙）（二五・二×三三・八）

書附ヲ以奉願上候

一、私共両家江

尊如
年米五斗

若山庄蔵
若山要助

火葬場
先仁兵衛病死

直次郎

御当山遊行尊如上人様因縁を以、御在京之砌ゟ一ヶ年ニ玄米五斗ツヽ、拾ヶ年相束五石宛（マヽ）
御下ヶ米被成下候段、難有仕合ニ奉存候、然ル処年限相立候ニ付、何卒御約定之通御下ヶ
米被成下候様、此段御願奉申上候、以上

文久三亥年
　霜月

東塩小路村
若山庄蔵（黒円）（印）
同　要助（黒円）（印）

金光寺様
　御役者中様

二二一　七条松明殿裏水車小屋頭平三郎願書（続紙）

（二四・七×五四・三）

（端裏書）「慶応四辰四月十四日　　隠亡仁兵衛相続」

乍恐御願書

御本山様御火葬場隠亡私ゟ相願御召仕被成下候、先仁兵衛義去ミ寅年十月五日病死仕、其後
思敷人体無之、永ミ御憐愍を以御用捨被為成下、難有奉存候、然ニ跡山守当時留主居ニ相願
御召仕被成下候直次郎与申当辰廿三才ニ相成、実体成者ニ御座候ニ付、此度右仁兵衛跡相続
被仰付被成下度、此段奉願上候、何卒右願之通御聞済被成下候ハヽ、難有仕合可奉存候、以上

七条松明殿裏
水車小屋頭六
助跡平三郎

火葬場火屋守
平三郎

東岱法事場掃
除

慶応四辰年四月

七条松明殿裏
水車小屋頭
六助跡
平三郎（黒円印）

金光寺
御役者中様

二一二　火屋守仁兵衛請書（続紙）

（二四・七×九八・七）

乍恐奉差上御請書

一、此度私儀
御本山様御火葬場火屋守被為　仰付被成下候様、平三郎を以奉願上候処、則願之通被仰付
被成下、難有仕合奉御請候、然ル上者、昼夜大切ニ火屋守相勤可申候
一、御公儀様御法度之儀者不及奉申上候、御山法太〔大〕切ニ相守可申候事
一、火之用心、殊ニ厳蜜〔密カ〕ニ相慎可申事
一、東岱法事場内外掃除毎朝夕入念相勤可申事

貸物・諸道具損料

元直次郎事当時火屋守仁兵衛

七条松明殿裏小屋頭六助跡平三郎

一、火葬施主家応対幷火葬始末、其外不寄何事、万事麁略之儀無之様、実意を以太〔大〕切ニ相勤
可申事

一、貸物・諸道具損料之儀者、去寅年中被　仰渡候御定之外、聊私欲ヶ間敷義仕間鋪事

右之条ミ急度相守可申旨被　仰渡奉畏候、後日自然等閑ニ相成心得違、聊ニ而も相背候歟、
又者御思召ニ不相叶候而、御暇被仰渡候節者、何時成共請人方へ引取、聊御恨奉申上間敷候、
依之御請書奉差上候、以上

慶応四
辰年

御火葬場火屋守先仁兵衛跡
元直次郎事
当時火屋守
仁兵衛（黒円印）

七条松明殿裏
小屋頭
六助跡
引請人平三郎（黒円印）

金光寺
御役者中様

火屋竈前堂
綴斎木綿袷
墓守
悲田院年寄忠
右衛門
喜六
金玉院・長泉
院

二三三　金光寺役者金玉院・長泉院連署行倒人届書（続紙）　（三三・一×五五・二）

（端裏書）「年号不知
御払人火屋辺ニ而行倒之書上」

乍恐御断書

当寺境内火屋竈前堂軒下ニ、先月晦日年来拾七八才計之非人躰之男、綴斎木綿袷を着し病気之躰ニ而臥リ居候を墓守見付、為相趣候（ニ脱）付、様子見受食事等為給、介抱致置候処、昨昼八つ時分相果申候（ニ脱）付、悲田院年寄忠右衛門呼寄見セ候処、右男ハ先月二日御払ニ成候喜六と申もの之由申之ニ付、御断奉申上候、已上

十二月四日

七条道場遊行
金光寺役者
金玉院
長泉院

御奉行所

本朝大仏師

二二四　本朝大仏師正統系図幷末流（続紙）

巻子装（二九・五×一七九・六）

（外題）
「本朝大仏師正統之系図　七条河原口道場」

本朝大仏師正統系図幷末流

仁王五十八代
光孝天皇 即位仁和元乙巳年ヨリ寛延三庚午年迄八百六十六年
―是忠親王 一品式部卿号南宮
―英我王 是忠第七御子四品
―康信 従五位下美濃守 清水氏賜源姓
―康尚 従五位下丹波守

元祖
定朝 被成法橋上人但工人ノ綱位始也 治安二壬戌年十一月朔日卒　維時人王六十八代後一条院御宇也 治安二戌年ヨリ寛延三庚午年迄七百廿九年

二代
覚助 法眼

三代
頼助 法眼
院覚 頼助弟七条大宮方 一流ノ初也
院信 法印―院乗―院勝

四代
康助 法橋
勢増 康助弟―仁僧

五代
康慶 法眼

六代
運慶 法印
定覚 運慶弟法橋 奈良方一流初
運覚
遠江
○快慶 康慶弟子 丹波法眼安阿弥

七代
湛慶 法印大和尚位

八代 康運 法印

康運弟 康円 但馬法印

康弁弟 康誉 七条西仏所四条流元祖師法眼

九代 康勝 法眼

十代 康弁 法眼 今ノ七条道場金光寺ノ土地ハ此康弁ノ時遊行二代上人へ寄付スル也、金光寺建立正安三年丑年ヨリ寛延三庚午年迄四百五十年

十一代 運賀 法眼

康尊 侍従法眼

康祐 豊前法印

康栄 侍従法眼

康秀 下野法眼

康秀弟 康清 豊後法印

康清 宰相法眼 四条函谷鉾町居住

康清弟 康住

康佐 右京法印

康恵

右京 今住大坂

大貳 康□

康温 大蔵卿法橋

康音 宮内卿

音湛 今住江戸

- 康慶 ― 康英 ― 康慶
- 十二代 運助 法印
  - 十三代 康俊 法印 ― 十四代 康依 弁法眼 ― 十五代 康湛 法印 ― 十六代 康吉 法印
  - 康祐 康俊弟 法眼 七条東仏所ト云一流初也
  - 康椿 同弟 法橋
- ○幸俊 運助弟子
- 十七代 康永 大夫法印
  - 十八代 康珍 法印 ― 十九代 康琳 新大夫法眼 ― 二十代 康秀 左京法眼
  - 大蔵 康珍弟
- ○治部 康琳聟也
- ○運勢 康琳弟子 ― 康俊 民部 ― 侍従
- ○伊賀 同弟子 ― 康西
- 法眼 康永弟 三位ト云 ― 康運 式部卿 ― 康祐 二位 ― 式部

○承秀 兵部（康運弟子）——康継——宮内

廿一代
康正 中興開基大夫法印、元和七辛酉正月十日行年八十八才卒
元祖以来七条金光寺住ス、天正十三乙酉年烏丸通水銀餛〔飴〕ヤ町住ス

廿二代
康猶 左京法眼

康理 治部卿法眼（康正弟）——康如 治部卿

○康以（康正妹ノ子也、師ト云）——大蔵

○康英 右京法橋（康正猶子）——少輔

○康与 三位（康正弟子）——康以 三位——玄信——忠円

○康以 久七ト云——康寿 左兵衛尉（康音聟）——久七

廿三代
康音 左京法眼——廿四代 康知 左京法眼——廿五代 康乗 左京法橋
元禄二年己巳年八月十八日卒

康看 治部卿法眼（康音弟）——康春 治部卿法橋

奉書

廿六代
康祐　左京法印　元禄二己巳年極月二日行年五十九才卒
廿七代
康伝　左京法橋

（紙背）
「此系図一巻、寛延三庚午年当寺御院代廿二世一堂和尚寄附也」

二二五　掛物記録重物之覚（竪帳）（二四・二×一七・〇）

什目録之覚
掛物記録重物之覚

一、尊氏三代（足利義満）鹿苑院殿　弐幅
一、同四代（足利義持）勝定院殿　六幅
一、（足利義教）普光院殿　三幅
一、（足利義政）慈照院殿　壱幅
一、同御奉書　壱幅
一、（足利義視）大智院殿　壱ふく

一、（足利義晴）万松院殿御奉書　壱ふく
一、（足利義輝）光源院殿御奉書　壱幅
一、鎌倉将軍御奉書　弐幅
一、遊行之御綸旨之時内裏上卿之御書　壱幅
一、勝定院殿御法事領（マヽ）　壱幅
一、伝奏ゟ廿五代（仏天）上人江之御書　壱幅
一、鹿苑院長老筆　壱幅
一、同掛物　壱ふく

御内書

一、尊氏将軍御内書　壱幅
一、御綸旨　三幅　金光寺江住持江
一、同　壱幅
一、将軍家記禄（ママ）　廿通
一、将軍家記禄（ママ）　十六通
一、同　廿四通
一、慈照院殿　目録御下知
（追筆）「達磨　壱幅」
一、寄進院目録　六巻
一、半切記録　四巻
一、所司代御状　壱包
一、遊行御代御書　廿壱巻　（普光）卅一代目録有
一、廿五代（仏天）遊行様江御書　七通　壱巻
是迄はなかき桐ノ箱ニ有之候
一、墓所一臘渡箱ニ有之候　証文
一、御代ゝ之御書　十六通
右之目録外ニ有之候通

名号

別時之御道具
一、元祖御代ゝ御名号　四拾壱幅
一、元祖上人寿預日巻日替（カ）　壱箱
一、一遍上人御名号
一、七代（託何）上人御名号　壱箱
一、元祖上人御名号　壱箱
雑物箱入
一、二祖（真教）上人十八句御筆　壱箱
一、当寺開山名号　壱箱
一、七代上（人脱カ）御名号　壱箱
一、三十三代（満悟）御名号　壱箱
一、二祖名号　一箱
一、七祖御名号　一箱
一、三十七代（託資）御名号　一箱
一、卅二代（普光）御名号　一幅

一、元祖御名筆　短桐箱入　一

一、元祖
　　十五代御名号　短桐箱入　壱幅

一、三十三代（満悟）御名号　短桐箱入　一

一、卅二代真名号　一

一、三十二代行名号　一

一、日行用心大綱三十二代御筆　短桐箱入　一

一、信（藤沢二十代）碩上（人脱カ）御名号　一

一、廿一（知蓮）代上人御名号　一

一、藤沢山十三代（普光）
　　三幅対ノ御名号　一

一、卅七代三幅壱対　一

一、卅九代（慈光）真名号　短桐箱入　一

一、九代（白木）
　　八代（渡船）御名号
　　草行二幅　一

一、十七代（暉幽）御名号　一

……………………………………

一、三十二代草名号　一

一、十六代（南要）真御名号　一

一、四十四代（尊通）行御名号　短桐ノ箱入　一

一、不知御代真名号　呑海上人之筆か　一

一、弘▨（法）大師石すり名号　短桐箱入　一

一、迎称寺唐渡之天神　一

一、妙法院殿御筆　永福寺其阿肖像　一

一、妙沢不動　一

一、天神名号尊長之御筆　短桐箱入　一

一、観音安親筆　短桐箱入　一

一、御神藤沢十三（普光）世御筆　一

一、有三上人御名号
　　廿九世上人（体光）　一

一、有三上人　短桐箱入　一

一、利休　短桐箱入　一

当寺縁起・道場誓文

津国屋藤助

袋屋仁右衛門

一、達摩〔磨〕 一

一、年御記 一

一、当寺縁記（マヽ） 壱箱

一、袋入之記録 四つ

一、六十七巻 書〔カ〕物

一、遊行三十二世御筆道場誓文 壱通

二二六 火葬料心付等覚（横帳）（二一・九×三一・二）

（表紙）
「覚」

東洞院松原下ル
津国屋藤助

寅八月廿六日
一、拾弐匁五分 内八ツ乗山料

一、弐拾四文 施我〔餓〕鬼料

一、四拾八文 鋪石心附

一、三百四拾八文 床机四脚茶代とも

一、四百文 中鎊幷盛物四花とも

一、百三十二文 蠟燭

一、四百六十四文 乗物灯燈（マヽ）とも

〆

同日
銭相場
九匁九分七リ

松原高倉東江入
袋屋仁右衛門

寅八月廿八日
一、三拾五匁 内八ツ乗亀甲山料

外ニ弐匁為回向料 但し寺仕舞

宮路五兵衛
西村甚右衛門
事善次郎

一、弐十四文　施我鬼料
一、百文　鋪石心附
一、三百文　床机六脚
一、四十八文　上敷弐枚
一、三百文　茶料
一、八百文　乗丸焼
一、弐百四十八文　心付　但し包銭四十八文ツヽ
〆
同日
　銭相場
　九匁九分八九リ
　　間之町魚棚角
　　宮路五兵衛
寅九月七日
一、拾弐匁五分　山七ツ　乗山料
　代壱貫三百四十八文

……

一、弐十四文　施我鬼料
一、弐百文　床机　茶代とも
一、六百文　上銹弁　盛物銀四花とも
一、百八十文　蠟燭
一、百文　死人浮種〔腫〕有之心付遣ス
一、百文　心附　但し包銭弐十四ツヽ
〆
同日
　銭相場
　九匁九分八リ
　　烏丸五条下ル
　　西村甚右衛門事　善次郎
寅九月十四日
一、七匁　時合　振山料
　代七百四十八文
一、弐十四文　施我鬼料

近江屋善兵衛
加賀屋安兵衛

一、六十文　床机 茶料とも
一、四百文　中鎊幷 盛物銀四花とも
一、百八十文　蠟そく
一、四十八文　心付 但し包銭 十二ツ、
〆
同日
銭相場
九匁九分三リ
万寿寺油小路東江入
加賀屋安兵衛

寅九月十九日
一、拾弐匁五分　時合 乗山料
一、弐十四文　施我鬼料
一、四十八文　床机代
一、四十八文　茶代
一、四百文　中鎊幷 盛物銀四花共

……

一、百八十文　蠟燭
一、百文　心付 但し包銭 廿四ツ、
〆
同日
銭相場
拾匁弐リ
油小路三条下ル
近江屋善兵衛

寅九月十九日
一、拾弐匁五分　内八ツ 乗山料
代金弐朱分
銭五百弐十四文
一、弐十四文　施我鬼料
一、三十弐文　鋪石心付
一、三百四十八文　床机七脚
一、百文　上敷弐枚

浄真寺
近栗屋治助

一、弐百文　茶代
一、六百文　上銹幷盛物銀四花とも
一、百八十文　らうそく
一、八百文　乗丸焼
一、三百文　甲脇心付
一、百文　心付但し包銭弐十四ツ、
〆
同日
銭相場
拾匁弐リ
下馬場塩屋町角
浄真寺
寅九月廿日
一、三拾七匁　亀甲丸焼
代金弐歩分
銀弐匁分
せ二百八十文

一、壱貫文　輿丸焼
一、四百文　大竹十二本
一、五百文　辻竹四十本
一、百文　灰葬銹付
一、百文　胴骨上ケ心付
一、弐百文　心付但し包銭四十五ツ、
〆
同日
銭相場
九匁九分八リ
鍵屋町新町東江入
近栗屋治助
寅九月廿三日
一、拾弐匁五分　時合乗山料
代金弐朱分
銭五百廿四文
一、弐十四文　施我鬼料

柏屋七郎兵衛
山崎屋吉右衛門

一、四十八文　鋪石心付
一、三百廿四文　床机茶料とも　但し床机壱脚程ゟかり不申
一、四百文　中鎊幷盛物銀四花とも
一、百八十文　らうそく
一、百文　心付　但し包銭廿四ツ、
〆
同日
銭相場
拾匁弐〔分脱〕三リ
高瀬七条上ル
柏屋七郎兵衛
寅八月廿六日
一、拾弐匁五分
代壱貫三百六十文
一、弐十四文　施我鬼料
一、弐百文　床机茶料

一、四百文　中鎊幷盛物銀四花とも
一、百八十文　らうそく
一、五百文　籠下リ
一、百文　心付　但し包銭弐十四ツ、
〆
同日
銭相場
九匁九分七リ
室町五条下ル
山崎屋吉右衛門
寅九月廿八日
一、三十五匁　山八ツ　亀甲　山料
外ニ弐匁　為石灰料
一、弐十四文　施我鬼料
一、弐百文　鋪石寄附

一、壱貫文　床机十二脚 上敷四枚 茶料とも

一、壱貫弐百文　新上銹

一、八百文　乗物丸焼

一、三百四十八文　大竹十四本

一、八百八十文　蠟燭 但し銀百目掛ケとも

一、弐百文　心付 但し包銭 四十八ツ、

……………………………………

〆

同日
銭相場
拾匁

（裏表紙）「山調書

六印分」

朱印九通
太閤

二二七　金光寺所持御朱印懸紙

（三三・六×四〇・六）

（端書）「御代々
御朱印（押紙）「九通」
外ニ太閤の御印一通」

此　御しゆゐんいつかたへまいり候ても、よそにニ〔衍カ〕有候てハ用にたち不申、この寺に無之候てハ、寺のめつばうに候間、いつかたニ候とも、こゝもとへ御心さしをもつて、御とゝけ可被下候

桂光院
法城院・大智院・正覚院・長泉院・称讃院

遊行上人の寺
京七条道場
金光寺の物也

（二五・二×一七・八）

二二八　宗門人別改帳（袋綴装）

（表紙）
「明治元辰年十月　寺控
宗門人別改帳
七条道場
時宗金光寺」

宗門人別改之覚

時宗　清浄光寺兼帯所　金光寺

一、　院代　桂光院其阿（黒方印）

一、時宗
生国三河　納所　廠然　当辰弐拾六歳
外ニ下男壱人有之、宗号違候付別帳ニ書出ス

塔頭

一、時宗
生国山城　法城院
住持　往阿（黒方印）　当辰三拾歳（二十九）

一、時宗　同　大智院円乗　当辰廿▒歳（六）

一、時宗
生国下総　正覚院
住持　寿阿　当辰四拾壱歳

一、時宗　同　長泉院戒詮　当辰廿五歳

一、時宗　同　称讃院真阿　当辰廿三歳

宗寿院・金玉院・西光院・宗哲院
役人
荘厳寺・福田寺・歓喜光寺
下男・宿住・随身

一、時宗　同　宗寿院倫光　当辰十九歳
一、時宗　住持金玉院観阿　当辰廿壱歳
一、時宗　西光院無住
一、時宗　宗哲院無住
一、時宗　元同宗相州藤沢清浄光寺末江州高宮駅(当カ)
生国近江　高宮寺山時同末五条下寺町荘厳寺旦那　役人河野左膳　辰五拾三歳
一、時宗
生国山城　右金玉院旦那　(後筆カ)「右左膳同居」同居　こと　辰三拾弐歳
一、時宗
生国山城　(後筆カ)「右左膳同居」忰同居　仙太良　辰拾七歳

以上

清浄光寺末山城国之分四ヶ寺
幷塔頭弐ヶ寺

一、時宗　五条下寺町
生国越前　住持　荘厳寺　大道(黒円)(印)　当六拾歳
一、同宗
生国信濃尾張　弟子　徳音　当辰拾九歳(二十)
一、時宗
生国山城　下男　重助　当辰三拾弐歳
一、時宗　五条下寺町
生国常陸　住持　福田寺　観明(黒円)(印)　当辰三拾七歳
一、時宗　寺町四条上ル所
生国山城　宿住　歓喜光寺　文冏(黒方)(印)　当辰四拾八歳
一、時宗
生国摂津　随身　皆住　当辰廿九歳
一、時宗
生国備後　同　善教　当辰廿壱歳
一、時宗
生国近江　同　良心　当辰拾五歳

金台寺
與願寺
下男・門守・本社守
迎称寺

歓喜光寺
本社守・下男

一、時宗　　　無住　塔頭　金台寺
一、時宗　　　　　　　　　與願寺
　　外ニ下男壱人・門守家内三人・本社守壱人
　　有之、宗号違候ニ付別帳書出ス
一、時宗　東山神楽丘迎称寺
　　生国摂津　住持　一行　当辰五拾八歳
一、同宗　　　弟子　一音
　　生国武蔵　当辰拾七歳
一、時宗　　　下男　寛蔵
　　生国参河　当辰六拾四歳
惣人数合拾九人
　内　僧拾三人
　　　男　四人
　　　女　壱人

浄土宗門人別改之覚

一、代〻浄土宗百万遍　歓喜光寺
　　生国山城　養源院旦那　門守　栄助（黒円）（印）
　　　　　　　辰廿九歳
一、同宗　　　同居　とめ
　　生国美濃　辰廿九歳
一、同宗　　　同　藤次良
　　生国山城　辰廿九歳
一、浄土宗　当山末東九条村　歓喜光寺本社守　河野右近
　　生国山城長福寺旦那　辰六拾七歳
一、同宗　　　同寺下男　弥助
　　同断　右旦那　辰五拾四歳
人数合五人
　内　男　四人
　　　女　壱人

日蓮宗門人別改之覚

一、代〻日蓮宗本国寺塔頭　金光寺本坊　清助
　　生国山城　心如院旦那　辰四拾歳

金光寺領塚原村・西院村・物集女村

妙法院宮

七条火葬場・悲田院年寄

荘厳寺領・福田寺領・歓喜光寺領

右男壱人

一、金光寺領高百九拾石之内百六拾三石四斗余、城州乙訓郡塚原村百姓宗門人別改帳者別紙ニ差上申候

一、前同断之内高九石、城州葛野郡西院村百姓共宗門人別帳者、是又別帳差上申候

一、前同断之内城州乙訓郡物集女村之内高弐拾石七斗、随心院御門跡御家領之百姓出作仕候

一、七条火葬場ニ差置候隠亡共宗門人別改帳者、例年悲田院年寄共ゟ差上申候

一、荘厳寺領城州葛野郡西院村高弐石之儀、同村之内北野松梅院領之百姓出作仕候

一、福田寺領高六石八斗、高倉松原下リ西入福田寺町宗門人別改帳之義者、同町年寄ゟ　御奉行所江指上申候

一、歓喜光寺領高三拾八石余之内廿八石七斗五升余、城州葛野郡壬生村百姓宗門人別改帳之義者、同村ゟ　御奉行所江差上申候

一、前同断之内高五石八升余、城州葛野郡東塩小路村百姓宗門人別帳者

妙法院宮様ゟ一緒ニ差上申候

右之通御座候、以上

切支丹宗門御制禁之義累年被為　仰出、無懈怠吟味仕候得共、今度弥相改手形差上候様被　仰付候故、寺内塔頭ニ至迄人別相改帳面ニ記之差上申候、尤宗門疑敷もの一切無御座候、自然不審之儀御座候ハヽ、早速御訴可申上候、尤壱人茂改残者者一切無御座候、此以後他所ゟ参候者御座候ハヽ、常〻無油断相改、若相違之義御座候ハヽ、如何様之越度ニ茂可被為　仰付候、為

後日依而如件

明治元年九月

時宗遊行派本山
相州鎌倉郡藤沢
清浄光寺兼帯所
洛七条道場金光寺
院代桂光院其阿（印）（黒方）

……………………

御奉行所

役者正覚院寿阿（印）（黒円）

（頭注：桂光院其阿・正覚院寿阿）

二二九　鉄道布設ニ付火葬場引移一件留帳（袋綴装）

（二七・一×一九・六）

（頭注：東岱引移ノ事）

七条道場火葬場引移之事

明治四未年六月十七日御政府ゟ御召ニ付、役者共出頭候処、東岱外方へ引移候様御沙汰ニ付、罷出候者不案内申立御請不仕候所、追而事柄御□ひ候者可罷出旨　仰承引取、同日夜中御門中参会云云、十八日役者法城院・付添市屋金光寺両人御政府へ出頭被仰渡左ニ

（頭注：法城院・市屋金光寺　西六条花畑・狐塚火屋）

此度鉄道御造営御指支ニ付、其寺支配火葬場、西六条花畑火屋・狐塚火屋両所之内へ合併被仰付候間、下方示談之上、何方へ合併願度由可申出事云云、扨此方ゟ色〻申上候得共、一円御取合無之、□□御中、何分今日ハ速ニ御請仕、願窺□之儀有之候ハヽ、追而書取を以可申出、御採用咸否之儀難計候得共、申立之趣意其御筋へ可致貫徹候旨被　仰渡候ニ付、即御

火葬場合併仰付

鳥辺野

法国寺

法城院

請申上候而引取、但し書付上候儀ニ者無之、口上御請

十九日、早朝ゟ御門中小集議

廿二日、歎願書差上候、左ニ

奉歎願口上書

一、拙寺境内火葬場之儀、今般鉄道御造営之御指支ニ付、便宜之所ヘ合併可致旨被　仰付、奉敬承候、就而者右火葬場之儀ハ往古鳥辺野ニ有之候処、弊山学寮僧侶為成助、凡弐百余年前今之地江引移候所、此度他所ヘ合併仕候而者、右学校忽相続方ニ相障可申候与歎息仕候条、何卒□地近キ因縁茂有之ニ付、配下五条坂法国寺境内取繕、別紙朱引絵図面之通引移独立仕度候、且寺境相隔候得者、諸事不取締ニも相成、尚又火葬場同方江片寄候而者、遠境之者家業之妨ニも可相成哉与奉存候、依而格別之御憐愍を以、右願之通御許容被為成下候ハヽ、宗門之永続難有仕合ニ奉存候、以上

七条道場

金光寺

明治四辛未年六月

七条道場金光寺役者

法城院印

京都御政府

真阿

花畑

法国寺地所見分

右之通、於拙寺茂差支無之候間、御□〔許〕□〔容〕被為成下候ハヽ、難有仕合奉存候、已上

洛東五条坂法国寺役者
真阿

差紙云、若新地被下候事ニ相成候得者、深草辺ヵ伏見街道橋下山手之方様子、十七日御掛リ被申居候趣云々

何ニテ茂致方無之、花畑中ハ七条通大宮ゟ三丁斗西へ上ル所也

境内絵図
物坪数弐千弐百七拾弐坪

七条道場配下
洛東五条坂時宗遊行派
法国寺

左ニ朱引絵図面之所、火葬場引移シ申度奉存候

差紙ニ云、火急事ニ付、右之通リ絵図画□〔候ヵ〕上、御聞届ニ□〔可〕□〔被〕成候得共、模様之替事、□少可有之也

右之通リ差上候処、御預追而御沙汰之旨ニ而引取

廿四日、願之趣、御聞済被　仰渡候事

廿五日、願済之事ニ付、御門中集会

廿六日、法国寺ニ而集会、地所見分、其外云々

廿八日、月幷勘定相兼、未明ゟ御門中集議云々

扨、右ニ付［　　　　］余入用候処、七条［　　　　］無之、彼是手配□□問合候得者、昨冬□
□世間□□□分ヶ不融通、剰当正月上知ニ相成候ニ付、書入レ引当ニ入候物無之、就中寺境
不入筆之折柄、一向取合呉不申、殆与当惑罷在候、勿論□〔借カ〕財も嵩〔嵩カ〕高ニ相成候而者、往〻相続
六ヶ敷ニ付精〻金高ニ不相成様、御門中一同致配意候得共、何分一文無之而者、頓与所為無
之、去与而捨置事ニ者不参、尋常時節候得者、各寺所持衣類預候而も百や弐百之繰廻し可相
成候得共、当時法服之類者不致相手、何れ𪜈分別度を失ひ候、付而者御山江御預ヶ金之内急〻
五百両御送被下度奉願上候、若右者急速問合ニ兼候ハヽ、所化助成米代金成共、又者別□借
リ入レ被成候共、□急御送被下度、万一五百□〔両〕差当リ六ヶ敷候ハヽ、三百両ニ而□〔茂〕不苦、先
御送リ被下、残リ者追而御送リニ預度候、扨何レ之道ゟ御送被下候共、右金之儀者別段返済
可致勘定候、七条改革も大変革ニ無之候而者、トテモ相続不相成、追可申上候布説急ニ取掛
リ不申候而者、弥合併被　仰付候様ニ推シ移リ候も難計、霹靂□〔之〕御時節戦競無他事候、若シ
左様ニも相成候得者、七条道場ハ第壱番ニ廃寺ニ可相成、万一左様相成候ハヽ、当配下御末
寺同様ニ推シ移リ候事ハ指折之間も無之候、法国寺へ引移御聞済ニ相成、難有事ニ候条、此枢
機を不失、先火屋丈ヶ成共、至急引移度候間、幾重ニも金子早〻御送リ御頼申上候、墨余後
便ニ可申上候、穴賢

法国寺・院代

衆領軒

火葬場引移差止ノ沙汰

未六月廿九日

京都御門中惣代　法国寺

七条道場　御院代

藤沢山　衆領軒

御老僧中

七月

三日、従政府御差紙壱通来ル、文言者達之儀有之候間、明四日五ッ時当府へ出頭可有之者也

月日　　京都府

四日、出頭、御達之儀者法国寺へ火葬所引移之義取調之義有之候間、延引之段御達有之候故、御請帰山

八日、政府ゟ差紙来、文言者明九日当府へ出頭可致之事

九日、出頭、御達者東山法国寺へ火葬場引移之義、彼是差支之義有之ニ付、可差止旨御沙汰之事

十日、御門中へ昨日御達之事ニ付、甚意味加へ廻令出ス、夕方御門中集会評議之事、委曲別

法国寺へ引移ノ旨懇願

紙ニ認ル

十二日、政府へ昨日御門中集評取而□之密書〔書認〕持参致し候事、但し御聞届無之候事

二三〇　金光寺・法国寺願書写（袋綴装）　（二七・二×一九・四）

（表紙）
「第三　七月廿四日出頭

口上書

七条道場
金光寺」

（表紙見返押紙、但天地逆）
「□□其寺境界□□□引移シト申儀並ニ□□□儀ハ、難聞届□□
何レヘナリ𪜈引移シ可申候、尤其場所近傍之□、其寺ヨリ篤□〔ト〕及示談論無之上更ニ可願出事」

奉懇願□□

七条道場
金光寺

弊院火葬場、今般鉄道御造営□御指支ニ付、外便宜之方へ合併仕候様被仰付、奉敬承候、
然□〔ニカ〕外方へ合併仕候□〔ハ〕□〔、〕学侶相続方ニ相障候ニ付、去六月廿二日東山法国寺境内へ引移独立
仕度奉懇願候□〔処カ〕、同月廿四日速ニ御聞届ニ相成、難有奉感裁、則其手配罷在候処、当七月九

聞名寺へ引移ノ旨歎願

金光寺・法国寺・聞名寺・歓喜光寺・迎称寺・荘厳寺・福田寺

日右法□〔国〕□〔寺〕引移之義御差止被　仰付、奉驚承候、就而者、配下一条川東聞名寺境内且者松原□　□両所之内へ引移度奉歎願候得□〔共〕御□　　□仰付、則更ニ引移之地所熟考探鑿〔鑿〕罷在候得共、于今相当之地所茂無之候、寔ニ飲泣罷在候、就而者、右火葬場之地処、鉄道之筋ニ相掛リ候義候ハヽ、弊□　□之裡ニ而、相成丈ケ手狭ニ引移度□　　□凶臭ニ付、取払被　仰付□□候ハヽ、指当自他之障無□〔之〕地所見当付□〔候〕迄引移之義延引被　仰付候ハ□〔ヽ〕、聖恩無窮、難有奉載裁候、且□□相隔不便宜之場所へ引移候而者、忽前顕之学校相続方助成之障ニ茂相成、尤学寮者宗門之枢□〔機カ〕ニ候得者、遂ニ一宗之頽廃ニ茂相及可申邪ト幣〔マヽ〕□〔院〕□〔者〕勿論門末一統悲歎罷在候条、格別之御憐愍、願之通　御許容□〔被〕仰付候ハヽ、幾重ニ茂難有奉感□候、仍而乍恐当地門末一統□　　□只管奉懇願候、以上

明治四辛未七月廿四日

七条道場
金光寺（印）〔黒方〕

五条川東
法国寺（印）〔黒円〕

二条川東
聞名寺（印）〔黒円〕

寺町錦小路
歓喜光寺（印）〔黒円〕

法城院・正覚院

院代覚阿
法城院

京都
御政府

東山神楽岡
迎称寺（黒円）（印）
五条下寺町
荘厳寺（黒円）（印）
同所
福田〔寺〕□□□
右金光寺役者
法城院（黒方）（印）
同役者
正覚院（黒円）（印）

二三一　時宗遊行派本末寺名帳（袋綴装）

（二五・〇×一六・五）

（表紙）
「時宗遊行派本末寺名帳
本寺金光寺」

京都府管轄所
山城国愛宕郡
下京七条東洞院
黄台山金光寺
院代覚阿

時宗遊行派

……………………

一、本山

一、右金光寺塔中
法城院
住職往阿

正覚院・大智院・長泉院・称讃院・宗寿院・金玉院・西光院・宗哲院

荘厳寺・福田寺・歓喜光寺

長寿院

迎称寺・真光寺

修善院

一、右金光寺塔中　正覚院　住職正阿

一、右金光寺塔中　大智院　住職賢浄

一、右金光寺塔中　長泉院　住職善識

一、右金光寺塔中　称讃院　住職尭恵

一、右金光寺塔中　宗寿院　住職励〔カ〕碩

一、右金光寺塔中　金玉院　住職恵達

一、右金光寺塔中　西光□〔院〕
住職無之、同塔中大智院住職賢浄兼帯罷在候

一、右金光寺塔中　宗哲院
住職無之、同塔中称讃院住職尭恵兼帯罷在候

一、本山直末　□〔京都府管轄所〕　山城国愛宕郡　下京□□□〔五条下〕寺町　荘厳寺　住職大道

一、本山直末　右同所　福田□〔寺〕　住職□□

一、本山直末　京都府管□□〔轄所〕　山城国愛宕□〔郡〕　下京寺町通□□□〔錦小路〕　歓□□□〔喜光寺〕
住職無之、后住出願中

一、右歓喜光寺塔中　長寿院
住職無之、本坊歓喜光寺兼帯罷在候候

一、本山直末　□□□□〔京都府管〕轄所　山城国愛宕郡　□□□□〔東山神楽〕岡　迎称寺　住職一行

一、本山直末　兵庫県管轄所　摂州八部郡□〔兵庫津〕　南逆瀬川町　真光寺　院代□□

一、右真光寺塔中　修善□〔院〕　住職文□

宝積院・西北院・陽徳院・龍蔵院
長楽寺・満福寺・宝泉寺・照林寺・永福寺・円成院・法音寺

一、右真光寺塔中　宝積院
住職廓応

一、右真光寺塔中　□□□〔西〕〔北〕〔院〕
住職純定

一、右真光寺塔中　陽徳院
住職無之、本坊真光寺院□〔代〕□□兼帯罷在候

一、右真光寺塔中　龍蔵院
住職無之、同塔中宝積院住職廓応兼帯罷在候

一、本山直末　兵庫県管轄所
摂州八部郡兵庫津
逆瀬川町
長楽□〔寺〕
住□〔職〕泰欣〔カ〕

一、本山直末　兵庫県管轄所
摂州八部郡兵庫津
東柳原町
満福寺
住職覚▨（元）

一、本山直末　兵庫県（大坂府）管轄所
摂州嶋上郡別所村

....

住職無之
宝泉寺
□〔住〕職□□

一、本山直末　▨▨（堺）県□〔管〕□〔轄〕所
河内国八上郡小寺村
照林寺
住職覚賢

一、本山直末　堺県管轄所
泉州大鳥郡堺
市之寺町
永福寺
住職敬道

一、本山直末　大坂府管轄所
摂津国東成郡
天王寺村
円成院
住職無之

一、本山直末　明石（姫路）県管轄所
播州明石郡中ノ庄
法音寺
住職是心

一、中本寺　播州明石郡中ノ庄　法音寺末　明石（姫路）県管轄所
播州明石郡
大畑村

晴雲寺

住職無之、本寺住職是心兼帯罷在候

一、本山直末　岐阜 笠松県管轄所 美濃国不破郡 垂井村　金蓮寺　住職　哲凡

一、本山直末　岐阜 笠松県管轄所 美濃国多芸郡 直江村　西光寺　住職　祐山

一、本山直末　愛知県管轄所 尾張国海東郡 中萱津村　光明寺　住職　昇山

一、中本寺 尾張国海東郡中萱津村 光明寺末　前同　林光院　住職　真明

一、本山直末　犬上 彦根県管轄所 近江国犬上郡 高宮村　高宮寺　住職　恵法

一、中本寺 近江国犬上郡高宮村 高宮寺末　前同　善福庵

住職無之、中本寺住職恵法兼帯罷在候

一、本山直末　犬上 彦根県管轄所 近江国坂田郡加田村　興善寺　住職　碩聞

一、本山直末　滋賀 膳所県管轄所 近江国栗田郡勝部村　西蓮寺　住職　拾命

一、本山直末　前同　最明寺　住職　観冏

一、本山直末　犬上 滋賀膳所県 近江国浅井郡菅浦村　阿弥陀寺　住職　仁譲

善徳寺・遍照寺
西方寺
光照寺
新善光寺・成願寺
興徳寺・大願寺・称名寺・金蓮寺

一、（中本寺 前同）阿弥陀寺末　前同　善徳寺
住職無之、中本寺阿弥陀寺住職仁譲兼帯罷在候

一、（前同）前同　同　同国同郡大浦村　遍照寺
住職無之、中本寺阿弥陀寺住職仁譲兼帯罷在候

一、本山直末　（敦賀）小浜県　越前国敦賀郡敦賀町　西方寺
住職徳▨（其阿）

一、（中本寺 越前国敦賀郡敦賀町）西方寺末　（滋賀）郡山県　江州高嶋郡海津　光照寺
住職無之、同州同国同所浄土宗正行寺兼帯罷在候

一、本山直末　（敦賀）福井県　越前国敦賀郡井川村　新善光寺
住職義定

一、本山直末　（敦賀足羽）福井県　越前国今立郡岩本村

………………………………………………

成願寺
住職弥阿

一、本山直末　（本保県）前同　同国同郡宮谷村　興徳寺
住職澄随

一、本山直末　（敦賀 足羽）鯖江県　越前国今立郡池田稲荷村　大願寺
住職学道

一、本山直末　（敦賀 足羽）福井県　越前国南条郡武生柳町　称名寺
住職龍道

一、本山直末　前同　越前国同郡同処　金蓮寺
住職無之、同国同郡同所同宗同派称名寺住職龍道兼帯罷在候

一、本山直末　足羽県　越前国大野郡大野

恵光寺・積善寺・乗久寺・称念寺・玉泉寺
浄土寺・浄禅寺
梅柳院
西光寺・興長寺・光清寺

恵光寺　住職正順
住職無之、越前国福井乗久寺住職義貞兼帯罷在候

一、本山直末　▨保県（敦賀）越前国今立郡萱谷村　積善寺　住職教順

一、本山直末　福井県（足羽）越前国（マヽ）福井油町　乗久寺　住職義貞

一、本山直末　福井県（足羽）越前国坂井郡長崎村　称念寺　住職義聞

一、本山直末　石川県加賀国石川郡金沢泉寺町　玉泉寺　住職大恩

一、本山直末　石川県（七尾）越中国射水郡高岡大工町　浄土寺　住職至誠

一、本山直末　富山県（七尾）（新川）越中国新川郡富山梅沢町　浄禅寺　住職湛冏

一、右浄禅寺塔中　梅柳院
住職無之、浄禅寺住職湛冏兼帯罷在候

一、本山直末　豊岡県但馬国城崎郡九日市村　西光寺　住職全識

一、本山直末　豊岡出石県但馬国美含郡竹野村　興長寺　住職義隆

一、本山直末　鳥取県因幡国法美郡滝山村　光清寺　住職大龍

安養寺・萬福寺・向陽寺・善光寺・高勝寺・萬福寺

光厳寺・荘厳寺

専念寺

西楽寺

常称寺

一、本山直末　鳥取県　伯耆国会見郡　山市場村　安養寺　住職実弁

一、本山直末　同　同国汗入郡稲光村　萬福寺　住職専譲〻

住職無之、同国会見郡山市場同宗同派安養寺住職実弁兼帯罷在候

一、本山直末　松江県　出雲国能儀郡安来町　向陽寺　住職一乗

一、同　同国意宇郡乃木村　善光寺　住職隣応

一、同　同国神門郡塩冶村　高勝寺　住職諦山

一、同　浜田県　石見国美濃郡上本郷村　萬福寺　住職其阿〻（葆倫）

一、小中本寺　同国同郡上本郷村萬福寺末　同　同国同郡上音田村　光厳寺　住職本空

一、同　同　同国同郡朝倉村　荘厳寺　住職葆□

一、本山直末　豊浦県　長門国豊浦郡赤間関　専念寺　住職白応

一、小中本寺　同国同郡赤間関専念寺末　同　同国同郡引嶋村　西楽寺　住職智元

一、本山直末　広島県　備後国御調郡後地村　常称寺　住職栄俊

西江寺・海徳寺・本願寺・観音寺・郷照寺・宝厳寺

願成寺

吟松庵

厳浄寺・松寿寺・金台寺

一、同　同　西江寺　住職栄鏡

一、同　同　海徳寺　住職恵眼

一、同　福山県　備后国沼隈郡原村　本願寺

住職無之、同国同郡平村浄土宗　阿弥陀寺住職○碩成○

兼帯罷在候

一、同　広島県　備後国御調郡三原東町　観音寺　住職真聞

一、同　高松県　讃岐国宇多郡宇足津　郷照寺　住職得阿

一、本山直末　松山県　伊予国温泉郡道後村　宝厳寺　住職宣教

一、同　大洲県　伊予国喜多郡内之子村　願成寺　住職学玄

一、願成寺末　同国同郡内之子村　小中本寺　同　同国同郡知清村　吟松庵　住職智法

一、本山直末　日田県　豊前国（マヽ）小倉　厳浄寺　住職俊明

一、同　日田県　豊前国速見郡　南鉄輪村　松寿寺　住職恵秀

一、同　福岡県　筑前国遠賀郡芦屋　金台寺　住職真龍（隆ヽ）

一、同　福岡県　筑前国中郡博多

称名寺
光泉寺・寿宝寺・光福寺
願行寺・光照寺
常音寺・真光寺・西仙寺・西福寺
常福寺

称名寺　住職亮雅

一、同国同郡同所 中本寺 称名寺末　称名寺兼帯　光泉寺　住職〻

一、同　同国早良郡石丸村　寿宝寺　住職〻光阿 俊定

一、同　同国同郡姪浜魚町　光福寺　住職恵範

一、本山直末　熊本県 肥後国（マ、）郡高瀬　願行寺　住職観瑞

一、〻同　〻日田県 日向国那阿郡童子丸村 児嶋　〻光照寺〻　（異筆）「〻長徳〻」住職〻察任〻

一、同　飫肥県 同国那阿郡飫肥

光照寺　住職察門

一、本山直末　安濃津県 勢州桑名郡 香取村　常音寺　住職孝道

一、同　同国安濃郡津　真光寺　住職得無

一、同　柳原 真光寺兼帯　西仙寺

一、本山直末　〻敦賀 小浜県 若狭国遠敷郡 小浜谷口　西福寺　住職志道

一、同国同郡同処▒〻谷口 中本寺 西福寺末　同 同 同青井町　常福寺　住職察任（カ）

浄土寺・称名寺・安養寺・医王寺・浄土寺・欣浄寺
長徳寺・善福寺
慈観寺・海福寺
正念寺・地蔵院・毘沙門寺

一、本山直末　同　浄土寺　住職智学

一、同　同　同国大飯郡下薗村　称名寺　住職育龍

一、同　和歌山県　紀伊国海士郡和歌山湊　安養寺　住職順乗

一、（小中本寺　同国海士郡和歌山湊）安養寺末　同　同国名草郡山東大河内村　医王寺　住職実道

一、本山直末　同　同国海士郡鳥居浦　浄土寺　住職覚道

一、本山直末　日田県管轄所　豊前国（マヽ）郡小倉　欣浄寺　住職俊明

一、本山直末　日田県管轄所　日向国童子丸村　児嶋郡　長徳寺　住職察任

一、本山直末　山口県管轄所　周防国吉敷郡山口　善福寺　住職

一、（小本寺　備后国御調郡後地村）常称寺末　広島県管轄所　備后国御調郡後地村　慈観寺
住職無之、備后国御調郡後地村小本寺常称寺住職栄俊兼帯罷在候

一、右同断　同　海福寺　住職真応

一、（小本寺　備后国御調郡後地村）西江寺末　同所　正念寺　住職雪応

一、同　地蔵院　毘沙門寺

永福寺・水之庵
七条道場金光寺院代覚阿
木原権少属
境内茶毘所
売主善阿・善妙

一、同　　　　　永福寺
一、同　　　　　水之〔カ〕庵
右者時宗遊行派本末、其外寺号書面之通御座候、
以上
時宗遊行派本寺
京都府管轄所
山城国愛宕郡
下京七条東洞院角
七条道場金光寺㊞
院代　覚阿（花押）

右之通美濃紙袋綴、本紙扣両通、明治五壬申五月十七日政府へ差出、木原権少属御願之事

二三二　金光寺役者言上書写（竪紙）　（二七・六×四〇・三）

（端裏押紙）
「御尋ニ付言上書」

奉御尋ニ付言上候書附之事

一、当山境内ニ罷在候茶毘所、幷支配致来リ候次第御尋ニ付、奉言上候儀者、右茶毘所応安五年八月十五日ニ買取、則其人左ニ

売主　善阿判
相共　善妙判

請人円性・越前
持阿
七条河原口
松尾（マヽ）
正覚院

請人　円性判

請人　越前判

右之者ゟ当山六代持阿与申ヘ買取、其後元和七酉歳五月朔日ニ七条河原口ヘ引渡由、松尾（マヽ）ヘ相理候上、唯今之処ヘ引移、則当時ニ至而金光寺ニ所持仕来リ候儀ニ御座候、以上

七条道場役者
正覚院印

年号月日

御奉行所

二三三　七条道場金光寺全図（続紙）　（三二・〇×九二・〇）

（巻末付図6）

二三四　金光寺境内指図（続紙）　（七五・〇×七四・〇）

（巻末付図7）

論考編

時衆と文芸

村井　康彦

はじめに

第二次世界大戦後に進んだ仏教史研究のなかでも一遍（一二三九―八九）の始めた時宗の研究は、宗教としての特異性ゆえに、独自の展開をみせた分野ではなかったろうか。この宗派では入信者はかならず「阿弥号」を名乗った。一遍が「救いは南無阿弥陀仏の名号にあり」とした教えに基づく名乗りで、「〇阿弥陀仏」、略して「〇阿弥」、さらには「〇阿」と略したもの。また時宗の徒を「時衆」と呼んだが、宗派名（時宗）の意で用いられることもなくはない。時衆（阿弥）教団といった言い方がなされるゆえんである。この宗派は禅宗とは違った点で武家と関係が深かった。武将に従って戦陣に赴くことが多かったのも、文芸芸能をよくする時衆が輩出したのも、宗教としての時衆の特質によるところが大きい。

この時宗（衆）研究の先鞭をつけた初期の業績が吉川清氏『時衆阿弥教団の研究』（池田書店、一九五六年）である。その内容は法然の浄土教団に始まり、一遍の時宗（衆）教団の成立や展開から近世における時衆の形骸化に及ぶが、本書のなかでとくに興味をもたれたのが、「文化史上に現われた時衆の阿弥」という一章を立て、阿弥号をもつ時衆の関わった芸術芸能――茶道・華道・工芸・絵画・連歌や猿楽能など――が包括的に取り上げられたことである。それまで個別の知識としてあった人物や事象が、時宗との関わりで説明されたことで、あらためて時衆の果たした広範な役割が知られ、時衆を対象とする中世文化研究が促されたのだった。一九六〇年代の末から中世文化の研究に関わるようになったわたくしも、その成果に与り、影響を受けた一人で、後述するように、室町将軍に祗候した「同朋衆」や、同朋衆を通してみた「武家文化」に関心を抱くようになったのは、吉川氏の業績に触発された結果といってよい。ただし氏の所論に問題がなかったわけではない。そのためさまざまな議論が生まれることにもなった。そうした論点にもふれながら、時衆の文芸、阿弥の文化とその周縁について述べていきたいと思う。なお時衆の中世文芸に関するその後の研究状況については、金井清光氏の『時衆文芸研究』（風間書房、一九六七年）が包括的に整理されており参考になる。

一　従軍時衆

長楽寺には安徳天皇や建礼門院の遺品と称するものが伝えられている。元暦二年（一一八五）三月、壇の浦の戦いに入水したものの助けられ、京都に連れ戻された女院は、長楽寺の阿証房印西を戒師として落飾し、その年の九月末に大原に隠棲したとされる。『平家物語』に語るところで、これには異説もあるが、遺品はそうした因縁で当寺に伝えられたものと思われ、この母子を偲ぶわずかのよすがとなっている。

壇の浦における平家最後の状況が知られるのは『平家物語』の叙述に負うところが大きいが、次に掲げる、源義経が飛脚を立てて鎌倉の頼朝のもとに送った「一巻の記」＝合戦注進状（原漢文）も重要な記録であろう（『吾妻鏡』）。

一、先帝（安徳）は海底に没したまう。

一、海に入る人々。
二位尼上（平時子）
門脇中納言教盛　新中納言知盛　平宰相経盛出家か　新三位中将資盛
小松少将有盛　左馬頭行盛
一、若（後鳥羽兄）宮幷びに建礼門院（平徳子）、無為に之を取り奉る。
一、生虜の人々。
前内大臣（宗盛）　平大納言時忠　右衛門督清宗　前内蔵頭信基疵を被むる
左中将時実、上に同じ　兵部少輔尹明　内府子息六歳童形字副将丸
此外
美濃前司則清　民部大夫成良　源大夫判官季貞　摂津判官盛澄
飛驒左衛門尉経景　後藤内左衛門尉信康　右馬允家村
女房
帥典侍先帝の御乳母　大納言典侍重衡卿の妻　帥局二品妹　按察局先帝を抱き奉り入水すると雖も存命
僧
僧都公（全）真　律師忠快　法眼能円　法眼行明（命）熊野別当
宗たる分の交名、且うは此の如し。此の外男女生取の事、追って注し申すべし。
又内侍所・神璽は御坐と雖も、宝剣は紛失す。愚慮の覃ぶ所、
之を捜し求め奉らん。

当面この注進状で注目したいのは、「生虜の人々」の最後に記されているように、幼帝や建礼門院らの御座船に何人かの僧が乗っていたことである。かれらは都にあった時は平家邸に祗候し、天皇以下平家一門の安穏を祈る護持僧であったが、都落ちという事態のなかで図らずも平家一門と行動をともにしたのであって、最初からいくさを目的として従っていたわけではない。

ところが鎌倉末期になると、いくさに直接間接、関わる僧が現われてくる。それがこの前後から武士との関係が密接となる時衆である。

奈良県の吉野山にある吉水神社は明治初年の神仏分離令によって改称されるまでは吉水院といったが、数々の文化財を伝えている。俗に「義経潜居の間」と称される書院座敷もそのひとつで、室町前期の建物であるが、二間もの板床をもつ初期書院造の貴重な遺構で、重要文化財に指定されている。

その吉水神社に村上義光（よしてる）遺愛と伝える鉄の鍔（つば）がある。義光といえば元弘三年（一三三三）閏二月、大塔宮護良親王が吉野山に鎌倉幕府軍の攻撃を受けた際、親王の身代わりとなって壮絶な最期を遂げた武将として有名である。この鍔が義光所用という確証はないが、時代的に大きく下ることはないであろう。鍔の形がほぼ正方形（九・七センチメートル×一〇・二センチメートル）というのも珍しいが、縁取り（ふちど）されたその四角形のなかに五輪塔が五つ、透かし彫りされた上、名号の「南無」「阿」「弥」「陀仏」が四行に分けて刻まれている。この鍔に込めた武者の信仰心がうかがわれるようだ。しかも興味深いのは、この鍔を納める筥（黒漆塗）の蓋に描かれた、浅い笠をかぶり衣を着て鉦を叩く人物で、これは典型的な時衆の姿であり、五輪名号の鍔とマッチしている。中世武士と時宗の関係を示す好個の資料といってよいであろう。

武士にとって時衆の存在と役割が大きかったのは、時衆がもっとも早く葬送に関与したからである。いくさによ

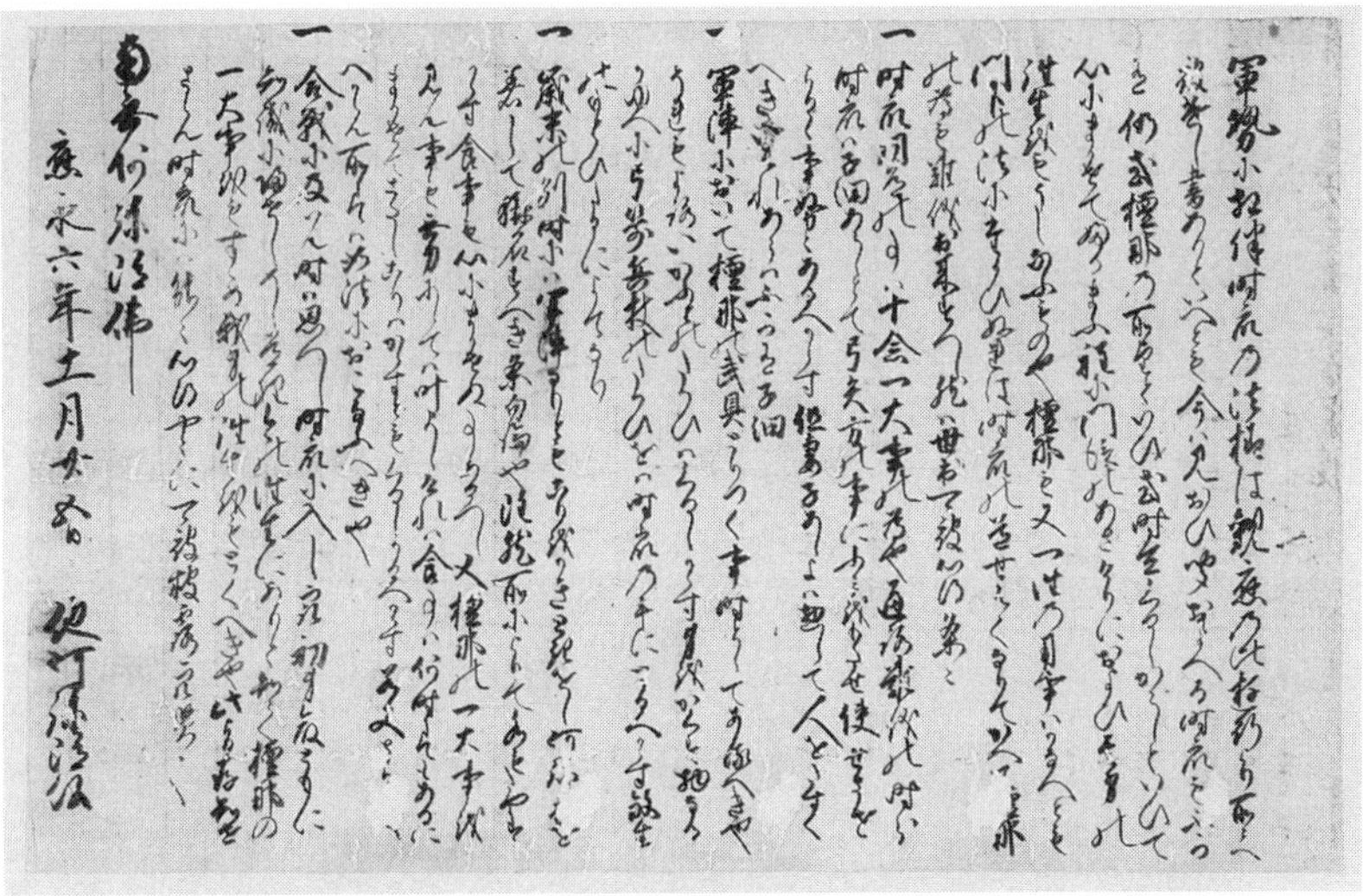

図１—自空上人（遊行十一代他阿）書状（長楽寺蔵／本書九号文書）

る犠牲を避けて通れなかった武士にとって、時衆は不可欠の存在だったのだ。延元三年（一三三八）閏七月、新田義貞が越前足羽郡藤島灯明寺畷（とうみょうじなわて）で斯波高信と戦って敗死した時には、その「尸骸ヲバ輿ニ乗セ、時衆八人ニ舁セテ葬礼追善ノ為ニ往生院（時宗寺院）へ送ラ」（西源院本『太平記』巻二十）れ、その後さらにその首は唐櫃に入れられ京都へ送られている。

　このように合戦が終わると駆けつけ、死体の処理に当たった時衆もいれば、軍隊に従って同様の仕事に当たる時衆もいた。元弘三年（一三三三）正月、鎌倉幕府軍が楠木正成を河内千早城に攻めた時、これに従う「時衆二百人」がいたと記す「楠木合戦注文」（『正慶乱離志』とも）という合戦日記の記事を初見とし、以後この種の従軍時衆が、南北朝・室町時代の合戦にしばしば姿を現わす。

　たとえば足利義満が山名氏清を討った明徳の乱（一三九一年）では、「奥州（氏清）ニ付申サレタリケル時衆」が氏清の死を御台所に報告しており、家喜九郎景政にもる。

「最後マデ付タル時衆」がいて、その妻に遺品を届け遺言を伝えた上、最期の有様を語って聞かせている（『明徳記』）。従軍時衆のもたらした情報が軍記物の素材とされているのである。「最後マデ付タル時衆」は文字通り檀那（武将）の最期（戦死）を見届け、十念を授ける――丁重に名号を唱えて菩提を弔った従軍時衆の行動を的確に表現してい

実はそうした従軍時衆に関するもっとも典型的な文書が「長楽寺文書」にある（もと七条道場金光寺にあったものが、道場廃絶後、同じ宗派の長楽寺に移されたもの）。

それが応永六年（一三九九）十一月二十五日付十一代他阿弥陀仏自空上人書状である（本書九号文書。前頁写真）。端裏書にもあるように「軍勢時衆ノ掟」で、本文の冒頭には「軍勢に相伴時衆の法様」とある。軍隊に同道した時衆の守るべき心得を書き上げたもので、本文の文言から南北朝期の観応の頃（一三五〇―五二）、その法様が配られていたが、「今は見および、聞およべる時衆も不ㇾ可ㇾ有」とあって、応永頃には忘れ去られ、守られないために人びとから非難される有様であったとある。そこでこの年あらためて心得らるべき条々を定めたというのである。

（端裏書）
「十一代上人御自筆　軍勢時衆ノ掟」

軍勢に相伴時衆の法様は、観応の比、遊行より所〻へ被遣し書ありといへとも、今ハ見およひ聞およへる時衆も不可有、仍或檀那の所望といひ、或時宜くるしからしといひて、心にまかせてふるまふ程に、門徒のあさけりにおよひ、其身の往生をもうしなふもの也、檀那も又一往の用事ハかなへとも、門下の法にたかひぬれハ、時衆の道せはくなりて、かへて檀那の為も難儀出来すへし、然ハ世出可被心得条〻

一、時衆同道の事ハ、十念一大事の為也、通路難儀の時分、時衆ハ子細あらしとて、弓矢方の事にふミをもたせ、使せさせらるゝ事努々あるへからす、但妻子あしよハ惣して人をたすくへきいはれあらハ、不可有子細

一、軍陣において、檀那の武具とりつく事、時としてあるへき也、それもよろいかふとのたくひハくるしからす、身をかくす物なるかゆへに、弓箭兵杖のたくひをハ時衆の手にとるへからす、殺生のもとひたるによてなり

一、歳末の別時にハ軍陣なりともこりをかきときをし、阿弥衣を着して、称名すへき条、勿論也、雖然所によりて水もたやすからす、食事も心にまかせぬ事あるへし、又檀那の一大事を見ん事も無力にしてハ叶ましけれハ、食事ハ何時にてもあるにまかせてさたし、こりハかゝすともくるしかるへからす、若又□へからん所にてハ、如法におこなふへき也

一、合戦に及ハん時ハ思へし、時衆に入し最初、身命ともに知識に帰せしめし道理、今の往生にありと知て、檀那の一大事をもすゝめ、我身の往生をもとくへき也、此旨存知せさらん時衆にハ、能々心得やうに可被披露、穴賢〳〵

応永六年十一月廿五日　　他阿弥陀仏

南無阿弥陀仏

いわく「時衆が軍隊に同道するのは十念一大事のためであるから、弓矢のことで使者になってはいけない」。いわく「軍陣においては護身のため鎧甲を身につけるのはかまわないが、弓箭兵仗を手にして殺生してはならない」。

こんなものもある。

「檀那の一大事（戦死）を見届けるのに身体がひもじくては叶わないから、食事はいつでもある時にとっておけ」。これなどは実際の体験に基づく心得、いわば従軍時衆の戦陣訓であったといってよいであろう。鎌倉最末期・南

北期から室町期にかけて活躍した従軍時衆の姿をこの文書ほど具体的に示してくれるものは他にない。

このように十念一大事のために従軍した時衆であるが、しかし常に合戦があったわけではない。忙中閑には武将の無聊を慰めるために文芸や芸能が求められた。そこから時衆のなかに「道々ノ上手共」が現われたとしても一向に不思議ではない。

応永七年（一四〇〇）七月、信濃守護に任ぜられた小笠原長秀が同国に入部した時、これを阻止しようとする大文字一揆・佐久三家といった国人衆との間に更級郡布施郷大塔において合戦が行なわれた。いわゆる大塔合戦であるが、その時の記録『大塔軍記』によれば、長秀の軍隊には頓阿弥なる遁世者が前打（さきうち）として従っていたという。この人物は面貌醜（みにく）くて、その体ははなはだ賤しかったが、洛中の名仁（人）で、連歌は侍従周阿弥の古様を学び、早歌は諏訪顕阿・会田弾正の両派を伺い、物語は古山珠阿弥の弟子、弁舌広才は師匠に勝るほどの上手である。狂忽して舞えば当座の興を催し、歌えば座中の頤（おとがい）を解く。まことに淵底を究める風情は言語道断で、是非の批判に及ばない。今日の見物出立は頓阿弥をもって規模とした、という、まことに多芸多能の人物であった。この頓阿弥は遁世者とあるだけで時衆とは記されていないが、典型的な従軍時衆と考えてよいであろう。時衆文芸の発生源がここにあった。

文献としては時代が下るが、『異本小田原軍記』（氏綱連歌の事）の次の一文が、そうした時衆文芸の環境を簡潔に語ってくれている。

> 惣じて時衆の僧、昔から和歌を専とし、金瘡の療治を事とす。依レ之御陣先へも召連れ、金瘡を療治し、又死骸を治め、或は最後の十念をも受け給ひけるほどに、何れの大将も同道ありて賞翫するとぞ聞えし。

二　阿弥の文芸

南北朝期、京都には多数の大名武家が止住していたが、『太平記』巻三十三には、「又都ニハ佐々木佐渡判官入道道誉ヲ始トシテ、在京ノ大名、衆ヲ結テ茶ノ会ヲ始メ、日々ニ寄合、活計ヲ尽」したとあり、〝バサラ〟大名として有名な佐々木（京極）道誉を中心に在京大名たちが日々寄り合って文芸を享受していたという。しかも右の引用に続く個所には、そのバサラの寄合の有様を述べたあと、「トモニツレタル遁世者、見物ノ為ニ集ル田楽・猿楽・傾城・白拍子ナンドニ（賭物を）皆取クレテ云々」と記す。「トモニツレタル遁世者」はもとより、田楽以下も単なる見物客というより在京大名たちと遊楽をともにした芸能者たちであったとみるべきであろう。道誉は貞治五年（一三六六）三月、将軍御所での花下遊宴を無断欠席し、乙訓郡の大原野で花見の会を催した際には、「京中ノ道々ノ上手共、独モ不レ残皆引具シ」（巻三十九）ている。

道誉は別格だったというべきかもしれないが、大名にしてしかりとせば、将軍家ではもっと多くの「道々ノ上手共」が集められていたに違いない。たとえば永享八年（一四三六）正月、藤寿なる人物が石阿（弥）とともに室町殿（屋敷）に召されている。この時のことを記す『看聞日記』（貞成親王の日記）によれば、「藤寿は遊物で七十余歳であったが、故・鹿苑院殿（義満）の時、〝賞翫〟された連歌師であった」といい、当日は、烏帽子・水干・大口袴姿で腰に八撥（羯鼓）をつけて施芸したが、まず尺八を吹き、一声（囃子）を歌い、八撥を打ち、コキリコ（小切子。田楽や放下僧の用いた具）を鳴らし、小歌を詠じ、舞い、次に白拍子、次に平家語り、次に早歌を謡ったという。連歌師といわれているものの、実際には多芸多能な人物であり、中世芸能のすべてを特技としていた感がある。

藤寿が阿弥であったかどうか分からないが、ともに祗候した石阿弥（手鞠つきの名人）と同類であったろう。

将軍義満に仕えた阿弥についてはこんなエピソードがある。ある時、義満の勘気を蒙って東国へ流された「たまりん」はその心境を一篇の詞章（「東国下り」）に作り同僚の南阿弥に送った。南阿弥はこれに節をつけ世阿弥に謡わせたところ、これを聞いた義満はいたく感心し、「たまりん」を赦して呼び戻したという。『申楽談儀』のなかで世阿弥の語るところであるが、この「たまりん」とは同じく世阿弥の『五音』に出てくる「琳阿（弥）」のことで、琳の字を分解して「王（玉）」「林」と呼んだのである。この琳阿弥は連歌などをよくして義満に仕えた遁世者であった。他方南阿弥はもと関東武士であったが妻を亡くしたあと上洛し、剃髪して南阿弥陀仏と称した人物で、和歌・連歌や音曲（曲舞）に通じ、それで大名高家に親近した、都にその名を知られた遁世者であった。観阿弥・世阿弥父子が応安七年（一三七四）、新熊野社での演能をきっかけに義満の寵を受けるようになったのも、この南阿弥の推輓によるものであった。

「たまりん」の逸話を紹介するだけで、たちまち数人の阿弥が登場する。かれらをふくめて思いつくままに阿弥の名を挙げてみる。


猿楽…観阿弥・世阿弥父子に、世阿弥の甥の音阿弥、世阿弥の芸風に大きな影響を与えた近江猿楽の道阿弥。

田楽…ひらかれた芸風の持ち主だった新座の増阿弥。

連歌…南阿弥・琳阿弥の他、将軍家の連歌会に出席している玄阿弥・春阿弥・元阿弥など。いわゆる三阿弥も。

作庭…義政が寵愛した善阿弥。「山水河原者」と呼ばれた。

立花…将軍家のために花を立てた立阿弥。時期を前後して、少なくとも二人はいた。

茶湯…同じく茶碗や香を扱った千阿弥。時期を前後して、少なくとも三人はいた。

座敷飾り…能阿弥・芸阿弥・相阿弥のいわゆる三阿弥が当たり、能阿・相阿は『君台観左右帳記』を編む。将軍家では義教の時、こうした文芸関係の年中行事化が進められ、それの場として「会所」が整備されるなかで、こうした「道々ノ上手共」「遊物」が集められ、将軍を囲繞したのである。阿弥の存在が室町将軍家をはじめとする武家文化を特徴づけたとするゆえんである。

三　世阿弥の評価

時衆研究の早い段階では、吉川氏の著書の影響もあって、阿弥号であれば時衆であり、同朋衆であるとする見方がひろまっていた。そんな状況のなかで猿楽の世阿弥についても時衆であり同朋衆であるといった理解が生まれ、それが通説になったのは、自然の成り行きであった。たとえば桑田忠親氏の『世阿弥と利休〈増補版〉』（至文堂、一九六六年）の第三章には「同朋衆としての世阿弥」とあり、義満から世阿弥という名を与えられた時をもって同朋衆の一人に加えられたとしている。

ここに、そうした世阿弥についての理解に真向から異を唱えた人がいた。世阿弥研究者の香西精（こうさいつとむ）氏である。氏は、自身の研究を「同朋衆雑考」（『世阿弥新考』、わんや書店、一九六二年）にまとめ、そのなかで、筆鋒鋭く通説を批判したのである。この論文は同朋衆に関する必読文献であり、いまでも価値を失っていない。氏はいう。同朋衆は将軍家の殿中で使い走りするような家事使用人（下人）であり、将軍家の殿中雑役夫にすぎなかった。それを一流の文化人であった世阿弥と同列に扱うのは言語道断である、と。世阿弥が一流の文化人であったとは、「世阿弥の禅的教養」（同前書）で論ずるところで、禅への深い理解・教養をもっていたとされる。ちなみに氏は世阿弥の禅が臨済禅ではなく曹洞禅であったことを明らかにされたが、これは臨済禅（五山）の外護者をもって任じた足利義満以下の将軍との関係を考える時、看過できないものがある。のちに生じる将軍義教との確執だけでなく、世阿弥を寵愛した義満との間も、その最晩年には微妙となっていたと推測するわたくしは、この宗派の違いにも悲劇の因がひそんでいたように思われてならない。

香西氏といえば、もうひとつエピソードを紹介しておかねばなるまい。世阿弥の著作にみる「フカン寺（二代）」を調査するに当たり、電話台帳から奈良県田原本町味間（あじま）の「補巌寺（曹洞宗）」を探し出し、当寺に伝わる虫食いの激しい「納帳」（年貢台帳）のなかに「至翁禅門　八月八日」と「寿椿禅尼」という世阿弥夫妻の名を発見された。表章（おもてあきら）氏との協同作業によるが、研究者冥利に尽きる快挙であった。

そんなわけで世阿弥をこよなく愛した氏にとって我慢ならなかったのが、世阿弥についての通説であったのはよく分かる。結論を先にいえば、わたくしも通説には賛成できない。猿楽者と同朋衆とは別個の存在、すなわち前者は座的結合をなす芸能集団、後者は個人的に活動した幕府使用人であって、室町将軍家でも全く別個のものとして扱われている。世阿弥は同朋衆ではなかったし、時衆でもなかった。その点は香西氏の指摘通りである。

しかし「同朋衆雑考」を読んで残念なのは、世阿弥の〝復権〟を意図するあまり、同朋衆の存在とその役割を徹底的に低められたことである。後述するように、同朋衆に一芸一能に秀でた者だけが任用されたとする通説は正しくないが、さりとて十把ひとからげに同朋衆を雑役夫呼ばわりするのも過激であろう。しかも氏は、同朋衆でも文化的な仕事をしたことの明らかな三阿弥（能阿弥・芸阿弥・相阿弥）は同朋衆ではなかったとして議論から除外されるのだが、これには従えない。後述するが、これでは同朋衆を三阿弥中心に考え、その結果一芸一能に秀でた者が同朋衆に任じられたとするのと、そっくり裏腹の理解になってしまうだろう。大事なのは、同朋衆についての通説の批判以前の問題として、同朋衆そのものの実態を正しく認識することであろう。

四　同朋衆の位置

室町将軍家に祗候し殿中雑事に奉仕した同朋衆については、時衆をめぐる諸問題に深くからまるところから、これまでにもたびたび言及してきたが、同朋衆を抜きにして時衆は語れないので、あらためてふれておきたい。わたくしが同朋衆に興味をもつようになったのは、茶の湯を中心に中世文化の研究をするようになってからである。千利休の祖父という義政の同朋衆・千阿弥（『千利休由緒書』）、将軍家の立花に携わった立阿弥（りゅう）をはじめ、「数寄の宗匠」といわれた能阿弥・芸阿弥・相阿弥のいわゆる三阿弥など、同朋衆が室町文化を理解する上で不可欠の存在と思われたからである。しかも同朋衆は公家社会には存在しない、武家社会独自のものであった。こうして武家文化や、それの優越した室町文化ひいては京都文化を理解する上で同朋衆の存在とその役割を知ることが不可避・不可欠の研究課題になった。

同朋衆の起源については古くは佞坊説があった。将軍のそばに諂（へつら）い追従をこととする侍童を置き、これを見る者に嫌悪感を抱かせ、戒めとしたというもので、同朋衆はその「童坊」の転訛とみるのである。しかしそれでは同朋衆がかならず阿弥号で呼ばれた理由が説明できない。「同朋」には同朋同行といった宗教的な意味があり、以前述べたように武将に従ったという時衆（「トモニツレタル遁世者」「最後マデ付タル時衆」）の行為に即した呼称と考える。それが幕府の組織が形成されるなかで職制の一部に組み込まれたものとみる。当時の記録から判断するに、将軍義満の頃から増えはじめ、義持・義教をへて義政の時代に至り質・量ともにピークに達したといってよいであろう。

ここで同朋衆を理解する上で留意すべき点を挙げておく。

その一は、同朋衆はかならず阿弥号をもつが、その逆はかならずしも真ならざること——多数存在した在野の阿弥者を考えればおのずから明らかであろう。

その二は、同朋衆は時衆の系譜を引くが、幕府職制に組織されて以後では、かならずしも時衆に限るものではなかったこと——禅宗に帰依した者もおれば熱烈な法華信者もいた。

その三は、同朋衆にもピンからキリまでおり、すべての同朋衆を一芸一能に秀でた者とみてはならないこと——あとにもふれるが、いまでも根強く存在する理解である。たぶんそれは同朋衆を三阿弥に限っていた古い見方によるものと思われる。

ところで同朋衆はどのような姿をしていたのであろうか。阿弥号を名乗る以上、法体であったことは明らかであるが、具体的に描かれた絵画の類を目にしたことがない。昭和四十五年度・京都府の行なった府下の寺社調査に委員の一人としてわたくしも参加し、京都市東山区五条通りにある若宮八幡宮を訪ねたわれわれの前に出されたのが、「応永十七年八月十五日従一位将軍足利義持公若宮八幡宮御社参之図」と外題された一巻の絵巻物だった。当社は源頼義の六条佐女牛（さめがい）（現下京区）邸の鎮守として石清水八幡宮若宮を勧請したのに始まるが、その後場所を移した末、慶長十年（一六〇五）現在地に移っている。絵巻は六条佐女牛にあった時分の当社へ将軍が武将以下を伴って社参する有様を描いたものと知れたが、展げていくうちに、将軍に扈従（こしょう）する三人の法体者が目に飛び込んできた。それが、求めて久しかった同朋衆との出会いであった。いまでもその時の昂奮が忘れられない。この絵巻物については、その後畏友下坂守氏の協力を得て検討の末、応永十五年八月の放生会に義持の社参は確認できないこと、絵画史的な観点からもう少し時期を下げるのが適当であること、などが明らかとなり、「足利将軍若宮八幡宮参詣絵巻」と称することにした。その経緯はこれを収録紹介した日文研叢書第七集（一九九五年）に収めた村井・下坂の論考で述べている。ともあれ同朋衆の画証としてはほとんど唯一のものといってよいであろう。

さて、同朋衆の職掌は室町幕府・将軍家における殿中雑事の奉仕にある。使い走り、掃除、配膳、御酒奉行、御湯取り、憑（たのむ）（贈答品）の取次といったものから、唐絵唐物の目利（鑑定）・出納、あるいは、唐絵唐物をもってする座敷飾り、あるいは茶湯、立花、和歌、連歌会における奉仕など。ただしどの同朋衆もそれらの仕事を兼ねていたから、文字通り仕事は雑多であったが、その立場にはおのずからピンからキリまであった。

同朋衆のなかで最右翼に位置するピンの同朋衆が能阿弥・芸阿弥・相阿弥のいわゆる三阿弥である。能阿弥の父・毎阿弥も義持・義教に仕えたが、使い走りや伊勢神宮への代参をつとめるのが主で、文芸的な仕事にはほとんど関わることがなかったためであろう、三阿弥ほど取り上げられることはない。三阿弥はいずれも唐物奉行として唐絵唐物の目利・評価・表装・保管を行ない、またそれらを用いて殿中の座敷飾りに当たっている。能阿弥と相阿弥が著した『君台観左右帳記』は、①宋・元を中心とする百五十人前後を品等分けした画人録の部分、②座敷飾りを説明した部分、および③器物を説明した部分の三部から成るが、①と③も②の構成要素であったから、全体としては座敷飾りの規式書ということができる。

三阿弥はその仕事を通してかれら自身、画をよくして「国工」「国手」と称されている。三阿弥はまた連歌をよくし、義持・義教時代に高揚した会所の連歌会には「宗匠」として臨んでいるが、「連衆」として参加した同朋衆には本阿・量阿・慶阿（改名して讃阿）・衆阿・調阿・徳阿などがいたことが知られている。三阿弥はそうした会合の催された「会所」を唐物などで飾る、いわゆる座敷飾り（室礼）にも当たったわけで、後世相阿弥らが「数寄の宗匠」などと称された理由である。

三阿弥とならんで見落とせない同朋衆が千阿弥と立阿弥である。このうち千阿弥は能阿弥とほぼ同時期、同じく唐物奉行として義教・義政に近侍したが、香合や盆、食籠、茶碗などを扱うことが多く、茶事に関わったとみられる。ただし記録の上では同名異人の千阿弥が少なくとも三人はおり、いずれも同じような仕事に当たっている。

他方、同じ時期殿中の立花に当たったのが立阿弥である。病気の時でも義政から呼び出されているほどで、立花はもっぱら立阿弥が担当している。立阿弥という名も立花にちなむものかもしれない。そして立阿弥にも少なくとも二人の同名異人がおり、同じ仕事に当たっている。どうやら千阿弥と立阿弥に限っては、同じ職掌に従うことで同じ名が受けつがれた（ただし血縁関係は不詳）ように思われる。

ところで右のうち義政の同朋衆の千阿弥が堺に閑居し、その子・与兵衛の時、千阿弥の千をとって苗字にした、というのが千家の家譜として伝えられている（『千利休由緒書』）。この家譜に関してわたくしは、義政の同朋衆千阿弥は堺に下ってはいないこと、利休にその千阿弥を祖父と考えた形迹がないこと、などから疑問に思っている。もし千家の千が千阿弥の千に出るものならば、それは義政の同朋衆千阿弥ではなく堺の町人にいた千阿弥ではなかろうか（村井『千利休』、日本放送出版協会、一九七七年。のち講談社学術文庫、二〇〇四年）。

のちに織田信長が堺に矢銭二万貫を課した時、これに猛反対したのは能登屋と臙脂（べに）屋であるが、前者は南北朝にまで遡りうる旧族であり、その一族には阿弥を名乗る時衆が少なくなかった。同様に旧族で「その権柄は守護の如し」とうたわれた三宅氏や池長氏にも時衆がいた。とくに三宅氏の場合、重五郎は南北朝の貞和三年（一三四七）、病に倒れた父・五郎三郎のために時宗寺院・引接寺（七堂伽藍坊舎四十余宇を備えていたという）を建て、釈阿智演を開山と仰ぎ、みずからも熱心な時衆となり、専阿弥と名を改めている（「引接寺縁起」『開口（あぐち）神社文書』）。能登屋——正しくは野遠屋や三宅氏などは堺の近辺にあった同名の村々の出身で、土豪武士的存在であったのが堺に移り住んだ、堺の根本住人だった。かれらが武士として時宗に帰依していたのは不思議ではない。とすれば、田中家（千家の本姓）の一族に千阿弥がおり、日常的に千阿と呼ばれていた通称がいつしか苗字として使われるようになった、ということも考えられよう。したがってその出自は堺の町衆にあり、幕府同朋衆に求めることはないというのが私見である――千家の千が阿弥号に由来するというのであれば、だが。ただしこの前提そのものの当否については判断の材料がない。

利休についてこういう記事があった。明和四年（一七六七）から翌年にかけて京都所司代・阿部飛騨守正允が幕府巡見使として調査した時の記録である『京師順見記』（『史料　京都見聞記』第二巻、法藏館、一九九一年）のなかに、現在の円山公園一帯に多数あった時宗寺院のひとつ安養寺の本堂に、安阿弥（仏師快慶）作の阿弥陀三尊像、開山（一遍）像などの他、「千利休宗易位牌有レ之（これあり）」と。利休は禅徒であり（大徳寺の古渓宗陳からは「三十年飽参の徒」といわれ、墓所も生前大徳寺聚光院と定めていた）、時衆であったという証拠はないが、その位牌が時宗寺院にあったというのは少し気になるところではある。どのような因縁によるものであったろうか。

金光寺の歴史

地主　智彦

一　金光寺の創建と位置

七条道場金光寺は、七条河原口とも呼称される鴨川西岸にほど近い七条東洞院の地に所在した。同時代史料に恵まれないため創建時の子細は詳らかでないが、江戸時代の寺蔵文書[1]や地誌類[2]などの諸史料はひとしく、正安三年（一三〇一）に仏師康弁が入洛していた遊行二代他阿真教（一二三七～一三一九）に寺地を寄進し、真教は弟子の有阿弥陀仏（のち遊行四代他阿呑海、一二六二～一三二五）に道場を建立させた旨を書き記す。七条東洞院近傍の地は、遅くとも南北朝時代には七条仏師の仏所の本願の地であったとされること、[3]長楽寺蔵の『金光寺過去帳』（江戸時代成立）には定朝以下の大仏師を「当代檀那大仏師」と記し供養を行ってきたこと、[4]そして長楽寺に現在安置される遊行歴代祖師像七軀のうち五軀に、建武元年（一三三四）から十五世紀中葉頃に至る七条仏所に属する仏師名の墨書が存在することなど、七条仏師と金光寺との間には地縁、法縁が存在した。祖師像のうち最古の制作にかかる遊行六代一鎮坐像は、「御影五十七歳、建武元年（一三三四）六月四日、檀那与阿弥陀仏（一鎮）、幸俊（康）写之」と七条仏師幸俊が制作した旨の墨書をもつ。運慶の弟子である康弁が寺地を寄進したということは年代からみて事実と考えられないが、この伝承は両者の密接な関係を背景に成立したと考えられている。[5]

さて、金光寺の史料上の初見は、元亨四年（一三二四）に塩小路北高倉西の九ヶ所五戸主余を「高倉念仏堂金光寺」に寄進した比丘尼浄阿弥陀仏私領寄進状（六六）である。正和五年（一三一六）に真教が有阿に対し弘通念仏の摺形木（板木）を送り、京都に限り賦算を許していること（一）をあわせ考えれば、寺の創建年代は、寺伝の正安三年、もしくは同年をさほど隔てない十四世紀前半であることは間違いない。寺地は、多数の売券が示すとおり十四世紀を通じて塩小路北高倉西の地に隣接する高倉、東洞院、塩小路、七条の各通りにて東西南北を画された方一町の土地を獲得したようで、応永二年（一三九五）には足利義満による同地の寄進状（九五）を得ている。

江戸時代の京都の地図類をみれば、金光寺は中世以来の寺地の一角である、七条東洞院の東南頬に立地していることが確かめられる。ただし、天正十八年（一五九〇）から翌年にかけて築かれた御土居は、七条通の南側を東西に走り、金光寺の東側にて南へ向きを変える。元和七年（一六二一）以前、金光寺は自らの都合で、南北朝時代より鳥辺野内東山赤築地に所在した火屋を寺地東隣に移設した（一五〇～一五二）。火屋は寺院伽藍からみれば御土居の外側に位置したが、七条火屋などと呼ばれ、後には常設化して近代初頭にいたった。寺地は洛中の東南端にあたり、北は町場に、南は七条通以南を領域とした東塩小路村に接した。

境内伽藍の配置は、天明八年（一七八八）の京都町奉行所への届出図面にて明らかになる。表門を北の七条通に開き、表門からのつきあたりに北面する本堂があり、境内西よりに客殿・庫裏が位置し、他に鐘撞堂・経堂・衆寮等があった。また、七条通側の境内北辺を中心に、九つの塔頭（学寮を兼ねた）が所在した(6)（一八八）。

金光寺の歴代は、先述の『金光寺過去帳』の裏に記された「黄台山歴代」が唯一まとまった記録であり、この内容を巻末に住持一覧表として整理し掲出した。これによれば、初代住持有阿（他阿呑海）以降、遊行上人とならなかった歴代住持は本名字を「持阿」とし、寛文元年（一六六一）に示寂した二十二代持阿までが確認される。(7) 以後、遊行上人兼帯寺院として住持職は置かれずに代表者は院代と称された。宝暦十一年（一七六一）以降院代は京都の遊行派寺院である法国寺および聞名寺住持を中心に輪番にてつとめることに変更された。(8)

二　寺院の展開——中世

初代有阿が正和五年（一三一六）に賦算を許されたことにみるように、金光寺は創建間もない頃より念仏勧進活動の拠点寺院としての性格を有したが、首都京都にあって朝廷および室町幕府と接近してその庇護を獲得し、いっぽうでは広く庶民と結縁して信徒を拡大した。そのなかで、歴代住持から多数の遊行・藤沢上人を輩出したことは遊行教団のなかにおける金光寺の寺格をみるうえで重要である。十五世紀中葉頃までの約百五十年の間に、歴代住持から遊行上人となった僧は、安国（七条二代・遊行五代）、一鎮（七条三代・遊行六代）、託何（七条四代・遊行七代）、尊明（七条七代・遊行十三代）、太空（七条八代・遊行十四代）、尊恵（七条九代・遊行十五代）、暉幽（七条十代・遊行十七代）と計八名を数える。とくに十五世紀前期から中葉にかけての尊明から暉幽にかけての時代は、貴顕衆庶の帰依をさらに大きく伸ばし、『時衆過去帳』に載せる僧尼結縁人数は、尊恵の代（一四一七―二九）が最大で「帝」「宮」「女院」「大御所」「北方」などから、諸職人、猿楽衆などその数は五千人を超えている。遊行相続後でありながら尊明は十余年、尊恵も応永二十八年（一四二一）から翌年にかけ金光寺に滞在、尊明・太空・尊恵の三代の事績は『遊行縁起』が制作されるなど、金光寺は複数の末寺を擁する京都の遊行派拠点寺院として発展した。
その後は、永正十年（一五一三）に藤沢清浄光寺が焼失したのち約百年間再興されずに藤沢独住が不可能となったことに象徴されるように、幕府権威の失墜、地方の動乱という状況のなかにあって、遊行が制限されたり、他宗派の伸張に押されたりと、戦国時代における遊行教団の念仏勧進活動は縮小した。このことを反映してか、この時期に歴代住持から遊行上人になった人物は、わずかに知蓮（七条十三代・遊行二十一代）・意楽（七条十四代・遊行二十二代）の二人のみとなり、前代と対照をなしている。とはいえ、十六世紀においても踊念仏見物のための行幸・行啓がなされたり、[9]後述するように葬送活動に積極的に関与していく点など、都市京都に特徴的な寺院活動は継続的に史料上に垣間みられる。

中世後期の京都では、被葬送者の増大を背景に、複数の寺院が葬送事業に進出し、清水坂と契約して、葬送営業権の免許を獲得した。大山論文に詳述されるように、金光寺は早く応安五年（一三七二）に清水坂に近接する東山赤築地の火屋を買得していたが（八二・八三）、十五世紀から十六世紀にかけての坂との契状からは、葬送用具類の使用料などが知られるとともに、天文年間には金光寺に境内墓地が営まれていたことが判明する（一三七）。

三　寺院の展開――近世・近代

天正七年（一五七九）、遊行三十一代同念は金光寺に入り、御所参内および信長対面を果たした。[10]続く遊行三十二代普光、同三十三代満悟も金光寺に入り、秀吉、家康と対面するなど再び公武の庇護を獲得し、また洛中において賦算を行うなど再興の途を歩んだ。[11]天正十九年（一五九一）九月の寺社領所領替えに際し、金光寺は物集女村（現向日市・京都市西京区）一八八石、西院村（現京都市中京区）九石の都合一九七石余の領知を認められるとともに、諸末寺を含む諸役免除を得たが、この領知高は江戸時代を通じて維持された（一四三・一四九）。

天正十七年（一五八九）から寛永三年（一六二六）までの長期間藤沢上人であった普光は、興廃していた清浄光寺の再興を筆頭に、末寺の寺法・法式を定めるなど近世の遊行派寺院の統制をはかった。慶長十二年（一六〇七）、駿府城にて家康に面会し、金光寺を含む遊行寺院は何事も本寺（清浄光寺）の沙汰とする旨の仰せ定めを得て、元和九年（一六二三）には二十代持阿に対し金光寺は諸末寺の頂とみなす旨を伝えている（二三）。

元禄五年（一六九二）には、金光寺は境内に塔頭九院を擁していたことが知られ[12]（一五九）、享保六年（一七二一）の人数帳では、僧一二人、俗人五人（うち一名女）の一七人が在寺していた（一六八）。

延享五年（一七四八）には、遊行五十二代快存・同五十四代賦存連名で学寮条目（一六〇・一八〇）が定められ、翌年には江戸浅草日輪寺と京都金光寺に東西の学寮が設置された。また、併せて制定された「両本山条目」（一八〇）により、学寮のみならず僧侶の出世昇進制度の改正内容を知ることができる。つづく寛延三年（一七五〇）には、学寮設置をうけた金光寺において「当山九軒之塔頭学寮軌則相立候条々」「七条道場掟」が定められ、塔頭九院全てが学寮に定められたことや学寮の運営は祠堂金運用によること、運営上の懸案は院代と役者が相談して決定すること、人事などは本山の許可を必要とするという運営体制をしいたことがわかる。なお、院代が置かれて以降の伝来文書を概観すれば、金光寺発給文書の差出は原則役者であり、重要案件は院代が連署する。先述のとおり院代は、原則法国寺もしくは聞名寺住持が輪番でつとめ、役者の補任は必ずしも一臈に限らず、僧侶の器量を勘案して院代と九つの塔頭の院主が合議し、最終的な任免は本山の許可を伺う制度であったことも判明する（一七九）。

葬送に関しては、前述した寺地東側の火屋を経営し、重要な収入源となった。火屋経営については、本書所収文書により新たに判明する事実が多く、詳細は本書所収の佐藤論文、岸論文を御参照いただきたい。論文中では、葬送操業権を有する金光寺は火葬料収入を得る立場にあったこと、直接の火葬経営は株を保有する火守を使役した門守が実務を担ったこと、時代とともに火葬従事者の経費負担や得分配分が変化すること、火葬需要の拡大を背景に常設火葬場としてより機能的になっていく具体相等が明らかにされている。また、寛文六年（一六六六）の荘厳寺、福田寺の葬送経営に関する坂との契状も残され、この頃には両寺の葬送権も金光寺が関与していたとみられる（一五六・一五七）。明治四年（一八七一）に、政府から鉄道敷設の差支えとなることを理由として、火屋の移転を要請されたことに対し、火葬収入減少は宗門の枢機たる学寮の助成が困難となるとし、門中協議のうえ門中寺院への移転を願上げている（二二九・二三〇）。門中寺院敷地への移転は認められず、本件の顛末は明らかでないが、公衆衛生を理由に火葬を禁止した明治六年の太政官布告を考えれば、市街地に隣接する七条火屋の操業は停止したとみられる。

元治元年（一八六四）七月の禁門の変による、いわゆる「どんどん焼け」に被災し、明治元年（一八六八）および同五年の届書をみれば、塔頭九院のうち二院が無住化した（二二八・二三一）。

明治三十九年（一九〇六）十二月、同年八月の社寺仏堂合併跡地の譲渡の件の勅令をうけて、金光寺は衰微を理由として明治三年（一八七〇）に遊行派に転じていた東山長楽寺との合併を申請し、翌四十年八月に許可をうけた後、什物・文書類は同寺に引き継がれた。ここに六百年を超える七条東洞院における金光寺の法灯は幕を閉じた。[13]

註

（1）『本朝大仏師正統之系図并末流』（二二四）の康弁の項には、「今ノ七条道場金光寺ノ土地ハ、此康弁ノ時、遊行二代上人へ寄附スル也、金光寺建立正安三辛丑年ヨリ寛延三庚午年迄四百五十年」とある。また、『雑陽七条道場記録』（長楽寺蔵、望月華山書写）には、「当寺の地ハ、大仏師の元祖定朝法橋の時に、二百八十年つたわりし住所なりしを種々の奇瑞ども有によりて、十代康弁法橋の時に、二代上人に寄附して寺地となしぬれハ、弟子有阿弥陀仏に課て道場を建立せしめ給ひしハ、正安三年の事也」とある。

（2）たとえば正徳元年（一七一一）に刊行された白慧著の『山州名跡志』巻二十には「此寺地（金光寺）、始仏師法橋定朝カ宅地ニシテ子孫相承セリ、尓ルヲ上人ヲ信仰ノ余リニ改テ為寺也」とある。

（3）根立研介『日本中世の仏師と社会』（塙書房、二〇〇六年）。

（4）毛利久「七条道場金光寺と仏師たち」（『遊行歴代上人肖像彫刻並びに七条文書』長楽寺、一九八二年）。

（5）淺湫毅「長楽寺の時宗祖師像と七条仏師」（『長楽寺の名宝』京都国立博物館、二〇〇〇年）。同「七条仏所による時宗祖師像製作の初期の様相について――迎称寺・伝一鎮上人坐像と長楽寺・真教上人倚像をめぐって――」（『学叢』二十三、京都国立博物館、二〇〇一年）。

（6）『山州名跡志』では、東面する本堂に本尊阿弥陀三尊を厨子内に安置するほか、脇壇に祖師像計七軀を安置すると記す。

（7）菊地勇次郎「遊行上人と七条道場金光寺」（『遊行歴代上人肖像彫刻並びに七条文書』長楽寺、一九八二年）において、『遊行・藤沢御歴代系譜』では真教を開山としている事例を紹介し、招請開山とされた可能性を指摘する。元禄五年（一六九二）の「寺改帳」（一五九）では、開山を真教としている。

（8）「雑陽七条道場記録」。

（9）永正十年（一五一三）後柏原天皇行幸、同十八年知仁親王行啓など（『二水記』）。

（10）祢宜田修然・高野修『遊行・藤沢歴代上人史――時宗七百年史――』松秀寺、一九八九年。

（11）天正十八年（一五九〇）頃、満悟は後陽成天皇母の新上東門院、秀吉の帰依をうける〈註〉10）。また、慶長三年（一五九八）には秀頼を檀那、満悟を開山として東山五条に豊国寺（のちの法国寺）が創建された。慶長八年（一六〇三）四月二十八日、普光・満悟は伏見城で家康に謁見した（『徳川実紀』）。

(12) 塔頭（寺家）・寮舎・末寺の変遷は、本書所収、拙稿「金光寺および同末寺領について」を参照願いたい。
(13) 『寺院異動』（「京都府行政文書」明39—41）。

清水坂非人の衰亡

大山　喬平

はじめに

すべての人にとって人の死は厳粛な事実である。この問題をおいて宗教の深みを語ることはおそらくむつかしい。しかし政治の現実を前にする時、それはたんに厳粛な事実であるにとどまらず、そこにむつかしい事情が介在してくる。

この国の中世の幕開けの時代、平安時代から鎌倉時代にかけて、京都と奈良という二つの巨大都市を中心にして、人びとの間にケガレの感性が目立つようになってくる。そしてケガレの感性の広がりはこの国の内部に微妙で複雑な裂け目をひきおこしていく。その先に差別された人びとの姿が見えてくる。この国の中世はこうしたむつかしい関係を孕んだ時代としてその開幕を告げたのであった。そうした時代に遭遇しながら、幾多の宗教集団がこの問題に真摯に立ち向かおうとしていた。一遍智真にはじまる時衆の徒の活躍もそのうちの一つである。

洛東、東山山麓に位置する長楽寺は時衆（時宗）寺院である。現在の長楽寺には、かつて七条河原口（七条高倉）にあった同じ時衆の七条道場金光寺の旧蔵文書が伝来している。江戸時代、金光寺には火屋が付属していた。人びとの火葬場である。この火屋の歴史をさかのぼっていくと、これはもと鳥辺野の一画にあった一つの荼毘所にたどりつく。応安五年（一三七二）、金光寺はこの荼毘所を手にいれ、年次を確定することはまだ出来ていないが、中世の末になって、これを七条河原口にあった寺域に移転させたのであった。

鳥辺野は平安の昔から京洛の人びとの葬送の地であった(1)。平安時代の後期には、この地に清水坂の非人集団が成立して、本寺清水寺に所属し、洛中・洛外における葬送儀礼を管轄するようになっていった。洛中からの死穢の放逐は長岡・平安遷都以来の政治的課題であったが、勝田至は十二世紀より以前、京都の街には死骸が多く放置されていて、この鳥辺野が一大葬地に変貌していくのは十三世紀になってからだとしている(2)。十三世紀になると京中の死骸が急速に少なくなっていく。清水坂非人集団の形成と展開も、勝田が指摘するこの都市の歴史的変貌と深くかかわるものであったに違いない。

清水坂非人集団形成の真の理由を尋ねることは、なかなかに容易なことではなく、丹生谷哲一の一連の研究をはじめ、近年の研究の進展にはいちじるしいものがあるとはいえ、なおこの問題には未解明の部分が残る(3)。金光寺伝来の古文書をひもとくと、鎌倉時代の末になって、京洛の地に教線を伸ばすようになった時衆の徒たちが、本来は清水坂非人たちの管轄に属していたこの地の葬送儀礼の一部を継承・取得するようになった経緯が見えてくる。今回、長楽寺文書の一部として紹介されることになる旧金光寺文書の全面的な研究が進むことによって、こうした問題の解明が今後一層、進展することであろう。ここでは文書の紹介かたがたこの問題の一端に触れてみたいと思う(4)。

一　赤築地の地

A　赤築地の茶毘所

金光寺の茶毘所は最初、東山の赤築地にあった。この茶毘所がはじめて確認できるのは、応安五年（一三七二）のことである。この年の八月十五日に、善阿弥という人物が自分の相伝する赤築地の茶毘所の地を、直銭五貫文で時阿弥陀仏に売却している（八二）。その翌日、時阿弥陀仏があらためてここを同じ値段で「七条高倉」の「御道場」（金光寺）へ売却したことも分かる（八三）。七条道場金光寺が京洛の地においてはじめて茶毘所の経営に乗り出したのであった。右に触れた二通の茶毘所売券は、金光寺進出以前の葬地としての鳥辺野をめぐる状況の細部をうかがい知ることのできる面白い史料である。

最初の持主善阿弥は売却にさいして「相共善妙」とともに署判している。善妙は女性で善阿弥の妻だったと見ていい。売券には両人のほかに「請人」として因幡・越前の両人が加署していた。こういう国名の名のりは両人が坂非人の有力者であったことを物語る。鎌倉時代以来、奈良坂・清水坂非人たちの上層部が国名を名のっていたことはよく知られた事実である。(5) 個人的に茶毘所を所有していた善阿弥も非人仲間の一人であったに違いない。善阿弥と金光寺を取り持ったのが時阿弥であった。鎌倉時代以来、畿内・近国の非人たちには、叡尊・忍性などを通じて律僧など仏教者への帰依が深まっていた。(6) さらに古くには俊乗房重源のまわりにも非人集団が見られた。(7) 彼等が多く阿弥号をもった理由である。

右の売券はこうした茶毘所が個々の非人の個別の経営で行われ、その茶毘所が非人相互に売却・譲与されうる彼等の個人資産であったことを示している。荼毘所の経営は本来は名実ともに非人仲間の排他的特権であったに違いない。金光寺がこのような荼毘所を取得するについては、何らかの不都合があったのであろう。一日ずれただけの二通の売券の存在の不自然さが、右の推定を可能にしている。ここには非人身分以外の人物（ないし組織）が、荼毘所経営に直接かかわることへの、ある種の忌避があったものと判断されよう。二通目の売券を書いた時阿はこれをあえて乗りこえたのである。後の経過から判断すると、おそらくこれは坂の衰退のはじまりを示していた。(8)

B　赤築地の地

二通の売券にはこの地の在所と四至との記載があって、金光寺が取得することになった鳥辺野の荼毘所の地について、さらに多くの情報を残している。

合壱所　在所清水寺領内赤築地、天神中路南頬也

四至　東けいせいの地のついち、南ノ東なから（半）程ハ岸をかきる、中より西ハはくらう（伯楽）の墓の後の石仏をかきる

西ハ天神大路の路をかきる、□□〔北を〕なし

すなわちこの荼毘所の土地は、荘園制の領有システムのもとにおいては清水寺の寺領の内部であったことに注意しておきたい。ここは平安時代以来、観音霊場として京洛庶民各層の参詣で賑わった清水寺の門前の一画に位置していた。第二にここは「赤築地」と称された一画であった。朱色の築地には参詣の人びとの目を惹くものがあったに違いない。朱の築地とはただならぬ雰囲気を漂わせている。これは何の築地なのか。——その答えはすぐ後の四至の記述に見える。右の荼毘所の東は「けいせい（傾城）いの地のついち（築地）」であった。清水の門前、寺領の一画に荼毘所と遊

女の地とが隣り合っていたことになる。

路を見てみよう。右の荼毘所は「天神中路」の「南頬」（南側）にあったという。すなわち荼毘所の北側がこの路であった。この書き方からすると、荼毘所はこの部分に正規の出入口があったに違いない。四至の記述を見ると北だけでなく、西も路になっている。こちらの路はともに「天神大路」となっている。大路と中路との混乱があるが、同じ路と見ていいだろう。この路は清水の坂を下りてきて、赤築地の傾城の地と荼毘所の前を過ぎたところで左折していた。荼毘所の北と西がこの路だというのだからそういうことになる。

この路をずっと下っていくと、そこに天神社があったに違いない。中世、祇園末社に位置づけられていた「五条西洞院天神社」（現在は松原西洞院）である。この五条天神については義経記ならびにその疫神的性格をめぐって、すでに「五条天神―五条通―五条橋―五条川原―清水観音」を一つの軸線とした中世京都に関する都市空間論が提起され、それらをめぐって興味深い論述が展開されている。(9)

荼毘所の南のうち、東半分は崖（急斜面）であった。歩いてみれば気づくことであるが、このあたりの谷々は今でも深い。すぐ上に位置する清水寺の崖には清水の舞台があった。崖のことを売券は「岸」と記す。崖下には音羽川が流れていた可能性が高い。荼毘所南側の西半分には平坦面があって、そこは伯楽の墓地になっていた。境界には伯楽墓地の背面の石仏があって、これが人びとの目を惹いていた。

また傾城の地の南側は荼毘所のつづきだから、これも崖だったと見ていい。入り口は荼毘所と同じく北側の天神中路に開いていたのだろう。そうなれば傾城の地は北と西とが朱色の築地、背面（南）は崖といった地形だったのだろうか。

C　五条わたりの遊女

宵のまは選りあまさる、立君の五条わたりの月ひとりみる
あじきなや名は立君のいたづらに独ねあかす夜半も有けり

明応九年（一五〇〇）の成立と推定されている七十一番職人歌合が載せる五条わたりの立君（たちぎみ）（路傍の遊女）を詠じた二句である。

そこには「衣かずき」と「市女笠」姿の立君二人に、松明をかざして近づく男とその従者という男女四人の姿が描かれている。そこでの会話（画中詞）……。「すは、御らんぜよ」「けしからずや」と立君たち。「よく見申さむ」と男。暗がりのなか松明の火で女の顔を見ようというのである。最後に「清水までいらせ給へ」とある。これは立君の言葉である。男女の一瞬の緊迫した空気が伝わってくる。校注担当の岩崎佳枝は「立君」に「夜、路傍に立って、客をひく女性の古称。五条立傾城とも呼ばれ、多く五条橋から清水寺への道筋を生業の場としていた」と注している。[10] 中世も終わりに近いころの清水坂界隈の情景である。

清水坂の立君はこのほか源威集の「文和東寺合戦ノ事」に「洛中之事ナレハ見物衆五条橋ヲ桟敷トス……、当日終夜、清水坂ニ立君袖ヲ列テ、座等（頭）琵琶ヲ調参シニ、少々平家語ランスル烏呼ノ者モ有シ也」という記述があり、また看聞日記応永二十九年（一四二二）にも、この年の「松拍」について「風流、五条立傾城之体、学之」と見えている。[11]

赤築地の遊女の地、非人の経営になる荼毘所、石仏を伴う伯楽たちの墓所、清水観音の霊験にすがろうとそこを行き来する参詣の人びと――中世の清水の門前は、このような猥雑と喧騒とが行き交う霊場として栄えていた。

応安五年（一三七二）、このような場所に七条道場金光寺は新たな拠点を設けて、宗教活動に乗り出したのであった。

D　赤築地の無量寿寺

鎌倉時代の末、元応元年（一三一九）に京都の東山に「あかついち」（赤築地）という場所があり、そこに「むりゃうしゅ□」という寺があった（六五）。後の史料が示すところでは引用文の字は「寺」である。

この無量寿寺は「ふちハらのうち女」（藤原氏女）にとって「母方相伝」の「氏寺」であった。藤原の氏に生を受けた女性は、生涯にわたって藤原の姓を名のりつづけるのが長い間のこの国の普通のあり方であった。無量寿寺はこうして女系相続の藤原の氏寺として現われる。彼女は元応元年にこの寺を「やす井の二郎殿」に譲っている。「この寺と私領をば一円に御進退なさるように」「仰せあはせられ候はんこと……は、見はなちまいらすべからず候（私を見放すことのないように……）」といいながら、この地に「これよりあひいろう事、ゆめゆめ候ましく候（いっさい口をさしはさむことはありません）」と、彼女は安井二郎殿に誓っている。安井の地名は今も祇園石段下の南方に残る。彼女にとって安井二郎殿が「御心ざし浅からず候へば……」というのが右の譲与の理由であった。右で無量寿寺とともに譲られている「私領」の内容は、これも後の史料によれば「屋敷」とある。藤原氏女はこの屋敷に住んでいたのである。

康安二年（一三六二）に、右の財産は盛親という人物の手にあった。先の譲りから四十三年が経過している。盛親は安井二郎本人か、ないしその子息にあたるのだろう。この時、盛親は「心さし浅からず候あひだ」といって、右の土地を「ふちわらのうちの女あさなかめやしゃ（亀夜叉）」に譲っている（七三）。亀夜叉は盛親にとっては養女であった。「養女たるうゐは、他人の妨げなく、代々の手継本券等をあいそゐ、ゆづりあたふるうゐは、ゆめゆめ盛親が子孫と号して違乱煩ひあるべからず」とそこにある。あるいは盛親には亀夜叉の母にあたる性善のほかに別に本妻があって、そちらにも子息たちがいたのであろうか。

それから十年、応安六年（一三七三）に亀夜叉女は「延年寺あかつい地の地」を「母である性善の相伝の私領」として自分が譲り受けたといいながら、事情によって「代銭十三貫文」に虎菊殿に売却している（八四）。亀夜叉の母の名は性善、この土地は一度は安井二郎・盛親と男性に渡っているが、最後にはまた性善の娘亀夜叉に受け継がれ、ここに「ははかた（母方）相伝の氏寺」の原則が貫徹していくのであった。虎菊に渡された土地は、応永十八年（一四一一）になって、最終的に七条道場金光寺に売り渡される。一連の手継売券が金光寺に伝存した理由である。売却したのは「延年寺住人」の「越前」と請人としての「同子息善教」の両人であった（七五）。この「越前」も坂非人の仲間だったのであろう。明徳二年（一三九一）「金光寺領東山延年寺赤築地」にあって「桐木屋」と号する土地が幕府の御教書とそれをうけた施行状とにもとづいて金光寺に打渡されたこともあった（七四）。延年寺と称する一画は今でもこれを現地に確認することができる。

母から娘へと女系で伝えられていく藤原という氏の寺、代々そこに介在してくる男たち――これらが何を意味していたか、解答は容易ではないのだが、そうしたものを買得しながら七条道場金光寺は赤築地の地に確かな地歩を築いていくのであった。先の茶毘所や傾城の地とならんで観音霊場清水寺の門前の賑わいがそこにはあった。

二　坂非人の免許

A　坂の免許

①正長元年（一四二八）

この年、坂公文所は七条御道場（金光寺）に宛てて「七条御引導」の時の引馬・鞍などに関して、免状を発給している（一一五）。御引導とは死者をあの世へ導くこと、すなわち七条道場が執り行う葬礼のこと、引馬とは葬礼の導師への布施の馬・鞍を意味する。

坂公文所の言い分は、これより先、遊行十五代上人（尊恵、一三六四―一四二九）在京の時、引馬のさいの得分権を放棄（免除）しているが、これを改訂し今後は引馬のさいに一貫文を差し出すようにというのである。

両者の立場はこの場合、免状を出すのが坂の非人組織であり、この免状を受け取るのが金光寺だという関係にある。端的にいうと金光寺において執り行われる葬礼は、坂の承認と協力のもとにはじめて成立しうるという性格のものであったということができる。坂は一定の得分と引き換えに七条道場が執り行う葬送儀礼への協力を約束したのである。

②長禄元年（一四五七）

この年、坂公文所は七条金光寺に宛てて、徳政があったさいの両者の関係についての一札を手交している（一二五）。徳政にさいしては免輿以下を停止すべきであるが、この停止措置を発動しないというのである。東寺百合文書には長禄の徳政について「京中御寺々様、坂より免状輿之分、雖レ被二破申候一」云々との文言が見えていた[12]。葬礼には三昧輿が必要であった。死者の遺骸を乗せる野辺の送りの輿である。この輿を使用するということは、本来は坂の非人たちの確立された権利であった。時衆寺院である金光寺の葬礼は、坂の承認なしにこれを使うことができない、とする慣例が京都の地を支配していたことが分かる。

中世後期になって、坂は京中における葬礼に免状を発給し、そこから輿の使用料を徴収するという新機軸を生み出すようになっていた。右のような政治秩序のなかにおいて、坂の組織と葬礼寺院との関係を経済的な側面から見れば、これは一種の売買・貸借の経済行為として現われる。徳政は売買・貸借の無効を宣言するものであったから、徳政令の発布とともに坂組織が発給していた輿の免状（免輿状）も失効することになる。長禄元年、坂公文所は七条金光寺に対してこれを徳政適用から外すと通告したのであった。

坂の権利は強硬に主張されていた。そうした主張を受け入れる素地が中世の京都には存在した。しかし坂非人の組織は他の権門寺社などとは異なり、それ自体が一個の地域権力への志向性を帯びることはなかった。彼等は世俗的・宗教的諸権門が織りなす政治的諸秩序の狭間に自己の存立基盤を見出し、みずからに固有の権能を示しつづけていた。彼等は清水寺を本寺としながらも京都をめぐる政治力学の動向に対応して、ある時は感神院犬神人として、またある時は「山門西塔釈迦堂寄人」として現われた[13]。彼等が担っていたのはこの都市がもつキヨメの空間構造の中核部分である。彼等が担ったキヨメの価値は葬送儀礼における遺骸埋葬にいたる一連の行為に凝集されており、それを核として周縁への一定の広がりをともなっていたと見ていい。癩者や五体不具の者たちへの関与もその一つであった。

③大永三年（一五二三）

このころ坂組織は金光寺から莫大の合力（資金援助）に預かっていたらしい。その後の坂組織の急速な弱体化を勘案すると、当時すでに坂は経済的苦境に立たされていたと見ていい。十五世紀の「公文所」に代わって十六世紀の坂には「惣中」という組織が成立しており、「坂奉行」が惣中を背景にして全体を差配するようになっていた。金光寺から坂への金銭的負担をここでは「役銭」と称している。この役銭は従来、毎回「百疋」宛であったが、今後は「木杭・仏事銭」をふくめて「参拾疋」宛に減額されている（一三二）。

右の決定にさいして坂では「惣中」の寄合を開き、ここで「合点」（承認）している。坂奉行は右の「合点」をうけて契状（誓約状）を作成し、そこに署判を加えている。注意しておきたいのは、右の坂奉行の契状末尾にある「右の約束に違反し、煩いをなすものは盗人の罪科になさるべきである」との文言である。こうした文言（罪科文言）については、今後も触れることになる。

坂奉行はこの時、同日付けで徳政免状とでもいうべきもう一通の契状を出している。徳政の度ごとの協議は面倒である。こうして「惣中合点」の上に、あらかじめ蓮台銭の額を決めておいたのであった。この時の決定額は「弐拾疋」宛であった（一三四）。

④天文十七年（一五四八）

この年の八月十日、坂では越後・対馬・長門・尾張・備中・相模の「六人のれんはん衆」が新しい証文を金光寺に手渡している。大永三年（一五二三）、坂の「惣中」はまだ後景にいて、文書に署判するのは一人の奉行であった[14]。しかし全体の組織が弱体化していくと、内部の結束ぶりを外部に示さねばならなくなる。これ以後の坂の文書はこの「六人連判衆」の署判が普通になる。

この時、かつて赤築地にあった金光寺の荼毘所はすでになくなっており、新たな火屋が七条河原口の金光寺の傍らに移建されていた。右の六人連判衆の証文には次のような文言が見える（一三七）。

七条の道場、寺ないに（内）おいて、とさう（土葬）の事、あな（穴）一ニ五十文、さかはう（坂方）へ可給候、たんな（檀那）方同前なり、ひきむま（引馬）・ひや（火屋）・あらかき（荒垣）・まく（幕）・つな（綱）、もとから御てらしゆ（寺衆）さため（定）のことく（如）なり、万一、いらんわつらひ（違乱煩）申者候ハヽ、
六人のれんはん衆として申あきらむへき者なり

ここには三つのことが約束されていた。第一に金光寺の寺内で土葬を行うさいには、穴一つについて（金光寺が）五十文、施主である檀那も同額を坂の組織に支払う。第二に引馬・火屋・荒垣・幕・綱については従来通り金光寺寺衆の定めるところに変更はない。第三に万一、この取決めに違反するものがあれば六人連判衆が責任をもって究明する、というのである。

第一の点は金光寺寺内において、墓地が営まれ「土葬」が本格化していて、この点についての費用負担の原則が取り決められたことを示す[15]。さらに第二の引馬以下の負担については、ここで寺衆の定めとなっているが、従来からの経緯を見ればこれは坂・金光寺両者の合意の上での寺衆の定めであったに違いない。そして第三には、右の六人連判衆が配下のメンバーの行動に責任を取り、一、二で取り決めた額以上の迷惑（負担）を掛けないことを約束している。

重要なのは第三の問題である。坂は金光寺に言いがかりをつける可能性のある人物たちに直接、責任を負う立場にあったことが分かる。七条河原口の寺地内に移転した火屋にはこの火屋に直接かかわり、ここで働く特定の人間が張り付いていた。こうした人間は身分の上でいえば依然、清水坂非人組織の配下にいた。坂惣中を構成する六人

の連判衆はこうした人間にも責任を取らなければならなかった。天文の第三の約束はこうした事情を物語っている(16)。

B　元和の記録

⑤元和七年（一六二一）

江戸時代のはじめ元和七年（一六二一）五月に七条道場金光寺と坂組織は再度、覚書を取り交わした（一五〇・一五一）。坂組織の代表はここでもまだ例の六人連判衆であった。その名は筑紫・飛騨・加賀・出羽・河内・伯耆の六人である。これに対して金光寺代表は金玉庵・正覚庵・納所厳臨の三者であった。両者の覚書はほぼ同文で、東山赤辻（赤築地）にあった墓所を七条河原口へ移転させたさいの取決めと、その後の経過の概略を述べている。取り交わされた覚書はほぼ同文であるが、文章が込み入り（ないしは説明不足で）、事態の経緯が少し分かりづらい。

移転の理由について七条道場は「此方の筋目これあるについて、七条河原口江引たきの由」を「松房」へ相ことわり、「坂方」と談合して実現を見たと述べる。同じ事を坂では「七条の筋目これあるについて」と書く。七条すなわち金光寺からの申し出によって移転の実現を見たことが明らかである。

移転後の墓所経営、特に金光寺から坂への負担内容について両者の間に十ヶ条の取決めがなされた。その内容は、

① ふりさけ　年中ニ壱石五斗但内墓共に
② にないこし（輿）　五升也
③ 板こし（輿）　壱斗也
④ 新こし（輿）　壱斗五升也
⑤ はりこし（輿）　壱斗五升也

⑥　かん（竈）　　　五斗也
⑦　引馬ニ付而　五斗也
⑧　そうしせん（掃除銭）六月朔日　壱斗也
⑨　正月四日　　弐十疋礼銭
⑩　火屋・あら垣・まく・つな　以上

である。十ヶ条のうち①～⑥は各種三昧輿ないし竈の使用料であり、⑦は先述のとおり、⑧⑨は年二回の坂組織への季節の挨拶料（祝銭）、⑩は荼毘のさいの直接の施設・備品の費用である。①の「振り下げ」とは簡便な遺骸の搬送方式であって袋状に包んだ遺骸を棒で担ぐだけの方法である。②以下の輿・竈の使用にはそれぞれランクがあって葬礼の回数に応じた計算になっている。こちらは年額ではなくてその都度の出来高払いである。右のうちの「米」形態の支払いには納入期限があって毎年霜月中に坂方へ受け取ることも決められていた。

右の十ヶ条は葬礼の内容に即した取決めであったが、これが後に改定されている。「右之拾ヶ条、いつれもつ、めて毎年ニ三石五斗ニ永代相定事、七条金光寺廿代住持（法爾）之時也」とある。(17) ①の「振り下げ」だけでも年に一石五斗であったものが、すべてを含めて年に三石五斗の一括支払いになっている。

元和の取決めには右の十ヶ条の改定とは別にもう一件「注阿ミ」への支払いがあって、これが覚書の末尾に付されていた。その部分は、

一、注阿ミ・力者ニ壱斗、一、すミ木ニ壱斗、一、たな六合ニ付而壱升五合、其上さん用可有候、注阿ミうけ取候て、寺地いらん（違乱）あるましく候、以上

とある。ここに見える「注阿弥・力者」が火屋における作業の実際に深くかかわる存在であったことは、炭・木な

どの品目からも明らかである。また「其上、さん用（算用）可有候」とは十ヶ条（ないし三石五斗）とは別会計で計算する意味である。この分は注阿弥が直接受け取り、受け取った以上、寺地に違乱はしないというのである。

注阿弥は金光寺の火屋ならびに墓所を直接に管理し、葬礼と埋葬にかかわる人物であった。重要なことは注阿弥のような存在が坂の六人連判衆の配下にいたということである。荼毘所を赤築地から七条口へ移転させるさいに金光寺が最初に了解を取り付けたのは「松房」であった。元和の注阿弥と右の松房の姿が重なって見えてくるであろう。

⑥寛文六年（一六六六）

この年の霜月廿二日、末寺の荘厳寺ならびに福田寺に対し、右の十ヶ条とほぼ同一内容の一札が坂方から出されている（一五六・一五七）。署判は河内・丹波・丹後・播磨・備前・大和の六人であった。坂を構成する六人連判衆は形式的にはなおこの時、命脈を保っていた。

⑦宝永元年（一七〇四）

この年、七条道場金光寺の役者両名（宗寿庵・西光院）は覚書を書いて「当寺境内火屋の儀」について、（ア）昔は東山鳥辺野にあったこと、（イ）三百三十七年以前に「紘召時阿与申者」の方よりこれを買い受けたこと、（ウ）現在の「山銭」がおよそ「壱ヶ年ニ金三拾両、又者五拾両程」であって、これが「金光寺方丈」へ受納（納入）され、その中から「米三石五斗」が「紘召方」へ遣わされていること、（エ）そして「山守」は「施主方よりの施物」によって渡世していることの四点を報告している（一六一）。

覚書の宛先は「御奉行様」であった。宝永から三百三十七年以前は貞治六年（一三六七）にあたる。実際の文書によれば茶毘所を買得したのは応安五年（一三七二）のことであったから、ここには五年の計算違いがある。しかし、この覚書は坂非人の組織が近世の弦（絃）召につづくことを再確認させてくれるとともに、金光寺の火屋の歴史的由来が、坂非人からの権利の継承の上に存したことを簡明に物語っていて重要である。

（ウ）でいう「山銭」とは、墓所（火屋）経営から生じる金光寺の収入のことであり、金光寺には合計すれば三十両から五十両に及ぶ年収がもたらされていた。金光寺は右の「山銭」収入の内から「三石五斗」をさいて坂非人へ渡していたのであった。元和の契状に見えた「注阿弥・力者」のような存在が、ここでは火屋の「山守」と記されている。火屋は「山」であり、火屋からの収益がすなわち「山銭」であり、火屋に働く人びとがここでいう「山守」にあたる。

（エ）はとりわけ重要な事実を伝えている。火屋で働く「山守」たちには他に収入がなく、ひたすらに施主からの「施物」によって渡世をおくる存在だと記されているからである。この時期になると彼等の上には事実上、坂の支配と保護とが届いていなかった。「山守」たちは大きな歴史的転換のなかにいて、近世の「隠亡」への転生を余儀なくされていたことが分かる。

宝永元年（一七〇四）に見られる右のような局面に列島社会の中世をながく支配してきた儀礼空間の衰退現象を見ることができる。それは同時に中世的な都市秩序の底辺からの解体を意味していた。

三　清水坂非人の葬送支配権

金光寺旧蔵文書をたどりながら京洛における七条道場金光寺と清水坂非人集団との歴史的関係の概略をたどってきた。こうした関係は時衆以外の諸寺院においてもひろく見られるところであった。先行研究に依りながら、そうした関係を垣間見ておこう。

A　東寺の事例

①文安二年（一四四五）

京都における坂惣中の歴史的存在をはじめて明らかにしたのは東寺地蔵三昧方の成立を分析した馬田論文であった。[18]中世の東寺には十三世紀以来、光明真言を唱えて真言土砂加持を行い、罪障を滅して亡者の往生を願う光明講組織が活動していた。しかし東寺自身は独自の三昧輿をもつことなく、葬儀は外部寺院に依頼してこれを執り行ってきた。文安二年（一四四五）になって東寺はこれを改め、新たに地蔵三昧方の組織を作り、ここで葬儀を執り行うようになる。

この時、坂の公文所は東寺に対して二通の免状を発給している。[19]一通は「東寺地蔵堂三昧免輿」の免状（ア）であり、もう一通は「仏事料足」ならびに「正月四日祝」の免状（イ）であった。そのさい東寺は坂に対して計六貫七百文を支払っている。（ア）の署名は薩摩・因幡・参河・下総・丹後・和泉・日向の七名であり、（イ）のそれは「坂之公文所」ならびに沙汰人の越後・日向の両人であった。

六貫七百文の内訳は①輿免分が三貫五百文、付属の綱分が二百文、②輿が破損したさいの、一度を限度とする修理免分が一貫文、③仏事免分が一貫文、④正月四日祝の免分が一貫文であった。①②が（ア）にかかわり、③④が（イ）の内容で、こちらは「永代分」の免状であった。

以上の六貫七百文は東寺にとってはいわば免状二通の購入費であったが、（ア）にはこのほかに東寺の負担金として覆膚付・炭木・供具・力者銭の名目で葬儀「一度別八百文宛」が決められていた。関連史料によれば八百文を受け取るのは「三昧方」であり、その内訳は炭木代三百文、覆膚付二百文、供具代百文、力者銭二百文であった。

こうした取決めの仕方は、東寺の三昧方の人間が身分上は坂に属していたことを示している。（ア）は書止文言を「万一、有二異乱申輩一者、為二此方一加二厳密下知一、可レ処二罪科一者也、仍所レ定如レ件」と結んでいた。罪科に処する主体は「此方」すなわち坂沙汰所（＝公文所）の七人に他ならなかった。坂の組織がみずからに固有の裁判権を有し、これを行使していたことは、すでに鎌倉時代、六波羅における奈良坂非人の主張のなかに見えていた[20]。

なお東寺はこの年の十月末に三貫文で輿を新造（購入）し、十一月に輿屋を建築していた[21]。三昧輿は東寺の費用で購入されたのであったが、それが葬送のための輿であり、そうした機能を果たすかぎり、坂の支配のもとに置かれたのであった。鎌倉時代、癩病人が癩病人であるかぎり家族から切り離されてそのまま坂の支配下に置かれようとしたのと、これは照応する関係にあった。非人たちのこの都市におけるキヨメの機能はこのようにして発現していた。中世後期、それらが少しずつほころびを見せはじめていたのであった[22]。

東寺百合文書にはこの時の地蔵堂の差図がある[23]。南向き中央に「地蔵堂」の部屋が位置し、その東（右）が「客部屋」、西（左）が「輿屋」であって、建物の背面（北側半分）のうち東半分は「土間」で、西半分が「世阿ミ部屋」になっている。「世阿弥」はここで地蔵堂に住み、直接、輿を管理していた。彼は東寺の荼毘を執沙汰する人物であったに違いない。先に金光寺文書で見た元和の「注阿弥」の姿を彷彿とさせるであろう。

②応永五年（一三九八）――文安二年（一四四五）以前

東寺に地蔵三昧方が成立する以前の事情を推察させてくれる史料としてたびたび言及されるのが「観智院法印御房中陰記」である。[24]それによると応永五年（一三九八）、東寺観智院賢宝が亡くなったさい、事情があって東寺は近所の西八条遍照心院にかえて亭子院に依頼して荼毘のことを執り行っている。東寺は費用として三百疋を亭子院に遣わし、かつ新熊野法印仁重に輿を出すようにいい、このことも「かの寺」に連絡した。ところが夕方になって「かの寺」から連絡があり、「当時件在所執沙汰之者」が「毎事高々」のことを申すので、東寺から直接、交渉してほしいといって、交渉のさいその者に提示した注文（値段表）を送付してきた。それをうけて東寺が「かの所執沙汰者」と交渉、最終決着を見て総計すると荼毘費用四貫八百文がはじき出されている。「中陰記」のなかにある「一、御茶毘用意事」の部分であるが、ここから十四世紀末の荼毘をめぐる経済事情の一端が見えてくる。

右に「かの寺」と見えるのが亭子院であることは前後の文章から明白であり、また「件在所」「かの所」「其所」などと見える荼毘の場所が「狐塚」であり、「執沙汰之者」が「善阿弥」といったことも注記に明らかである。またこの「狐塚」が「一阿道場荼毘所」であり、かつこの「一阿道場」が市屋道場金光寺を指すことも馬田の研究にすでに詳しい。[25]

「中陰記」は狐塚の善阿弥が高値を吹っかけるので費用がかさんで四貫八百文になったことを記して、以前の西八条のさいは軽微だとはいえ三百疋（三貫文）を遣わせば、「是非の煩い」に及ぶことなく執沙汰をしたと書いている。文章のなかで「中陰記」は荼毘費用を善阿弥への「下行分」（ア）と「寺ノ沙汰分」（イ）とに分けている。

「寺」とは直接には亭子院を指すが最終的にはもちろん全額が東寺の負担である。（ア）（イ）の支出項目は、亭子院から送られてきた注文と東寺による直接交渉の結果とでは、表現に多少異なるところがあって品目表示は後者のほうが丁寧である。内容理解とかかわるので、後者の項目名を（　）内に付記して示すと次のようなものである。

（ア）善阿弥への下行分…荒墖（荒墖火屋代）・炭（炭薪代）・棺・穴賃・ハタツケ（膚付代）、その他交渉中に追加下行になったものに、綱代（輿綱代）・棺結緒布代（棺上結布代）

（イ）寺ノ沙汰分…絹（覆天蓋幡絹代）・ワラウツ（藁履代）・僧衆布施（僧十五人布施）

値段が跳ね上がったのは（ア）であった。

なおこの葬礼では輿賃が無償になっている。これは亭子院の輿を使用したためで「於レ輿者亭子院常住輿有レ之、賃不レ可レ入」などとある。通常だと輿賃として七百文か、上品の場合は八百文だとも書かれている。

右の狐塚は東寺領女御田の内にあった。つまり荘園制の枠組みからいうと、そこにおける荼毘所経営には荘園領主東寺の承認が必要であった。東寺の引付に「狐塚事」と題する三月廿六日（康正三年）の引付がある。内容は「北小路猪熊道場号一阿道場所望女御田塚事」とあり、東寺ではこの日、これを許可している。[26]荘園制のシステムと荼毘所の経営とそこを執沙汰する人物と、中世を構成するシステムは複雑な絡まりを見せていた。

B　山門との関係

①観応二年（一三五一）・正平七年（一三五二）

ところで馬田論文は『祇園執行日記』を素材として感神院犬神人と坂非人の関係について重要な事実を指摘していた。

観応二年（一三五一）十二月に死去した和気益成妻女の葬送が、ある遁世者の手によって伏見で執り行われたところ、犬神人等が輿を寄こすよう要求してきた。困惑した益成が祇園執行顕詮に懇願、顕詮がこれに応じて寄方をもって犬神人に下知したところ、犬神人等は「奉行輩」に尋ねて返事をするという回答を寄せている。また正平七年（一三五二）七月の十相院僧正の死去にさいして栂尾の山本坊の輿が使われたが、犬神人がこれに抗議して、輿を抑留してしまった。梶井宮から返却するようにとの指示を受けた祇園執行顕詮が犬神人に下知したところ、彼等はこの時も「惣衆」に相触れて処置するとの回答を寄せている。この件は山本坊が一貫五百文を渡して、輿を取り戻して決着を見るのであるが、馬田はここに見える「奉行」「惣衆」を清水坂非人組織の奉行であり、惣衆であったと解している。

右の『祇園執行日記』の文章から読みとれるのは、犬神人たちが祇園執行顕詮の下知にそのまま従うのではなく、あつかう事案の性格に応じて坂の「奉行」や「惣衆」の意をうけて行動していたという事実である。彼等はたとえ犬神人であったとしても本来は坂を構成する非人の一員であり、坂の論理に従って行動していたことが明瞭である。非人たちの多くが感神院と結びつき犬神人となって行動していたから、世間一般の目には非人の行為がそのまま犬神人の行為と映じていたことも分かる。しかし祇園犬神人と坂非人とは組織としては別のものであったと見なければならない。洛中・洛外における葬送とキヨメを管轄していたのはあくまでも坂の組織であって祇園犬神人ではなかった。祇園執行顕詮は配下の犬神人に下知しており、この下知は犬神人を介して坂の組織（惣衆・奉行輩）に伝えられたのであった。

②寛正六年（一四六五）の犬神人

いっぽう、右の解釈にそぐわない史料も存在する。寛正六年（一四六五）、山門が「数多公人幷犬神人」を発向させて、洛中洛外の法華堂（法華宗寺院）をことごとく破却しようとしたことがあった。日蓮宗本覚寺の日住上人が、将軍義政に説法したというのがその理由であったが、この動きは、制止を命じる幕府の奉書によってやむなく中止されることになっている。山門ではこの時「楚忽之儀」を止めるようにという趣を「板中」（坂中）へ触れるようにという命令を「年預代」の名前で「坂公文所」宛に出している。ここでは坂公文所は山門の意をうけて、配下の犬神人に山門からの命令を伝達する立場であった。また祇園小路にあった末寺普門寺の警固を坂公文所に命じた「喜楽坊御代祐淳」の折紙もある。こうした事実を指摘しながら三枝暁子は、坂公文所は山門の命をうけて犬神人を動員する機関であったと性格づけている。(27)

馬田・三枝の両論文は坂の組織（坂公文所・惣衆・奉行輩）と犬神人組織についての異なった局面をあらためて浮き彫りにしている。馬田論文は犬神人の組織に収まりきらない坂の多面的な存在を浮かびあがらせており、三枝論文は山門や祇園感神院に組織化された坂のあり方を指摘している。これは依拠した史料に十四世紀（馬田論文）と十五世紀（三枝論文）の違いがあって、そうした時代の流れの現われだと解することもあるいは可能かもしれない。

しかし私はここに中世という時代がもつ、より原理的な何か――適当なコトバに苦しむのであるが、曖昧さとでもいった関係を感じざるをえない。中世の支配と被支配の関係、組織と組織の間に成立している統属の関係には近代の官僚的なシステムに慣らされた人間には理解しにくいような一種の曖昧さがつねにつきまとっている。よく知られているように清水坂の非人は十三世紀になって祇園感神院の犬神人に編成され、同時に山門の京都支配の尖兵としての役割を担わせられるようになっていた。しかしここに成立する両者の統属関係は洛中・洛外における両組織の利害の一致が大きな前提だったのではないか。十五世紀に「山門―（祇園感神院）―清水坂（犬神人）」という統属関係に大きく介在していた山徒上林房は、ある時は東寺と坂との交渉に「口入」する人物として現われ、ある時は祇園小路普門寺の警固を、このあたりに便宜をもつ坂に対して「警固候者可喜候」との趣旨を実際に伝えに出向く使者としての役割を果たしていた。中世の権門・寺社の意志はこうした曖昧な支配と統合の関係のなかで、それなりに貫徹していたのではなかったか、私は問題をこのように解している。ここではすべてが曖昧で明確さを欠いていた。

C　東寺以外の寺院の事例

坂非人との関係は、時衆の七条道場金光寺と顕密寺院の東寺とでは、当然のことながら細部に異同がある。（もっとも前項Bの山門だけは特別なのであるが）それでも坂非人と寺院との間に成立していた基本的な構図には共通の部分があったことが明らかである。Aにつづいてここでは東寺以外の寺院についてもう少し見ておきたい。

①浄福寺

大永五年（一五二五）、浄福寺（浄土宗）は三昧堂建立について後柏原天皇の綸旨を獲得した。天文九年（一五四〇）の室町幕府奉行人奉書は、綸旨が出ており、また「坂之儀」をもって諸役以下を相勤めることであるので、寺家（浄福寺）の進止は相違あるべからず（認められる）との意向を示している。三昧堂は「坂之儀」によって滞りなく維持される性格のものであったことが分かる。文書の宛名は「浄福寺住持」であった[28]。

②佛光寺

天文十八年（一五四九）、坂は下野・上総・伯耆・美濃・豊後・出雲の六名連署で、汁谷佛光寺（真宗）の惣中に対し、永代輿のことを定め、龕は上人でも五百文、張輿は二百文、これを焼けば三百文、蓮台は五十文とし、天下一同の徳政があれば、銭五百文を下されたいとし、これ以外はいっさい諸役はないと誓っていた。(29)

③近江国・福生寺（安土町東老蘇）

天正十六年（一五八八）、坂奉行備後は東老蘇の光阿ミ陀仏に宛てて、「江州蒲生郡佐々木之内東おひそにおひて火葬所申付上者、何方よりなにやうの事申候共、相違有ましく候」といって、火葬場の許可を与えている。ここに見える坂とは清水坂を意味した。すなわち右の坂奉行備後の花押は、次に見る慶長元年（一五九六）の知恩院文書に見える五人の坂奉行惣代のうちの備後の花押と一致することが、藤田励夫によって確認されている。(30)鎌倉時代の清水坂非人は奈良坂非人と畿内近国の広域的な支配権を激しく争っていたが、この事例は十六世紀の後半になっても清水坂非人の支配がなお京中のみならず、時として近江国へも延びていたことを示している。

④知恩院

慶長元年（一五九六）、「坂奉行惣代」として但馬・備後・安芸・出雲・長門の五名は、「知恩院より坂へ被下候御墓役之物」を「坂のからん（伽藍）」建立の費用を得るために「諸役のこらず」「銀子五まい」で売却している。そして今後は「葬場、何方にひらかせられ候共」構わない、と申し送っている。また「天下一同の徳政」ないし「私徳政」があっても、右の「諸役」（墓役ほか）売却が無効になったなどと主張することはしない。そのために手許にある

「昔よりの証文」はことごとく返進する。（今後は）たとえ何処から出た証文であっても「ほうく（反古）」である、と書きつけている。[31]

こうして近世の初頭、坂はまさに崩壊寸前の状態にたちいたっている。

⑤長香寺

慶長十一年（一六〇六）十月二十七日、長香寺と坂は「無所（墓所）之事」を定めている。坂の署判はわかさ（若狭）・みかわ（三河）・ふんこ（豊後）・ちくこ（筑後）・かゝ（加賀）・かわち（河内）の六人衆であった。[32] 長香寺には、この日交換された証文が二通とも残されている。一度は長香寺から坂へ渡された証文が返却され、文面が墨で抹消された上に、紙背に「右之書物、反古也／坂六人之内　越後（黒印）／同　日向（花押）」との書き込みがある。返却は正保三年（一六四六）のことであった。この年の十二月十一日、越後・日向の両人は、毎年六月朔日に米壱升、また天下一同の徳政に米弐升を受け取る代わりに、いかようの「さうれい（葬礼）」があっても少しも違乱に及ぶことはないと誓っていた。[33]

その後、元禄元年（一六八八）になって「坂六人者」が長香寺に「ねだり」に現われた。長香寺では右の「手形」を見せたところ、怖がって逃げていったと、右の文書の包紙に記している。

元禄の坂の存在はすでに有って無きが同然であった。

⑥本能寺

延宝三年（一六七五）「坂六人老」は本能寺に対し、

①毎年六月朔日に掃地銭として米壱斗ずつを坂方へ受けとること、天下一同の徳政があったとしても米壱斗は坂

方へ受けとること、この他には如何ようの葬礼があったとしても、違乱に及ばないこと
②毎年正月四日に御礼に参るとき、その方さまより、鳥目弐百文ずつ頂戴すること
などを取り決めている。[34]ここでの六人の名のりは宮内・左近・蔵人・治部・長門・佐門であった。国名の名のりは長門一人になっている。ここにも時代の転換がありありと見える。

右の「坂六人老」はこの文書のことを「永代定墓所書物之事」と書いているが、この「定書」も、歴史的由緒かないえば坂からの本能寺に対する免状であるが、実質はとてもそのような性格のものではなくなっていた。

おわりに

近世になって、相手方の寺院により遅速はあるものの坂非人の影は急速に薄くなっていった。ただその傾向は近世になってはじまったことではなく、十四世紀には確実に進行しはじめていた。時衆道場金光寺が鳥辺野の一画で荼毘所の経営に乗り出したことにも衰退の傾向がはっきり現われていた。京中のいくつかの地点に墓所が成立し火屋が営まれるようになったのはかなり早くからのことであった。そうした火屋や墓地にいた中世三昧聖の転変の全般については細川涼一、上別府茂、吉井敏幸、高田陽介、勝田至をはじめ多くの研究の蓄積がある。[35]ここで詳しく触れることができなかったのであるが、それらの諸研究がさし示している事がらは、今回の金光寺文書が示すような中世後期における清水坂非人組織の衰亡の過程とさまざまに交錯しあっているように思う。

鳥辺野とならんで蓮台野も中世以来の京都の有数の葬送地であった。かつてこの蓮台野の葬送にも坂の非人たちの支配権は強く及んでいた。このことは近世になっても上品蓮台寺十二坊にあって境内墓地をもつ六坊は、正月な

らびに七月に祇園感神院犬神人に米銭を渡していたとされることからも十分に想像がつくだろう。(36) 京都における坂非人の残映はその後も一定の部分において長く確かにつづいていたが、その意味はまた別に論じられることであろう。

註

(1) 勝田至「鳥辺野考」「「京師五三昧」考」(『日本中世の墓と葬送』、吉川弘文館、二〇〇六年)など。

(2) 勝田至『死者たちの中世』(吉川弘文館、二〇〇三年)。

(3) 丹生谷哲一『日本中世の身分と社会』(塙書房、一九九三年)、同『身分・差別と中世社会』(同、二〇〇五年)など。

(4) 本文書については、石川登志雄「清水坂奉行衆連署置文(七条道場金光寺文書、長楽寺所蔵)」(『日本歴史』六一三号、一九九九年)、京都国立博物館図録『長楽寺の名宝展』(二〇〇〇年)の紹介が先にある。

(5) 大山「奈良坂・清水坂両宿非人抗争雑考」(『日本中世農村史の研究』、岩波書店、一九七八年)。

(6) 建治元年(一二七五)八月二十七日、叡尊は清水坂において非人宿の塔供養を行っている。この時、塔の大床において三五九人に菩薩戒を授け、さらに一日一夜をかけて塔の庭において観心房が八七三人の非人に斎戒を授けた。この時、広田にいた叡尊は清水坂非人らの要請をうけて清水へ赴いたのだが、非人らの八月十三日の請文には「所々非人皆以預㆓御化度㆒候、当坂一所相㆓漏其内㆒事、併可㆑為㆓舎衛三億衆㆒候之間、為㆑被㆑垂㆓平等之御慈悲㆒、当坂非人一等請文如㆑件」(『感身学正記』)とあった。右の舎衛三億衆とはブッダが北インド・コーサラ国の首都シュラーヴァスティ(舎衛城)にジェータヴァナ(祇園精舎)をえてここで説教し、九億の人間のうちこの教えによって救われるのが六億人、救われないのが三億人としたとする大智度論の説にもとづくもの。大智度論は龍樹による大般若経の解説。日本にも古くから伝わり源信の『往生要集』に見える。右の清水坂非人たちの発言は十三世紀、畿内近国の非人集団に叡尊の教説が急速に影響力を増した事実を物語る。なお細川涼一「唐招提寺の律僧と斎戒衆——中世律宗寺院における勧進・葬送組織の成立——」(『中世の律宗寺院と民衆』、吉川弘文館、一九八七年)をも参照。

(7) 大山「重源狭山池改修碑について」(『狭山池』論考編、狭山池調査事務所、一九九九年)。

（8）建武元年（一三三四）、与阿弥陀仏を名のる橘氏の女性が九条の田地一町を「鳥辺野御道場」のために金蓮寺の浄阿上人に寄進している（建武元年十一月二十日橘氏与阿弥陀仏田地寄進状案「京都四条道場金蓮寺文書」2号、橘俊道・圭室文雄編『庶民信仰の源流――時宗と遊行聖――』、名著出版、一九八二年）。金蓮寺はこの時すでに葬送のための道場を鳥辺野に確保していたことが分かる（高田陽介「戦国期京都に見る葬送墓制の変容」、『日本史研究』四〇九号、一九九六年）。

（9）岩崎武夫「五条天神考――疫神の世界――」（『試論　中・近世文学』四号、四三舎、一九八五年）、瀬田勝哉「五条天神と祇園社――『義経記』成立の頃――」（『洛中洛外の群像　失われた中世京都へ』、平凡社、一九九四年）。

（10）『七十一番職人歌合　新撰狂歌集　古今夷曲集』（『新日本古典文学大系』61　岩波書店、一九九三年）。

（11）『源威集』下巻（加地宏江校注、東洋文庫、平凡社）。なお川嶋将生「鴨川の歴史的景観」（『「洛中洛外」の社会史』思文閣出版、一九九九年）。『看聞日記』応永二十九年正月十一日条。遊女については辻浩和氏の教示をえた。

（12）「東寺百合文書」ヱ函八八号。

（13）文和二年犬神人等申状案（『八坂神社文書』上、一二四六号）。

（14）これより先に坂は東寺に対して七人署判の免輿状を出している（後述）。これは寺格の問題であろう。権門寺院東寺は特別の寺院であった。

（15）この土葬は土に葬ることの意か。後考にまちたい。

（16）なお文明十八年（一四八六）十月、七条大宮木下の三昧聖三人が蓮台荼毘料足三百文の請文を直接、市屋道場金光寺に出していることにも注目させられる（馬田綾子校注「坂非人・葬送」、『部落史史料選集』古代・中世篇、部落問題研究所出版部、一九八八年）。

（17）法爾が金光寺二十代となったのは慶長十八年（一六一三）であった。

（18）馬田綾子「中世京都における寺院と民衆」（『日本史研究』二三五号、一九八二年）。なお中世の葬送については高田陽介「中世の火葬場から」（五味文彦編『中世の空間を読む』、吉川弘文館、一九九五年）など。

（19）文安二年七月二十八日東寺地蔵堂三昧法式「東寺百合文書」ヱ函八一号・八二号。

（20）非人裁判権の自立的性格については、大山「中世の身分制と国家」（『日本中世農村史の研究』、前掲註〈5〉）で述べた。

(21) 馬田前掲註(18)論文三八頁。
(22) 丹生谷哲一「中世の非人と「癩」差別」(同『身分・差別と中世社会』、前掲註〈3〉、九八頁)は、嘉元二年(一三〇四)の後深草上皇五七日法要における非人施行の対象であった清水坂非人千人・散在非人三七六人をあげながら、坂非人の京中掌握をやや一方的に強調しすぎた大山の旧稿を批判している。癩差別に視点を定めた丹生谷の批判は史料に即して具体的であり、原則としてはこれに従いたい。
(23) 原宏一「東寺地蔵堂三昧について」(細川涼一編『三昧聖の研究』、碩文社、二〇〇一年)、「東寺百合文書」ヱ函三四二号。
(24)『大日本史料』七編之三、三三七頁。
(25) 馬田綾子校注「坂非人・葬送」(前掲註〈16〉)。
(26) 康正三年東寺造営方法式条々引付(「東寺百合文書」け函七号)。
(27) 三枝暁子「中世犬神人の存在形態」(『部落問題研究』一六二輯、二〇〇七年)。
(28) 大永五年九月廿八日後柏原天皇綸旨、天文九年十月五日室町幕府奉行人連署奉書(「浄福寺文書」一号・六号、水野恭一郎・中井真孝編『京都浄土宗寺院文書』、同朋舎出版、一九八〇年)。
(29) 天文十八年二月廿八日竃等使用契状(『真宗史料集成』第四巻「13仏光寺道場式目 二」、同朋舎出版、一九八二年)。
(30) 藤田励夫「近江の三昧聖・煙亡について」(細川編『三昧聖の研究』、前掲註〈23〉)。
(31) 慶長元年極月六日坂奉行連署売券(「知恩院文書」四一号・四二号、『京都浄土宗寺院文書』、前掲註〈28〉)。
(32) 慶長十一年十月廿七日長香寺墓所定書、同日付坂六人衆連署請文(「長香寺文書」一号・二号、『京都浄土宗寺院文書』、前掲註〈28〉)。
(33) 正保三年十二月十一日坂六人衆連署請文(「長香寺文書」一一号)。
(34) 延宝三年八月十六日坂六人老連署定(『本能寺史料』本山篇上、思文閣出版、一九九六年)。
(35) 吉井克信「三昧聖研究文献目録」(細川編『三昧聖の研究』、前掲註〈23〉)。
(36)『雍州府志』巻八、古蹟門上、愛宕郡。

〔追記〕　本稿における史料本文の引用には、厳密に原文そのままでない部分が混じる。読者の読みやすさを考慮して仮名表記を漢字に改めたり、原文にない濁点を付したりもした。疑問があれば直接、本書の史料編にあたられたい。

金光寺および同末寺領について

地主　智彦

一　二通の所領目録

金光寺旧蔵文書のなかには、寺領に関する寄進状・売券類、安堵状、段銭等諸役収納証文類、寺領目録が七〇通ほど伝来する。このうち、寺領目録は、

（Ⅰ）長禄四年（一四六〇）四月日　金光寺領屋地田畠等目録　一巻（一二七）

（Ⅱ）文明十年（一四七八）八月日　金光寺幷寮舎末寺領目録　一巻（一二九）

の二通があり、十五世紀の金光寺および同末寺領を総体的に窺うことを可能にする。

本稿は、この寺領目録を中心に寺領関係文書を用い、金光寺および末寺等の存立状況とその所領を概観し、本書利用の便に供することとしたい。

はじめに二通の所領目録の概要を記述する。

（Ⅰ）長禄四年四月日　金光寺領屋地田畠等目録案　一巻（一二七）

本文書は楮紙一三紙を貼継ぎ料紙としたもので、現状は後補表紙を付し巻子装に装丁される。巻首に「七条金光寺領屋地田畠等事」と題するが、金光寺につづき末寺一一ヵ寺の所領を列記する。所領の記載方式は次のごとくで

ある。まず、洛中所領については、

一所　七条室町東南頬　口東西五丈二尺七寸
奥十五丈二尺

筑後守則国寄附　応永元年八月廿九日

のように、原則として①場所、②間口および奥行の丈数表記、③寄進者名・寄進年月日を記す。いっぽう洛外や他国の所領ついては、

一所　田弐反　河副里十七坪　平野田　（中略）

已上二十カ所

小枝右馬入道導忍寄進

貞治三年五月廿六日

のように、原則として①地目および面積、②所在地（地名・四至）、③寄進者名・寄進年月日を記す。寄進者、寄進年月日の記載は所領の形成過程を窺ううえで注目されるが、洛中、他国ともにその記載は半数程度に限られる。

さて、本文書の成立年に関しては、奥と端裏との二ヵ所に次の記載がある。

（奥）「長禄四年四月日／光孝寺（畠山持国）殿在判／并奉行裏封」

（端裏書・別筆）「四代勝定院（足利義持）殿時ノ目録ノ奥ニ光孝寺殿御判⌈　⌋、并ニ奉行裏封⌈　⌋、八代慈照院（足利義政）殿ノ長禄四年⌈　⌋」

まず、奥書よりみて、本目録は畠山持国（徳本）（一三九八―一四五五）が証判を据え、奉行が裏を封じた正文の案文とみられる。持国は室町幕府管領、および河内、紀伊、越中、山城の各国守護を歴任した。目録中に記載される寺領は大半が山城国内であるものの、一部に摂津国・河内国・加賀国の所領が含まれることから、持国が署判を

据えた正文は彼が管領在任中である、①嘉吉二年（一四四二）六月～文安二年（一四四五）三月、②宝徳元年（一四四九）十月～享徳元年（一四五二）十一月のいずれかの期間に作成されたと目される。次に、本文中の寄進年記載は、足利義教が将軍となった翌年の永享二年（一四三〇）を下限とする。このことから、本目録正文は永享二年もしくはさほど隔てない時期に作成された寺領目録が何らかの理由で失われ、畠山持国管領在任中に改めて証判を求めたものと考えられる。本目録は、料紙の特徴などから室町時代中期作成とみられ、奥書にあるように長禄四年四月書写としても問題はない。ただし、花押などが認められないことから、持国が証判を据えた正文作成から時を隔てた長禄四年に正文を書写した理由は明確としえない。

以上のとおり、本目録の内容は永享二年頃の金光寺および同末寺領を記載したものと考えられる。永享二年は遊行十六代南要の代で、金光寺と縁の深い遊行第十五代尊恵が他界した翌年にあたるが、総論にて触れたとおり金光寺の寺勢が伸長していた時代にあたり、最盛期というべき時期の寺領の分布を窺える史料といえる。本目録記載の寺領を表1に掲出した。

（Ⅱ）文明十年八月日　金光寺幷寮舎末寺領目録　一巻（一二九）

本文書は楮紙十二紙を貼継ぎ料紙とする。表紙は付されず、第一紙の端裏に「七条金光寺領目録」と外題を書す。本文は、「七条金光寺領幷寮舎末寺等之事」との首題につづき金光寺領（一所のみ）、「（金光寺領）散在」、「寮舎領散在」、「末寺分之事」の順に所領を列記する。寮舎には、寺・院・庵・寮の各種称号が含まれるほか、「小庫裏分」・「菴室分」などは金光寺内の組織と推察される。

所領は、冒頭の「壱所山城国上豊田庄地頭職下鳥羽横大路江尻半分」のほかは、いずれも山城国内の散在所領であり、一所ごとに、野里

壱町壱段半　　　　　拾弐石五斗

のように、①地名、②面積、③年貢高の順に記される。

奥には「文明十年八月日」(1)と年紀を記すが、差出はない。また、各紙継目およびその横に裏花押二顆が据えられる。この花押は、山城国守護畠山政長奉行人である某基守（紙継目）および某直秋のものと合致する。(2)

以上の点から、本文書は応仁・文明の乱後における、山城国内の寺領安堵に際し作成された寺領目録と認められる。

二　金光寺塔頭・寮舎・末寺について

寺領目録中に複数の寮舎・末寺の記載があることから、ここで金光寺塔頭・寮舎・末寺の存立状況を概観したい。(3)（Ⅱ）に記載されるように中世には寮舎・末寺が存在した。また、金光寺における塔頭は近世にはじめて出現し、境内に所在した九院に限られた。総論にて触れたようにこの九院は、十八世紀中葉以降は時宗遊行派の学寮となり、合議をもって金光寺の運営を担った。

中世の金光寺末寺等の存立状況を知るうえでは、前述（Ⅰ）・（Ⅱ）の二通の寺領目録が最も網羅的な史料であり、個別文書にて若干補うことが可能である。近世から近代初頭においては、次の（Ⅲ）〜（Ⅵ）の史料にて同様の存立状況の変遷を窺うことができ、その内容を表2にまとめた。

（Ⅲ）元禄五年（一六九二）六月十八日　　金光寺寺改帳(4)（一五九）

（Ⅳ）享保六年（一七二一）五月　　時宗諸国末寺帳(5)（一六七）

（Ⅴ）天明八年（一七八八）　　境内諸堂建物絵図　一通（一八八）
（Ⅵ）安政五年（一八五八）九月　　宗門人別改帳（二一九）
（Ⅶ）明治五年（一八七二）五月　　時宗遊行派本末寺名帳一冊（二三一）

その内容を概観すれば、（Ⅰ）記載の十一の末寺は、永享二年（一四三〇）頃以前に創建されたことが知られる。（Ⅱ）では、（Ⅰ）の一一末寺は、「末寺」四寺、「寮舎」四寺院、無記載三寺に分かれ、新たに末寺一寺、寮舎一七庵寮等が加わり、あわせて末寺五ヶ寺、寮舎二一寺院等が記される。（Ⅰ）には寮舎の記載はないため（Ⅱ）と単純に比較できないが、（Ⅰ）で末寺とされた乗蓮寺等四寺院が（Ⅱ）では寮舎とされる。（Ⅱ）の寮舎は、寺号を称する乗蓮寺・福田寺等、院号を称する長泉院等、庵号を称する宝林庵等のほか、「奥ノ寮」「庵室」「小庫裡」など金光寺内にあって、個別の所領を抱える組織と考えられるものが含まれる。寮舎と末寺との差異は明らかにしえないが、住持の配置の有無など寺院運営形態の違いが存在するものと推測される。これら十五世紀における寮舎・末寺の所在地は、判明するなかではいずれも洛中か山城国紀伊郡や葛野郡という京都およびその近郊地域に限られる。なお、寺領目録に記載される以外には、同時代史料では後述する伊賀国岡本妙香堂の存在が（一七）、また（Ⅳ）では堀川称讃寺など山城国三、摂津国五、伊賀国三の計一一ヵ寺が記載される。(6)

金光寺と末寺との関係については、金光寺が末寺寺領・寺物の管理権限を有していたことや（一八）、遊行二十一代知蓮が金光寺末寺伊賀国岡本妙香堂の坊主職を「其阿」として直末寺とした事例（一七）や、遊行三十一代同念が金光寺末寺福田寺所領を覚阿に一代限り与えることとしたこと（一九）など遊行上人が末寺の寺格を変更したり、住持人事権を有していたことなど、十六世紀の本末関係の一端を窺うことができる。

江戸時代における時宗遊行派は、清浄光寺を本寺とする本末体制をとり、中世における金光寺末寺は清浄光寺直末となったことが改めて確認される（Ⅳ）。十五世紀に存在した金光寺末寺一一ヵ寺（表2—2〜13）は、享保六年（一七一六）には一〇ヵ寺（境内塔頭となった長泉院を含む）が存続した。また、境内塔頭九院は、嘉元元年（一三〇三）もしくは文和三年（一三五四）の建立と記されるが（Ⅲ）、建立年代を裏付ける史料はなく、（Ⅰ）（Ⅱ）には長泉院、宗寿庵の名のみみえる。[8] また、十七世紀初頭に金玉庵の存在が確認される（二四）以外、ほかの境内塔頭の史料上の初見は（Ⅲ）であり、創建時期や境内に立地した時期についてはさらなる検討を要しよう。[7]

三　金光寺領および同末寺領の概要

（一）　金光寺領の概要

（Ⅰ）には、七条高倉の寺地を筆頭に以下二四ヵ所の所領が列記される。

地域的には、洛中（左京一六ヵ所、右京一ヵ所）、洛外（紀伊郡三ヵ所、乙訓郡二ヵ所）、未詳二ヵ所であり、金光寺が立地し、かつ京都の町場を形成する左京を中心に、洛中の南および西南に隣接する紀伊郡、乙訓郡に所在する。（Ⅰ）記載の寄進年代をみれば、鎌倉時代一、南北朝時代一三、室町時代一〇、未詳一となる。鎌倉時代のものは、寛元二年（一二四四）に北小路高倉敷地について「観音沽却」とするもの（表1—16）である。同地に関しては、鎌倉時代の手継売券が伝わり（四八・五〇・五三・五四）、金光寺の創建年代を半世紀ほど遡る寄進年は錯誤と考えられる。また、未詳の一は、遠江・駿河両国守護、室町幕府引付頭人をつとめた、有力武将の今川範国（一二九五—一三八四）からの寄進（表1—3）とするため、鎌倉時代後期から南北朝時代にかけてのものとなる。[9] 北小路高倉敷地を除けば、六角室町北西頬敷地を大江朝信が寄進した観応三年（一三五二）（表1—8）を最古とし、永享二年（一四三〇）（表1—25）を下限とする。

寄進者は武家・公家から庶民階層まで幅広い。まず、将軍家からの寄進・安堵の事例では、足利義満寄進（安堵）になるもの（表1—1）と、足利義持寄進になるもの（表1—2）がある。（表1—1）は本書「金光寺の歴史」にて述べたとおりである。また、金光寺領は狭小な敷地・田畠に関する得分の寄進が多くを占めるなかで、（表1—2）は例外的に山城国上豊田庄地頭職半済方の寄進である。同庄に関する当該期の史料はみいだせないが、鎌倉時代中期には鳥羽殿御領としてみえる。ほかに、先述した今川範国、大江朝信などからの敷地寄進がある。

次に、庶民階層の寄進者名をみれば、時衆との関係性が示唆される阿号を称するもの（表1—5・12・15・19・20・21・23）、尼・沙弥・房を称するもの、あるいは法名と考えられるもの（表1—13・17・22・24・25）など、時衆と考えられるものが大半である。寺領目録に記載されないが、時衆による寄進例では、応永十六年（一四〇九）、洛中七条町の小袖屋から阿弥陀仏が、母および自身が時衆となったので後生菩提の弔いのために自らが居住する七条町の敷地を金光寺に寄進した例などが挙げられる（六一）。

また、僧位を名乗り、複数の土地を寄進した伊予法橋承快（表1—7・9・10・18）という名がみえる。この人物は、款冬町地子後夜御影供料足注進状[10]にみえる、伊予法橋と同一人物であるという説がある[11]。梅谷繁樹氏は、東寺は葬送儀礼の実施に際し、三昧聖を管掌する時衆と密接な関係をもっていたことや、東寺膝下の八条院町や款冬町、あるいは乙訓郡上下久世庄の住人に阿号を名乗る人物が多くみられ、当該地域に時衆が浸透している可能性があることを指摘している。後述するように、東寺領拝師庄内に金光寺末寺である万福寺、西念寺が立地すること、東寺領巷所や拝師庄、女御田等の在地人から金光寺および同末寺に対する寄進事例が多数みえること、など金光寺および同末寺が京都近郊の東寺領の人々の信仰を受けていたといえる。このほか、洛中の俗人からの寄進例もみられる（表1―11・14）。

金光寺への寄進の目的を寄進状の文言にみると、先の小袖屋から阿弥陀仏の例をはじめ「後生菩提のために」と記すものが散見される（五六・六一など）。これまで述べたように、十四世紀から十五世紀前半における洛中・洛外の庶民階層の寄進者の多くは時衆結縁者が多く、信仰を背景に私的仏事用途とするための寄進が多くを占めたといえよう。この点に関しては、同様に私的仏事用途を寄進目的として洛中および紀伊郡・乙訓郡の散在所領を集積した東寺と共通性を見出すことができる(12)。

（二）寮舎・末寺および同寺院領の概要

ここでは、（Ⅰ）に記載される末寺を対象とし、寺院および所領の概要を順に記述する。

2 其国寺

創建年未詳。（Ⅰ）に「六条坊門与樋口（油小路）間東頬」に位置し、今川上総介が寺地を寄進した旨が記される。所領はほかに洛中油小路通に面した地二カ所が記載される。また、『康富記』康正元年（一四五五）十一月二十八日条には「朝恩地七条坊門与坊城之間北頬敷地東西四拾丈、北南廿丈号猫間畠事、限永代令沽却于其国寺直阿」とあって、当該期の当寺住持が直阿を名字としたことがわかる。（Ⅱ）には末寺として記載されない。（Ⅳ）に「其国寺　油小路」とあり、江戸時代にいたっても、同地に存続した。

3 乗蓮寺

創建年未詳。（Ⅰ）では末寺であるが（Ⅱ）では寮舎とされる。（Ⅰ）には五ヵ所の所領が列記される。その筆頭は、東山赤築地桐木本の口東西十三丈余、奥南北二十五丈余の広い土地であり、乗蓮寺の寺地と推定される。赤築地は、京都市東山区清水に所在し、現在の五条坂交差点と清水寺とのおよそ中間点に位置する。金光寺は赤築地の二箇所の土地、「清水寺領内赤築地天神中道南頬」に所在する荼毘所と「延年寺赤築地」を買得したが（七五・八三）、（Ⅰ）には二箇所とも金光寺領に記載されない。延年寺赤築地は、金光寺が所有する以前の南北朝時代には無量寿寺が所在したこと（七三）、「桐木屋」と号していたこと（七四）などが知られるが、ともに赤築地に所在する「桐木本」と「桐木屋」は近接する場所と思われ、金光寺領であった延年寺赤築地の地に十四世紀後半に乗蓮寺を建立し荼毘所経営に関与させた可能性も考えられる。

4 万福寺

創建年未詳。（Ⅰ）には鳥羽道場と称され、貞治三年（一三六四）に小枝右馬入道から寄進されたとする紀伊郡内と推定される二〇ヵ所の田畠を書き上げる。万福寺の所領については、先述した梅谷繁樹氏の論考があり[13]、万福寺領を寄進した小枝右馬入道は東寺百合文書中に散見する小枝道忍に比定されること[14]、万福寺の所在地が紀伊郡小枝に推定されること、東寺領に多くの時衆結縁者が存在し、阿号を名乗っていたことなどが指摘される。

東寺は正和二年（一三一三）に山城国紀伊郡拝師庄本家職を後宇多上皇から、永和三年（一三七七）には、東西九条地頭職を足利義満からそれぞれ寄進されるなど、東寺南側に広がる紀伊郡田畠に所領を拡大していった。ただし、もとより京都近郊の紀伊郡の土地は、本所として諸寮領、諸寺社の所領が入り組み、複雑な権利関係が存在していた。万福寺や後述する西念寺領の紀伊郡の土地に「女御田」「平野田」「飾田」などとあるのは、同地に一般の事例で、当該地の本所や課役を示す。また、小枝は、竹田、鳥羽などとならぶ紀伊郡内の地名で[15]、上鳥羽の南、竹田の西に位置する。現在は「小枝橋」という橋に名を残す。

小枝道忍は、山城国（紀伊郡）拝師庄穴田里十七坪一反の百姓職を請負った請文が残るほか[16]、拝師庄の坪付注文にその名が散見される。いっぽうで貞和三年（一三四七）には、紀伊郡上津鳥里十九坪田地（三反半）を[17]、文和三年（一三五四）には拝師庄を濫妨し、東寺から幕府に訴えられていることなど[18]、東寺百合文書からは紀伊郡の在地有力土豪として東寺に対し従順と対立を繰り返す姿がうかがえる。

（Ⅰ）の記載からは、所領は小枝に近接する河副里、上鳥里（上津鳥里）、須田里（須久田里）などに多く所在する散在所領で、最小は小（百二十歩）から最大で七反半という狭小な田畠である。

こののち、大永三年（一五二三）に上鳥羽庄田地二段をめぐって、買得者の常円と万福寺が相論におよんだ一件がある。この際に証人に小枝が立ち、自らの先祖が万福寺へ所々を寄進し、その地は応永十年（一四〇三）の御教書に目録とも分明であること、その後に小枝から万福寺へ相論地の寄進は行なっていないことを申し立てている[19]。この主張から、万福寺は小枝一族が檀那として支えた寺院で、十六世紀にいたっても、その関係を継続していたことが判明する。

5　西念寺

創建年未詳。（Ⅰ）には北鳥羽道場と記され、延文五年（一三六〇）八月六日に藤太郎と重阿という二人の人物により寄進されたとする。紀伊郡内と推定される十二ヵ所の田畠を書き上げる。羅城門前から南下する鳥羽作り道近くに現在所在する日蓮宗最然寺を西念寺の後継寺院と考える説があり[20]、寺地もその付近に所在したと推定される。

藤太郎・重阿について知るところはないが、西念寺領は紀伊郡内の六十歩から三反の散在所領で、万福寺領と共通性がある。判明するなかでは、西念寺領は真幡木里が多く、ほか河副里、上鳥里に一ヵ所ずつであり、万福寺に比して北側に所領が散在する。上鳥里十九坪から二十四坪にかけては南北に鳥羽作り道が縦断しており、「釈迦堂手クルマ(車)路ハタ(端)」(表1―66)のクルマ路は鳥羽作り道を指すと考えられる。

6　福田寺

文永九年(一二七二)二月、鎌倉幕府将軍宗尊親王が帰洛し、剃髪後克空と名乗り、同年三月に東山渋谷(清水寺の一本南の谷筋)に天台律を修して一堂を創したことにはじまり、弘安五年(一二八二)時宗に改め「汁谷道場」と号したと伝える。寺地は、(Ⅰ)に「限北ハ大道、限東面地寺庵敷地、限南面仏光寺高岸、限西面興聖寺与仏光寺敷地」とあり、南および西を往時渋谷に所在した浄土真宗寺院である仏光寺と、西を興聖寺と接する地に所在したことが分かる。北面する大道とは、渋谷越のことであろうか。この地は、文和四年(一三五五)十一月廿八日付けで加賀爪甲斐権守行貞と隠岐守秀村両名により寄進をされたと記すが[21]、前記寺伝の内容とどう整合性をとることができるかは、後考を待ちたい。慶長三年(一五九八)に現在の寺地である高倉五条南に移転した。江戸時代の寺領は六石八斗。

(Ⅰ)には末寺、(Ⅱ)には寮舎とされる。所領は(Ⅰ)に、①愛宕郡の畠二ヵ所および②紀伊郡の田三ヵ所が書き上げられる。これらはいずれも一反以下の狭小地で、①は応永年間、②は永徳年間の寄進と記されるが、日銭屋や春日、八幡神人などの寄進になり、洛中の金融・商工業者の信仰を集めたとみられる。

ほかに東寺百合文書から福田寺領の存在が確認される。応永六年（一三九九）、東寺領巷所唐橋面北頰猪熊奥大宮間、東限猪熊西限茶屋の地に関する藤内、九郎兵衛、教願の三名連署の請文[22]は、この東寺領巷所を福田寺に寄付したことに際し、同地の地子をもって東寺の堂舎の修理料、かつは仏前灯明料とする旨を請け負ったものである。関連する文書[23]から、福田寺への寄進は在地人の望みに拠るものであり、福田寺の得分は二か所二百文になることが知られ、東寺膝下所領の人々の帰依も集めていたと知られる。

7　長泉院

創建年未詳。（Ⅲ）では嘉元元年の創建と伝えるが、江戸時代の境内塔頭のいくつかと共通する記載であり、根拠は未詳である。（Ⅰ）では末寺、（Ⅱ）では寮舎と記されるのは、乗蓮寺と同様である。（Ⅲ）に寺家と記載されるように、江戸時代には、金光寺塔頭として同寺境内に所在した。

（Ⅰ）には左京に八ヵ所、乙訓郡上久世庄内に一ヵ所、字「稲荷前」の田二反一ヵ所、未詳一ヵ所の計一一ヵ所が記載される。左京は、塩小路東洞院（**表1―75**）をはじめとして金光寺に近い東洞院沿いの所領が多く（**表1―76・77・79～83**）、東寺領上久世庄内の所領（**表1―74**）は二町と比較的広い面積を有する。

8　金剛寺

創建年未詳。寺地に関しては「金剛寺、本桂ニテハ桂林寺」（Ⅰ）とあること、後述するように判明する範囲で桂川西岸の所領が四箇所あることから、桂（旧葛野郡、現京都市西京区）付近に所在したと考えられる。（Ⅰ）では末寺に列するが（Ⅱ）には記載がなく、（Ⅳ）では廃絶している。

（Ⅰ）には左京二、葛野郡三、乙訓郡一、河内国一、未詳三の計一〇ヵ所の所領が書きあげられ、比較的分散する。また、河内国会歌免田内公文名（表1―92）は金吾家とみられる畠山右衛門佐、山城国下桂富田庄内（表1―93）は斎藤栄喜なる武士とみられる人物の寄進とする。葛野郡の三ヵ所、および乙訓郡上久世庄は桂川西岸に位置し、寺地近隣の所領と考えられる。

9　仏照寺

創建年未詳。乗蓮寺同様、（Ⅰ）に末寺、（Ⅱ）に寮舎として記されるが、（Ⅲ）以降に名はみえない。（Ⅰ）によれば、徳治二年（一三〇八）六月二十一日に清浄房という人物が寄進した七条室町北東頬の敷地を寺地としたとあり（Ⅰ）、創建年代を窺ううえで参考となる。

（Ⅰ）に記される所領は、左京一一ヵ所、紀伊郡九ヵ所、未詳一ヵ所であり、左京は七条室町の寺地近辺と金光寺の南側になる八条坊門東洞院付近に集中し、鎌倉時代後期から室町時代前期にかけて所領を集積していることが判明する。

また、永和四年（一三七八）十一月二十日付「仏照寺道場」宛の敷地寄進状（五七）がある。道場近在の七条室町の敷地を利阿弥陀仏の菩提を弔うためとして寄進した祖阿弥陀仏は、端裏書によれば清水北坂の播磨殿と知られ、金光寺が東山赤築地の荼毘所を買得して間もない頃の坂者と時衆寺院との関係の一端を示している。

10　菅祥寺

創建年および寺地未詳。（Ⅰ）は末寺とするが、（Ⅱ）以降は名がみえない。

（Ⅰ）の所領も二ヵ所のみで、提上庄内白拍子田（比定地未詳）と加賀国益富保内案主名内一町のみである。益富保は、石川郡に所在し、摂関家領として知られるが、暦応元年（一三三八）に結縁往生した尼衆に益富の光一房がいたり、尊恵、暉幽の弟子中には「加賀益田」の師阿弥陀仏等がいる（『時衆過去帳』）。中世の益田には西方寺という時宗寺院があり（Ⅳ）、益田を益富と考えれば、時衆と縁の深い土地であることが知られる。同保の寄進は応永九年（一四〇二）に「長方朝臣（菅原長方）」（一三六三―一四二二）による寄進とされ、寺名からも菅原家が関与し開創された可能性を示唆する。

11　法浄寺

（Ⅰ）に西七条と割書され、「七条西櫛笥北頬法浄寺堂敷」（至徳元年［一三八四］十月二十七日善性寄進）とあることから、同地（現在の京都市下京区西七条）に所在した。梅小路大宮屋敷の寄進年を元弘三年（一三三三）としており、至徳元年以前に創建されたとみられる。この梅小路大宮屋敷の寄進者は旦那善戒とあり、法浄寺の創建に関わった人物の可能性がある。元徳二年（一三三〇）五月付けの東寺領内水田注進状に[24]、「西七条住人尼善戒」という人物がみられ、この旦那善戒と同一人物の可能性が高い。

所領は（Ⅰ）に左京三ヵ所、右京七ヵ所、未詳七ヵ所の計一七ヵ所が記載されるが、先の善戒寄進分を除きすべて十四世紀後半に集中し、時衆結縁者による寄進が多くを占める。（Ⅳ）に「法浄寺〈西七条〉」とあるが、（Ⅵ）（Ⅶ）には名がみえず、江戸時代のありようは検討を要する。

12 荘厳寺

応永十二年（一四〇五）遊行十一代義縁が高辻堀川に開基したと伝える。（Ⅰ）に応永十二年に吉見兵部大輔（頼詮）が寺地として高辻に面した油小路と堀川の間の地を寄進したとあり、この年の創建を裏付ける記述となっている。吉見頼詮は、能登国守護をつとめた氏頼の子で、幕府奉公衆としての活動が知られる。(25)（Ⅰ）には荘厳寺領として一三ヵ所（左京五ヵ所、紀伊郡三ヵ所、摂津国島下郡五ヵ所）があげられるが、大半が応永十二年であり、創建間もない頃に寄進と位置づけられる。寄進者には、法性寺親信、柳原新大納言（行光カ）など公卿の名もみえるが、いっぽうで範阿、道阿など阿号を名乗るものや比丘尼の名もあり、さらには越後という坂者の可能性もある名もみえる。（Ⅱ）でも末寺であり、天正十九年（一五九一）現在地である寺町五条下るに移転した。江戸時代の朱印高は二石である。

おわりに

以上のとおり、同時代史料が少ないなか、（Ⅰ）の記載を中心に金光寺および末寺一一ヵ寺の歴史と寺領の形成について概観した。以下簡単にまとめてみたい。

寺地は、不明を除き、洛中五ヵ寺、京郊五ヵ寺であり、創建年代は全ての寺院が十四世紀から遅くとも十五世紀初頭の間であることが明らかとなった。寺檀は、武家・公家をはじめ、庶民階層、坂者にいたるまで幅広くみられ、庶民階層では洛中および洛外の時衆とみられる人々を中心に、金融業者や商工業者と考えられる人々を含む俗人の名も散見されたが、寺壇関係は大略以下の三種に分類されよう。

（ア）公武から庶民階層（特に時衆）等に至る幅広い層を檀那とする　1金光寺、6福田寺、9仏照寺、12荘厳寺

（イ）公家もしくは武家を檀那とする　　　　　　　　　　　　　　　2其国寺、8金剛寺、10菅祥寺
（ウ）在地の有力者層（小枝一族等）を主要な檀那とする　　　　　　4万福寺、5西念寺、7長泉院、11法浄寺

当該期に多くの金光寺の末寺寺院が多く創建されたことは、庶民階層による私的仏事用途を目的とした所領寄進行動にあらわれているように、葬儀や追善仏事の同階層への普及（註26）を背景にし、当該期に勢力を伸張していた時衆教団が京都およびその近郊において幅広い階層の信仰の受け皿、とくに葬儀や追善仏事の実施を担ったことを示していよう。これらのうち、（イ）に分類した三ヵ寺のみ、文明十年（一四八二）の（Ⅱ）には記載されていない。このことは寺壇関係を反映し、檀家の衰微により寺家も衰退したものと推測される。いっぽう、庶民階層に支えられた（ア）、（ウ）の八ヵ寺は、応仁・文明の乱以後も存続した。さらに、金光寺、福田寺、長泉院、荘厳寺の四ヵ寺は江戸時代を通じて法灯を護持したが、同時代には葬送活動収入が寺院経済を大きく支えた。

表1　金光寺幷諸末寺所領一覧表

	寺院名	場所	面積	用途	国郡名	寄進者	寄進年月日	備考
1	1　金光寺	東ハ高倉、西ハ東洞院、ハ塩小路、北ハ七条		寺中	(左京)	足利義満(安堵)	応永2年5月6日	
2		上豊田庄半済方			紀伊郡	御判(足利義持)	応永10年12月15日	(一一九号)上豊田庄地頭職
3		高辻高倉北西	口17丈8尺5寸 奥15丈8尺		(左京)	今川心省(範国)	(鎌倉～南北朝時代)	
4		七条室町東南頬	口東西5丈2尺7寸 奥15丈2尺		(左京)	筑後守則国	応永元年8月29日	
5		七条高倉西北頬	口8丈 奥21丈		(左京)	烏町俊阿	文和3年11月日	
6		近衛油小路西北頬	口東西2丈 奥14丈		(左京)	藤原氏女	応安元年8月6日	
7		近衛河原、東ハ限染殿畠岸ヲ、西ハ限川流ヲ南ハ限近衛ヲ、北ハ限鷹司ヲ			(左京)	伊予法橋承快	応永13年3月9日	(一一九号)7貫文
8		六角室町北西頬	口南北14丈8尺1寸 奥4丈3尺		(左京)	大江朝信	観応3年4月28日	
9		六角京極南西頬	口1丈5尺 奥10丈		(左京)	承快	応永13年3月9日	
10		綾小路高倉南西角	口9丈3尺9寸 奥10丈9尺1寸5分		(左京)			
11		五条坊門室町東北頬	口東西3丈 奥10丈		(左京)	梅御方沽却	明徳3年12月2日	
12		梅小路堀河々ヨリ東北頬	口2丈5尺 奥10丈		(左京)	善阿	永和2年6月日	
13		七条万里小路南東角	口5丈5尺5寸 奥20丈2尺		(左京)	了道	文和2年4月16日	
14		七条堀河東南頬	口2丈9尺5寸 奥15丈		(左京)	藤原盛幸	永徳元年6月日	

15	1 金光寺	七条与塩小路間堀河面東頬	口2丈4尺5寸 奥10丈1尺		(左京)	南阿	永和3年9月23日	
16		北小路高倉北西角	口6丈 奥8丈1尺1寸		(左京)	観音沽却	寛元4年潤4月12日	
17		糠辻子 大副里十坪		畠		尼昌欽	康暦2年11月18日	(一一九号)1貫300文
18		西ハ西ノ堀川、東ハ井杭、南ハ二条、北ハ冷泉、坪ハカサトノ、西京田	5段	田	(右京)	承快	応永13年3月9日	(一一九号)1石5斗
19		吉祥院田	1町半、1段	田畠	(紀伊郡)	幸阿	応永12年3月26日	
20		巨勢本里六坪	1反(粟生2段のうち)		乙訓郡	尼覚阿	明徳3年正月23日	
21		高庭里十坪	1反(粟生2段のうち)		乙訓郡			
22		字葉室田、牛瀬田	1反	田	(紀伊郡)	沙弥了正	康応元年7月28日	(六八号)下佐比里3坪、本年貢2斗5升
23		深草田	7反半 ①反賀祥寺田 ①反左馬寮 ②反右京職 ③反日吉田	田	(紀伊郡)	興阿	文和3年11月13日	(一一九号)3段7斗5升、4段大不作
24		六角町与室町間北頬	口4丈3尺 奥18丈		(左京)	妙一(大黒屋妙一房)	応永30年6月24日	(三五号)ただし日付、口幅共に合致しない。
25		七条坊門室町西頬南角	口5丈2尺 奥11丈		(左京)		永享2年9月24日	
26		六条坊門与樋口間東頬	東西26丈5尺 南北30丈余	道場敷地	(左京)	今河上総介		油小路東頬か?
27	2 其国寺	北小路町与七条間西	口南北4丈7尺5寸 奥東西9丈	屋地	(左京)			
28		唐橋堀河東油小路、東ハ油小路、限南久路、限西藪、限北唐橋		畠	(左京)			

29	3　乗蓮寺	東山赤築地桐木本	口東西13丈余 奥南北25五丈余		(愛宕郡)			
30		四条猪隈南西頬	東西南北各10丈		(左京)	海符	応永9年8月22日	
31		八条坊門堀河南東頬田	1反余	田	(左京)			
32		梅小路油小路北西角	口1丈6尺 奥19丈余		(左京)	尼浄順	応永14年2月　日	
33		科小路油小路科小路寄北 油小路ヨリ	1反半	田	(左京)	八条連阿後家	応永17年8月27日	
34	4　萬福寺	河副里十七坪　平野田	2反	田	紀伊郡	小枝右馬入道道忍	貞治3年5月26日	
35		庄例須田里四坪　女御田	2反	田	(紀伊郡)			
36		庄例上鳥里二十六坪　今山崎	2段	田	(紀伊郡)			
37		庄例上鳥里二十九坪　今山崎	1反	田	(紀伊郡)			
38		河副里二十九坪　白拍子田	大	田	紀伊郡			
39		庄例上鳥里三十四坪　女 御田字大溝	2反	田	(紀伊郡)			
40		庄例上鳥里二十七坪　今山崎	1反	田	(紀伊郡)			
41		上鳥里八坪　餝田	1反	田	(紀伊郡)			
42		連田里二十坪門脇路次端 大上中路	7反余	畠	(紀伊郡)			
43		高芝上　四至限北大道、 限東四郎作、限西溝、限 南類地	1反半	畠	(紀伊郡)			
44		竹四郎嶋	2反	畠	(紀伊郡)			
45		上鳥里二坪　今山崎	1反大	畠	(紀伊郡)			
46		上鳥里二十二坪　尺迦堂跡	大	畠	(紀伊郡)			
47		上鳥里九坪　八王子	1反半	畠	(紀伊郡)			
48		角堂東	2反目	畠	(紀伊郡)			
49		塔森ノ東高芝下東ウラ	2反	畠	(紀伊郡)			
50		四至限東縄手、限南兵衛大郎作、限西墻、限北溝、高芝下	2反	畠	(紀伊郡)			

番号	寺	所在	面積	地目	郡	寄進者等	年月日	出典
51		中河原	2反余	畠	(紀伊郡)			
52		塔社大基西副	1反半	畠	(紀伊郡)			
53		上鳥里二十三坪　楼待屋ノ跡	大	畠	(紀伊郡)			
54		上鳥里二十四坪　天狗堂	小	畠	(紀伊郡)			
55		角御堂カイタヲリ	1反半	畠	(紀伊郡)			
56	5　西念寺	マウタケ(真幡木里)縄手副八坪　拝師田	1反	田	(紀伊郡)	藤大郎・重阿	延文5年8月6日	
57		マウタケ溝ソヘ十九坪拝師田	1反60歩	田	(紀伊郡)			
58		溝ソヘ八坪　切田	3反	田	(紀伊郡カ)			
59		マウタケ縄手西ハタ一反置テ次廿坪　兵庫寮	1反	田	(紀伊郡)			
60		マウタケ東三反置テ次廿二坪　西山田	1反	田	(紀伊郡)			
61		横井溝ハタ合所　女御田	60歩	田	(紀伊郡カ)			
62		大河はた　嶋田		田	(紀伊郡カ)			
63		河ソヒ(副里)　卅坪　智薗院	1反	田	(紀伊郡)			
64		南縄手ヨリ一反置テ　北勅旨田	2反	田	(紀伊郡カ)			
65		東縄手ソヒ二十五坪　奈良田	2反半	田	(紀伊郡カ)			
66		上鳥里二十一坪　尺迦堂手クルマ路ハタ　今山崎	大	畠	(紀伊郡)			
67		南ノ縄手ヨリ四反置テ北勅旨田	1反	田	(紀伊郡カ)			
68	6　福田寺	限北ハ大道、限東面地寺庵敷地限南面佛光寺高岸、限西面興聖寺与佛光寺敷地		道場敷地	(愛宕郡カ)	加賀爪甲斐権守行貞・隠岐守秀村	文和4年11月28日	
69		大和大路(限西ハ大道、北面ハ六条 限東ハ興聖寺領、限南ハ高岸)	大	畠	(愛宕郡カ)	二位権少僧都光俊	応永9年6月24日	(一一九号)10貫文

No.								
70		佐目牛 限北ハ大道、限東ハ仏光寺畠 限西ハ妙法院御領、限南ハ同御領	大	畠	（愛宕郡ヵ）	日銭屋禅忍	応永10年5月 日	
71		サイサカリ（佐井佐里）廿一坪西芳寺田	1反	田	紀伊郡	春日神人左近三郎	永徳2年8月7日	
72		サイサカリ（佐井佐里）六坪縄手ヨリ西三反ノ次四反目花薗田	1反	田	紀伊郡	八幡宮神人善阿	永徳元年10月8日	
73		朱雀合所、在所東寺ノ水門ヲ隔テ北南ハ半ツ、アリ、	1反	田	（紀伊郡ヵ）			
74	7　長泉院	上久世庄内	2町	田	（乙訓郡）	沙弥一建		（一一九号）10石1斗8升
75		塩小路東洞院東頬	口5丈 奥10丈		（左京）			
76		北小路面室町与烏丸間南頬	口4丈5尺 奥10丈		（左京）			
77		北小路高倉面西頬	口3丈2尺 奥12丈4尺		（左京）			
78		稲荷前	2反	田	（紀伊郡ヵ）			（一一九号）竹田にあたるか？
79		科小路東洞院与唐橋間西頬	口5丈 奥20丈		（左京）			
80		科小路東洞院与唐橋間西頬	口1丈7尺 奥10丈		（左京）			
81		八条坊門東洞院与高倉間北頬	口2丈1尺5寸 奥14丈		（左京）			
82		八条坊門東洞院与高倉間北頬	口3丈5尺 奥6丈6尺		（左京）			
83		北小路町〻面西頬	口3丈2尺7寸 奥16丈1尺5寸		（左京）			
84		九条糠辻子	1町4反49歩	畠	未詳			（一一九号）10貫文
85		西家屋敷	3反小		未詳			
86		字古川　平野田	6反	（田）	未詳			

87	8 金剛寺	六条坊門ヨリ南堀河ヨリ堀河面	口南北9丈5尺 奥15丈5尺		(左京)			
88		上久世内宗方名	2反	田	(乙訓郡)			
89		宇窪田	2反	田	未詳			
90		竹鼻有友名内	2反	田	(左京)			
91		下津林則元名四分一方	1町4反小	田	(葛野郡)			
92		会歌免田内公文名	3町	田	河内国	畠山右衛門佐		
93		下桂富田庄内森久名三分一	7反半	田	葛野郡	斎藤式部入道栄喜	応永13年7月26日	
94		河嶋院御庄内	2反		(葛野郡)	三一房	応永7年7月25日	
95	9 仏照寺	七条室町七条ヨリ北東頬	口21丈1尺 奥東西18丈5尺	寺中	(左京)	清浄房	徳治2年6月21日	
96		七条室町室町ヨリ東北頬	口4丈5尺 奥10丈		(左京)	是阿	応永13年3月15日	
97		同右	口3丈7尺 奥10丈		(左京)			
98		社里卅坪	2反	田	紀伊郡			
99		下社卅六坪	1反	田	紀伊郡			
100		穴田里十九坪	3反	田	紀伊郡			
101		幡幢里一反廿一坪 九条田	1反	田	紀伊郡			
102		西京田	4反	田		大中臣国包	安元二年六月八日	(一一九号)3石8斗
103		七条坊門〃ヨリ北室町面西頬	口南北8丈6尺5寸 奥14丈3尺2寸		(左京)	清浄房	正和元年8月27日	
104		八条坊門与塩小路間東洞院面西頬	口3丈5尺 奥20丈		(左京)	了一房	貞治2年3月5日	
105		八条坊門高倉与梅小路間西頬	口1丈 奥20丈		(左京)			
106		八条坊門ヨリ北東洞院面東頬	口南北5丈 奥10丈		(左京)	比丘尼浄阿	観応3年8月3日	

No.	寺院	所在	面積	地目	所在国郡	人名	年月日	
107	9　仏照寺	八条坊門東洞院坊門ヨリ北小路与間西頬	口3丈7尺、奥20丈、口2丈9尺5寸奥20丈		(左京)	妙善沽脚	正和2年8月25日	
108		八条坊門河原荒所田	3反	田	(左京)	是阿	応永十二年正月日	
109		社里田卅六坪	1反	田	紀伊郡			
110		社里田卅三坪	2反	田	紀伊郡			
111		深草田畠領家職	5反大	田	紀伊郡			
112		穴田里十九坪田	1反	田	紀伊郡			
113		九条代内田	2反	田	紀伊郡			
114		七条室町塩小路与間東頬中程	口7丈2尺奥12丈		(左京)			
115		同後	東西3丈6尺南北8丈		(左京)			
116	10　菅祥寺	提上左内白拍子田		田	未詳			
117		益富保内案主名内	1町		加賀国石川郡	(菅原)長方朝臣	応永9年8月25日	
118	11　法浄寺	八幡田天王内	9反大		未詳			
119		八幡田天王内	1反	畠	未詳	檀那善戒	元弘3年11月13日	
120		梅小路大宮屋敷	4反	(敷地)	(左京)			
121		唐橋坊城北花薗	8反60歩		(左京)			
122		右衛門佐町	1反大50歩		(右京)			
123		八条勒負	1反60歩		(右京)			
124		七条西櫛笥北頬		道場敷地	(右京)			
125		七条西大宮北頬	口6丈9尺5寸		(右京)			
126		七条勒負東北頬	大	畠	(右京)			
127		七条勒負西北頬	30歩		(右京)	善性	至徳元年10月27日	

128		字懸越	2反	田	右京	圓阿	応安6年後10月19日	
129		字侍従池	1反半	田	未詳	藤原氏女	康暦2年2月10日	
130		字侍従池	2反半	田	未詳	尼見妙	明徳4年3月11日	
131		院御領内	2反	田	未詳	尼見妙	明徳2年10月4日	
132		七条櫛笥西北頬	口東西2尺5寸	屋敷	(左京)	見阿	明徳5年4月13日	
133		院御領内	1反半	田	未詳	妙光	応永5年12月26日	
134		五位内	1反	田	未詳	見阿	明徳5年4月13日	
135	12　荘厳寺	高辻油小路与堀河間北頬	口東西15丈1尺 奥南北19丈	敷地	(左京)	吉見兵部大輔(詮頼)	応永12年3月5日	
136		高辻油小路自高辻北油小路面西頬口	南北8丈8尺2寸5分 奥東西17丈	屋地	(左京)	法性寺中将親信	応永12年4月14日	
137		高辻油小路自高辻北油小路面西頬口	口南北2丈6寸 奥東西15丈1尺	屋地	(左京)	法性寺中将親信	応永12年4月14日	
138		四条町与錦小路間西頬	口南北1丈2尺 奥東西10丈	屋地	(左京)	柳原新大納言	応永14年4月16日	
139		平田里十五坪	2反	田地	紀伊郡	比丘尼玄能沽脚	応永12年3月日	
140		松本里十四坪	1反	田地	紀伊郡	越後沽脚	応永12年3月日	
141		深草東外里十一坪	1反	田地	紀伊郡	比丘尼玄能沽脚	応永12年3月16日	
142		水尾村三条九里廿二坪、自東四反目、五反目	2反	田地	摂津国嶋下郡	範阿	応永12年12月15日	
143		水尾村三条九里卅三坪	3反	田地	摂津国嶋下郡	範阿	応永12年12月15日	
144		茨木村内四条五里廿七坪	3反	田地	摂津国嶋下郡	行吉	応永12年12月15日	
145		五条十一里廿四坪内北三反次目	1反	田地	摂津国嶋下郡	藤原氏女沽脚	応永12年12月日	
146		中条田中村四条五里廿二坪	1反内	田地	摂津国嶋下郡	道阿沽脚	応永12年12月15日	
147		塩小路油小路北西頬			(左京)			

表2　金光寺および同塔頭・寮舎・末寺一覧表

	寺院名	所在地	創建	(Ⅰ)永享二年頃(一二七号)	(Ⅱ)文明一〇年(一二九号)	(Ⅲ)元禄五年(一五九号)	(Ⅳ)享保六年(一六七号)	(Ⅴ)天明八年(一八八号)	(Ⅵ)安政五年(二一九号)	(Ⅶ)明治五年(二二七号)
1	金光寺	七条高倉	正安三年	(本寺)	(本寺)	(本寺)197石	清浄光寺末寺(2)	(本寺)	(本寺)	(本寺)
2	其国寺	樋口油小路	(未詳)	末寺(1)			清浄光寺末寺(10)＊			
3	乗蓮寺	東山赤築地	(未詳)	末寺(2)	寮舎(2)		清浄光寺末寺(8)＊			
4	万福寺	鳥羽	(未詳)	末寺(3)	末寺(4)		清浄光寺末寺(13)＊			
5	西念寺	鳥羽北	(未詳)	末寺(4)	末寺(3)		清浄光寺末寺(15)			
6	福田寺	東山渋谷⇓五条寺町	文永九年(一五九号)	末寺(5)	寮舎(6)		清浄光寺末寺(12)		清浄光寺末寺(2)	清浄光寺末寺(2)
7	長泉院	上久世⇓金光寺境内	嘉元元年(一五九号)	末寺(6)	寮舎(1)	寺家(5)		境内	塔頭(4)(無住)	塔頭(4)
8	金剛寺	桂カ	(未詳)	末寺(7)			清浄光寺末寺(7)＊			
9	仏照寺	七条室町	(未詳)	末寺(8)	寮舎(9)					
10	菅祥寺	(未詳)	(未詳)	末寺(9)						
11	法浄寺	西七条	(未詳)	末寺(10)	末寺(5)		清浄光寺末寺(9)			
12	荘厳寺	高辻堀川⇓五条寺町	応永一二年(一一七号)	末寺(11)	末寺(1)		清浄光寺末寺(11)		清浄光寺末寺(1)	清浄光寺末寺(1)
13	宝光寺	(東山渋谷)	(未詳)		末寺(2)		清浄光寺末寺(14)＊			
14	宝林庵	(未詳)	(未詳)		寮舎(3)					
15	西礼庵	(未詳)	(未詳)		寮舎(4)					
16	智徳庵	(未詳)	(未詳)		寮舎(5)					
17	妙覚庵	(未詳)	(未詳)		寮舎(7)					
18	常徳庵	(未詳)	(未詳)		寮舎(8)					
19	宗寿庵	金光寺境内			寮舎(10)	寺家(4)		境内	塔頭(6)(無住)	塔頭(6)
20	蔵春庵	(未詳)	(未詳)		寮舎(11)					
21	井上寮	金光寺内カ	(未詳)		寮舎(12)					

22	小庫裏	金光寺内ヵ	（未詳）		寮舎（13）					
23	庵室	金光寺内ヵ	（未詳）		寮舎（14）					
24	珠光庵	（未詳）	（未詳）		寮舎（15）					
25	奥ノ寮	金光寺内ヵ	（未詳）		寮舎（16）					
26	長慶庵	（未詳）	（未詳）		寮舎（17）					
27	法城院	金光寺境内	文和三年（一五九号）			寺家（7）「法浄院」		境内	塔頭（1）	塔頭（1）
28	西光院	金光寺境内	嘉元元年（一五九号）			寺家（1）		境内	塔頭（8）（無住）	塔頭（9）（無住）
29	大智院	金光寺境内	文和三年（一五九号）			寺家（8）「大知庵」		境内	塔頭（2）	塔頭（3）
30	称讃院	金光寺境内	文和三年（一五九号）			寺家（9）		境内	塔頭（5）（無住）	塔頭（5）
31	金玉院	金光寺境内	嘉元元年（一五九号）			寺家（3）		境内	塔頭（7）（無住）	塔頭（7）
32	宗哲院	金光寺境内	嘉元元年（一五九号）			寺家（2）「宗鉄庵」		境内	塔頭（9）（無住）	塔頭（9）（無住）
33	正覚院	金光寺境内	嘉元元年（一五九号）			寺家（6）「正覚庵」		境内	塔頭（3）	塔頭（3）
34	歓喜光寺	京極錦小路	正安元年				清浄光寺末寺（20）		清浄光寺末寺（3）	清浄光寺末寺（3）
35	迎称寺	一条堀川⇓一条京極⇓吉田神楽岡	（未詳）				清浄光寺末寺（4）		清浄光寺末寺（4）	清浄光寺末寺（4）

註

（1）室町時代（永享二年頃）から明治五年（一八七二）の期間の金光寺塔頭・寮舎・末寺について、文中の各史料（Ⅰ）～（Ⅶ）の記載をもとに一覧表を作成した。ただし、本文註（5）に記した、（Ⅳ）にのみ記載がある、中世における金光寺末寺一一ヵ寺については一覧表記載を省略した。

（2）（Ⅰ）～（Ⅶ）の項目は、史料の記載をもとに、「塔頭」、「寮舎」、「末寺」の別を記した。また、近世以降の末寺は「清浄光寺末寺」とし、あわせて無住と書かれる場合はその旨注記した。各記載における（ ）内の番号は記載順序を示す。また、（Ⅳ）項における「＊」表記は、この時点では廃寺と考えられる寺院である。なお、記載がないものは空欄とした。

（3）所在地は判明したものはすべて山城国内である。移転をした場合は⇓にて前後関係を示した。なお、歓喜光寺の所在地は、六条東洞院、高辻烏丸（一六世紀半ば）、京極錦小路（天正年間）、東山五条（明治四十年）、山科大宅（現在地）と変化したが欄にはスペース上近世の所在地のみ記した。

図1　洛中散在所領分布図

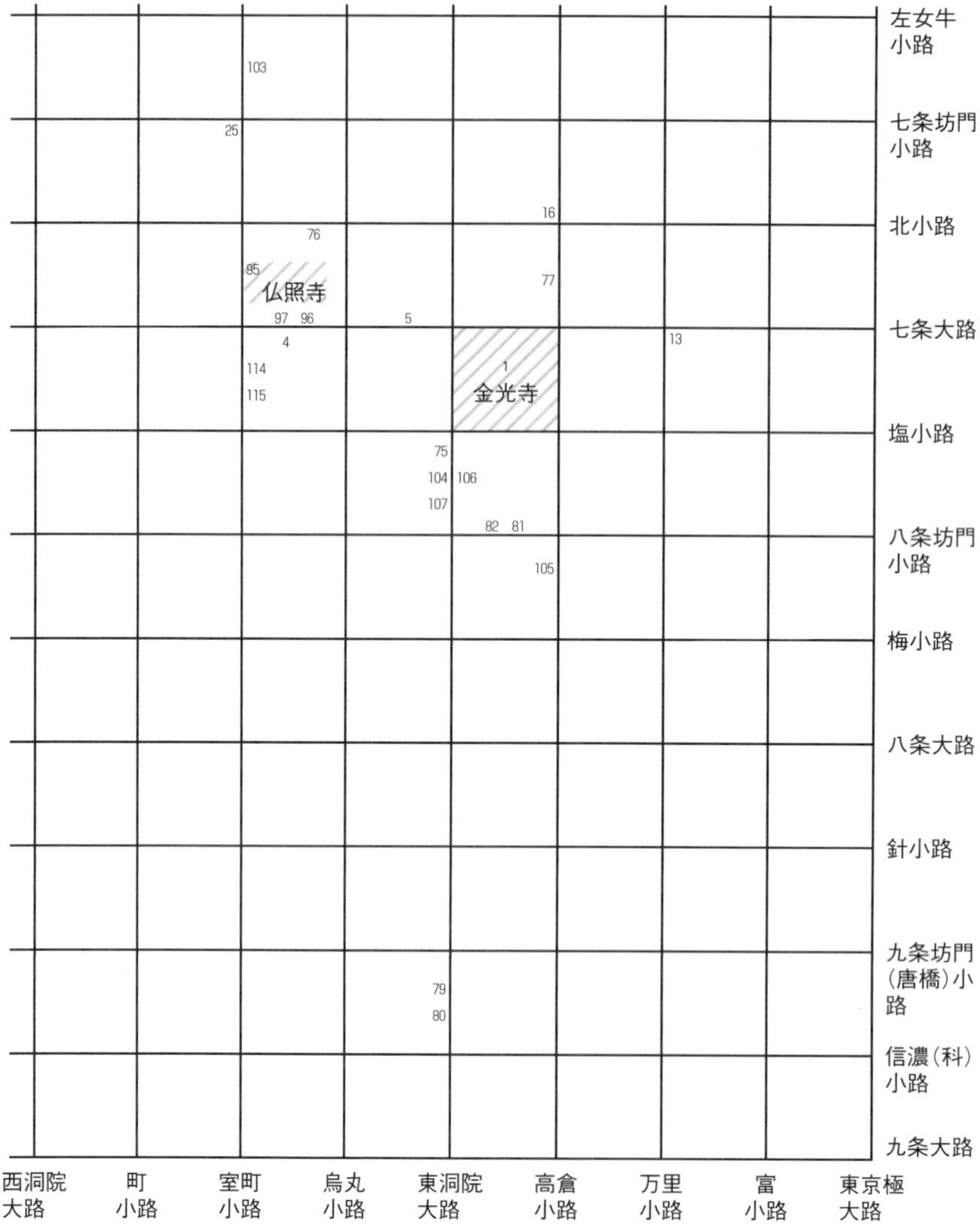
左女牛小路
七条坊門小路
北小路
七条大路
塩小路
八条坊門小路
梅小路
八条大路
針小路
九条坊門（唐橋）小路
信濃（科）小路
九条大路
西洞院大路
町小路
室町小路
烏丸小路
東洞院大路
高倉小路
万里小路
富小路
東京極大路
仏照寺
金光寺
103
25
16
76
95
77
97
96
5
4
13
1
114
115
75
104
106
107
82
81
105
79
80

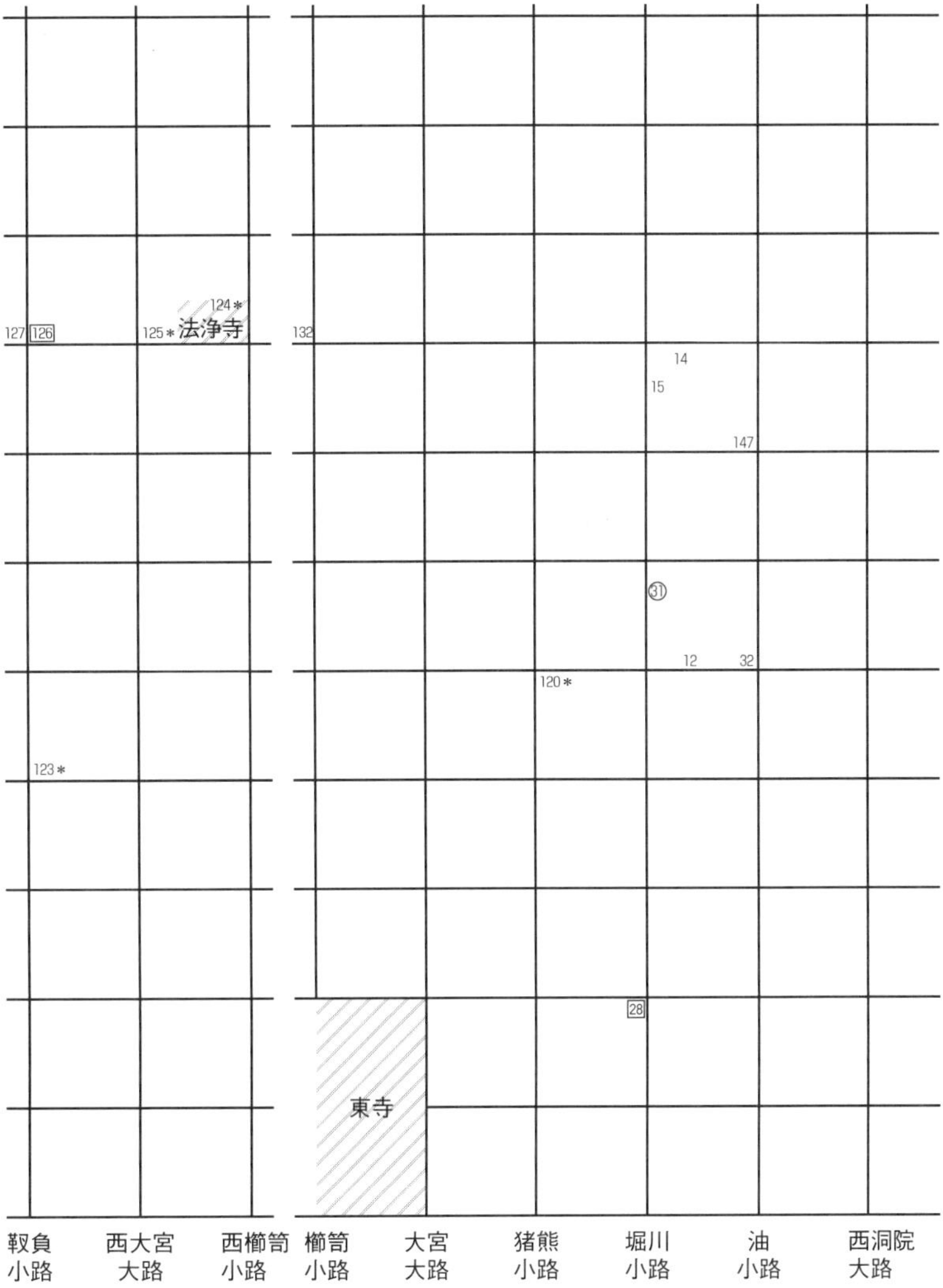

註(1) 洛中のうち所領が集中する地域について、北を上として便宜的に図示した。実線にて路をあらわし、名を注記した。
(2) 表1の所領のうち、位置が判明するものについてのみ、その番号を図中におとした。ただし、およその位置は判明するものの、路のどちら側に位置するか未詳である所領には、番号の後ろに「＊」を付した。
寺院と番号との関係は次のとおり。
①金光寺：1～25、②其国寺：26～28、③乗蓮寺：29～33、④万福寺：34～55、⑤西念寺：56～67、⑥福田寺：68～73、⑦長泉院：74～84、⑧金剛寺：85～94、⑨仏照寺：95～115、⑩菅祥寺：116.117、⑪法浄寺：118～134、⑫荘厳寺：139～147
(3) 次のように、土地の用途を示した。斜線＝寺地、丸数字＝田、四角囲み＝畠。

図2　紀伊郡散在所領分布図

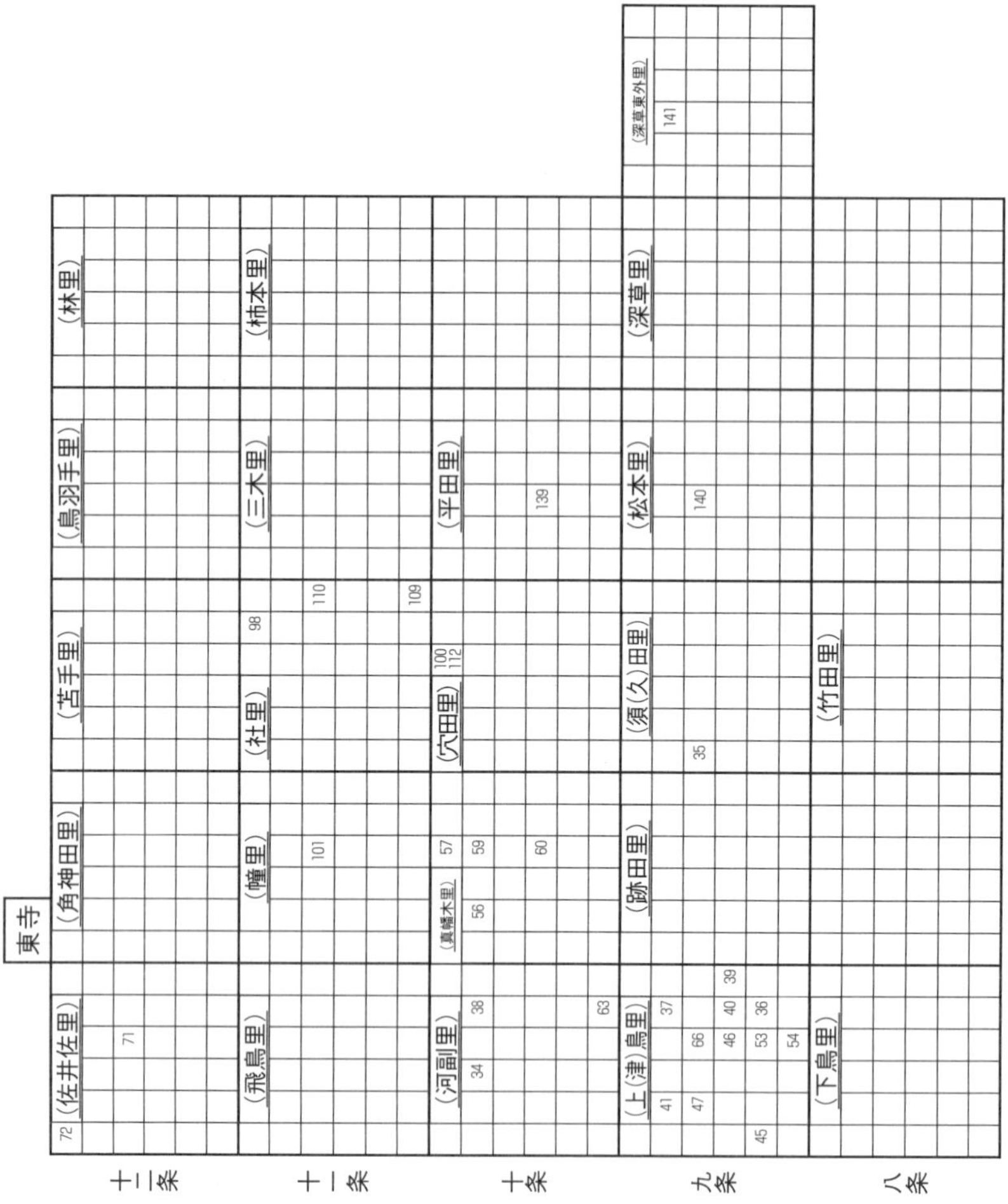

註（1）紀伊郡条理のうち所領が該当する地域について、北を上として便宜的に図示した。実線にて里、点線にて坪を区画した。紀伊郡条理の坪並は、西南を一坪とし、北へ千鳥式に配される。

（2）表2の所領のうち、紀伊郡内で位置が判明するものについてのみ、その番号を図中におとした。寺院と番号との関係は次のとおり。④万福寺領…34〜55／⑤西念寺領56〜67／⑥福田寺領71〜73／⑨仏照寺領98〜113／⑫荘厳寺領139〜141

（3）紀伊郡条理の配置は、須磨千頴「山城国紀伊郡の条理制について」（『史学雑誌』六五―四）を参照した。

註

（1）これに先立つ文明十年二月十九日には、将軍足利義尚は金光寺において十念を授けられている。

（2）「三鈷寺文書」文明十年十月二日付山城国守護畠山政長奉行人連署奉書の署判と合致する。大山喬平編『京都大学文学部博物館の古文書第9輯　浄土宗西山派と三鈷寺文書』（思文閣出版、一九九二年）。

（3）本寺改帳には、金光寺本寺、寺家（塔頭）九のほか、下京荘厳寺・江州西明寺・紫雲山西蓮寺からなる「寺三ヶ」、迎称寺など京都の遊行派六か寺（他に聞名寺寺家二院）からなる「時宗［　］末寺」を書き上げる。遊行兼帯寺院である金光寺が京都における遊行派寺院、すなわち清浄光寺末寺を書き上げたものと認められる。ただし、「寺三ヶ」については、以後の末寺帳にはあらわれず、近江の寺院を含む点、荘厳寺を別扱いとする点などの理由は今後の検討をまちたい。

（4）本冊子は、全国の遊行派末寺名を国順に一行三寺づつ列記するもので、以前から多く引用される史料である。寺名下には所在地、尼寺、末寺等の情報を、左肩には寺格をあらわす「一」「二」「三」「六」の漢数字を注記する。享保六年五月吉辰付けの遊行四九代他阿一法の奥書によれば、本冊子は弟子長淳（荘厳寺一堂）に書写せしめ、金光寺に納置させたものと知られ、同年の幕府による寺院調査（望月華山編『時衆年表』同年項、角川書店、昭和四五年）と関連するものと思われる。ただし、寺院名の上に墨点が付される寺院は当該期には廃寺となった寺院と認められる。この点については、「（若狭・越前国における）中世末から近世初頭に廃寺となった八か寺の末寺名も記載されており、寺名に付記されている寺地名が『時宗過去帳』の法名裏書の在地名をほぼ一致することにより、中世の時宗寺院を改めて確認することができる。」（『福井県史　通史編二　中世』〈福井県、平成六年〉）と指摘があるが、その廃寺八か寺の名の直上に墨点が付されることからも確認される。山城国金剛寺、乗蓮寺をはじめ、同様の墨点が付される寺院はかなりの数におよぶが、中世における時宗寺院の分布をしる上でも重要である。

（5）末寺一一ヶ寺は次のとおり。山城国三（称讃寺［堀川］、金剛寺［転法輪］・新蔵寺［南鳥羽］）、摂津国五（妙香寺［佐原木（沢良宜）］、称願寺［三宅］、極楽寺［茨木］、善願（福）寺［溝杭］、妙香堂［岡本、尼寺］）、伊賀国三（善福寺［川合地蔵堂］、心蓮寺［国府］、福田寺［高山］）。称讃寺以外は墨点が付され、廃寺となったと考えられる。しかし、称讃寺も近世の他の史料にはみられないことから、墨点を落とした可能性も考えられよう。

（6）中世京都における時宗寺院の分布を総体的に分析したものとして、小野澤眞「中世都城における聖の展開―東山

・霊山時衆と京都におけるその意義」（五味文彦・菊地大樹編『中世の寺院と都市・権力』山川出版社、二〇〇七）があり、本稿で扱う七条道場末寺についても記述がある。

（7）境内塔頭の位置関係は、天明八年の境内図（一八八）で判明する。

（8）中世と近世とでは、偶然に同じ名称であるだけで、別由緒の寺院である可能性もあるが、ここでは同一な寺院と仮定し、表1にもその旨掲出した。

（9）大江朝信について、確実な人物比定はしえなかった。ただ、東寺領若狭国太良庄預所職に任じられている人物に「散位朝信」がいる（暦応二年〔一三三九〕十一月廿八日付、若狭国太良庄預所朝信遵行状案、東寺百合文書ハ函六七号四）。ここでは、同一人物の可能性を指摘しておきたい。

（10）永徳三年（一三八三）三月十六日付（教王護国寺文書四〇九号）。

（11）梅谷繁樹「京都の初期時衆（上）――市屋派のことなど――」（藤沢市文書館編『藤沢市史研究』10、一九七七年）。

（12）橋本初子『中世東寺と弘法大師信仰』（思文閣出版、一九九〇年）、西谷正浩「中世東寺の散在所領の集積をめぐって」（『福岡大学人文論叢』二八―三、一九九六年）。

（13）前掲註(11)論文。

（14）前掲註(11)によれば、この説は昭和四十九年七月長楽寺牧野素山住職がかつて時宗教学講習会にて発表したものという。

（15）山城国東西九条年貢名寄帳（東寺百合文書ム函五〇号）など。

（16）道忍百姓職請文（東寺百合文書へ函四四号）。

（17）検非違使庁諸官評定文（東寺百合文書京函五二号、ヒ函六六号）。

（18）大慈院親海書状案（東寺百合文書ム函二八―二七号）。

（19）「賦引付」大永三年六月廿一日条。

（20）前掲註(11)論文。

（21）東山連峰、清水山と阿弥陀が峰との間の渋谷を経由して大津へ至る山路。

（22）応永六年十二月廿七日付教願等連署地子請文（東寺百合文書つ函一―二一―八号）。

（23）応永六年七月付福田寺領注進状（東寺百合文書つ函一―二一―七号）、応永六年十二月廿九日付東寺巷所敷地寄進状案（東寺百合文書つ函一―二一―九号）。
(24) 乙菊丸知行東寺寺領内水田注進状（阿刀文書九五号）。
(25) 応安元年四月朔日に義満の元服に役人として参加していることがみえる（『大日本史料』第六編二九冊）。また、京都東岩蔵寺に越中外山郷地頭職を寄進した応永五年五月三日付吉見頼詮寄進状（『大日本史料』第七編三冊、保阪潤治氏所蔵文書）では、「兵部大輔頼詮（花押）」と署判がある。
(26) 勝田至「中世の葬送と墓制」（同氏編『日本葬制史』吉川弘文館、二〇一二年）。

近世京都における金光寺火屋の操業とその従事者

佐藤　文子

はじめに

京都において展開していた葬送事業を考えるに際して、近世の地誌類をひもとくと、「五三昧」あるいは「七墓」ということで、鳥辺野をはじめとした歴史的に有名な葬送地が列挙されている。金光寺に伝来した文書中には、七条道場金光寺火屋の操業にかかわるものが多く残されているほか、福田寺墓所・荘厳寺墓所・西六条花畑火屋・白蓮寺墓所などの名が見えるものもあり、近世京都の葬送事業の実態を考えるにあたって重要なものが少なくない。とくに七条道場金光寺に併設されていた火屋については、鳥辺野赤築地の墓所からの来歴についての事情に関しても詳細な情報が含まれており、明治四年の廃絶に至るまで都市の需要に応えて操業を続けていた様相をうかがうことができる。(1)

七条東洞院の東北角に寺域を占めていた七条道場金光寺は、近世の絵図類では表門を北（七条通）にむかって開き、東面する本堂と、その背後に客殿・庫裏を構えていた。境内にはこのほかに九軒の塔頭・衆寮などがあった。火屋エリアは寺域の東に御土居を隔てて併設されていた。

天明八年（一七八八）に奉行所に提出された絵図によると、(2) 火屋は寺地とは御土居で明確に区別され、入口も寺の門とは別に七条にむかって開かれており、寺地から火屋に通り抜けすることはできない構造になっていた(3)。

一　近世初期における京都の葬送事業

それでは金光寺の火屋が操業を始めた当時、京都ではどのようなひとびとによって葬送事業が担われていたのであろうか。近世初期の京都の葬送の事情を考えるにあたっては、黒川道祐（元和九年〈一六二三〉～元禄四年〈一六九一〉）の著した京都の地誌『雍州府志』（貞享三年〈一六八六〉刊）の記事がきわめて示唆的である。そこには清水坂の「弦指」が、葬送事業を行っている諸寺院から米銭を取っていた事情が説明されている。

…昔感神院の犬神人は、祇園会の祭礼付きの神幸に先だって、前路の「不浄之物」を取り棄てていた。屍があればこれを運んで他所へ埋めていた。平常もまた祇園の境内を巡り、屍があれば祭月のように処理していた。これにより死人を埋める時には、よそでのことであっても自分たちがなすべきこととして、毎年諸寺院の墓地を巡察し、新葬の跡があれば、その寺院について「葬埋之料」を申し請けていた。「近世」では諸寺院は、毎年正月と七月の二度あらかじめ米銭を犬神人に施すことになり、これ以後墓地を見ることはなくなった。蓮台寺六坊はそれぞれ土葬場を持っており、これもまた春秋二度米銭を犬神人に贈っている。犬神人は今の清水坂の「弦指」である(4)。（原文は漢文）

清水坂の「弦指」の葬送得分権の発生について、感神院犬神人が祇園会の神幸の際に不浄物を処理していたということに帰一させる黒川道祐の説は、もちろん十七世紀後半に認識されていた起源譚にすぎない。ここでは犬神人(5)が感神院のもとで組織化されていたいっぽうで、葬送に関してはあくまで坂の支配下にあったという歴史的状況が把握されていない。黒川道祐が述べるなかで重要なことは、葬送得分権が、葬送を行っている諸寺院から清水坂の「弦指」に対する定期的な米銭の支払いというかたちで行使されていた、という「近世」の実情である。

これより先、中世の京都においては、遺体を運ぶ輿および火屋設営に用いる綱・簾などについて、それを調達し、葬送に使用し、使用後引き取るという一連の流れが、総体として坂の権利と認識されていた。坂は葬送を行う権利を保持するとともに、独自に葬送を行おうとする寺院との間で、一定の契約を取り替わし、輿の使用などを免許するということを行い、葬送事業全体を支配下においていたことが馬田綾子によってあきらかにされている(6)。馬田は、すでに文安二年（一四四五）の段階において東寺が寺僧・寺官の葬送を行う地蔵堂三昧を発足させ、葬送を実施する権限を坂との一定の契約のもとに免許されていたことを指摘している。

その後多くの寺院等が葬送事業に進出し、寺院の縁故者に限らず都市民全体を顧客とした収入源として火屋を操業するようになっていったため、坂はそのつど契約を取り替わし、免許を出すというかたちで自分たちの権利を確認していた。

この現象を七条道場金光寺のケースでみるならば、以下のような流れのなかでとらえることができる。まず、金光寺の葬送への関与は、応安五年（一三七二）に「時阿弥陀仏」なる人物を仲介者として東山赤築地の荼毘所を買い請けたところからはじまる(7)。その後天文十七年（一五四八）の段階では、七条金光寺において土葬事業が行われていたようである(8)。

このころ金光寺と坂との間で取り替わされた契約内容を天文十七年の坂奉行衆請文(9)によって確認すると、

①七条道場寺内で土葬を行うごとに穴一つについて五十文を坂方へ渡す。

②檀那の土葬の場合も同様の額を渡す。

③引馬・火屋・荒垣・幕・綱については以前からの金光寺側の定めのとおりでよい。
ということになっている。

金光寺火屋はのちに、広く都市民を対象とした常設火屋として展開したことが知られているので、ともすれば見落としがちになるのだが、この請文には気になるところがある。この内容に見る限り、天文十七年の段階では、金光寺はたしかに葬送を行ってはいるのだが、それはまだ、少なくとも坂との申し合わせの際の建て前としては、金光寺関係者およびその檀那を対象としたものであるということが前提となっている。ここには金光寺が独自に葬送を執り行ってよい対象者に限定があり、のちにみられるような広く京都の都市民を対象とした常設火屋の操業には至っていなかったものとも解釈される。

またこの契約では、土葬一件につき五十文ということであるから、坂側は金光寺が葬送を実施するたびにその実数を把握できる状態で、その権利を行使していたわけである。

二　坂得分の流転とその形骸化

このような状況がしだいに変化していった様子を、元和七年（一六二一）に取り替わされた坂奉行衆と金光寺の置文に看て取ることができる。(10) まずこれらの置文では、かつて「東山赤辻（赤築地）」にあった墓所が、「七条河原口」（金光寺）に移転した際に、以下の十箇条の項目について坂へ米銭を納める旨が申し合わされたとする。

①ふりさけ　年中ニ壱石五斗但内墓共に

②にないこし　五升也

③板こし　壱斗也
④新こし　壱斗五升也
⑤はりこし　壱斗五升也
⑥がん　五斗也
⑦引馬ニ付而　五斗也
⑧そうしせん六月朔日　壱斗也
⑨正月四日　弐十疋礼銭
⑩火屋・あら垣・まく・つな　以上

ここに挙げられた項目は、坂方がこれら現物を調達して金光寺に使用させ、代金を取っていた、というわけではなく、金光寺が独自に葬送を行うことに対して、坂側が求めた権利料の内訳を項目として挙げ、それを米銭に換算して示したものであったと考える。また、このなかで最後に挙げられている「火屋・あら垣・まく・つな」は、米銭に換算されていないので、火葬ごとに設営される仮設の火屋と、その囲いに使われた荒垣・幕・綱については、実際に使用された現物を坂が引き取ることになっていたと解釈される。

それが金光寺二十代住持法爾のころになって、これらをすべてひっくるめて年米三石五斗にするという、あらたな形態の契約が取り替わされることになる。ここにおいて、坂は一件ごとの葬送を把握するという実質的支配から撤退するのである。

この契約が再確認された元和七年という時期は、金光寺の火屋が常設となり、その操業が本格化していく時期とかさなっているのではないかと想像するが、坂と金光寺との契約の内容が、時代の流れのなかでこのように変化していく過程は、金光寺が京都の都市民を対象とした葬送事業に進出していくとともに、かつて実質をもって機能していた坂の葬送権が、しだいに形骸化弱体化していく過程でもあったということができるであろう。[11]

上記にみたように、年米三石五斗は葬送事業についての坂の得分として、金光寺と坂とのあいだで取り替わされた契約であった。興味深いことにこの年米は受納権者を替えながら、近世後期までその形跡を残してゆく。

宝永元年（一七〇四）に金光寺から奉行所へ提出された口上書[12]では、金光寺境内の火屋は、「弦召時阿」から買い請けたものとし、年米三石五斗を弦召方へ遣わしているという。「弦召時阿」は、東山赤築地の茶毘所が金光寺に売り渡された際[13]に仲介役となった「時阿弥陀仏」を指しているようである。彼が現実には坂側の人物であったのか、それとも時衆に連なる人物であったのかについては、検討の余地があると思うが、ここでは奉行所に申告するための金光寺火屋のオフィシャルな由緒として、火屋の事業はかつては「弦召」の事業であって、年米三石五斗はその権利米であると説明しているわけである。ここでは犬神人が坂の支配を受けつつ葬送事業に関与していた記憶が残されており、年米じたいも一定のメンバーシップの範囲内で相承ないし譲渡されてきたものとみることができる。

ところが近世後期に至ると、葬送権の系譜（の記憶）を承けていたはずの年米三石五斗をとりまく状況が変わってきていることに気づく。

一札之事

一、従御当山年〻玄米三石五斗宛、我等方江数年来請取来候処、此度勝手ニ付、香具屋嘉兵衛方江相譲リ申候処実正也、然ル上者、向後右三石五斗者、右人方江急度御渡シ可被下候、為後日差入置一札、依而如件

天保四年巳六月

服部平左衛門（印）（黒方）

親類　金井外直　㊞（黒円）

七条金光寺
　御役者中

この譲状[14]によれば、年米請け取りの権利は、数年来服部平左衛門なる人物の預かるところとなっていたが、天保四年（一八三三）六月に至って香具屋嘉兵衛がその権利を譲り受けたという。「此度勝手ニ付」という譲渡の事情は、服部平左衛門が年米請け取りの権利を質に入れて借財し、質流れによってその権利が香具屋嘉兵衛に渡ったとみるのがもっとも自然な理解であろう。坂非人による葬送支配の記憶は徐々に遠ざかり、年米はより広く京都の都市民のなかで流転していくようになっていったのである。

三　金光寺火屋の葬送従事者たち

A　従事権としての隠亡株

近世に至って、京都における火屋操業は奉行所の支配を受けるところとなっていたが、享保四年（一七一九）奉行所の仰付によって操業停止とされた三条通西御土居外火屋の隠亡[15]らが、京都周辺のほかの火屋に割り入れられることになった。

このいきさつを含んだ以下の口上書[16]は、近世京都の隠亡の性格を考えるにあたってきわめて示唆的である。

　指上申一札之事

一、三条通御土居之外南北ニ有之候火葬場弐ヶ所、取払被仰付、右火屋相掛ヶ候隠亡者四株ニ而、五人之もの

共狐塚・七条・蓮台寺三ヶ所火屋隠亡仲間へ割入被仰付、狐塚火屋江壱株四郎兵衛、七条火屋へ壱株小兵衛・吉兵衛、十右衛門弐株ニ而三人、蓮台寺火屋へ壱株八左衛門、右之通被仰付奉畏候、且又割入被仰付候儀申立、我儘仕間敷候、然ル上ハ狐塚・七条・蓮台寺隠亡とも儀、向後右之もの互ニ申合違乱仕間敷候、若違背仕候ハヽ、如何様之曲事ニも可被為仰付候、依而連判一札奉差上候、以上

享保四年
亥十月十日

狐塚火葬場
隠亡
弥右衛門
弥兵衛
仁左衛門
勘左衛門

只今迄三条西御土居之外火葬場ニ有之、今度割入被仰付候隠亡
壱株　四郎兵衛

七条火葬場
隠亡
八兵衛
仁兵衛

只今迄三条西御土居之外火葬場ニ有之候、今度割入被仰付候隠亡
壱株
吉兵衛
小兵衛

壱株　十右衛門
蓮台寺火葬場
隠亡
長兵衛
壱株　八左衛門
只今迄三条西御土居之外火葬場ニ在之、今度割入被仰付候隠亡

この文書は袋綴装の冊子に留められた写しであるので宛所を欠いているが、隠亡仲間から奉行所に提出されたものであると考えてよいであろう。ここで注目されることは、火屋における隠亡が、葬送の従事権（おそらくはそれに相応する身入りがともなうものとしての）を帯びる株として認識されていることである。かつての坂非人の葬送権は、すでに現実の事業関与とは切り離されて、年米というルジメントとなって流転してしまっているわけだが、ここに至っては火屋隠亡の従事権が、株という権利として存立しているわけである。

金光寺配下の七条火屋には当時二つの隠亡株があり、それぞれ「仁兵衛」「八兵衛」という名跡をもって継承されていた。奉行所の仰付を受けて三条西火屋から七条火屋の隠亡仲間に割り入れになったのは、吉兵衛・小兵衛・十右衛門の三人であったが、株としては二株（吉兵衛と小兵衛二人で一株、十右衛門一株）であった。(17)

B　火葬従事者の存在形態

それでは、これらの火屋の事業に従事した彼らの身入りは、具体的にはどのようなものであったのであろうか。

先にみた宝永元年（一七〇四）の奉行所宛の口上書では、「山守儀者施主方ゟ之施物ニ而渡世仕申候」とあり、直

接葬送に従事していた「山守」の収入は、金光寺側からの扶持料などの設定はまだないことになっている[18]。しかしこれは、彼らの身入りが少ないということをかならずしも意味するわけではないように思う。むしろ従事者の現場での既得権について、金光寺側の支配ががっちりとはとどいておらず、相互に明確な確認がなされていない不透明な状態であったと推測される。

隠亡らの権利が史料の上で明確になるのは、享保四年（一七一九）の三条西御土居之外火屋隠亡の割り入れにともなってのことである。同年十月十二日に金光寺から隠亡仁兵衛・八兵衛に遣わされた証文では[19]、使用後の売輿と蠟燭については、「先年ゟ之通」仁兵衛の引き取り権が追認され、貸物である輿・台輿・乗物の貸代については、「先規ゟ為扶持料、両人江被下候通」、仁兵衛・八兵衛に追認されている[20]。

隠亡等から奉行所に宛てられた享保十年（一七二五）の口上書[21]では、葬具の貸代や引き取りによる身入りがあったことについていっさい触れられていない。いわく、今までは施主からの火葬料はすべて金光寺に納められ、寺から自分たちには炭薪が支給されていただけで、火葬料の内からの取り分はなかった。なので自分たちは施主から「心持次第鳥目」を受け取って渡世してきた、という調子である。

この口上書によると、このとき奉行所の介入によって、火葬料の内から隠亡らの取り分が認められ、金光寺側に「向後ハ炭薪代旁四匁七分之火葬料ニ者鳥目弐百文、八匁五分以上之火葬料ニ者四百文ツヽ、可申請旨」が仰せ渡されたのだという。さらに「自今炭薪之節も惣而施主ゟ少しも施物不申請、尤軽きものニ而も、衣類・棺共焼捨、曽而麁抹ニ仕間敷と被仰渡奉畏候」というのであるから、隠亡等は火葬料からの取り分がなかったという言い分のもとに、施主から炭薪代という名目で施物を受け取ったり、被葬者の衣類や棺を火葬に付さずに引き取ったり、ということがあったようである。これらは不正な所得であると言ってしまえばそれまでであるが、葬送に直接従事する者が行使してきた権利の残映という側面もある。[22]

さらに下って、文化元年（一八〇四）における金光寺と隠亡との申し合わせ[23]において、隠亡仁兵衛が金光寺から扶持料として認められていた取り分の内訳は次のとおりである。

一、輿　一式借〔貸カ〕代五百文
一、台輿　一式貸代三百文
一、乗物　一式貸代三百文
一、売輿乗物　代八百文
一、丸焼　代壱貫文
一、諸道具計　代百文
一、蠟燭者先規之通被下候事

ここにおいて注目すべき点は、売輿などの諸道具についての権利が、享保四年（一七一九）段階では現物の引き取りという行為であったと解されるのに対し、ここでは蠟燭を除くすべてについて代銭化していることである。この時点で隠亡らは、諸道具を引き取るという行為を現実にはしていなかったと推測される。[24]このころには金光寺火屋は常設火屋として恒常的に都市の需要に応えていたのであるから、このような流れは当然ともいえよう。

C 「隠亡仁兵衛」の軌跡をたどる

ここまでの考察では、隠亡らはしだいに金光寺に雇い入れられた賃労働者として、その立場が整頓されていったようにみえる。もちろん捨象してそのように評することもあながち間違いではない。しかしここではいま少し実態に目を向けて、考察を深めたいと考える。

①享保「仁兵衛」

金光寺火屋で葬送に従事した「隠亡」については、享保四年に奉行所に差し出された口上書に[25]「仁兵衛」・「八兵衛」の名が初見する。ここでは金光寺火屋隠亡の存在形態を考えるにあたって、史料上頻出している「仁兵衛」名跡に注目し、その軌跡をたどっていくことにする。

享保十二年（一七二七）の「仁兵衛」の家族構成は知恩院末金台寺の寺請[26]によってとりあえず判明する。これによれば、「仁兵衛・妻よし・世悴平兵衛・娘やツ・かね・下人七兵衛」の六人ということになっているが、すでに述べたように「仁兵衛」は隠亡株の名跡で、株をあずかる者によって順々に襲名されていくという性格のものであり、かならずしもおなじ家筋のものとも限らない。

この享保の「仁兵衛」は実名を木村平兵衛といったようである。木村平兵衛をめぐっては、金光寺文書中に享保二十年（一七三五）発給の二通の熊野検校の御教書の写しがあり[27]、彼の像を考えるうえで重要であると考えるので、以下にやや くわしく言及したい。

熊野検校の御教書はいずれも享保二十年閏三月二十四日付けで、一通は木村平兵衛に対して「桃地結袈裟」を免許したもの、もう一通は平兵衛に対して「随専院」という院号を免許したものである。いずれも聖護院宮を兼ねた熊野検校の意を受けて、三山奉行若王子の奉書という体裁で発給されている。これらの写しは、弘化三年（一八四六）に金光寺が火屋や隠亡の由緒について、奉行所の改を受けた際に、作成されたものである。弘化の書き込みによれば、隠亡仁兵衛方にあったものを写し取ったといい、宛所の木村平兵衛は、金光寺において隠亡仁兵衛と称している者と同一人であるという。

「桃地結袈裟」とは天台系のいわゆる本山修験のなかで、同行とよばれる比較的低いランクの修験者に免許されるものであるらしい[28]。これらの文書は、金光寺火屋隠亡仁兵衛が、ときとして熊野検校から免された随専院という院号を名乗って活動していたことを示すものと理解することができる。

ここにみる木村平兵衛こと随専院は、実際に修行をともなう宗教活動を行っていたとみるよりは、手だてを講じて免許を手に入れ、京都という都市の需要に応えるべく、疫神送りのためなどの祈禱を行って、生業のひとつとしていたのではないかと推測する[29]。

厳密にいうと、これらの史料だけでは、享保の「仁兵衛」がふたつのアイデンティティを同時に保持していたのか、あるいはそれぞれの時期がずれるのかは判然としない。しかしながら、隠亡を勤める人物が修験者でもありうるというこの事実については、おおいに注視するべきところがあるように思う。火葬と祈禱とをまったくことなった生業ととらえ、それぞれの従事者をことなった身分ととらえるかどうかは、その社会をいかなる枠組みをもって説明しようとするかによるであろうが、京都では近世に至っても両者の職能が、都市のキヨメとして通底し、生業として並立しうるところがあったとここでは考えておきたい。

②天保「仁兵衛」以後

天保年間に「仁兵衛」の名跡を帯びていた者の家族構成は、知恩院末金台寺から金光寺役者に提出された寺請によって知ることができる[30]。享保「仁兵衛」とはもちろん別人ではあろうが、同じ家筋である可能性はある。これらによると、天保七年（一八三六）段階で仁兵衛には「妻むめ・忰福三郎・娘たけ・とめ・うの・みつ」のほか、同じ隠亡の株を持つ重右衛門と八兵衛をその配下においていたようである。また庄左衛門・文吉という二人の下人を抱えていたことがわかる。

ところがこの天保の「仁兵衛」は、ほどなく交替となる。おそらくは取り分をめぐる不正を働き、金光寺の勘気をこうむったと考えられる。天保十三年九月までの寺請は金台寺のものなので、この「仁兵衛」と同一人のものと思われるが、天平十四年九月の寺請は清浄光寺末荘厳寺のもので、代々時宗だといっているから、先の「仁兵衛」とはまったくの別人である。またここでは、新しい「仁兵衛」は「七条松明殿裏小屋頭六助下」の者であるという。[31]

新旧「仁兵衛」の交替の事情については、天保十五年（一八四四）の六助の願書に多少うかがうことができる。[32]これによると、先の「仁兵衛」もまた七条松明殿小屋頭六助の配下の者であったらしく、「不束之儀」があって天保十三年十一月に金光寺から暇を出され「私方」へ引き取ったのだという。そこでいま「火屋守」としてすでに従事している源助という人物に[33]「仁兵衛」の名跡を引き継がせたい、というのが小屋頭六助の願書の趣旨であった。結果この旨は金光寺側の聞き届けるところとなり、天保十五年には源助が正式に「仁兵衛」として出勤する旨の請書が提出されている。[34]

ここで新旧の「仁兵衛」の請人になっている七条松明殿裏小屋頭について若干の説明を加えておきたい。七条松明殿裏については、山城国愛宕郡柳原荘の沿革を記録した「京都柳原町史」[35]に記述がある。これによれば、かつて下京南京極町高瀬の西廻りにあった非人集落が、正徳三年（一七一三）七月に七条大橋西南側に移転し、移転以来「松明殿裏」または「水車」と通称されていたという。また、集落の住人は小屋頭の持家で家賃を払って居住していたと記録されている。天保の新旧「仁兵衛」はこの小屋頭配下の非人であったとみることができる。

さらに慶応四年（一八六八）には「先仁兵衛」（源助か）の病死をうけて、直次郎という人物が「仁兵衛」の名跡を継いでいる。[36] 直次郎の「仁兵衛」継承を金光寺に願い出、請人となったのは平三郎という人物で、やはり七条松明殿裏小屋頭であった。つまり金光寺火屋の隠亡「仁兵衛」の名跡は、おそくとも天保年間以降において、この小屋頭配下の非人によって受け継がれていたことになる。

四　金光寺火屋の事業経営――むすびにかえて

ここまでの考察の結果をふまえ、近世金光寺火屋で展開していた事業を俯瞰し、本稿のむすびにかえたい。

金光寺火屋は御土居を隔てて寺地に隣接し、その廃絶まで金光寺の重要な財源でありつづけたが、そのじつその事業経営は間接的なもので、現場には直接には関与していなかったのではないかと思わせる状況が多々ある。

さきにみたように金光寺火屋の隠亡株は、享保四年（一七一九）における三条西火屋からの割り入れによって二株から四株に増えていた。ところが、このうち八兵衛株については、元文二年（一七三七）に至って、すでに享保年間にその名跡を名乗る隠亡が死没していたという事実が、判明する。[37] ここにおいて金光寺側は、十五年以上にわたって八兵衛の死没を認識していなかったということになる。八兵衛分の隠亡株は、この間、平兵衛（仁兵衛の実名）が預かっていたままであったという。つまり平兵衛は一人で仁兵衛株と八兵衛株の二株をあずかり、それに相当する身入りを得ていたということになる。発覚後、この事態を追認するかたちで、平兵衛は二株の支配を金光寺側から認められるところとなる。[38] この事件のいきさつをみる限り、金光寺はかならずしも火屋の事業を直接に把握していたわけではなさそうである。

では金光寺火屋の経営形態はどのようなものであったのだろうか。安永六年（一七七七）に発覚した不正経理事件を素材に考えてみたい。

奉差上一札之事

一、此度仁兵衛儀、御門守五兵衛殿へ被頼候而、東岱山数書付御帳面ニ減少仕指上候処、此義仁兵衛一分之取計ニ而、私共一向不奉存、段〻被為成御吟味、不念之段一言之御申話〔訳〕無御座、重〻奉誤候、依之、仁兵衛幷私共急度御咎ニ茂可被仰付之処、御憐愍を以御赦免被成下、難有仕合奉存候、以後不寄何事、仲間之者とも申合、不調法無之様可仕候、若相違之義御座候ハヽ、如何様共可被仰付候、為後証一札如件

安永六丁酉年　九月

山守　八兵衛（黒円印）

重右衛門（黒円印）

金光寺様

御役者中

この文書[39]によれば、火葬の依頼件数を帳面につけて管理し、金光寺側に報告していたのは門守とよばれる役職の者で、門守五兵衛は仁兵衛の協力を得て、依頼件数を過小に報告していた。つまりは金光寺に収納されるべき火葬料を実際より少なく納め、その分を寺のあずかり知らぬところで自分たちの利益としていたということになる。ここでは仁兵衛とおなじ隠亡株を持つはずの八兵衛・重右衛門は事態に気づかなかったということになっている。

このことからすると、この時点で金光寺火屋での火葬の件数を実際に把握し得たのは、門守および隠亡のなかでもリーダー格の仁兵衛であった。とくに事業に係る金銭出納の管理は門守の役割であったとみてよい[40]。金光寺は、火屋の操業権を保有し、実際の経営責任者である門守から報告を受けて火葬料を得ていたが、雇い入れている隠亡が死没して十五年以上になっても、火葬の件数について虚偽の報告を受けていても、それらに気づかない距離にあ

ったのである。

金光寺火屋の事業経営の実態をみたところでは、操業権に関しては金光寺が保有し、それを火葬料として収入としていた。経営の実務には門守があたり、そのもとで隠亡らが火葬に従事した。またさきに株の数は隠亡の実際の人数ではないことを確認したが、現場には株を保有する隠亡のほかに、さらに株を持たずに火葬に従事する者たちがいたと考えられる。隠亡株をもたない従事者は金光寺と直接契約を取り替わさないので、史料上に存在を確認することが難しいが、たとえば文化七年（一八一〇）金光寺火屋の業務をめぐって仁兵衛と争論となった高瀬当助なる人物は、隠亡株を持たない従事者のひとりであったとみることができる(41)。

以上にみたように金光寺火屋で事業に従事した者たちは、時衆に属する者ではなく金光寺に〈雇用〉される者たち、およびその配下の者たちであった。また金光寺は経営の実態を直接関知せず、門守からの報告を受けるかたちで間接的に事業を把握していた。そういった意味では、操業の形態は委託に近いものであって、近世の金光寺火屋は寺の内側のものではなく、御土居を隔てた外側に位置づけられていた収入源であったということができるであろう。

註

（1）本書史料編二二九・二三〇号文書。

（2）一八八号文書（巻末付図2）。

（3）これについては通行の便宜のため一時御土居に口を設けていたことがあったが、天保十五年奉行所の指示により差し止められている（二一三号文書）。

（4）黒川道祐撰「雍州府志」（『新修京都叢書』第十巻、臨川書店、一九六八年）。

(5) 馬田綾子「中世京都における寺院と民衆」(『日本史研究』二三五号、一九八二年)。
(6) 前掲註(5)馬田綾子論文。
(7) 八二・八三号文書。
(8) 一三七号文書。
(9) 一三七号文書。
(10) 一五〇・一五一号文書。
(11) 元和七年の置文には、本文に掲げた十箇条のほかに「注阿ミ」なる人物の得分の項目が別立てされている。彼はおそらく坂非人の支配を受けつつ、赤築地から金光寺に移転した葬送事業に直接従事してきた人物であったと考える。「注阿ミ」は元和七年の置文の段階で、坂の弱体化にともなって、その従事権を年米を申し受けるいう得分に引き替え、自身は金光寺での葬送から撤退したのではないかと推測する。
(12) 一六一・一六二号文書。
(13) 八二・八三号文書。
(14) 一九七号文書。
(15) これらの火屋の歴史的変転については勝田至「京師五三昧考」(『日本中世の墓と葬送』、吉川弘文館、二〇〇六年)にくわしい。
(16) 一六九号文書。
(17) 村上紀夫は近世の狐塚火屋の様相を論究するなかで、隠亡には一定の人数枠があったのではないかと推測している。隠亡株は従事権であって、かならずしも人数と合致しないこともあるが、村上の着眼点はまったく正しい(村上紀夫「墓所狐塚とオンボウ」〈『本願寺史料研究所報』二三号、一九九九年〉)。
(18) 一六一・一六二号文書。
(19) 一六四号文書。
(20) この証文では、扶持料の支払いには門守甚兵衛があたることになっているが、これは享保四年になってあらたに整えられたシステムであろう。
(21) 一六九号文書。

(22) 中世の坂非人が死者の衣類や葬具を取得する権利を行使していたことについては、勝田至が言及している(勝田至『死者たちの中世』、吉川弘文館、二〇〇三年)。
(23) 一八九・一九〇号文書。
(24) 「丸焼」とは施主の希望に応じて輿ごと火葬に付すことをいったものと推測する。
(25) 一六三号文書。
(26) 一七二号文書。
(27) 一七四・一七五号文書。
(28) 井筒雅風『法衣史』、雄山閣出版、一九七四年。
(29) 近世京都における疱瘡神まつりに祈禱を生業とするものが介在していたことについて、かつて論じたことがある(佐藤文子「近世都市生活における疱瘡神まつり――「田中兼頼日記」を素材として――」、『史窓』五七号、二〇〇〇年)。そこでは、非人と思われる祈禱師が病児の平癒を請け負い、快復のあかつきに供物を引き取っていた。また高岡弘幸は、近世大坂の風の神送りにおいて、雇われた非人が風邪の神にみたてられ、川におとされる事例などから、疫病発生時には、非人が病いを払うために駆り出されるという回路があったことをあきらかにしている(「都市と疫病――近世大坂の風の神送り――」、『日本民俗学』一七五号、一九八八年)。
(30) 二〇一号文書。
(31) 二〇八号文書。
(32) 二一一号文書。
(33) 源助は実質としては天保十三年の段階で、すでに先の仁兵衛の職務のあとを勤めていたと思われる。二一二号文書の天保十五年の請書によれば、「去々寅年中」すなわち天保十三年に取り分の定めが金光寺から源助に仰せ渡されていたことが明らかである。また年齢から天保十四年の寺請(二〇八号文書)においてすでに仁兵衛と称している人物もこの源助であると考える。
(34) 二一二号文書。
(35) 原田伴彦ほか編『日本庶民生活史料集成』第一四巻、三一書房、一九七一年所収。
(36) 二二一号文書。

(37) 一七六号文書。
(38) 安永六年の段階では、仁兵衛・八兵衛・重右衛門それぞれの名跡を名乗る者が復活している。小兵衛株がいつ消失するのかについては判然としない（一八四号文書）。
(39) 一八四号文書。
(40) 隠亡らの権利を確認した享保四年の証文（一六四号文書）によれば、門守は隠亡らへの扶持料の支払いの実務にもあたっていたことがわかる。
(41) 一九二・一九三号文書。

近世京都における常設火屋の様相

岸　妙子

はじめに

写真1・2は、明治三、四十年（一八九七―一九〇七）頃と思われる八幡商人森五郎兵衛家（滋賀県近江八幡市）の葬列である。写真2は、棺が火葬場へと運ばれる様子が撮影されている。今日ではあまり見られられなくなった野辺送りは、死者を葬地へ運ぶ葬列である。人が死を迎え、その亡骸をいかなる手段で葬るか、現在の我が国においては一部を除いては火葬を以てするのが一般的である。しかし、火葬が庶民にまで受容される葬法となってからの歴史は浅く、近世においても都市部を除いては土葬が主流であり、また風葬などの死体遺棄もまだまだ多く見られた。

火葬が広く受容されるようになるのは近代以降であるが、日本における火葬の歴史は古く、『続日本紀』の記述から文武天皇四年（七〇〇）に僧道昭が、遺言によって火葬されたのがはじまりとされていることは、よく知られている。また、持統天皇以降、幕末の孝明天皇を除いて歴代天皇も一貫して火葬であった。このように、天皇や高僧など被葬者の身分が高い場合や知識層であったときに、しばしば火葬が用いられることがあり、これは仏教の影

写真１—明治の葬列（明治30−40年頃）

八幡商人森五郎兵衛家の葬儀の風景。撮影場所は現・近江八幡市新町二丁目。

写真：近江八幡市立資料館蔵

写真２—明治の火葬場（明治30−40年頃）

近江八幡市船木にあった西山火葬場。火屋後方に木造の煙突が確認できる。同火葬場は、明治44年（1911）に煉瓦製の高炉と煙突に造り替えられる。

写真：近江八幡市立資料館蔵

響や、遺体焼却により死穢の浄化を早めるとの思想が、その受容の背景にあったと考えられる。

近世においては火葬を残酷とする神道や儒教思想などの影響などもあって、歴代将軍や大名が土葬を以て葬られた例など、火葬を忌避する傾向も見られるが、都市部の庶民の間では火葬の受容は確実に進んでいったと言える。それは人口密集地域において、火葬は効率的に死体を処理できる衛生上便宜なものであり、なおかつ、慢性的な墓地不足問題も緩和される葬法であったためと考えられる。

京都は古くから五三昧と呼ばれた鳥辺野・蓮台野・中山・狐塚・最勝河原（三条河原）の五つの代表的な葬送地を有していたが、その他にも七条道場金光寺をはじめ、主に寺院が支配する火葬場がいくつかあったことが先学の研究から明らかになっている[1]。火屋とは広義では火葬場を意味するが、狭義では火葬炉を覆う建物のことを示し、本来、火屋は常設されるものではなく、その都度設営されていた仮設施設であった。また、一般的に、火葬は燃料費などが必要なことから、土葬より費用がかさむと言われ、しかも、同じ火葬でも野外で焼却される野焼とは異なり、火屋を設けるほどの葬儀を営める人物と言えば、おのずと限られた階層であったと推測できる。

火屋を構えた火葬は限られた人たちのみの特別なものであったと言えるが、火葬受容の広がりとともに、常設火屋が造られるようになった近世都市では、火屋そのものが葬送儀礼の中で特別な装置ではなくなっていったと思われる。ただ、その火屋がどのような建物であったかには、これまであまり注意がはらわれなかった観がある。幸い金光寺文書には近世火屋に関する史料が複数伝来する。これは近世京都の火葬施設の一端を知り得る貴重な史料と言え、本稿では、これらの史料をもとに近世京都における火葬施設について紹介したい。

一　常設火屋以前

嘉永二年（一八四九）、金光寺は大規模な火屋普請を行っている（二一八）。この普請は老朽化のため、従来使用してきた火屋を全面的に建て替えるというもので、新築の火屋は宝珠造瓦葺屋根で、もとは長方形であったのが正方形に近い建物となり、また四方「塗屋」(2)という造りであった。このように幕末において、金光寺の火屋は耐久性にも優れた堅固な建物であったと言えるが、本来、火屋とはこのような恒久的に使用可能な建物ではなく、その都度設営され撤去される仮設的な施設であった。では、火葬毎に設営され、火葬後に撤去された火屋とはどのような建物であったのか。

中世史料には、貴人や高僧の葬儀についての記事を残すものがあり、その中には火屋の様相を伝えるものも含まれる。これらの文献より、まず中世に記録された火屋について、簡単に触れておく。前置しておくが、葬儀の記録が残るということは、当時それなりの社会的立場にあった人物であり、どのように葬られたのかの痕跡を残せなかった一般庶民の葬儀と同一視できないことを念頭に置く必要がある。加えて、常設火屋と区別するために、ここでは火葬毎に設営される火屋のことを仮設火屋と称することとする。

①「日蓮聖人註画讃」(3)に描かれた火屋

図版1は、日蓮入滅の弘安五年（一二八二）の二十六年後、天文五年（一五三六）に完成したとされる「日蓮聖人註画讃」にある日蓮が火葬される場面である。中央に掘られた火葬抗、それを覆う掘っ建て柱に板葺屋根の火屋

図版１—日蓮火葬の場面（『日蓮聖人註画讃』、本圀寺蔵より）
写真：中央公論新社提供

を荒垣で囲み、それには白い幕が張られている。荒垣には四つの門があり、発心門・修行門・菩提門の扁額が掛けられている。火屋の後ろにある門の扁額は裏向きになっているが、おそらく「涅槃門」であろう。これと類似した火屋は、他の史料からも見いだせる。

②「観智院法印御房中陰記」(4)

応永五年（一三九八）に入滅した東寺塔頭観智院の院主であった賢宝の葬儀記録である。その際に設営された火屋は火葬坑を火屋で覆い、それを荒垣で囲むという「日蓮聖人註画讃」で描かれている火葬施設と類似したものであった。その記録には「荒垣火屋代一貫文」「穴賃百文」など、火葬に掛かる諸費の記事も見られ、焼却施設である火葬坑とそれを覆う火屋は、ともに、もともと常備されていたのではなく、賢宝の火葬時に設けられたことがわかる。

③「万松院殿穴太記」(5)

万松院（足利義晴、天文十九年〈一五五〇〉没）の臨終記で、葬儀の様子が詳しく記述されている。次の箇所は、火屋の様相をよく伝えているので、そのまま引用する。

四方に一件半の口をあけ、その通には高サ弐間の鳥居有、四方に額を打たり、東は発心門、南は修行門、西は菩提門、北は涅槃門、真中に火屋有、四角方一間半、高サ二間、屋根はのし葺に破風を打たり、小壁の程は板也、柱にはぬきもなくすそをひろげてたてたり、火屋の穴は龕の入程に四方を掘て、角を置きおきたれば八角にも見ゆ、四方にはこし口あり、白かべぬり参りて塗たり、大工は相論有て鹿苑院と慈照院の大工を召合て作らせらる、（中略）、火屋のあらがきには白き絹にしはうちを布にしたる幕をはれり

①②同様、火葬坑を掘り、それを覆う火屋、さらに四門を設けている。室町将軍の葬儀だけあって、規模の大きなものであったことがうかがえる。また、白壁が設けられているのは興味深い。防火壁の役割をしたのであろうか。

以上、中世の火屋の特徴を挙げると、火葬炉（坑）を火屋で覆い、四方に門を設け、荒垣でまわりを囲み幕を張るというものであった。荒垣・幕は目隠しの機能を果たしていたと言えるが、覆屋である火屋は実用的な施設であったとは考え難く、また、火葬終了後には撤去されるものであった。「日蓮聖人註画讃」が描く焼却炉は、ただ掘っただけの坑である。賢宝火葬の事例でも「穴賃」が支払われていることから、焼却坑も火屋と同じく、新たに拵えられていたようである。このように、貴人や知識層の火葬の場合は、焼却施設も新たに作られたと考えられ、後でも少し触れるが、建物である火屋とともに、焼却施設である火葬炉（坑）の変遷についても今後、注目していく必要があろう。

以上のように、中世の火屋の主流は恒久的に使用可能な火葬空間であったのではなく、都度設営・撤去される仮設施設であったとして問題ないであろう。火葬坑を覆う建物である火屋が火葬終了後に撤去されるものであったことは、火葬施設の用材が葬送従事者などの取り分となっていた歴史的事実からも推測可能である。では、仮設火屋

と常設火屋との本質的な違いとは、ただ単に建物が恒久的か否かだけであったのであろうか。

五三昧の一つ蓮台野の近くに、延寿堂（涅槃堂とも）と呼ばれた大徳寺が支配する火葬場があったことは、山本尚友の研究で明らかにされている。(6) 大徳寺文書には、その火葬場に関する次のような史料がある。寛文六年（一六六六）の蓮台寺と草山を巡って争っていた大徳寺領大宮郷が京都町奉行所に提出した陳状には、(7) 大宮郷の言い分として、

一、大徳寺葬礼場之儀被申上候、大宮郷ハ大徳寺境内百姓ニ而御座候故、大キなる葬礼ハ草山之内ニ而、そさうなる葬礼ハ延寿堂と申て、別場所ニ葬礼場御座候

とある。

この史料の解釈については、すでに山本がその論文中で興味深い見解を出している。山本によれば、大徳寺の火葬場であった延寿堂は寛文年中においてすでに常設されていたという。そして「そさうなる」葬儀の場合は常設火屋である延寿堂で、「大そうなる」葬儀の場合は「草山」で火葬されるというのである。このことは、近世初期において、葬儀の規模と被葬者の社会的立場の違いによって火葬施設に区別があったことを示唆していよう。

また注目されるのは、村内で執り行われる葬儀の中で「そさうなる」、つまりそれほど規模の大きくない質素な葬儀は常設火屋であったとすることである。「そさうなる」場合が常設だとすると、一方の草山で行われる「大そうなる」葬儀とは、一回ごとに設営される仮設火屋を以て行われたことが連想されよう。つまりは、近世初期の京都において、規模が大きく被葬者の社会的立場が高い場合は仮設火屋で、一方で規模が小さく、社会的立場がそれほど高くない場合は常設火屋で火葬するという概念が存在していたと思われるのである。常設火屋であったとする延寿堂がどのような施設であったのか、また「草山」で執り行われた葬儀についても詳細は不明であるが、大徳寺

文書事例は仮設から常設への変遷を考える上でも重要な史料であると言えよう。
次に近世常設火屋の様相について、金光寺を事例に紹介していく。

二　常設火屋の様相

金光寺は七条東洞院にあり、火屋はその境内東側に位置していた。ただし、火屋は境内を南北に貫く御土居の外に配置され、本堂・方丈や学寮など寺院の本貫をなす建物は洛中に、火葬施設である火屋は洛外にと区分けされていた。

金光寺文書に残る火屋図面で最も古いものは、天明八年（一七八八）のものである。しかし、これより遡る明和五年（一七六八）に礼場の建増しを願いでた史料がある（一八一）。火葬場の附属施設である礼場が備えられていたことからも、金光寺火屋は明和年間以前から常設化されていたと考えられよう。以下、火屋施設に関して具体的な記事や絵図が見られる史料を整理し、施設内の建物を書き上げてみる。

(1)明和五年（一七六八）普請出来断書（一八一）…葬儀施設の一つ礼場の建増し願書

(2)天明八年（一七八八）境内諸堂建物絵図（一八八）…京都町奉行所へ提出した境内建物の明細

【火葬場内建物】礼場、供部や・法事場、火屋、火屋守部屋

(3)嘉永元年（一八四八）金光寺役者普請願書控（二一七）…火屋の建替の申請書

【火葬場内建物】礼場、地蔵堂、休息所、火屋（梁行三間×桁行四間の建物から梁行二間四尺×桁行二間四尺に新築、北側に一間明入口、四方塗屋宝珠造瓦葺）、火屋後ろに灰置場を新築（三方塗屋、一間明入口、屋根片流瓦葺）

(4)嘉永二年(一八四九)七条道場金光寺役者正覚院火葬場普請願書(二一八)…井戸屋形再建と法事場の南にある釈迦堂を取払い土間・廊下を取付け、法事場と火屋の入口に瓦葺の屋根取付けの願書

【火葬場内建物】札場、井戸屋形、休息所、地蔵堂、供待・法事場、土間・廊下、火屋、小屋、火屋守部屋

(1)から(4)を見ると、火屋のほか、葬儀を執り行う法事場や休憩所、釈迦堂(後に地蔵堂)、井戸屋形、火屋後方に位置する隠亡の詰所である火守部屋などの附属施設が充実している様子がうかがよう。その中でも、(3)は火屋の様相をよく伝えている。老朽化に伴う火屋建替で屋根は宝珠造瓦葺となり、それまでは長方形型建物であったのが、ほぼ正方形に、建物全体が若干大きくなっている。また四方塗壁であるのは防火対策であろう。このほか、年未詳ではあるが幕末から明治初期頃に作成されたと思われる境内図(二三四)も火葬場内の建物配置が詳細に記されている。ただ、残念なことは、これらの絵図面は火葬場内の建物配置や外観を連想し得ても、火屋内部の詳細を伝えていないことである。

写真3・4は滋賀県守山市木ノ浜に現在も残る火葬場である。宝珠造の瓦葺きの屋根で、正方形に近く、板が張り巡らされた壁の一部からは塗壁が見えており、その外観は嘉永に新築された金光寺の火屋とよく似ていて、江戸時代の火屋を連想させられる。木ノ浜の火葬場は建物後方には煉瓦製の煙道と煙突があり、内部に火葬炉があることがわかる。このような煉瓦製の火葬炉と煙突が造られるようになるのは近代以降のことではあるが、それ以前はどのように煙を排出していたのだろうか。これは東本願寺門前など住宅地を近隣に抱える金光寺にとっては重要な問題であったに違いなく、防火・臭気・煙害対策のための設備を整えていた可能性は高いと思われるが、その詳細はわからない。

火葬に伴って発生する臭気と煙害は、時に火葬場の郊外への移転、さらには廃業にまで及ぶことがあった。[8]住宅

写真3・4―滋賀県木ノ浜火葬場（平成21年7月撮影）

▼写真3

◀写真4

後方に煉瓦製の煙突と煙道がある。

地とは離れた場所で焼却される場合とは違い、住宅密集地域で焼却する火葬場においては、操業量が増えれば、より短時間で焼却可能な高性能な焼却炉や煙の排気設備の充実が試みられたであろうことは推測できよう。金光寺文書の史料には、火屋内部の詳細を探れるものはなく、絵図などからも煙道や煙突などが煙を外部へ排出するよう設置されていたかは確認できない。

しかし、他の火葬施設において火葬炉のような焼却設備がこれ以前になかった訳ではなく、福井県鯖江市では室町後期の火葬場跡が発見されており、そこには火葬炉の底に煙出用の溝が設けられていたという。(9)また、『山州名跡志』の鳥辺山の項には「当山古老ノ説ニ。慶長ノ始ニ至テ此ノ所ニテ火葬シ。所々ニ焼竈（セウガマ）アリ(10)」という記述があるところから、近世初期より「焼竈」つまり炉（窯）のような設備を用いて遺体を焼却していたことがうかがえる。ただ、これが火屋を常設していたか否かについては不明であり、何の覆いもない火葬炉だけの施設だったのかもしれない。指図などに煙突などの排煙設備がないことから、金光寺の火屋内部は鯖江市の事例のような、底部に煙を排出する溝を備えた焼却炉であった可能性も考えられる。

結びにかえて

金光寺の火屋が仮設から常設化した時期はいつ頃かについて厳密には明言できない。鳥辺野内にあった赤辻の墓所が「七条河原口」へ移転した後の元和七年（一六二一）、清水坂惣中との契約状（一五〇・一五一）を見ると、年間に三石五斗が寺から清水坂へと支払われていたことがわかる。その内訳には火屋・荒垣・幕・綱代などが含まれており、この段階で火屋が常設化していたとするならば、このような名目で寺からの支払いがなされるとは考え難い。したがって、近世初期においては、火屋はまだ常設化していなかったのではなかろうか。ただ、元和年間には、すでに葬儀毎ではなく年間定額化していたことは、葬送の歴史的変遷を考える上で注目される。さらに時代は下り、文政四年（一八二一）になると、「若山庄蔵・用助銀子拝借願書」（一九四）からは、清水坂中への年間支払額であった三石五斗が転売対象となっている事実が見て取れる。本来、葬送従事者への支払分であった葬儀料が、その名目を失い、得分のみが転売対象となっている事実は興味深い。

以上の微少な情報からではあるが、鳥辺野から移転した後の元和年間において、火屋は常設化には至っていなかったと思われる。

近世都市部において、庶民の火葬受容の広がりに伴い、火屋は恒久的に使用可能な、より実用的なものへと変化していったと思われる。金光寺の場合も、近世初期から中期にかけて墓地併設型から火葬場単独型へと移行し、それと並行して仮設火屋から常設火屋へ変遷したと思われる。その変遷の背景には都市部における火葬需要拡大が考えられるが、実際、金光寺火葬場の稼動率がどれほどであったかを実証する史料はない。ただ補足するならば、年未詳であるが被葬者および葬儀料の明細を記録した「火葬料心付等覚」（二二六）によれば、約一ヶ月の間に九件の火葬を行っていたことがわかる。この数値が多いか少ないかを判断する材料はないが、「葬儀入用覚」に記された葬儀の規模や、被葬者の名前から類推すると、金光寺火葬場を使用した多くが、京都市中でも比較的裕福な商家層であったことがうかがえる。

註

（1）京都の葬送地の総体的研究として、勝田至「五三昧考」「鳥辺野考」（『日本中世の墓と葬送』、吉川弘文館、二〇〇六年）がある。七条道場金光寺文書を取りあげているものに、高田陽介「時宗寺院の火葬場と三昧聖」（『史論』六〇、二〇〇七年）、近世京都の火葬場の研究として、五三昧の一つ狐塚についての、村上紀夫「墓所狐塚とオンボウ――西本願寺文書から――」（『本願寺史料研究所報』二三号、一九九九年）、金光寺と近接する白蓮寺火葬場についての、同氏「近世京都における無縁寺院――白蓮寺をめぐって――」（細川涼一編『三昧聖の研究』、碩文社、二〇〇一年）などがある。

（2）外壁を土や漆喰で厚く塗り、柱を塗り込んだ建物の造り。防火用の建築。

（3）小松茂美編「日蓮聖人註画讃」（『続々日本絵巻大成』、中央公論社、一九九三年）。

（4）『大日本史料』七編三冊、応永三年六月三十日。

（5）『群書類従』雑部。

（6）山本尚友「上品蓮台寺と墓所聖について」（細川涼一編『三昧聖の研究』、碩文社、二〇〇一年）。

（7）「大徳寺文書」二〇二〇（『大日本古文書』家わけ一七）。

（8）勝田至によると、鳥辺野にあった火葬場の一つ鶴林は、豊国廟建立のため建仁寺門前移転、その後、最勝河原の南側へ移転、中山火葬場も近世のはじめは黒谷北門外、南北に通ずる道の西側にあったが、延宝年中（一六七三―八一）、臭気のため黒谷山東面へ移転したという。また最勝河原も享保四年（一七一九）、臭気が問題となり廃業となる（前掲〈1〉勝田論文）。最勝河原の廃業については、金光寺文書にそれを裏付ける史料が残っており、最勝河原の隠亡株が金光寺・狐塚・蓮台寺に割振られたことがわかる（**一六三・一六五・一六九**）。

（9）浅香勝輔・八木澤壮一『火葬場』（大明堂、一九八三年）四九頁に、昭和四十八年（一九七三）福井県鯖江市下河端遺跡から室町時代後期の火葬炉十数基が発掘されたという『朝日新聞』福井版の記事を引用して紹介している。また、同じ福井県である越前町には、中世末とされる禅宗を取り入れた武家の葬送儀礼に伴う火屋と考えられる「四門遺跡」が発掘されている（『越前町織田史』）。

（10）「山州名跡志」（『新修京都叢書』一五）。

和暦	西暦	金光寺事項	時衆事項	歴代遊行
延応1	一二三九		2・15一遍、伊予に生まれる（一遍聖絵・一遍義集・一遍上人年譜略）	
建治3	一二七七		9・真教、豊後で一遍に入門する（遊行上人縁起絵・一遍聖絵）	文永11（一二七四）一遍
弘安2	一二七九		一遍、信濃佐久郡小田切にてはじめて踊念仏を修する（一遍聖絵）	
正応2	一二八九		8・23一遍、兵庫観音堂で礼讃中に入寂（一遍聖絵）	正応2（一二八九）9・3真教
正安3	一三〇一	七条仏所仏師康弁、定朝以来の地（七条東洞院）を真教に寄進、その地に弟子有阿（呑海）、七条道場金光寺を建立する（七条道場記録）		
嘉元1	一三〇三		12・真教、相模当麻で別時念仏を修する（遊行上人縁起絵）	
		有阿（呑海）、七条道場に西光院以下塔頭六院を建立する（七条道場記録）		
嘉元2	一三〇四		1・真教、相模当麻無量光寺を開き独住する（遊行藤沢歴代系図）	嘉元2（一三〇四）1・10智得
徳治1	一三〇六		9・15真教、全国時衆のための誓文を出す（道場誓文）	

正和5	一三一六	2・13真教、有阿（呑海）に念仏の形木を遣わし、賦算を許可する（金光寺文書）		
元応1	一三一九		1・27真教、入寂（遊行藤沢歴代系譜・時衆過去帳）	元応1（一三一九）4・6呑海
			10・4智得、四代遊行呑海に中国地方の教化を要請する（金光寺文書）	
元応2	一三二〇		7・1智得、入寂（遊行藤沢歴代系譜・時衆過去帳）	
			この頃10・4四代遊行呑海、無量光寺真光が「他阿弥陀仏」と称したことを批判する（金光寺文書）	
元亨4（正中1・12月改）	一三二四	8・2比丘尼浄阿弥陀仏、金光寺へ塩小路以北高倉西面の九所、五戸主余を寄進する（金光寺文書）		
正中2	一三二五		呑海、藤沢道場清浄光寺を開き、独住する（遊行藤沢歴代系譜）	正中2（一三二五）1・11安国
嘉暦2	一三二七		2・18呑海、藤沢にて入寂（遊行藤沢歴代系譜・時衆過去帳）	嘉暦2（一三二七）4・1一鎮
元徳2	一三三〇	9・28一鎮、金光寺を京都時宗の中心とすることを要請する（金光寺文書）		

正慶2（元弘3）	一三三三		5・時衆、鎌倉の戦場にて念仏往生を勧める（金台寺文書）	
建武1	一三三四	6・七条東仏所幸俊、七条道場に一鎮の像を作る（本朝仏師正統系図）		
暦応1（延元3）	一三三八		閏7・2新田義貞戦死、越前金崎称念寺時衆遺骸を葬る（太平記）	暦応1（一三三八） 4・19託何
暦応2（延元4）	一三三九	10・18足利尊氏、洛中・辺土に散在する寺領を七条道場に安堵する（金光寺文書）		
康永4（興国6）	一三四五	8・3僧本性、七条高倉敷地を金光寺へ寄進する（歴博所蔵文書）		
貞和1（興国6）	一三四五	12・2乙夜叉、七条高倉南の地を金光寺へ売渡す（歴博所蔵文書）		
		12・24忌部姫鶴女、七条高倉南の地を金光寺へ売渡す（歴博所蔵文書）		
貞和4（正平3）	一三四八	12・27乙夜叉、七条南面高倉西の地を金光寺へ売渡す（歴博所蔵文書）		
文和3（正平9）	一三五四	7・22京七条魚座、七条道場に寺地を寄進する（七条道場記録）		
		8・20託何、七条道場にて入寂（遊行藤沢歴代系譜・時衆過去帳）		文和3（一三五四） 9・8渡舩

延文1（正平11）	一三五六		8・23佐々木高氏、四条道場金蓮寺に寺地を寄進する（四条道場文書・後鑑）	
		11・28乙夜叉女、七条南面高倉西の地を金光寺へ売渡す（歴博所蔵文書）		延文1（一三五六） 3・22白木
貞治1（正平17）	一三六二	9・18畠山国清、足利基氏に降参するが赦されず、藤沢道場を経て上洛し、七条道場へ入る（太平記・後鑑）		
貞治5（正平21）	一三六六	4・11明阿弥陀仏、近衛油小路の地を金光寺へ寄進する（歴博所蔵文書）		
貞治6（正平22）	一三六七		6・18九代遊行白木、入寂（遊行藤沢歴代系譜・時衆過去帳）	貞治6（一三六七） 7・7元愚
応安2（正平24）	一三六九		4・3六条道場僧阿、「一遍聖絵」を補修する（奥書）	
応安5（文中1）	一三七二	8・16清水寺寺領内京鳥辺野赤築の荼毘所を時阿より買請ける（金光寺文書）		
嘉慶1（元中4）	一三八七	この年僧当運、清水寺領延年寺の地を七条道場に寄進ののち、この地に乗蓮寺を建立する（七条道場記録）		永徳1（一三八一） 2・18自空 嘉慶1（一三八七） 2・26尊観
明徳2（元中8）	一三九一	12・17平景泰、金光寺領延年寺赤築地を寺家雑掌へ打渡す（歴博所蔵文書）		

明徳3（元中9）	一三九二	1・23尼覚阿、金光寺に西岡粟生弐反等を寄進する（金光寺文書）		
		12・2梅御方、金光寺に五条坊門室町東北の地を沽却する（金光寺文書）		
応永2	一三九五	5・6足利義満、金光寺に七条以南塩小路以北東洞院以東高倉以西の地を寄進する（金光寺文書）		
応永3	一三九六	7・尊観、三河より七条道場に入り参内する（宇賀神縁起・遊行藤沢歴代年譜・遊行上人由緒）		
応永6	一三九九		11・25自空、陣僧の心得を定める（金光寺文書）	
応永10	一四〇三	12・15足利義満、金光寺に山城国上豊田半分を寄進する（金光寺文書）		応永8（一四〇一）1・14尊明
応永12	一四〇五	3・26幸阿、金光寺に吉祥院田壱町半・畠一反を寄進する（金光寺文書）		
応永16	一四〇九	11・6足利義持、金光寺に洛中・辺土に散在する寺領を安堵する（金光寺文書）		
		11・28山城守護代、吉祥院沙汰人中へ吉祥院田畠は金光寺所務の旨を申し渡す（歴博所蔵文書）		
応永18	一四一一	2・23延年寺住人越前、延年寺地を金光寺へ永代売渡す（歴博所蔵文書）		

応永19	一四一二	3・26太空、七条道場にて初賦算をする(遊行藤沢歴代系譜)		応永19(一四一二) 3・26太空
		7・23太空、時衆の規律をただす(金光寺文書)		
応永23	一四一六		4・3足利義持、時衆の諸国通行を保証する(清浄光寺文書)	
応永24	一四一七	12・8大黒屋妙一、六角室町屋地を金光寺へ寄進する(歴博所蔵文書)		応永24(一四一七) 4・28尊恵
応永25	一四一八		10・6太空、上杉禅秀の乱の戦死者の供養塔を建立する(敵御方供養塔碑文)	
応永26	一四一九		5・26六条道場歓喜光寺焼失する(看聞御記・康富記)	
			10・20足利義持、三井寺関所違犯のため、時衆の諸国通行を再保証する(清浄光寺文書)	
応永27	一四二〇	2・18大仏師下野法眼康秀、七条道場に一遍像を作る(本朝仏師正統系図・像内墨書)		
		4・7足利義持、金光寺・清浄光寺の諸国諸末寺が他門・他宗に所属すること、また他流・余宗の寺が両門下に寄付することを禁ずる(金光寺文書)		
応永30	一四二三	7・5足利義持、金光寺に三河国額田郡内中山郷を寄進する(金光寺文書)		

		10・24妙一、金光寺に六角室町の地を寄進する（金光寺文書）		
応永31	一四二四	8・10足利義量の四条道場を七条道場末寺とする命に憤った四条派時衆が四条道場金蓮寺放火自焼する（満済准后日記・看聞御記）		
応永34	一四二七	5・3足利義持、金光寺領山城国上豊田半分と三河国額田郡内中山郷への臨時の課役・段銭・棟別銭以下を免除し、守護不入を認可する（金光寺文書）		
正長1	一四二八	10・清水坂公文所、金光寺の引馬銭を一貫文と定める（金光寺文書）		
永享1	一四二九	6・8尊恵、七条道場にて入寂（遊行藤沢歴代系譜・時衆過去帳）		永享1（一四二九）7・16南要
永享2	一四三〇	9・29足利義教、七条道場に参詣する（満済准后日記）		
永享3	一四三一	3・18足利義教、七条道場に参詣、臨時の踊念仏を見物する（満済准后日記）		
永享4	一四三二	10・8足利義教、金光寺領山城国上豊田半分・三河国額田郡内中山郷等の臨時の課役・段銭・棟別銭以下を免除し、守護不入を認可する（金光寺文書）		

永享7	一四三五		11・21足利持氏、藤沢道場清浄光寺に仏殿を造営寄進する（遊行藤沢歴代系譜）	
永享10	一四三八	10・8足利義教、七条道場に引物を贈る（蔭凉軒日録）		
永享11	一四三九	12・15鹿苑院主用剛乾治等、金光寺に勝定院殿（足利義持）の仏事料を送進する（金光寺文書）		永享12（一四四〇） 1・16暉幽
康正2	一四五六	4・金光寺焼亡（師郷記）		
長禄1	一四五七	11・8清水坂公文所、徳政実施に伴い金光寺の免輿権を認める（金光寺文書）		
長禄4（寛政1・12月改）	一四六〇	10・25足利義政、金光寺領山城国上豊田半分・三河国額田郡内中山郷等の臨時の課役・段銭・棟別銭以下を免除し、守護不入を認可する（金光寺文書）		
寛正2	一四六一	1・21七条の時衆願阿、飢民救済の施行をする（蔭凉軒日録・後鑑）		
寛正4	一四六三	8・11四条道場・七条道場、足利義政母日野重子葬儀焼香の先後を争う（蔭凉軒日録）		
文正1	一四六六	11・28暉幽、七条道場にて入寂（遊行藤沢歴代系譜・時衆過去帳）		
応仁1	一四六七	10・23畠山政長、金光寺に禁制を与える（金光寺文書）		応仁1（一四六七） 3・12如象

文明2	一四七〇		6・3四条道場金蓮寺焼失する（後鑑）	
文明3	一四七一		この年、尊皓、下野芦辺で朽木の柳の精を済度する（時宗綱要）	文明3（一四七一） 6・8尊皓
文明10	一四七八	1・19足利義政・義尚、七条道場に参詣、踊念仏を見物する（親元日記・後鑑）		
文明11	一四七九	2・15甘露寺親長、七条道場に参詣する（親長卿記）		
長享2	一四八八	5・3金光寺時衆、嘉楽門院（藤原信子）葬儀に参列する（実隆公記）		
延徳2	一四九〇		1・14足利義政葬儀に四条道場・六条道場諷経に参ずる（蔭凉軒日録）	
			3・19六条道場歓喜光寺焼失する（蔭凉軒日録）	
明応1	一四九二		6・23満願寺覚阿、六条道場歓喜光寺「一遍聖絵」を補修する（奥書）	
明応3	一四九四		3・藤沢道場清浄光寺・当麻道場無量光寺焼失する（妙法寺記）	
明応6	一四九七		知蓮、「真宗要法記」を記す	明応4（一四九五） 3・7一峰 明応6（一四九七） 5・8知蓮

永正10	一五一三		1・15大内義興、遊行廻国を保護する（清浄光寺文書）	永正10（一五一三） 5・3意楽
			1・29清浄光寺、兵火に遭い、本尊を駿府長善寺へ移す（遊行藤沢歴代系譜・藤沢山過去帳）	
		3・28金光寺十四代住持（二十二代遊行意楽）、末寺の坊主が独断で寺領・寺地を売却することを禁ずる（金光寺文書）		
		8・22後柏原天皇、金光寺に行幸し、踊念仏を見物する（二水記）		永正11（一五一四） 9・3称愚 永正15（一五一八） 5・27不外 永正17（一五二〇） 7・9仏天
永正18 （大永1・8月改）	一五二一	2・12知仁親王、踊念仏見物のため七条道場に参詣する（二水記）		
大永1			9・不外、武田信虎の招きにより甲府に入る（修行記）	
大永2	一五二二	2・大乗院経尋、金光寺の御成之間を見物する（経尋記）		

大永3	一五二三	8・清水坂奉行、金光寺の蓮台銭を免除する(金光寺文書)		
大永4	一五二四	8・7足利義晴、七条道場を節分の方違の宿と定める(後鑑)		
大永5	一五二五	4・25足利義晴、方違のため七条道場に泊する(後鑑)		
大永7	一五二七		3・21三好元長、足利義維を擁し、四条道場に陣を布く(厳助大僧正記)	
享禄1	一五二八		9・11青蓮院宮、無量寺跡地を双林寺に宛行う(華頂要略)	享禄1(一五二八) 8・29空達
			この年、御影堂新善光寺、六条左女牛より新町五条北に移転する(山州名跡志)	天文5(一五三六) 10・27真寂
天文6	一五三七		6・19山門、四条道場金蓮寺の四足門破却の旨を申達する(金蓮寺文書)	
天文12	一五四三		2・26松平広忠、大浜称名寺住持其阿を招き連歌を催す(半日閑話・宇賀神縁起)	
		6・2仏天、金光寺に本尊名号等諸道具を免許する(金光寺文書)		
天文14	一五四五		3・24上杉景虎、北条専称寺に寺領安堵する(専称寺文書)	

天文15	一五四六		11・11天台座主尊鎮、四条道場金蓮寺四足門紛議の仲裁をする（金蓮寺文書）	
天文17	一五四八	8・10清水坂奉行、土葬穴銭を五十文と定める（金光寺文書）		天文18（一五四九）2・9遍円 天文21（一五五二）4・23体光
弘治1	一五五五		10・26三好長慶、四条道場金蓮寺寺領を安堵する（金蓮寺文書）	
永禄1	一五五八	2・27三好長慶・松永久秀等、四条道場・七条道場に陣を布く（畿内兵乱記・後鑑）		
永禄10	一五六七		5・里村紹巴、駿府長善寺・大浜称名寺に立寄る（富士見道記）	永禄6（一五六三）9・14有三
永禄12	一五六九	1・5三好衆、七条道場に陣を布く（後鑑）		
元亀2	一五七一		7・16武田信玄、清浄光寺に三百貫の地を寄進する（清浄光寺文書）	
天正1	一五七三		8・織田信長、井川新善光寺に禁制を与える（井川新善光寺文書）	天正1（一五七三）7・18同念
			この年、江州高宮寺兵火に遭う（高宮寺記）	
天正2	一五七四		3・20武田勝頼、一蓮寺に禁制を与える（一蓮寺文書）	

天正3	一五七五		1・20徳川家康、大浜道場称名寺住持を招き連歌を催す(改正三河風土記)	
天正7	一五七九		7・19同念、岐阜城にて織田信孝と面会する(修行記)	
			9・13同念、参内し殿上人に賦算する(修行記・お湯殿の上の日記)	
天正8	一五八〇		2・5同念、正親町天皇に十念を授ける(修行記・お湯殿の上の日記)	
		2・11同念、金光寺末寺福田寺の所領を一代限りで老僧覚阿に与える(金光寺文書)		
天正9	一五八一		4・10織田信長家臣野村甚十郎、新善光寺に仏天供料として畠を寄進する(井川新善光寺文書)	
天正11	一五八三		7・11羽柴秀吉、近江高宮称讃院に対し諸役を免除する(称讃院文書)	
天正13	一五八五		12・21小早川隆景、宝厳寺に元祖仏餉料として水田を寄進する(宝厳寺文書)	天正12(一五八四) 8・23普光
天正14	一五八六		3・5前田玄以、双林寺に禁制を下す(花洛名勝図絵)	
天正15	一五八七	7・崇徳院念持の阿弥陀仏を七条道場の本尊とするとの御告げあり(七条道場記録)		

			この年、豊臣秀吉、福田寺を下寺町五条へ、御影堂を新善光寺五条橋西へ移転を命ず（山州名跡志）	
天正16	一五八八		4・2直江兼続、北条専称寺に安堵状を下す（専称寺文書）	
天正18	一五九〇		秋頃、奥州百姓一揆、光林寺焼失する（光林寺文書）	天正17（一五八九）8・27満悟
			9・28豊臣秀吉、浅野長吉を以て光林寺領を安堵する（光林寺文書）	
			この年、日輪寺、神田御門内より白銀町へ移転する（日輪寺記）	
天正19	一五九一	9・13豊臣秀吉、七条道場に山城国西院内九石、境内替地物集女村内百九十七石を宛行う（金光寺文書）		
			11・徳川家康、藤沢道場清浄光寺へ百石を、上野満徳寺へ百石を寄進する（清浄光寺文書・書上）	
文禄2	一五九三		5・27豊臣秀次、素眼筆「浄阿上人伝」を金蓮寺に寄進する（金蓮寺文書）	
文禄3	一五九四		7・7最上義光、山形光明寺に「一遍上人絵詞伝」を寄進する（奥書）	

慶長1	一五九六	大津金塚道場荘厳寺退転する（金光寺文書）		
慶長3	一五九八	満悟、東山五条に法国寺を創建、また大津金塚道場荘厳寺領を拝領し、法国寺の兼帯とする（金光寺文書）		
慶長5	一六〇〇		9・15垂井金蓮寺、関ヶ原の合戦の兵火に遭う（金蓮寺文書）	
慶長8	一六〇三		4・28普光・満悟、伏見城にて徳川家康に謁見する（徳川実紀）	
			この年、日輪寺、白銀町より浅草へ移転する（徳川実紀）	
慶長9	一六〇四		1・徳川家康、清浄光寺に喧嘩口論停止の制札を立てる（清浄光寺文書）	
慶長11	一六〇六		9・高野山時衆、徳川家康の命により真言衆に帰属する（高野春秋編年輯録）	
慶長12	一六〇七	閏4・26普光、満悟に不義を働いた金光寺院代を駿府の徳川家康に訴え、追放する（金光寺文書・七条道場記録）		
			この年、清浄光寺再建、普光入住する（藤沢山過去帳）	
慶長18	一六一三	1・18金光寺十九代持阿、常州水戸にて入寂（金光寺文書）		

			3・11幕府、燈外に伝馬朱印状を下す（清浄光寺文書）	慶長18（一六一三）3・3燈外
			4・4普光、京門中に対し諸末寺法式を定める（金光寺文書）	
		4・4普光、長谷川藤広に金光寺後住の件につき京都所司代板倉勝重への口添を求める（金光寺文書）		
元和1	一六一五	7・27徳川家康、金光寺領西院内九石、物集女村内百八十八石を安堵する（金光寺文書）		
元和7	一六二一	5・1金光寺墓所赤築地から七条河原口への移転に伴い、清水の坂者へ支払う葬送費用を定める（金光寺文書）		
		9・23法国寺、大津にある寺領（大津金塚道場荘厳寺領）を三井寺に押領される（金光寺文書）		
元和9	一六二三	3・12普光、金光寺の寺格について言及する（金光寺文書）		
寛永4	一六二七		3・19徳川家光、諸国の被慈利は遊行の客寮たる事を支証する（金光寺文書）	寛永4（一六二七）2・23法爾
寛永5	一六二八	3・25、清浄光寺・法国寺、大津の寺領（大津金塚道場荘厳寺領）を三井寺に押領された旨を幕府に訴える（金光寺文書）		

			この頃、幕府、諸国被慈利の宗旨は時宗とする（金光寺文書）	
寛永11	一六三四	7・16四条道場・七条道場の僧、徳川家光上洛につき二条城に伺候する（徳川実紀）		
正保1	一六四四	3・16如短、仙洞にて日中法要を修する、七条道場二十一代持阿、維那を勤める（遊行藤沢歴代系譜・七条道場記録）		寛永18（一六四一） 2・23如短 正保2（一六四五） 2・29託資 正保4（一六四七） 2・19卜本
慶安4	一六五一	この年七条道場大方丈成る（七条道場過去帳）		
承応1	一六五二	10・12鳳林承章、金光寺方丈新築落成を祝し七言絶句一篇を贈る（金光寺文書）		承応2（一六五三） ⑥・18慈光
明暦3	一六五七		1・18江戸大火、日輪寺焼失する（高野春秋編年輯録）	
万治2	一六五九		7・「一遍上人縁起絵」の版本三巻完成する（奥付）	万治3（一六六〇） 4・7樹端 寛文4（一六六四） 3・25独朗 寛文8（一六六八） 5・25尊任

寛文12	一六七二		8・尊任、参内し霊元天皇より僧正を賜る（時宗綱要）	
延宝4	一六七六		11・六条道場歓喜光寺、遊行支配となる（遊行藤沢歴代系譜）	
延宝7	一六七九		9・幕府、尊任に僧正席を允許する（遊行上人由緒書・時宗綱要）	
貞享4	一六八七		6・16尊任、後醍醐天皇三百五十御忌を修する（久保田文書）	貞享2（一六八五） 3・25尊真
元禄1	一六八八		8・版本「播州問答集」、一遍四百回忌記念として出版される（跋文）	
元禄2	一六八九		この年、天台座主尊澄、長楽寺の額に揮毫する（華頂要略）	
元禄3	一六九〇		5・21尊任、高田称念寺を越後一国の総録に任じ、六ヶ条目を定める（藤沢近侍者記録）	
元禄4	一六九一	6・9尊真、七条道場にて入寂（遊行藤沢歴代系譜）		元禄5（一六九二） 3・23尊通
元禄7	一六九四		2・5尊通、中・小本寺ならびに孫末寺の諸法度を制定する（尾道常称寺記録）	
			11・16徳川綱吉、清浄光寺池に金魚銀魚を放生すべき旨を令する（徳川実紀）	元禄8（一六九五） 3・27尊遵 元禄10（一六九七）

				3・18尊証
元禄15	一七〇二		8・呑了（のちの賦国）、芝崎文庫を撰する（奥書）	元禄15（一七〇二）3・18唯称
宝永3	一七〇六		7・唯称、東山天皇より「一遍上人縁起絵」の新写本を賜る（塩尻）	
		8・28唯称、七条道場にて祖忌を修する（塩尻）		
宝永5	一七〇八		3・8京大火、大炊道場聞名寺焼失する（藤沢山日鑑）	宝永5（一七〇八）4・8賦國
宝永6	一七〇九		この春、大炊道場聞名寺、川東二条に移転する（藤沢山書上）	
享保1	一七一六	1・25五十一代遊行一法、七条道場に逗留する（遊行日鑑）		正徳2（一七一二）3・18一法
享保2	一七一七		この年、転真、託何の「東西作用抄」より「作用抄略標」を作成し、所化の清規とする（奥書）	
享保3	一七一八		4・一法、歓喜光寺を糺し、京時衆に対し五ヶ条目を制定する（遊行日鑑）	
享保4	一七一九	9・6聞名寺玄鉄、寺格をめぐって、金光寺院代に詫びを入れる（金光寺文書）		
		10・三条通御土居外の火葬場二ヵ所の隠亡株を狐塚と七条道場の火屋へ割入れる（金光寺文書）		

享保6	一七二一		この年、幕府、各宗寺院数改をする、時宗寺院六千七十六ヶ寺(梅の塵)	
享保10	一七二五	2・京都奉行、金光寺役者へ火葬料に応じた炭薪代を隠亡へ支払うよう申し渡す(金光寺文書)		
			この頃、藤沢清浄光寺と六条道場歓喜光寺との間で、本末相論が起こり、歓喜光寺、京都所司代へ訴える(金光寺文書)	
享保13	一七二八	金光寺境内火葬料を取り決める(金光寺文書)		享保11(一七二六) 3・18快存
享保14	一七二九	この年快存、七条道場に逗留、越年する(遊行日鑑)		
享保15	一七三〇		5・12快存、井川新善光寺、寺檀騒乱を裁断する(遊行日鑑)	
享保18	一七三三	11・08快存、七条道場にて里村昌廸・昌悦・仍隣等を招き連歌興行をする(遊行日鑑)。		
元文2	一七三七		4・20幕府、長崎道場称念寺に新田義貞四百回忌香資を寄せる(称念寺記)	
			閏11・5日輪寺塔頭宝珠院、阿弥陀座像を総本山本尊として奉還する(藤記)	
寛保3	一七四三	閏4・6院代法阿等、作事・修復等の件について奉行所へ願い出る(金光寺文書)		寛保2(一七四二) 3・18賦存

延享5（寛延1・7月改）	一七四八	5・1快存・賦存、学寮条目・両本山条目を定める（金光寺文書）		
寛延2	一七四九	5・1浅草日輪寺と七条道場に時宗の東西学寮開設（遊行日鑑）		
寛延3	一七五〇	10・賦存・院代・塔頭、学寮軌則御条目を定める（金光寺文書）		
		11・27賦存、七条道場掟を定める（金光寺文書）		
			11・東西学寮の条目を制定する（尾道常称寺記録）	
宝暦2	一七五二	賦存、七条道場に逗留、同寺の梵鐘を改鋳させる（遊行日鑑）		
宝暦4	一七五四		8・賦存、会津五ヶ寺に組合条目を制定する（遊行日鑑）	宝暦7（一七五七）3・18一海
宝暦10	一七六〇		2・一海、末寺に弟子養成を督励する（尾道常称寺文書）	
			5・19一海、熊野万歳峰の宗祖名号石を修復する（遊行日鑑）	
			9・28一海、永代弟子譲り制を允許する（尾道常称寺文書）	

宝暦11	一七六一		4・7日輪寺、類火に遭う（尾道常称寺記録・藤沢山日鑑・遊行日鑑）	
		11・23七条道場院代職は聞名寺と法国寺が隔年に勤めることを定める（七条道場記録）		
安永1	一七七二		2・29日輪寺、類焼する（遊行日鑑・武江年表）	明和6（一七六九）3・18尊如
		9・27高田称念寺東寛、越後一国触頭職緩怠につき逼塞申し付けられる（遊行日鑑）		
安永4	一七七五	11・尊如、七条道場学寮条目を定める（七条道場記録）		
安永6	一七七七	11・24七条学寮頭激禅、真光寺に進講する（藤沢山日鑑）		
			この頃、長崎称念寺、幕府より諸侯への勧進を許される（大成令後集）	
安永7	一七七八		1・「他阿上人法語」八巻、「播州法語集」一巻出版される（序・金台寺文書）	
安永9	一七八〇	10・東塩小路村庄屋若山正蔵・用介、荘厳寺に対し同村百姓持墓所のなかに新規を取り立てをしないことを誓約する（金光寺文書）		
			12・寺社奉行土岐定経、市屋道場金光寺の違乱を裁断する（七条道場記録）	

天明1	一七八一		3・日輪寺本堂再建成る（書翰）	
			10・市屋道場金光寺掟が制定される（金光寺文書）	
天明2	一七八二		8・6清浄光寺本堂再建成る（藤沢山日鑑）	
天明6	一七八六	1・西国における遊行末寺の願届は七条道場にて処理することを定める（尾道常称寺文書）		
天明8	一七八八		1・晦京大火、六条道場歓喜光寺・高辻道場荘厳寺・渋谷道場福田寺・市屋道場金光寺罹災する（七条道場記録）	
寛政6	一七九四		11・24清浄光寺方丈、焼失する（棟札記・藤沢山近侍者記録）	寛政3（一七九一）3・18尊祐
寛政7	一七九五		2・幕府、諸侯に対し廻国中遊行の接待を簡略にすべき旨を令する（徳川禁令考）	
寛政9	一七九七		2・8日輪寺智格、卒島新善光寺訴訟に関し、逼塞を申し付けられる（藤沢山日鑑）	
享和1	一八〇一		1・5尊祐、山形光明寺財政紊乱につき条目を制定する（藤沢山日鑑）	
文化1	一八〇四		清浄光寺書院完成する（藤沢山日鑑）	
文化4	一八〇七		3・12聖護院宮盈仁法親王、清浄光寺に立寄る（藤沢山日鑑）	

文化13	一八一六		4・6谷文晁、清浄光寺本「一遍上人絵詞伝」を模写する(奥書)	文化9(一八一二) 3・18一空
文政1	一八一八	9・17西国筋寺院の参内拝綸住持交替は七条道場にて処理することを定める(藤沢山日鑑)		
文政13 (天保1・12月改)	一八三〇	9・8金光寺役者正覚院、境内模様替普請を願い出る(金光寺文書)		文政7(一八二四) 4・17傾心
天保2	一八三一		12・27藤沢宿茅場より出火、清浄光寺書院等罹災する(遊行藤沢歴代系譜)	
天保3	一八三二		12・18徳川家、藤沢山内宇賀神社殿再建のため白銀三十枚を寄進する(藤沢山日鑑・遊行藤沢歴代系譜)	
天保5	一八三四		4・幕府、番場・天童幷その末寺に対し、日輪寺触下たることを命ずる(藤沢山近侍者記録)	
天保6	一八三五		幕府、伝馬朱印による人足賃は遊行払いの旨申達する(藤沢山近侍者記録)	
天保13	一八四二		7・23幕府、大浜称名寺に七十石を寄進する(藤沢山近侍者記録)	
天保14	一八四三		7・7大浜称名寺に白銀十枚を贈り、寺格を准三ヶ寺とする(藤沢山近侍者記録)	

天保15	一八四四	12・19金光役者正覚院等、奉行所へ御土居藪内通行の件を詫びる（金光寺文書）		
嘉永1	一八四八	8・金光寺役者正覚院、火屋ならびに表仮門前木柵普請を願い出る（金光寺文書）		嘉永1（一八四八）3・18一念
嘉永2	一八四九	5・金光寺役者正覚院、火葬場建物模様替普請を願い出る（金光寺文書）		
嘉永6	一八五三		3・大浜称名寺慇問、その功により中興号を許され、同寺は准三ヶ寺に列せられる（遊行日鑑）	
安政1	一八五四	5・真光寺塔頭、七条道場庫裡再建資金を寄付する（真光寺調書）		
安政5	一八五八	5・4一念、七条道場にて入寂（遊行藤沢歴代系譜）		
		6・4京都大火、七条道場類焼、「一遍上人縁起絵」も被災する（七条道場記録）		
文久3	一八六三		2・15徳川家茂、上洛途中の休憩所を清浄光寺に設ける（藤沢山近侍者記録）	文久2（一八六二）4・18尊澄
		11・東塩小路村庄屋若山庄蔵・要助、役者中へ約定米の下渡しを請う（金光寺文書）		
元治1	一八六四	6・19長州藩の兵が京都に攻め入り、七条道場も兵火に遭う（法国寺記録）		

慶応2	一八六六	8・23聞名寺大宣、七条道場御忌日中礼讃中に座化する（法国寺記録）		
明治1	一八六八		8・7清浄光寺、紀州貸付金取引を停止される（藤沢山近侍者記録）	
			10・10清浄光寺、明治天皇東幸の行在所となる（藤沢山近侍者記録）	
明治4	一八七一	6～7・鉄道布設につき火葬場合併を命じられる、役者法城院、京都政府に法国寺境内へ火葬場引き移しを願い出る（金光寺文書）		明治6（一八七三） 尊教
明治9	一八七六	4・24京法国寺河野覚阿、七条道場金光寺に進講する（七条道場記録・法国寺記録）		
明治10	一八七七		7・伝宗伝戒を東西両学寮にて隔年で行う（藤沢山近侍者記録）	
明治13	一八八〇		11・27清浄光寺、類焼する（藤沢山近侍者記録）	
明治14	一八八一		2・尊教、清浄光寺再建会議を開く（遊行藤沢歴代系譜補）	
明治16	一八八三		9・27～10・2本山再建会議を開く（公報）	
明治17	一八八四		3・時宗宗学林を総本山に開設する（藤沢山近侍者記録）	

			10・総本山にて宗制寺法制定会議を招集する（遊行藤沢歴代系譜補）	
明治18	一八八五		11・15内務省より宗制寺法認可される（公報）	明治18（一八八五） 10・16一真
明治19	一八八六	1・七条道場内時宗西部大学林を再開、稲葉覚道を学頭に任命する（公報）		
			8・1日輪寺焼失する（日輪寺記）	
明治24	一八九一		6・3佐原窿応、時宗一向派独立願を内務大臣に提出する（窿応伝）	明治22（一八八九） 7・10尊覚
明治25	一八九二		日輪寺の学寮を総本山に移し、東部大学林とする（公報）	
明治26	一八九三		8・15末寺総代委員会開催、全国末寺の等級を査定し義納金を定める（公報）	
明治30	一八九七		4・19～23総本山再建成就慶讃ならびに宗祖六百年遠忌を修する（公報）	
			10・15宗議会選挙法を制定する（公報）	
明治31	一八九八		3・18第一回宗議会議員選挙（公報）	
明治33	一九〇〇	3・11七条道場金光寺住職石黒寿山、番場蓮華寺副住職に任命される（公報）		

明治38	一九〇五	8・1七条道場金光寺石黒寿山、教務院執事に就任する（公報）		明治36（一九〇三）8・尊龍
明治39	一九〇六		3・31新宗憲施行による総本山末寺会議を開催する（公報）	明治39（一九〇六）10・尊純
明治41	一九〇八	6・1七条道場金光寺、長楽寺との合併を認可される（公報）		

・本年表の作成にあたり、望月華山編『時衆年表』（角川書店、一九七〇）を参考にした。

歴代	名	生没年	没年月日	遊行上人	藤沢上人
一	他阿呑海	一二六五～一三二七	嘉応二・二・一八	四代・一三一九～一三二五	初代・一三二五～一三二七
二	他阿安国	一二七九～一三三七	建武四・一二・三	五代・一三二五～一三二七	二代・一三二七～一三三七
三	持阿	～一三三七	延元二・三・一三		
四	他阿託何	一二八五～一三五四	文和三・八・二〇	七代・一三三八～一三五四	（なし）
五	持阿	～一三七一	応安四・五・一〇		
六	持阿	～一四〇二	応永九・七・一七		
七	他阿尊明	一三五〇～一四一七	応永二四・四・一〇	一三代・一四〇一～一四一二	七代・一四一二～一四一七
八	他阿太空	一三七五～一四三九	永享一一・一一・一四	一四代・一四一二～一四一七	八代・一四一七～一四三九
九	他阿尊恵	一三五四～一四二九	永享元・六・八	一五代・一四一七～一四二九	（なし）
一〇	他阿暉幽	一四〇四～一四六六	文正元・一一・二八	一七代・一四四〇～一四六六	（なし）
一一	持阿	～一四九二	明応元・九・三		
一二	持阿	～一四九七	明応六・一一・七		
一三	持阿	～一五〇九	永正六・四・一二		
一四	他阿意楽	一四六五～一五一八	永正一五・一〇・九	二二代・一五一三～一五一四	（なし）
一五	持阿	～一五三五	天文四・八・五		
一六	持阿	～一五五五	弘治元・九・一三		
一七	持阿	～一五七二	元亀三・五・一四		
一八	持阿	～一五七四	天正二・五・二七		
一九	持阿	～一六一三	慶長一八・一・一八		
二〇	他阿法爾	～一六四〇	寛永一七・一〇・二九	三五代・一六	
二一	持阿	～一六五三	承応二・閏六・二三		
二二	持阿	～一六六一	寛文元・八・四		

歴代	名	生没年	没年月日	備考
一九	其阿証堂	一六七三〜一七五一	寛延四・五・二一	荘厳寺一九代
二〇	其阿寂翁	〜一七三七	元文二・一〇・一	
二一	其阿文英	〜一七六八	明和五・六・一九	
二二	其阿足下一堂	一六八八〜一七六六	明和三・三・二三	荘厳寺二〇代
二三	其阿慈門	〜一七五八	宝暦八・五・一	
二四	其阿昌山	〜一七五四	宝暦四・一〇・一三	
二五	其阿足下一堂	〜一七六六	明和三・三・二三	(再任)
二六	其阿足下順察	〜一七六六	明和三・一一・一五	法国寺一〇代
二七	其阿快含	〜一七八一	天明一・五・二五	聞名寺三六代
二八	其阿和淳	〜一七七四	安永三・八・二五	法国寺一一代
二九	其阿宣然	〜一七七九	安永八・一一・二七	迎称寺
三〇	快善	〜一七九二	寛政四・二・一一	
三一	其阿足下旭堂	一七二八〜一七九七	寛政九・二・一九	荘厳寺二一代、役中示七〇歳
三二	他阿弘海	〜一八二一	文政四・二・一九	遊行三六世、当上人ト云
三三	其阿貞山	〜一八一一	文化八・二・一九	法国寺一三代
三四	其阿覚全	〜一八一七	文化一四・三・一七	法国寺一四代
三五	其阿愍全	〜一八二九	文政一二・一〇・二七	聞名寺四〇代、三州称名寺ニ卒ス
三六	其阿足下義天	〜一八四一	天保一二・七・五	法国寺一五代
三七	其阿足下唯敬	〜一八三九	天保一〇・四・一四	聞名寺四一代
三八	其阿足下義天	〜一八四一	天保一二・七・五	(再任)
三九	其阿専察	〜一八四五	弘化二・七・二八	聞名寺四三代

七条道場金光寺歴代表

四〇	其阿足下覚龍	～一八五五	安政二・五・六	三波カ川満福寺三二代也
四一	其阿快融	～一八六二	文久二・一二・一七	信州金台寺四〇世
四二	其阿臨道	～一八四五	弘化二・九・一三	法国寺一五代
四三	其阿足下大宣	～一八六六	慶応二・八・二二	聞名寺四五世
四四	其阿湛応	～一八四五	弘化二・八・四	尾道常称寺三三代
四五	其阿玄道	～一八五三	嘉永六・一二・一	法国寺一七世
四六	俊哲			
四七	其阿足下秀山	～一八六八	明治一・九・六	霊山
四八	智穏			
四九	其阿大善			
五〇	倫徹	～	明治六・五・二六	聞名寺四六代
五一	河野生善（往阿）	一八三八～一九〇六	明治三九	真光寺二十世
	石黒寿山	一八六一～一九三一	昭和六・一〇・一一	明治四一年長楽寺と合併
	望月華山	一八九七～一九七三	昭和四八・一〇・三〇	
	牧野體山	一九〇一～一九八七	昭和六二・一〇・八	
	牧野素山	一九三九～		

・『黄台山金光寺過去帳』（長楽寺蔵金光寺旧蔵・江戸時代）をもとに、適宜『時衆の歴史と美術』『時衆年表』を参照し作成した。
・二二代住持持阿以後は、住持は遊行上人が兼帯し七条道場には院代が置かれた。院代初代から一八代は不明であり、本表には一九代から五一代までを記した。
・生年未詳の住持については、当該箇所を空白とした。

あとがき

最後に本書がこのような形で刊行に至った経緯について述べておきたい。

『七条道場金光寺文書』は、金光寺が廃寺となったあと、長楽寺に受け継がれ、収蔵されていた。その重要性は早くから研究者の間では認識され、昭和五十五年（一九八〇）、遊行歴代他阿弥陀仏書状類二十三巻が国の重要文化財指定を受けるなどしたが、中・近世文書をふくめた翻刻紹介が長くまたれるところであった。

平成十一年（一九九九）になって、石川登志雄・地主智彦を担当者として、長楽寺蔵『七条道場金光寺文書』のうち中世文書を中心とする八幅、三巻、八冊、六十六通が京都府指定有形文化財に指定された。これを機として、当時、京都府文化財保護審議委員を務めていた編者らの提案・賛同により、これら貴重な文書群全体を、翻刻刊行し、ひろく研究者に供する企画がもちあがった。

ほぼ時を同じくして平成十二年、京都国立博物館において特別陳列『長楽寺の名宝』展が開催され、七条道場金光寺の関連文書群はいっそう研究者らの注目するところとなった。

そこで本書では、各方面の御理解を得て、清浄光寺所蔵の関連文書および国立歴史民俗博物館に所蔵される金光寺旧蔵文書をあわせて、翻刻掲載を行なった。その際の文書原本閲覧に便宜を図っていただくとともに、文書の翻刻、文書への掲載を許可いただいた各関係機関の御高配に深謝申し上げる。特に、清浄光寺所蔵文書掲載については、時宗総本山清浄光寺執事長高木貞歡師、教学部長新堀俊尚師、宝物館主任学芸員遠山元浩師による、本書刊行の学術的意義への並々ならぬ御理解・御支援の賜物であった。心より御礼申し上げたい。

史料翻刻の作業には、石川登志雄・地主智彦・佐藤文子・岸妙子が分担して当たった。文書調査・照合に際しては、長楽寺牧野素山御住職の深い御理解と御高配をたまわった。あわせて御礼申し上げる。

本書の企画・編集については、株式会社法藏館の上別府茂前編集長・戸城三千代編集長・大山靖子氏・秋月俊也氏の手をわずらわせた。

平成二十四年九月十五日

編　者

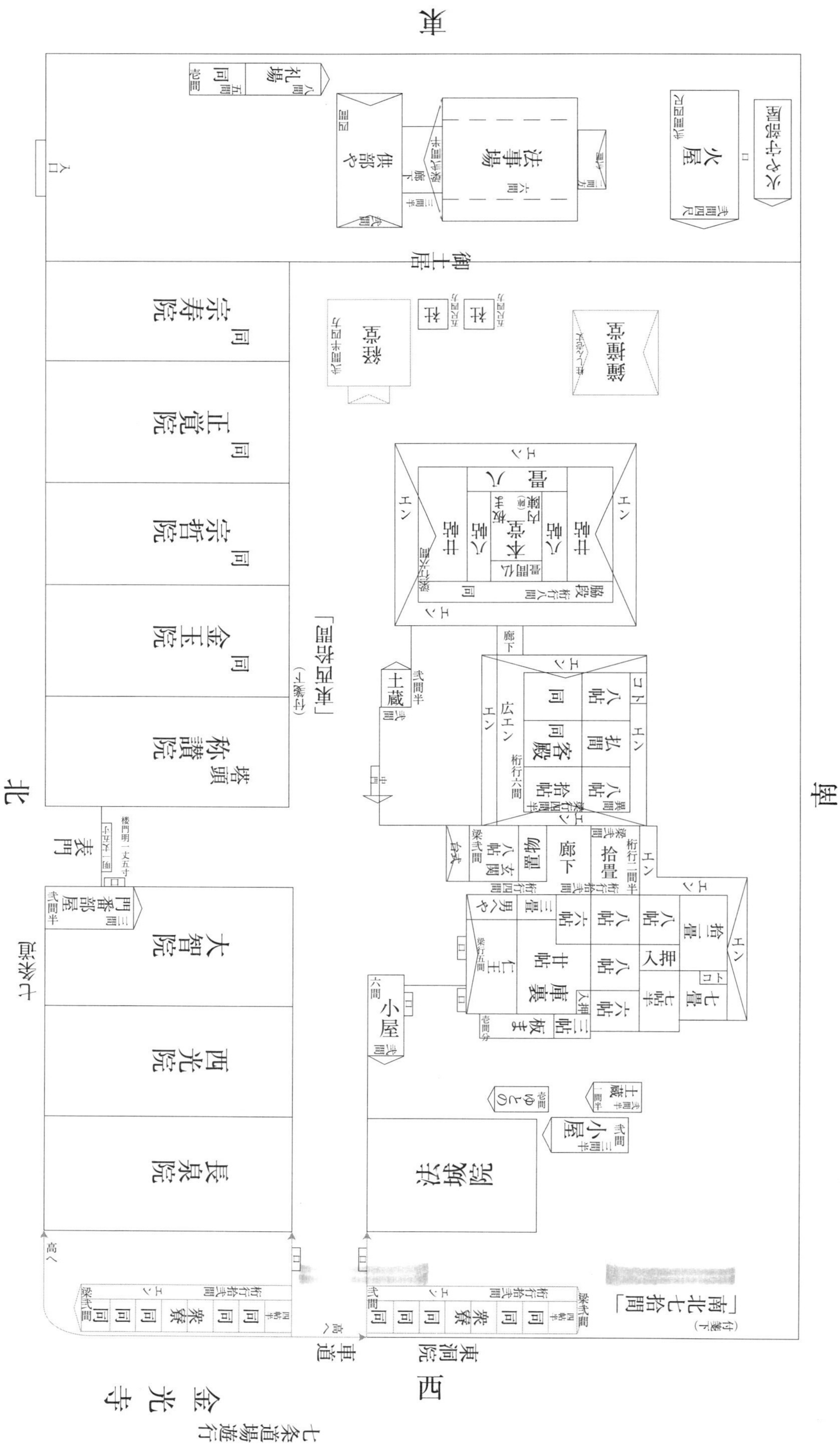

（巻末付図2）境内諸堂建物絵図

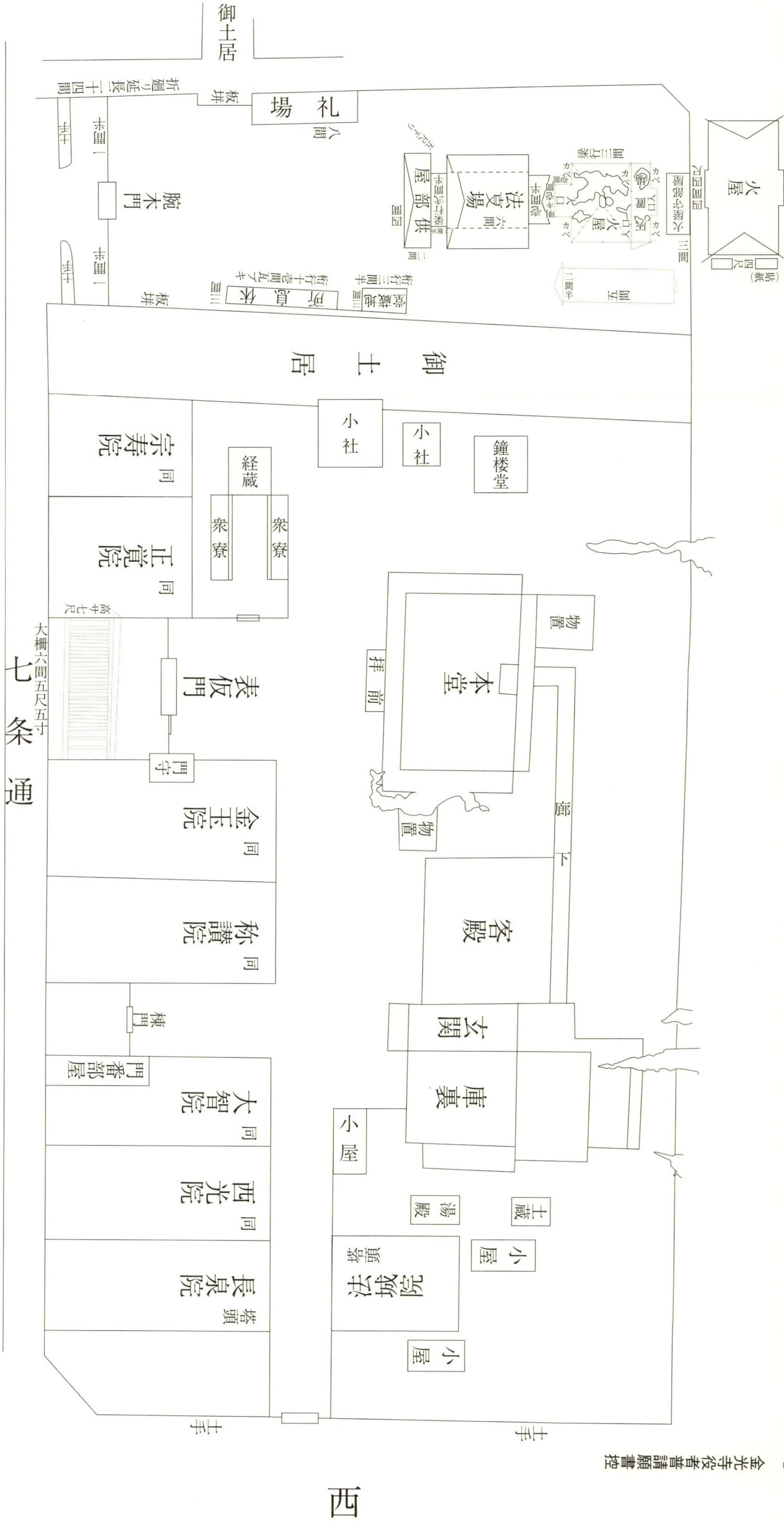

（巻末付図4） 一二七 金光寺役者普請願書控

七条道場金光寺全図

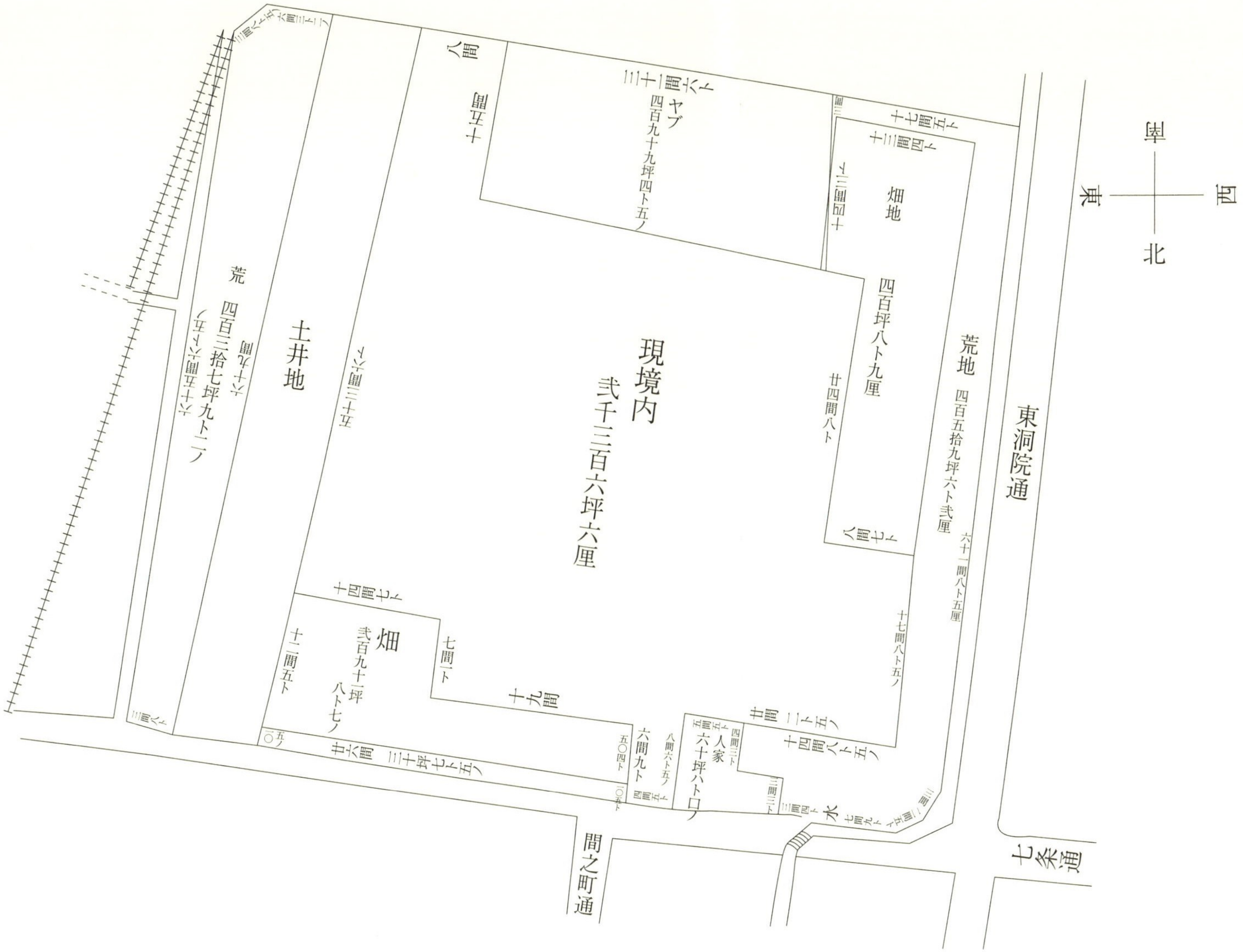
現境内
弐千三百六坪六厘
土井地
荒
四百三拾七坪九ト一ア
畑
弐百九十一坪
八ト七ノ
畑地
四百坪八ト九厘
ヤブ
四百九十九坪四ト五ノ
三十一間六ト
荒地
四百五拾九坪六ト弐厘
六十一間八ト五厘
人家
六十坪八ト口ノ
八間
十九間
七間ト
十二間五ト
十四間七ト
廿四間八ト
八間七ト
十七間八ト五ノ
十七間五ト
十三間四ト
廿間　二ト五ノ
十四間八ト五ノ
廿六間　三十坪七ト五ノ
六間九ト
水
東洞院通
七条通
間之町通
南
東
西
北

『当寺所有地第六号迄

第一号
六十坪□ノ（七カ）
地価金五十四円七十銭九厘

第二号
三十八坪七ト七ノ
地価　自費開墾ニ付無代価
明治九年六月ヨリ同十九年五月迄
十ヶ年無税

第三号
三百廿一坪七勺
地価金廿二円十銭七ノ
自費開墾ニ付壱坪十銭

第四号
五十二坪二合七勺
地価金五円廿二銭
同　一坪十銭

第五号
三十二坪一合
地価金廿五円六十一銭

第六号
三十三坪三合
代価金廿五円九十六銭八ノ』

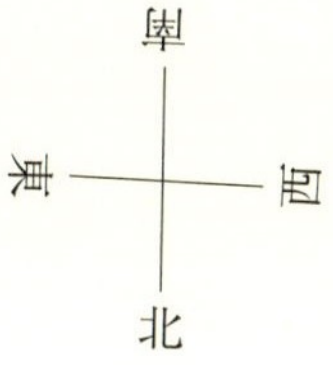

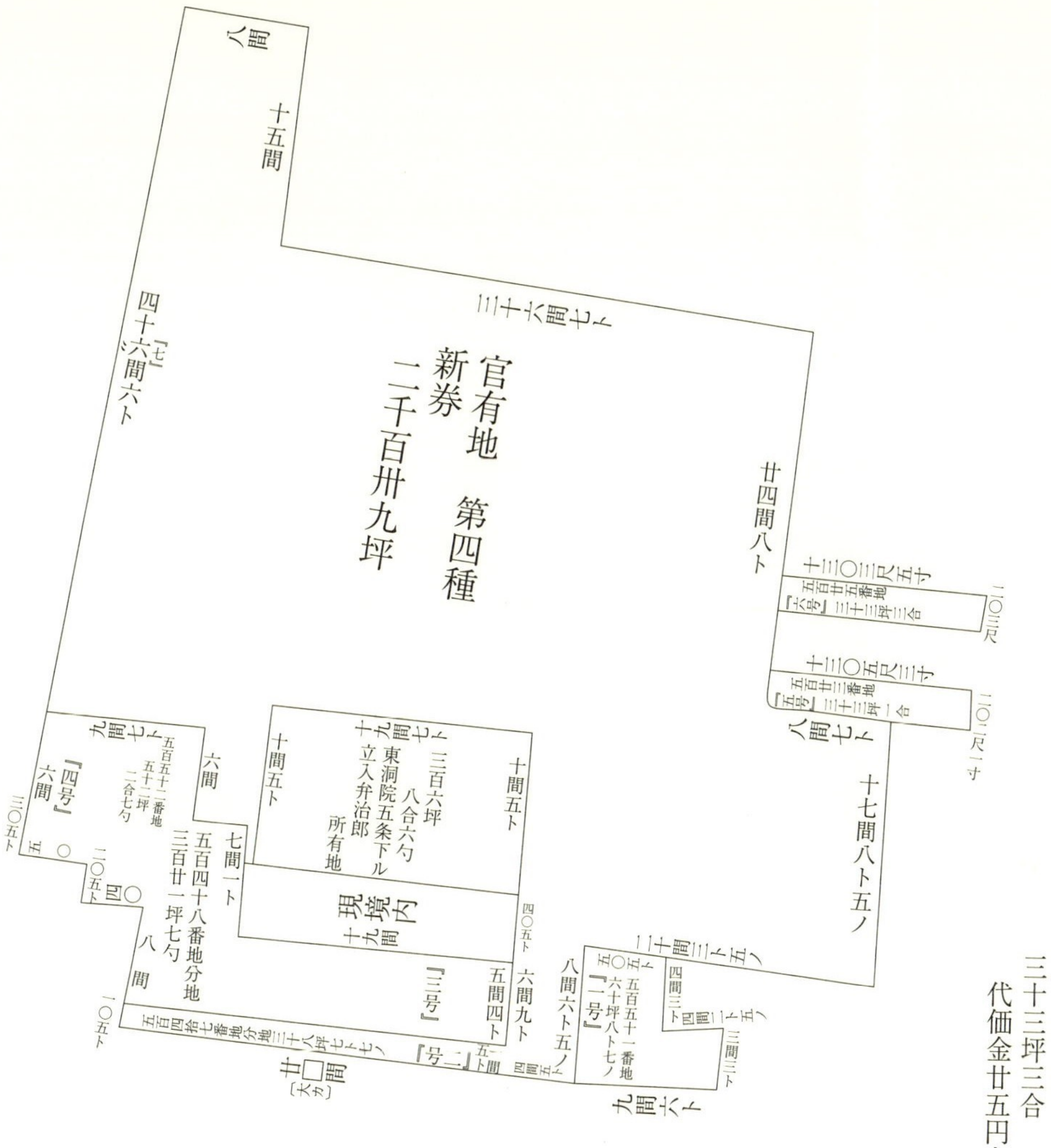

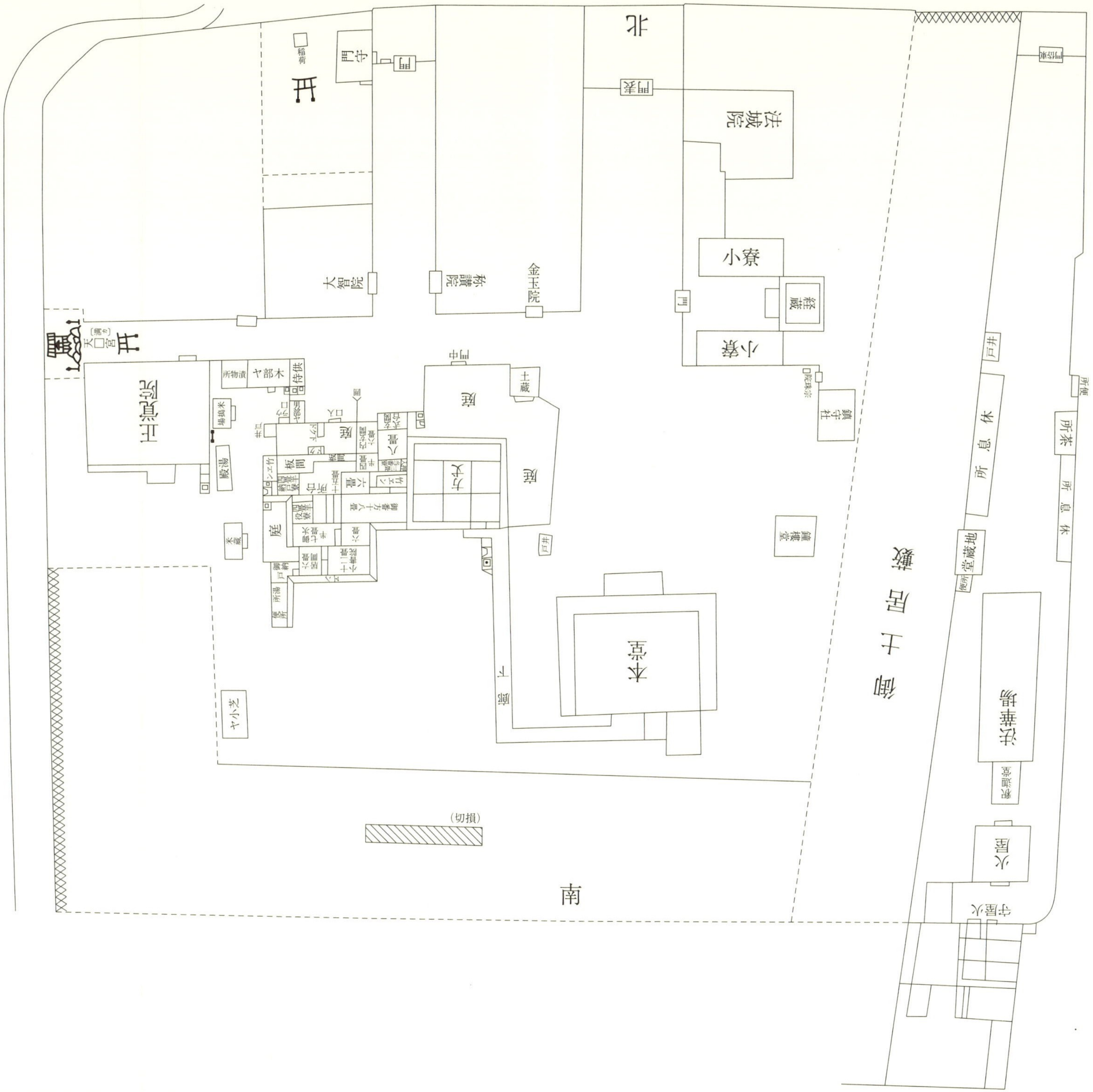

（巻末付図7）二三四　金光寺境内指図

（巻末付図5）二一八　七条道場金光寺役者正覚院火葬場普請願書

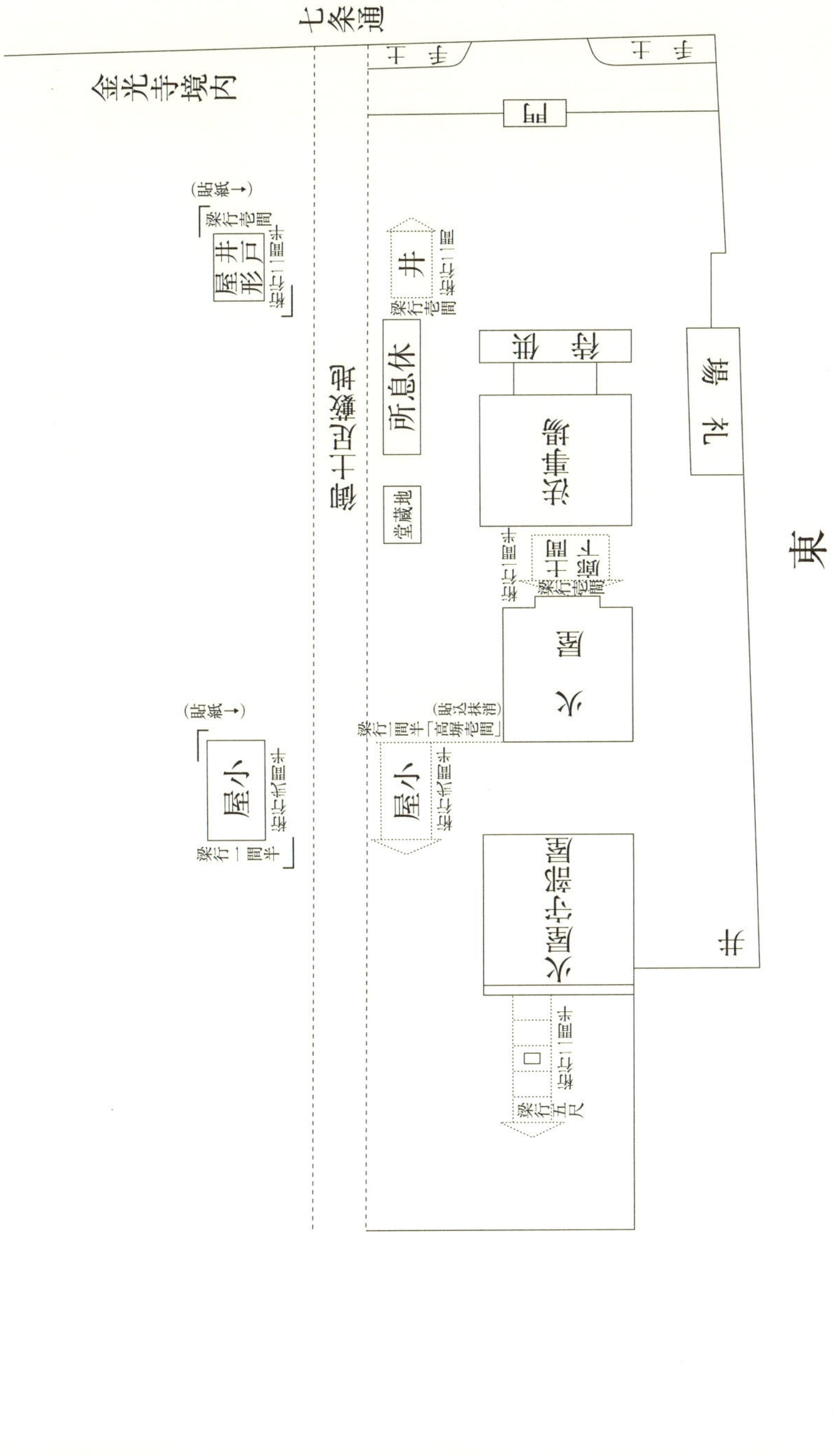

（巻末付図1）一三〇　四条道場金蓮寺末寺宝福寺領地指図

（巻末付図3）一九六　金光寺役者普請模様替願写

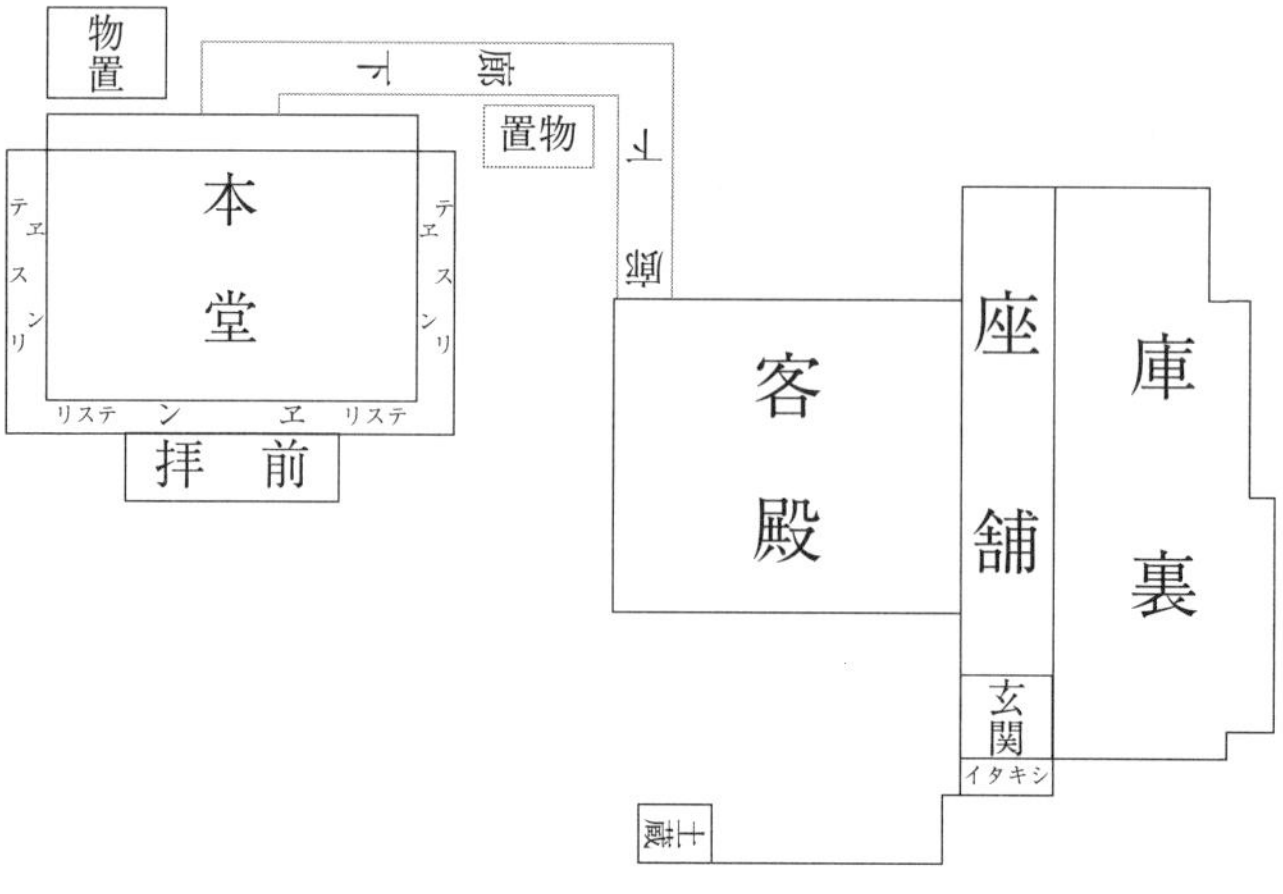

空也上人の研究　その行業と思想　石井義長著　一六、〇〇〇円

描かれた日本の中世　絵図分析論　下坂　守著　九、六〇〇円

中世勧進の研究　その形成と展開　中ノ堂一信著　一、六〇〇円

近世勧進の研究　京都の民間宗教者　村上紀夫著　八、〇〇〇円

源空とその門下　菊地勇次郎著　一〇、〇〇〇円

時宗史論考　橘　俊道著　四、五〇〇円

思想読本　一遍　栗田　勇編　一、五〇〇円

史料　京都見聞記　全5巻　駒　敏郎　村井康彦編　森谷尅久　各巻九、五一五円

五来重著作集　全12巻　別巻1　各巻平均八、五〇〇円

法藏館　価格税別

【編者略歴】

村井　康彦（むらい　やすひこ）

1930年、山口県生まれ。京都大学大学院博士課程修了。京都女子大学・国際日本文化研究センター・滋賀県立大学・京都造形芸術大学の各教授、京都市歴史資料館・京都市美術館の各館長を経て、現在公益財団法人京都市芸術文化協会理事長、国際日本文化研究センター名誉教授・滋賀県立大学名誉教授。主な著書に『古代国家解体過程の研究』（岩波書店）、『武家文化と同朋衆』（三一書房）、『千利休』（日本放送出版協会）など多数。

大山　喬平（おおやま　きょうへい）

1933年、京都府生まれ。京都大学大学院文学研究科国史専攻博士課程単位取得退学。京都大学文学部教授、同文学部博物館長、大谷大学教授などを経て、現在京都大学名誉教授。主な著書に『鎌倉幕府』（小学館）、『日本中世農村史の研究』（岩波書店）、『中世裁許状の研究』（塙書房）、『ゆるやかなカースト社会・中世日本』（校倉書房）など多数。

長楽寺蔵　七条道場金光寺文書の研究

二〇一二年一〇月一五日　初版第一刷発行

編者　村井康彦
大山喬平

発行者　西村明高

発行所　株式会社法藏館
京都市下京区正面通烏丸東入
郵便番号　六〇〇-八一五三
電話　〇七五-三四三-〇〇三〇（編集）
〇七五-三四三-五六五六（営業）

印刷・製本　亜細亜印刷株式会社

©Y.Murai, K.Ōyama 2012 *Printed in Japan*
ISBN 978-4-8318-7675-1 C3021
乱丁・落丁本の場合はお取り替え致します。